Heinz Buddemeier · Illusion und Manipulation

Heinz Buddemeier

Illusion
und Manipulation

Die Wirkung von Film
und Fernsehen
auf Individuum und Gesellschaft

Urachhaus

Meiner Familie

Über den Autor Nach Studium (Literaturwissenschaft, Philosophie) und Promotion (»Panorama, Diorama, Photographie. Entstehung und Wirkung neuer Medien im 19. Jahrhundert«, 1966), Hochschulassistent an der Universität Konstanz. 1974 Berufung zum Professor für Medienwissenschaft am Studiengang Kunstpädagogik/Visuelle Kommunikation der Universität Bremen. Seit der Begegnung mit dem Werk Rudolf Steiners (1971) zunehmende Beschäftigung mit der Anthroposophie und Einbeziehung ihrer Ergebnisse in die Auseinandersetzung mit den Medien.

Über das Buch Die meisten Menschen leben heute intensiver in der Medienwelt als in ihrer Alltagswirklichkeit. Das Buch geht den tiefgreifenden Folgen nach, die sich aus dieser Tatsache ergeben. Dabei werden auch die Ursachen dargestellt, die Ausbreitung und Einfluß der Massenmedien zugrunde liegen. Die Darstellung dieser Ursachen erlaubt, Wege aufzuzeigen, wie der Mißbrauch der Medien überwunden werden kann.

CIP-Kurztitelaufnahme der Deutschen Bibliothek

Buddemeier, Heinz:
Illusion und Manipulation : d. Wirkung von Film u.
Fernsehen auf Individuum u. Gesellschaft /
Heinz Buddemeier. – Stuttgart : Urachhaus, 1987.
  ISBN 3-87838-511-0

ISBN 3 87838 511 0

© 1987 Verlag Urachhaus Johannes M. Mayer GmbH, Stuttgart.
Alle Rechte, auch die des auszugsweisen Nachdrucks und
der photomechanischen Wiedergabe, vorbehalten.
Umschlaggestaltung: Karlheinz Flau, Ottersberg.
Satz und Druck der Offizin Chr. Scheufele, Stuttgart.

Inhalt

I. Vorgeschichte	7
II. Die technischen Grundlagen des Film- und Fernsehbildes	18
Film	18
Fernsehen	24
III. Die Wirkung des technisch erzeugten Bewegungsbildes auf den Betrachter	27
Filmstreifen und Pflanzenmetamorphose	27
Das Wesen des maschinellen Bildes	30
Noch einmal: die Wirkung des technisch erzeugten Bewegungsbildes	36
IV. Elementare Gestaltungsmittel	38
Bewegung schaffende Bilder	38
Das erzählende Bild	39
V. Die Wirkung auf Denken, Fühlen und Wollen	48
Die hypnotische Wirkung	51
Weitere Nachwirkungen: Verdrängung, Flucht, Sucht	52
VI. Lautsprecher und Mikrofon	61
Die maschinelle Wiedergabe von Sprache und Musik und ihre Folgen. Edison und die Erfindung der ›Sprechmaschine‹	61
VII. Theater – Literatur – Film. Ein Vergleich	88
VIII. Entwicklung und Bedeutung des Films an Hand einiger Beispiele	98
IX. Nachrichtensendungen des Fernsehens	137

X. Film und Fernsehen in Hinblick auf die Kinder 168

XI. Neue Medien – Verkabelung – Bildschirmarbeitsplätze 196

XII. Schluß 227

Dank und Bitte 266

Quellenangaben, Lektüreempfehlungen, Ergänzungen 268

Abbildungsnachweis 292

I. Vorgeschichte

Fragt man, wofür die Menschen neben ihrer täglichen Arbeit die meiste Zeit aufwenden, dann trifft man auf der ganzen Welt auf das Fernsehen. Nimmt man die Statistik zur Hilfe, dann ergibt sich für die Bundesrepublik, daß die Erwachsenen (ab 14 Jahren) im Jahre 1984 im Durchschnitt knapp zwei Stunden täglich ferngesehen haben (genau: 116 Minuten). Natürlich gibt es in der Wirklichkeit erhebliche Abweichungen von diesem Durchschnittswert. Den Menschen, die gar nicht oder kaum fernsehen, stehen andere gegenüber, die täglich drei, vier oder noch mehr Stunden vor dem Gerät sitzen. Vor allem ältere Menschen gehören zu den sogenannten Viel-Sehern.

Ein besonderes Problem stellen die Kinder dar. Die Statistik weiß von ihnen zu berichten, daß die Drei- bis Siebenjährigen montags bis freitags etwa eine Dreiviertelstunde fernsehen. Am Samstag ist es eine Stunde und am Sonntag, wo auch die Erwachsenen am meisten sehen, sind es 70 Minuten. Bei Kindern von 8–13 Jahren lauten die entsprechenden Zahlen: montags bis freitags: 69 Minuten; samstags: 112 Minuten; sonntags: 102 Minuten.* Hinter diesen Zahlen verbergen sich auch bei den Kindern auf der einen Seite Nicht-Seher und auf der anderen Seite Viel-Seher, die täglich mehrere Stunden vor dem Gerät sitzen. Die Viel-Seher sind vor allem unter denjenigen Kindern zu finden, die durch ihre familiäre oder soziale Situation benachteiligt sind.

Besondere Aufmerksamkeit verdienen Untersuchungen, die in Gebieten durchgeführt wurden, in denen im Laufe des Jahres 1984 das Kabelfernsehen mit einer beträchtlichen Vermehrung der Programme eingeführt wurde. Da hat sich gezeigt, daß der Fernsehkonsum der Kinder viel stärker zugenommen hat als der der Erwachsenen. Teilweise haben sie doppelt so viel gesehen wie vorher.

Wenn man auf der einen Seite feststellt, daß die meisten Menschen ihre Freizeit vor allem dem Fernsehen widmen, muß man andererseits aber auch sagen: Sie tun das nicht leichten Herzens und frohen Mutes. Die meisten sitzen mit schlechtem Gewissen vor dem Gerät, und auch diejenigen, die das Fernsehen verteidigen, müssen zugeben, daß sie oft länger sehen als sie eigentlich wollen. Auch hierüber gibt es Statistiken. So läßt die Freizeitindustrie regelmäßig er-

---

* Für Zahlen und Zitate findet sich im Anhang unter der entsprechenden Seitenzahl eine Quellenangabe. Außerdem enthält der Anhang einige Ergänzungen.

forschen, was die Bundesbürger in ihrer Freizeit tun und was ihnen davon am besten gefällt. Da kommt dann jedes Mal heraus, daß Fernsehen zwar mit Abstand die meiste Zeit beansprucht, daß es aber unter der Wunschvorstellung zur Freizeitgestaltung noch hinter Ausschlafen, Faulenzen und Nichtstun an letzter Stelle rangiert.

Daraus folgt, daß die Zuschauer durch eine Art Haßliebe an das Fernsehen gefesselt werden. Im folgenden soll es um die Frage gehen, wie das zustande kommt und welche Folgen sich für den einzelnen wie für die Gesellschaft ergeben.

Wie läßt sich eine Antwort auf die gestellte Frage finden? Es wird nötig sein, diejenigen Eigenschaften herauszuarbeiten, die das Fernsehen von den anderen Medien unterscheidet. Außerdem müssen Lebensbedingungen und Bewußtseinslage der Zuschauer betrachtet werden. Schon jetzt läßt sich vermuten: ein Medium, dem sich auf der ganzen Welt die meisten Menschen täglich mehrere Stunden zuwenden, muß mit den tiefsten Antrieben, Ängsten und Hoffnungen dieser Menschen aufs engste verknüpft sein.

Wenn das so ist, muß das Fernsehen Vorläufer haben, müssen die Bedingungen, denen es seine Ausbreitung verdankt, schon lange, zumindest in Ansätzen, existieren. Nach diesen Ansätzen, diesen Vorläufern soll zunächst geforscht werden, weil das Fernsehen ein so selbstverständlicher und vertrauter Bestandteil unseres Alltags geworden ist, daß es schwerfällt, es aus einer kritischen Distanz heraus zu betrachten.

Wo beginnt die Vorgeschichte des Fernsehens? Ein Hinweis läßt sich dem Namen des Gerätes entnehmen, mit dessen Hilfe die Fernsehbilder aufgenommen werden: Fernseh*kamera*. Alle Kameras, die heute in Gebrauch sind, seien es Fotoapparate, Film-, Fernseh- oder Videokameras, sind Weiterentwicklungen der Camera obscura. Dieses Gerät wurde schon vor Jahrtausenden zur Beobachtung von Sonnenfinsternissen benutzt. Daß sich mit seiner Hilfe auch Bilder herstellen lassen, ist jedoch erst seit einigen Jahrhunderten bekannt. Leonardo da Vinci war einer der ersten, der eine Camera obscura auf Gegenstände seiner Umgebung richtete und fasziniert war von den auf der Mattscheibe erscheinenden Bildern. Für die Vorgeschichte des Fernsehens hieße das, sie hätte mit der Renaissance zu beginnen.

Geht man allerdings nicht allein von der Kamera und ihrer Herkunft aus, sondern fragt nach der Vorgeschichte der Funktionen, die das Fernsehen im gesellschaftlichen Leben erfüllt, dann ist man in der Lage, den Beginn der Vorgeschichte näher an die Gegenwart heranzurücken. Um nach der Aufgabe, die das Fernsehen im Leben der meisten Menschen erfüllt, fragen zu können, ist jedoch bereits jene Distanz gegenüber dem Medium nötig, die in den wenigsten Fällen noch existiert. Da ist es hilfreich, sich an das zu erinnern, was durch das Fernsehen verdrängt wurde. Was taten die Menschen mit ihrer freien Zeit, ehe vor ungefähr 30 Jahren das Fernsehen sich auszubreiten begann? Da war zum Beispiel das Theater. Nach dem Zweiten Weltkrieg erlebte es einen großen Aufschwung. Da die meisten Theater zerstört waren, spielte man in Turnhallen und Tanzsälen. Diejenigen, die damals dabei waren, berichten, daß die Begeisterung der Schauspieler wie der Zuschauer über alle Unzulänglichkeiten hinweghalf. Zu den Berufsschauspielern, die im Laufe der fünfziger Jahre in die wieder aufgebauten Theater zurückkehrten, kamen zahlreiche Laienbühnen, die in Vereinen, Betrieben und Heimen auftraten.

Diese Entwicklung wurde Ende der fünfziger Jahre durch eine in der damaligen Öffentlichkeit viel diskutierte Krise des Theaters unterbrochen. Theater, die eben eröffnet hatten, mußten wieder schließen, Schauspieler standen ohne Anstellung auf der Straße, und die meisten Laiengruppen lösten sich auf. Die Zuschauer, die vorher in Scharen gekommen waren, blieben zu Hause. Dabei war allen Beteiligten klar: Die Theater füllten sich nicht mehr, weil die Menschen es vorzogen, zu Hause vor dem Fernseher zu sitzen.

Neben dem Theater nahm die Musik einen wichtigen Platz ein. Teils hörte man sie aus dem Radio oder von Schallplatten, teils ging man in Konzerte oder musizierte selbst. In dem Augenblick, wo das Fernsehen auftrat, gingen Konzerte und eigenes Musizieren zurück. Ähnliches geschah mit dem Lesen. Die Zeit, die darauf verwendet wurde, nahm beträchtlich ab.

Das Fernsehen schmälerte aber nicht nur diejenigen Tätigkeiten, die, wie man sagen könnte, im engeren Sinne zum kulturellen Leben gehörten. Neben dem Theater litten auch Zirkus, Varieté und Kino unter der neuen Konkurrenz. Von den 7000 Kinos mit ihren zirka 2,9 Millionen Plätzen mußten innerhalb von 10 Jahren über die Hälfte schließen. Zirkus und Varieté können sich, von wenigen Ausnahmen abgesehen, heute nur noch dann halten, wenn sie mit dem Fernsehen zusammenarbeiten.

Bis in die sechziger Jahre hinein spielten auch Feste im Leben der Menschen eine größere Rolle, als das heute der Fall ist. Man feierte in Betrieben, Vereinen, Schulen und Universitäten, und man feierte zu Hause mit Freunden, Nachbarn oder der Familie. Natürlich gibt es das alles auch heute noch. Insgesamt sind Feste aber seltener geworden. Sogar einfache Besuche zwischen Freunden und Nachbarn kommen nicht mehr so häufig vor. Das gesellige Leben ist ärmer geworden.

Trägt das Fernsehen die Schuld an den Veränderungen, die mit seiner Ausbreitung eingetreten sind? Bei oberflächlicher Betrachtung muß es so aussehen. Es kann zum Beispiel kein Zweifel daran bestehen, daß die Menschen nicht mehr ins Theater gingen, weil sie statt dessen die Sendungen des Fernsehens anschauten. Aber dazu wurde niemand gezwungen! Im Gegenteil. Die Anschaffung eines Fernsehgerätes bedeutete für die meisten Menschen ein finanzielles Opfer, das nur auf Raten und nur unter Verzicht auf andere Dinge erbracht werden konnte. Warum wurde das Gerät trotzdem gekauft? Es wäre ja auch denkbar gewesen, die ersten Fernsehsendungen hätten, gerade im Vergleich zum Theater, Empörung und Entsetzen ausgelöst und die Menschen hätten das Fernsehen als technische Mißgeburt abgewiesen. Daß dies nicht geschah, darin, und nicht in der Erfindung einer neuen Technik, liegt der Grund für die Ausbreitung des neuen Mediums.

Es stellt sich also die Frage, wieso die Bereitschaft da war, dem Fernsehen einen beträchtlichen Platz im Leben einzuräumen. Bleiben wir beim Theater, so sieht man sich zu der Feststellung genötigt: Wenn viele Menschen in dem Augenblick, wo Fernsehsendungen ausgestrahlt wurden, bereit waren, diese Sendungen dem Theater vorzuziehen, dann muß das Theater, trotz aller Begeisterung, die Menschen doch nicht ganz befriedigt haben. Es muß Wünsche offengelassen haben.

Daß dies tatsächlich so ist, läßt sich daran ablesen, daß nach dem Kriege nicht nur die Theater, sondern auch die Kinos eine Blütezeit erlebten. Den 125 Theatern, die es Ende der fünfziger Jahre in der Bundesrepublik gab, standen immerhin 7000 Kinos gegenüber. Auf einen Theaterbesuch kamen in dieser Zeit 30 Kinobesuche. Was macht die Filme, die damals gezeigt wurden, so ungleich anziehender als die Aufführungen im Theater? Auch ohne einzelne Filme zu untersuchen, läßt sich doch folgendes sagen. Die großen Publikumserfolge waren allesamt reine Unterhaltungsfilme. Es dürften vor allem – und das gilt natürlich auch heute noch – zwei Eigenschaften gewesen sein, auf denen ihre Beliebtheit beruhte. Zum einen stellten sie keine Ansprüche, weder im Hinblick auf Vorkenntnisse noch im Hinblick auf die Intensität der Aufmerksamkeit, und zum anderen ergriffen sie die Zuschauer trotzdem auf eine eigenartig intensive und sonst kaum zu erlebende Weise.

Daß Dinge, die jahrhundertelang die Menschen in ihrer freien Zeit ausgefüllt hatten, nicht mehr genügten, gilt auch für andere Bereiche, zum Beispiel für das Lesen und für die Musik. Zu den Büchern kamen die Illustrierten und zu den Konzerten und dem eigenen Musizieren kamen Radio und Schallplatten. Dabei haben die neu hinzukommenden Dinge gemeinsam: sie befriedigen das Unterhaltungsbedürfnis, und sie erzielen ihre Wirkung durch technische Mittel. Außerdem läßt sich sagen, daß die neuen Angebote ungleich attraktiver sind als die alten und daß sie auch ungleich mehr Menschen erreichen. Dabei begann damals schon das, was zu Beginn über das Fernsehen gesagt wurde: man tut das eine und schätzt das andere, oder anders ausgedrückt: Das, was man tut, ist nicht das, was man tun möchte.

Bereits vor dem Fernsehen existierte also eine Spaltung in kulturelle Angebote und Betätigungen, wie sie seit Jahrhunderten gepflegt wurden, und technisch produzierte und übermittelte Unterhaltung, wobei letztere – bei zunehmender Tendenz – deutlich überwog. Fragt man nach den Ursachen dieser Spaltung, dann trifft man letztlich auf eine tiefgreifende Krise unserer gesamten Kultur. Die Frage nach der Vorgeschichte des Fernsehens enthüllt sich so als eine Frage nach dem Beginn der kulturellen Krise, in der wir uns befinden. Nehmen wir die geschilderte Spaltung als eines der Symptome dieser Krise und fragen wir nach dem Beginn dieser Spaltung, dann werden wir auf das ausgehende 18. Jahrhundert und vor allem auf das 19. Jahrhundert verwiesen. In jener Zeit begann sich neben dem, was wir heute »hohe Kunst« zu nennen pflegen, eine »niedere Kunst« zu entwickeln.

Bleiben wir beim Theater, so läßt sich etwa in Paris beobachten, daß eine Straße entsteht, an der Theater neben Theater liegt und die im Volksmund »Boulevard du Crime« heißt, weil im Inhalt der dort gespielten Stücke Mord und Totschlag eine wichtige Rolle spielen. Neben dem Inhalt waren es vor allem bestimmte Effekte, die die Zuschauer beeindrucken sollten. Kein Stück, in dem nicht ein Erdbeben, eine Feuersbrunst, ein Gewitter oder eine schaurige Mondnacht vorkamen. Die für diese Dinge zuständigen Theatermaler und Effektspezialisten waren oft bekannter als die Autoren der Stücke. Einer der geschicktesten und folglich auch berühmtesten unter ihnen war übrigens Daguerre, der 1822 das Diorama erfand, von dem noch zu reden sein wird, und der wenige Jahre später maßgeblich an der Erfindung der Fotografie beteiligt war.

Was den Roman betrifft, so entwickelt sich neben der anspruchsvollen Lektüre der Trivialroman, der den Leser auf anspruchslose Weise zu fesseln versucht. Seine Ausbreitung wird gefördert durch neue Druckmaschinen, die in kurzer Zeit hohe Auflagen drucken konnten, wodurch der Preis des einzelnen Buches natürlich sank. Zur Ausbreitung und Trivialisierung trug auch die Presse bei, die sich ab 1836 des Fortsetzungsromanes bediente, um Leser anzulocken.

In der Musik entstand neben der großen Oper die kleine Oper, die Operette, die vor allem in den großen Städten wahre Triumphe feierte.

Die auf Unterhaltung spezialisierten Ableger der alten Kunstgattungen muteten ihrem Publikum aber immer noch ein Minimum an Aufmerksamkeit und damit Anstrengung zu. So entwickelten sich ganz neue Angebote, die noch weniger Ansprüche stellten. Bezeichnenderweise bedienen sie sich alle des Bildes.

Am Ende des 18. Jahrhunderts erfand ein Engländer das Panorama. Es handelte sich um ein Rundbild, das vom Mittelpunkt aus betrachtet werden mußte. Es dauerte nicht lange und in allen Großstädten wurden Rundbauten errichtet, in denen Panorama-Bilder ausgestellt werden konnten. Das in Paris gezeigte Panorama hatte einen Durchmesser von 17 Metern und eine Höhe von 7 Metern. Das Publikum – es mußte natürlich Eintrittsgeld bezahlen – betrachtete das Bild von einer Plattform in der Mitte. Das erste Panorama-Bild zeigte die Stadt Paris, darauf folgten andere Städte, Landschaften, aber auch historische Szenen wie etwa Schlachten. Im Laufe der Zeit steigerte sich die Dramatik der dargestellten Sujets. Bei allen Darstellungen kam es einzig und allein darauf an, den Zuschauer durch die Darstellung eines realen Gegenstandes oder einer wahren Begebenheit möglichst vollkommen zu täuschen.

Im Jahre 1922 erfand der bereits erwähnte Daguerre als Konkurrenz zum Panorama das Diorama. Er kehrte zum flachen Bild zurück, gab ihm aber die Dimensionen einer Filmleinwand. (Bildgröße des ersten Dioramas: 14 Meter mal 22 Meter). Mit dem Film hatte das Diorama auch insofern zu tun, als es Daguerre gelang, auf der Bildfläche Bewegungseffekte zu erzielen. Bei einer Landschaftsdarstellung etwa wurden die Veränderungen der Beleuchtung und des Wetters sichtbar gemacht. Eine Vorführung, die pro Bild 15 Minuten dauerte, verfolgte den Verlauf der Sonne vom Aufgang bis zum Untergang, wobei der Ablauf gern durch ein Gewitter unterbrochen wurde. Nach einigen Jahren hatte Daguerre sein Verfahren so verbessert, daß er auf den Sonnenuntergang eine Nachtszenerie folgen lassen konnte. Er war dann auch in der Lage, die Bewegung von Gegenständen vorzutäuschen. Am berühmtesten wurden Darstellungen einer Mitternachtsmesse und eines Erdrutsches.

Panoramen und Dioramen erfreuten sich großer Beliebtheit. Wurden nach einigen Monaten die Bilder gewechselt (häufig wanderten sie von den Hauptstädten in die Provinz), erschienen in den Zeitungen ausführliche und meist begeisterte Berichte über die neuen Bilder. Die große Zeit der Panoramen und Dioramen dauerte jedoch nur einige Jahrzehnte. Im Grunde waren sie, wie Boulevardtheater, Trivialroman und Operette, auf Unterhaltung spezialisierte Ableger einer alten Kunstart, allerdings bereits im Medium des Bildes. Die Schwelle zu den modernen Unterhaltungsbildern wurde erst in dem Augenblick überschritten, als die Bilder nicht mehr mit Hilfe von Pinsel und Stift entstanden, sondern durch eine Maschine produziert wurden. Es mutet wie ein Fingerzeig der Geschichte an, daß in dem Augenblick, in dem Daguerre das erste brauchbare fotografische Verfahren entwickelt, sein Diorama abbrennt. Tatsächlich beginnt hier etwas völlig Neues. Das kommt auch darin zum Ausdruck, daß weder vorher noch nachher eine Erfindung bei den Zeitgenossen so viel Hoffnung und so viel Begeisterung geweckt hat wie die Fotografie.

Wie auf das Panorama das Diorama, so folgte auf die Fotografie der Film. In den dreißiger Jahren unseres Jahrhunderts kam dann das Fernsehen hinzu.

Betrachtet man seine Vorgeschichte, wie es hier geschehen ist, dann bildet es den Höhepunkt einer Entwicklung, in deren Verlauf sich die Kultur spaltete und neben den Künsten ein riesiger Ablenkungs- und Zerstreuungsbetrieb entstand.

Das Verständnis des Fernsehens wird durch diese Feststellung allerdings nur dann bereichert, wenn deutlich gemacht werden kann, wie es zu der beschriebenen Entwicklung gekommen ist. Da es sich hier um eine Grundfrage unserer Zeit handelt, gibt es selbstverständlich Versuche, sie zu beantworten. Und ebenso selbstverständlich ist, daß sich bei diesen Versuchen zwei Richtungen erkennen lassen, die von unterschiedlichen Annahmen ausgehen, einmal vom Primat der Materie und einmal vom Primat des Geistes.

Diejenigen, die vom Primat der Materie ausgehen, führen das, was heute zutreffend Unterhaltungsindustrie oder auch Bewußtseinsindustrie genannt wird, auf die Veränderung der Lebensbedingungen durch Technik, Industrie, Wirtschaft und alle dadurch bewirkten Umwälzungen der sozialen Verhältnisse zurück. Eine solche These kann sich auf viele Belege stützen. Allerdings gelten die meisten eigentlich erst für die Gegenwart. Wer tagsüber am Fließband gestanden hat, kann abends nicht plötzlich Stille ertragen. Zugleich hat er aber keine Kraft mehr, um eigene Initiative zu entfalten. In solch einer Situation kommen dann Fernsehen und Ähnliches wie gerufen.

Was für den Fließbandarbeiter zutrifft, gilt heute für viele Menschen, da es kaum noch Tätigkeiten gibt, in die nicht Hektik und Mechanik eingezogen sind. So einleuchtend es ist, aus dieser Tatsache ein Bedürfnis nach anstrengungsfreier Zerstreuung abzuleiten, so muß doch gesagt werden, daß diese Erklärung an den tieferen Ursachen vorbeigeht. Zwei Hinweise sollen verdeutlichen, daß es noch andere Gründe geben muß.

Betrachtet man die Entstehung der Unterhaltungsmedien, dann versagt die materialistische Erklärung. Diese Entstehung fällt zwar zusammen mit dem Beginn der industriellen Revolution, um aber annehmen zu können, letztere wäre die Ursache des Unterhaltungsbedürfnisses, müßten zum Beispiel in den Panoramen und Dioramen diejenigen gesessen haben, deren Lebensverhältnisse am stärksten durch die Industrialisierung beeinflußt wurden, eben die Arbeiter. Das ist nun aber keineswegs der Fall. In den Panoramen und Dioramen, den Operetten und Boulevardstücken saß die sogenannte elegante Welt, wohlhabende Bürger und Adelige, die sowohl über Geld als auch freie Zeit verfügten. Der *Flaneur* und der *Dandy* prägten das Bild der Boulevards von Paris, das man zu Recht die Hauptstadt des 19. Jahrhunderts genannt hat. Diejenigen, die bereits unter dem Joch der Industrie stöhnten, lebten unter elenden Verhältnissen in den Vororten und hatten kaum Zeit und Geld, eine Zeitung zu lesen.

Gegen einen ursächlichen Zusammenhang von Industrialisierung und Unterhaltungsbedürfnis spricht auch, daß Beispiele für letzteres lange vor der Industrialisierung auftreten, und zwar vor allem auf dem Gebiet des Romans. Man bekommt sogar den Eindruck, als sei die industrielle Produktionsweise zuerst für die Herstellung von Unterhaltungswaren eingesetzt worden. So sprechen in Frankreich bereits in der zweiten Hälfte des 18. Jahrhunderts einige Kritiker warnend von der in den *Romanmanufakturen* hergestellten *industriellen Literatur*. In solchen Manufakturen saßen, wie es ein deutscher Zeitgenosse beschreibt, Dutzende von Autoren an langen Tischen und schrieben nach einem vorgegebenen Schema Romane für einen Verleger, von dem sie pro abgelieferte Seite entlohnt wurden. Neben Paris und London war Leipzig eine der Hochburgen dieser Manufakturen. Von Industrialisierung im eigentlichen Sinne war weder in Frankreich noch in Deutschland zu diesem Zeitpunkt irgend etwas zu spüren.

Nicht durch äußere Verhältnisse, sondern durch Veränderungen im Innenleben des Menschen ist, so lautet die in diesem Buch vertretene These, das Unterhaltungsbedürfnis entstanden. Um welche Veränderungen kann es sich handeln? Einen Hinweis finden wir bei Goethe, der nicht nur einen Wandel des Publikumsgeschmacks feststellt, sondern auch angibt, welcher Grund dafür verantwortlich zu machen ist. In einem an Schiller gerichteten Brief vom 23. Dezember 1797 beklagt sich Goethe darüber, daß die Künstler »dem Streben der Zuschauer und Zuhörer, alles völlig wahr zu finden«, nachgeben.

»Meyer hat bemerkt, daß man alle Arten der bildenden Kunst hat bis zur Malerei hinantreiben wollen, indem diese durch Haltung und Farben die Nachahmung als völlig wahr darstellen kann. So sieht man auch im Gang der Poesie, daß alles zum Drama, zur Darstellung des vollkommen Gegenwärtigen sich hindrängt . . .
Sie werden hundertmal gehört haben, daß man nach Lesung eines guten Romans gewünscht hat, den Gegenstand auf dem Theater zu sehen, und wieviel schlechte Dramen sind daher entstanden! Ebenso wollen die Menschen jede interessante Situation gleich in Kupfer gestochen sehen, damit nur ja ihrer Imagination keine Tätigkeit übrigbleibe, so soll alles sinnlich wahr, vollkommen gegenwärtig, dramatisch sein, und das Dramatische selbst soll sich dem wirklich Wahren völlig an die Seite stellen. Diesen eigentlich kindischen, barbarischen, abgeschmackten Tendenzen sollte nun der Künstler aus allen Kräften widerstehn, Kunstwerk von Kunstwerk durch undurchdringliche Zauberkreise sondern, jedes bei seiner Eigenschaft und seinen Eigenheiten erhalten, so wie es die Alten getan haben und dadurch eben solche Künstler wurden und waren; aber wer kann sein Schiff von den Wellen sondern, auf denen es schwimmt? Gegen Strom und Wind legt man nur kleine Strecken zurück.«

Der von Goethe bemerkte Wandel besteht darin, daß Kunstwerke entstehen, deren Absicht es ist, dem, was die Menschen alltäglich sehen und erleben, zum Verwechseln ähnlich zu sein. Die Beliebtheit solcher Werke beruht nach Goethe darauf, daß sie betrachtet werden können, *ohne daß die Imagination dabei zur Hilfe genommen werden muß*. Einem Drama etwa, das sich darauf beschränkt, alltägliche Szenen ›lebensecht‹ auf die Bühne zu bringen, kann man folgen, ohne daß es – wie bei einem Roman – nötig wäre, der Darbietung durch das Bilden innerer Bilder Leben zu verleihen.

Für die meisten von uns ist die Zeit, über die Goethe schreibt, ganz und gar geprägt durch die Werke der deutschen Klassik. Neben Goethe denken wir an Schiller, Hölderlin und Mozart. Es kann auch gar kein Zweifel daran bestehen, daß die Kultur in jener Epoche eine einzigartige Blüte erlebte. Aber genau zu dieser Zeit entsteht auch das, was Goethe beklagt und was sehr rasch die Masse des Publikums erobert.

Als Goethe seinen Brief an Schiller schrieb, konnte er noch kein Panorama gesehen haben, denn das erste war gerade in London eröffnet worden. Dennoch paßt die Beschreibung, die er von den neueren Tendenzen gibt, genau auf die Panoramen zu. Mit ihren naturgetreuen, auf völlige Täuschung abzielenden Bildern wollen sie sich dem »wirklich Wahren völlig an die Seite stellen«, wie Goethe es ausdrückt. Man sieht an dieser Übereinstimmung, daß die von Goethe aufgezeigten Phänomene einer breiten Strömung angehören, die auf den verschiedensten Gebieten zutage tritt. Gemeinsam ist allem, was zu dieser Strömung gehört, daß es vom Betrachter konsumiert werden kann, ohne daß er dabei Phantasie aufbringen müßte.

Die Frage nach den Ursachen des Unterhaltungsbedürfnisses hat damit zu einer für viele überraschenden Antwort geführt: die Phantasie ist schwach geworden. Die Menschen scheuen Darbietungen, denen sie etwas hinzufügen müssen, wenn sie etwas davon haben wollen. Wo hat aber das Schwachwerden der Phantasie seine Ursache? Die Antwort auf diese Frage macht einen weiteren Rückgang in die Geschichte nötig. Wir müssen, wenn auch nur kurz, bis zu dem Augenblick zurückgehen, in dem die bereits erwähnte Camera obscura entstand. Hinter dem Interesse an den mit ihrer Hilfe zu sehenden Bildern steht ein grundsätzlicher, für die ganze Neuzeit charakteristischer Wechsel der Richtung, in die das Forschen und Fragen der Menschen zielt. Im Mittelalter war man an geistigen Dingen, besonders an allem, was mit Religion zu tun hatte, interessiert. Über Gott und die Engel, über Gnade, ewiges Leben und Seligkeit wollte man Klarheit haben. Die Wissenschaften, die man dazu brauchte, waren Theologie und Philosophie. Hätte man einen Menschen des Mittelalters gefragt, warum es keine Wissenschaft zur Erforschung der Pflanzen und Tiere gebe, so hätte er geantwortet, das seien doch vergängliche Dinge und eigentlich gar nicht richtig wirklich.

Diese Auffassung änderte sich allmählich. Es begann damit, daß Menschen, die zum Beispiel über die Idee der Tugend nachdachten, sich zu fragen begannen, ob sie über eine von ihnen selbst unabhängig existierende geistige Wirklichkeit nachdachten oder ob sie dabei waren, einen von Menschen erdachten Namen mit dem Inhalt ihrer an einzelnen Erscheinungen gemachten Beobachtungen zu füllen. Wo diese Frage auftaucht, ist das Mittelalter zu Ende, denn sie stellen heißt ja, an der Wirklichkeit des Geistes zu zweifeln.

Im Streit der »Realisten«, für die der Geist etwas Reales war, und der »Nominalisten«, die in den Begriffen nur Namen – »Schall und Rauch« – sehen konnten, siegten schließlich die Nominalisten. Dieser Sieg führte dazu, daß die bis dahin unangefochtenen Autoritäten auf dem Gebiet des Wissens viel von ihrem Einfluß verloren, was den einzelnen ermunterte, selbständig zu forschen. Dieses Forschen richtete sich jedoch, da das Geistgebiet unwirklich wurde, mehr und mehr einzig und allein auf die physisch-reale Welt. Die Menschen waren freier, aber zunächst auch ärmer geworden.

Die geschilderte Entwicklung kommt unter anderem darin zum Ausdruck, daß Theologie und Philosophie zurücktreten müssen, während die Naturwissenschaften gewaltig aufblühen. Ihre Fragestellungen und ihre Methoden unterscheiden sich dabei grundlegend von allem, was vorher war. Fragte man bis dahin etwa bei einem Blitz: »Wer tut sich da kund und was will mir das bedeuten?«, so lautet die Frage jetzt: »Wie funktioniert das und wie kann ich es nutzen?« Der Engländer Francis Bacon gibt seinem Buch »Neues Organon« (1620), das von der Erforschung der Natur handelt, im zweiten Teil bezeichnenderweise den Untertitel »Über die Erklärung der Natur oder Über die Herrschaft des Menschen«.

Die Reduktion der Wirklichkeit auf ihre materielle Seite führt zu einer Betonung des Praktischen und Nützlichen. Die Naturwissenschaft dient dem Ziel, die Natur zu beherrschen und auszunutzen. Die Haltung der Ehrfurcht weicht einer Haltung der kühlen Beobachtung, die allmählich vor keinem Eingriff zurückscheut, wenn er zur Klärung einer Frage beiträgt. Es beginnt die »Befragung der Natur auf der Folter, mit Hebeln und Schrauben«, wie es schon im »Faust« (Osterspaziergang) beklagt wird.

Diese Betrachtungsweise wendet der Mensch auch auf sich selbst an. Er gibt nicht eher Ruhe, bis er hinter Geist und Seele als Ursache chemische und physikalische Mechanismen entdeckt zu haben glaubt. Alles andere verflüchtigt sich. Schließlich ergreift die materialistische Betrachtungsweise auch die göttlich-geistige Welt. In Deutschland kann dieser Schritt erst nach dem Tode Hegels (1831) und Goethes (1832) vollzogen werden. Im Jahre 1841 veröffentlicht Ludwig Feuerbach seine Schrift »Das Wesen des Christentums«, in der Gott zu einer Erfindung des Menschen erklärt wird. Karl Marx und Friedrich Engels verkünden im »Manifest der Kommunistischen Partei« (1848), die herrschenden Ideen seien nichts als die Ideen der herrschenden Klasse. Zehn Jahre später formuliert Marx im Vorwort zur Kritik der politischen Ökonomie die berühmt gewordenen Sätze: »Die Produktionsweise des materiellen Lebens bedingt den sozialen, politischen und geistigen Lebensprozeß überhaupt. Es ist nicht das Bewußtsein der Menschen, das ihr Sein, sondern umgekehrt ihr gesellschaftliches Sein, das ihr Bewußtsein bestimmt.« Zu diesen Umkehrungen gehört auch, daß Ludwig Büchner in seinem in vielen Auflagen erschienenen Buch »Kraft und Stoff« (Erstausgabe 1855) der Materie jene Eigenschaften zuspricht, die man vorher dem Geist zubilligte: »Es ist eine bis zum Überdruß gehörte und wiederholte Redensart vom ›sterblichen Leib‹ und ›unsterblichen Geist‹. Eine etwas genauere Überlegung würde den Satz vielleicht mit mehr Wahrheit umkehren lassen« (Seite 16). Das Kapitel über die Unendlichkeit des Stoffes beginnt: »Ist der Stoff unendlich in der Zeit, das heißt unsterblich, so ist er nicht minder ohne Anfang oder Ende im Raum; die unserem endlichen Geiste äußerlich anerzogenen Begriffe von Zeit und Raum finden auf ihn keine Anwendung.«

Die Phantasie wird schwach, weil sie nicht mehr gebraucht wird, und sie wird nicht mehr gebraucht, weil jener Bereich, zu dem sie den Zugang eröffnet, den Menschen aus dem Blick geraten ist. Zur Erforschung des Irdisch-Materiellen genügen der Verstand und die leiblichen Sinne.

Einerseits erfüllt die Menschen Stolz auf die Denkkraft, mit deren Hilfe es gelungen ist, ein neues Menschen- und Weltbild zu entwickeln, andererseits wird aber auch erlebt, daß man auf die Dauer gar nicht in der Lage ist, das, was man hervorgebracht hat, seelisch zu verkraften. So mußten sie den Raum, aus dem sie die Götter, Engel und Ideenwesen vertrieben hatten, mit Zerstreuungskünsten füllen, die die Aufgabe hatten, die Aufmerksamkeit zu fesseln, ohne – wie die wirklichen Künste – eine Begegnung mit den Wesen anzustreben, von denen man sich eben befreit hatte. Das Fernsehen ist das jüngste und bei weitem mächtigste dieser Zerstreuungsmittel.

II. Die technischen Grundlagen des Film- und Fernsehbildes

Film

Wer gewohnt ist, in geistesgeschichtlichen Zusammenhängen zu denken und dabei überzeugt ist, hier die Ursachen aller übrigen Entwicklungen zu finden, der könnte versucht sein zu meinen, die Untersuchung des Fernsehens brauche über das in den vorangehenden Abschnitten Dargelegte hinaus gar nicht fortgesetzt zu werden. Ein solches Abbrechen würde jedoch das heutige Erkenntnisstreben unbefriedigt lassen. Es verlangt danach, neben den Ideen auch die Phänomene in den Blick zu fassen. Es sollen daher im folgenden die Maschinen »Filmkamera«, »Filmprojektor«, »Fernsehkamera«, »Fernsehapparat« untersucht werden. Wie funktionieren sie? Wie wirken die von ihnen erzeugten Bilder auf Geist, Seele und Sinne des Menschen? Die Ergebnisse, die sich einer solchen phänomenologischen Untersuchung ergeben, müssen dann in Beziehung gesetzt werden zu der geistesgeschichtlichen Betrachtung.

Abb. 1

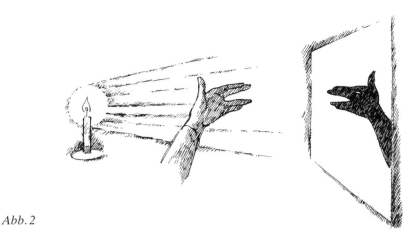

Abb. 2

Das Charakteristische für Film und Fernsehen ist, daß dem Betrachter bewegte Bilder geboten werden. Es gilt daher zunächst zu verstehen, wie dieser Bewegungseffekt zustande kommt. Dazu soll zunächst ein unbewegtes Bild betrachtet werden. Die Zeichnung einer Birke, wie sie hier zu sehen ist (Abbildung 1), entsteht ganz äußerlich betrachtet, dadurch, daß Druckerschwärze auf dem Papier der Buchseite aufgetragen wird.
Dem Künstler mag es wohl gelingen, den Eindruck der Bewegtheit zu erzeugen. Das liegt dann aber an der Art seiner Zeichnung, etwa an einer bestimmten Strichführung. Echte Bewegung ist unmöglich, weil die Druckerschwärze unverrückbar auf dem Papier festsitzt.
Nun kennen wir in unserer alltäglichen Umgebung durchaus Bilder mit echter Bewegung. Wenn etwa die Sonne auf einen vom Winde bewegten Baum scheint, dann bilden sich auf dem Boden Schattenbilder, die der Bewegung der Blätter und Zweige folgen. Wir können auch an die lustigen Schattenrisse denken, die sich mit geschickten Händen an die Wand zaubern lassen (Abbildung 2).
Wenn die Finger richtig bewegt werden, läßt der Schattenhund sein Maul auf- und zuschnappen.
Wieso können solche Bilder bewegt sein? Der Grund ist ganz einfach der, daß sie da, wo sie entstehen, keine materiellen Spuren hinterlassen. Während die Druckerschwärze, der das Bild der Birke seine Existenz verdankt, nicht mehr fortzubringen ist, huscht der Schatten über die Wand, ohne an ihr zu haften.
Bewegte Bilder sind immaterielle Bilder, die dadurch entstehen, daß Gegenstände mit Hilfe des Lichts Schatten werfen. Das Prinzip, das diesem Vorgang zugrunde liegt, ist das der Projektion.

Abb. 3

Es soll nun betrachtet werden, was im Falle des Films auf die Leinwand projiziert wird. Die Abbildung 3 zeigt einen Bildstreifen, der dem Spielfilm »Die unwürdige Greisin« entnommen ist. Bei oberflächlicher Betrachtung hat man den Eindruck, als bestände der Streifen aus 24 identischen Fotos, die ein Gebäude mit einem Gehweg davor, auf dem Passanten zu sehen sind, zeigen. Schaut man genau hin, dann sieht man allerdings, daß bei den Passanten von Bild zu Bild Veränderungen auftreten. Man achte auf die schwarz gekleidete Person rechts. Beim ersten und beim letzten Bild hat sie das linke Bein vorn. Die Bilder dazwischen zeigen verschiedene Phasen des Schreitens (bei Bild 9 sind die Füße geschlossen). Ähnliches läßt sich bei den anderen Passanten beobachten. Bei der Filmvorführung dauert die Projektion der hier gezeigten 24 Bilder genau eine Sekunde. Der Betrachter sieht während dieser Zeit einen Gehweg, der von Passanten bevölkert ist, die in beide Richtungen gehen. Blicken wir von hier auf den schnappenden Hund des Schattenspiels zurück, dann springt sogleich ins Auge: der Schatten bewegt sich hier tatsächlich, während die Bewegung der Menschen bei der Filmvorführung eine Täuschung sein muß, da ja starre Einzelbilder projiziert werden. Wie kommt diese Täuschung zustande? Zu ihrem Verständnis sollen zunächst die beteiligten Apparaturen betrachtet werden. Die Filmkamera arbeitet nach dem Prinzip des Fotoapparates, mit dem Unterschied allerdings, daß sie 24 Negative pro Sekunde belichtet. Nach jeder Belichtung wird der Film – bei geschlossener Blende – ein Stück weitertransportiert. Da der Filmtransport eine gewisse Zeit in Anspruch nimmt, ergibt sich bei 24 Bildern pro Sekunde eine Belichtungszeit von zirka 1/50 Sekunde je Aufnahme. Bei einem Spielfilm von 90 Minuten Dauer besteht der Filmstreifen aus ungefähr 130.000 solcher Einzelfotos.

Der Projektor wirft diese Kette von Einzelbildern in dem Tempo auf die Leinwand, wie sie aufgenommen wurden, also 24 Bilder pro Sekunde. Dabei wird der Film wieder ruckweise transportiert. Während er steht, wird eines der Bilder projiziert; während des Transports wird der Projektionsstrahl durch eine Blende unterbrochen. Auf der Leinwand kommt es so zu einem raschen Wechsel zwischen projiziertem Bild und Dunkelheit.

Der Grund dafür, daß daraus der Eindruck der Bewegung entstehen kann, liegt in der Trägheit des menschlichen Auges und dem darauf beruhenden optischen Nachbild. Man kann sich von der Existenz dieses Nachbildes mit Hilfe eines kleinen Spielzeuges überzeugen. Malt man bei einer Pappscheibe auf die eine Seite einen Vogel, auf die andere Seite einen Käfig und läßt man dann die Scheibe um die Mittelachse rotieren, dann sieht man einen Käfig mit einem Vogel darin. Mit Hilfe der Abbildung 4 läßt sich verdeutlichen, wie dieser Eindruck zustande kommt.

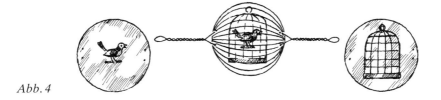

Abb. 4

Entscheidend ist, daß beim Übergang von der Vorderseite zur Rückseite ein Augenblick eintritt, wo der Betrachter auf die Kante der Scheibe schaut, also kein Bild sieht. Dieser Moment wird dadurch überbrückt, daß das Auge das zuvor gesehene Bild festhält, das dann mit dem nächsten Bild verschmelzen kann. (Das Nachbild kann sich bis zu einer 1/16 Sekunde halten.) Bei der Filmprojektion geschieht etwas ganz Entsprechendes. Auch hier kommt es zu Bildverschmelzungen, weil das Auge während der Dunkelphase das zuvor projizierte Bild festhält. Abbildung 5 gibt eine schematische Darstellung des Vorgangs.

Abb. 5

Daß es, im Unterschied zu dem zuvor betrachteten Spielzeug, nicht nur zu einer Bildverschmelzung, sondern zu einem wirklichen Bewegungssehen kommt, liegt an den leichten Veränderungen von einem Bild zum anderen, die dadurch zustande kommen, daß verschiedene Phasen eines Bewegungsablaufs festgehalten werden. Einen gehenden Menschen filmen heißt, vierundzwanzigmal in der Sekunde eine Bewegungsphase herauszugreifen und fotografisch festzuhalten. Dasjenige, was der Mensch tut, während die Blende geschlossen ist und der Film weiterrückt, wird nicht festgehalten. Die Filmkamera löst folglich das Wirklichkeitskontinuum, in dem wir alltäglich leben, in Bruchstücke auf, die, würde man sie wieder zusammensetzen, nur die halbe Wirklichkeit ergäben. Das Bewegungssehen mittels Einzelbilder wird dadurch erkauft, daß Stücke aus dem Wirklichkeitszusammenhang herausgerissen werden. An die Stelle dessen, was herausgerissen wird, tritt die Dunkelphase der Projektion. Bevor wir darauf eingehen, welche Wirkung dadurch auf den Betrachter ausgeübt wird, soll die Bildtechnik des Fernsehens betrachtet werden.

Fernsehen

Die Fotografie, als Technik betrachtet, beruht auf chemischen und optischen Gesetzmäßigkeiten. Beim Film kommt die Mechanik hinzu. Wenn der Filmtransport in Kamera und Projektor heute auch weitgehend elektrisch besorgt wird, so bedeutet das lediglich eine Vereinfachung und Verbesserung, nicht aber ein unabdingbares Merkmal. Tatsächlich wurde in der Frühzeit des Films der nötige Antrieb durch Kurbeln mit der Hand erzeugt.

Was beim Film eine entbehrliche Beigabe ist, bildet beim Fernsehen das zentrale Prinzip, auf dem alles beruht. Sowohl die Bildaufnahme als auch die Bildwiedergabe wird durch Vorgänge bewirkt, die in den Bereich der Elektrizität gehören.

Zunächst soll das Fernsehgerät untersucht werden. Betrachtet man den Bildschirm mit einer Lupe, so stellt man fest, daß er mit unzähligen Punkten bedeckt ist. Die Punkte sind in Reihen (Zeilen) angeordnet. Jede Zeile besteht aus 800 Punkten. Die Zahl der Zeilen beträgt 625, woraus sich ergibt, daß der Bildschirm von einer halben Million Punkten bedeckt ist (Abbildung 6).

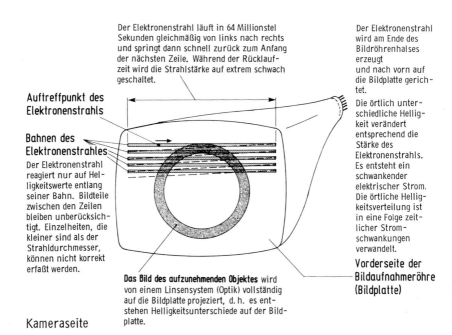

Abb. 6a

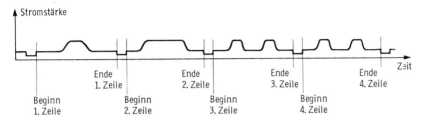

Die Stromschwankungen während der dargestellten Zeilen entsprechen dem links unten als Objekt verwendeten Kreis.

Übertragung
Abb. 6b

Das Fernsehbild entsteht auf die Weise, daß die einzelnen Punkte der Reihe nach von einem Kathodenstrahl getroffen werden. Der Strahl beginnt unten links und folgt den einzelnen Zeilen, bis er oben rechts den letzten Punkt getroffen hat. Die Zeit, die dafür benötigt wird, beträgt 1/25 Sekunden. Ist es schon kaum vorstellbar, wie es möglich ist, innerhalb so kurzer Zeit 500000 Punkte zu treffen, so wird die technische Leistung, die hier vollbracht wird, noch erstaunlicher dadurch, daß die einzelnen Punkte mit unterschiedlicher Intensität angestrahlt werden. Die Punkte leuchten dadurch verschieden stark auf und fügen sich so zu einem Bild zusammen.

Auf der Fernsehbildröhre erzeugt ein Elektronenstrahl an seinem Auftreffpunkt einen Leuchtfleck. Der Auftreffpunkt wird zeitgleich zur Bildaufnahmeröhre über den Bildschirm bewegt. Die Stromstärke hat mehr oder weniger Leuchtstärke zur Folge.

Bei entsprechend hoher Zeilenzahl lassen sich viele Einzelheiten eines Bildes übertragen. Bei wenigen Zeilen pro Bild hat man Mühe, das Fehlende zu ergänzen. Für ein Fernsehbild werden etwa 625 Zeilen verwendet.

Für Farbfernsehbilder werden 3 Aufnahmeröhren verwendet. Sie erhalten die ausgefilterten Farben rot, grün und blau. Die Stromschwankungen entsprechend diesen Farben werden parallel übertragen und steuern 3 getrennte Elektronenstrahlen in einer Bildröhre. Jeder der Elektronenstrahlen erregt nur eine der Farben rot, grün und blau.

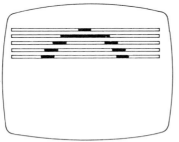

Fernsehempfängerseite
Abb. 6c

25

Die Intensität des Kathodenstrahls wird reguliert durch Impulse, die von der Fernsehkamera kommen. Diese unterscheidet sich von einer Filmkamera dadurch, daß sie anstelle des Filmstreifens mit seiner lichtempfindlichen Schicht eine Bildspeicherplatte hat. Diese Platte ist mit Tausenden winziger Fotozellen bedeckt. Während der Aufnahme wird die Bildplatte zeilenweise von einem Kathodenstrahl abgetastet. Wenn der Kathodenstrahl auf eine Fotozelle trifft, auf der sich, vermittelt durch das Linsensystem der Kamera, ein heller Punkt der Außenwelt abbildet, dann entsteht ein starker elektrischer Strom. Wird die Fotozelle von einem dunkleren Punkt der Außenwelt getroffen, entsteht schwächerer Strom. Die Fernsehkamera produziert so eine Kette von elektrischen Signalen, die mit Hilfe von Trägerwellen zum Fernsehgerät gelangen, wo sie eine Kopie des Bildes der Bildplatte hervorrufen, in dem sie die Intensität des Kathodenstrahls regulieren.

Betrachtet man die bildtechnischen Unterschiede zwischen Film und Fernsehen, dann ergibt sich folgendes. Der Film ist eine Fortentwicklung der Fotografie. Die Filmkamera nimmt Fotos auf und diese werden auf die Leinwand projiziert. Dem Bildgeschehen auf der Leinwand liegen somit zwar starre, aber doch vollständige Bilder zugrunde. Beim Fernsehen hingegen entsteht an keiner Stelle ein vollständiges, vom Betrachter unabhängiges Bild. Während beim Film lediglich die Bewegung vorgetäuscht wird, das einzelne Bild jedoch real existiert, wird beim Fernsehen auch dieses bereits vorgetäuscht. Die technischen Grundlagen hierfür liegen zum einen in der Bildplatte. Sie löst die Wirklichkeitsbruchstücke, die die Kamera festhält, noch einmal in Punkte auf, die – mittels des Abtastens der Fotozellen durch den Kathodenstrahl – dazu gebracht werden, ihre Verschiedenartigkeit als elektrische Spannungsunterschiede zu manifestieren.

Bei der Bildwiedergabe ist es dann so, daß der Betrachter nicht nur die einzelnen ›Bilder‹ zu einem bewegten Ganzen verschmelzen muß, er ist zuvor genötigt, das einzelne Bild aus 500000 Leuchtpunkten aufzubauen. Ohne die Trägheit des Auges sähe man während einer Fernsehsendung auf dem Bildschirm immer nur einen Punkt. Dieser Punkt würde, bei wechselnder Leuchtstärke, ständig von links unten nach rechts oben wandern.

III. Die Wirkung des technisch erzeugten Bewegungsbildes auf den Betrachter

Filmstreifen und Pflanzenmetamorphose

Man könnte den Ausführungen zur Bildtechnik von Film und Fernsehen die Frage entgegenhalten, was das eigentlich in einem Buch zu suchen habe, das sich doch offensichtlich nicht an Film- und Fernsehtechniker wendet. Wie das Bild entstehe, könnte man einwenden, sei gleichgültig, entscheidend sei doch nur, daß der Blick bei gekonnter Kameraführung und funktionsfähigen Apparaten auf einem gestochen scharfen Bild ruhe, einem Bild, dem die Art seiner Entstehung nicht anzumerken sei. Dieser Einwand ist zunächst einmal berechtigt. In der Tat enthält die Beschreibung des technischen Aspektes der bewegten Bilder nicht ohne weiteres eine Aussage über die *Qualität* dieser Bilder. Dazu bedarf es weiterer Beobachtungen und Argumentationschritte.

Was sich für das Betrachten von Bildern aus der Tatsache ergibt, daß ein Bild aus der Verschmelzung von vielen Einzelbildern entsteht, läßt sich bereits an dem kleinen Spielzeug studieren, mit dessen Hilfe die Trägheit des Auges verdeutlicht wurde (Abbildung 4). Die rotierende Scheibe läßt zwar das Bild eines Vogels im Käfig entstehen, dieses Bild ist jedoch so geartet, daß es jede vertiefende Betrachtung zurückweist. Das Bild ist eben nur als Täuschung da. Für das Betrachten heißt das, es gibt nichts, worauf das Auge ruhen könnte. Der Blick darf die Ebene, in der das Bild erscheint, nur leicht berühren, um sich, sobald das Gemeinte erkannt ist, sogleich zurückzuziehen. Bei Film und Fernsehen liegen die Dinge genauso. Beide Medien bedeuten somit für den, der sich ihnen aussetzt, eine wirksame Einübung in oberflächliches Betrachten.

Dem hier Behaupteten könnte entgegengehalten werden, es sei doch eine kreative Leistung, die von der Kamera aus einem Bewegungsvorgang herausgegriffenen Momentaufnahmen zu einer vollständigen Bewegung wieder zusammenzufügen. Immerhin müssen die fehlenden Stücke überbrückt werden. Solch eine Auffassung könnte auf andere Bilder verweisen, bei denen es auch darum geht, Zwischenräume zu überbrücken und wo diese Leistung eindeutig positiv beurteilt wird. Abbildung 7 zeigt, in einer Lemniskate angeordnet, Entwicklungsphasen einer Wegerauke vom Keimblatt bis zur Blüte. Die insgesamt 21 Abbilder halten Stationen des sich im Raum und in der Zeit entwik-

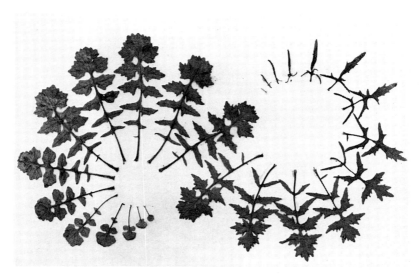

Abb. 7

kelnden Wachstumsvorganges fest. Was läßt sich beobachten, wenn man den Stationen mit dem Auge folgt? Zunächst einmal sind zwei gegenläufige Bewegungen feststellbar, nämlich Ausdehnung und Zusammenziehung. Vom Keimblatt bis zum höchsten Punkt der Schleife dehnen sich die Blätter aus, dann ziehen sie sich wieder zusammen. Mit dieser Entwicklung laufen andere parallel. Auf die einfache Form des Keimblattes folgen größere, kompliziertere Formen, die zur Blüte hin wieder zu einfacheren Formen übergehen. Eine dritte Tendenz besteht darin, daß die Entwicklung während der Ausdehnungsphase nach der Peripherie hin verläuft. Der Stengel streckt sich, und die zur Blattspitze hin gelegenen Teile werden immer reichhaltiger ausgearbeitet. Nach der Richtungsumwendung (Zusammenziehung) beginnt der Blattgrund sich allmählich zu verbreitern. Die Zusammenziehungsphase ist also nicht identisch mit der Ausdehnungsphase; es müßte sonst auch ein symmetrisches Bild entstehen. Letzteres wird auch durch einen Umschlag im Bereich der Formen verhindert. Sie entwickeln sich vom Runden des Keimblattes über das ganz ausdifferenzierte Blatt in der Mitte zum Spitzen des Blütenblattes.
Wie kommt jemand, der den Abbildern der einzelnen Wachstumsstadien folgt, von einem Bild zum anderen? Die Entwicklung läßt sich nicht voraussehen. Wieso werden die Stengel plötzlich wieder kürzer, verlagert sich die Ausformung zum Blattgrund? Läßt man sich auf die Bildebewegung der Pflanze ein, indem man ihr mit den Augen folgt, dann stellt man fest, daß die überra-

schenden Wendungen nicht stören. Im Gegenteil, man kommt beim Betrachten in eine wohltuende innere Regsamkeit.

Um das zu verstehen, muß folgendes beachtet werden. Bei der Abbildung sieht es so aus, als entwickele sich ein Blatt aus dem anderen. Bei der lebenden Pflanze ist es jedoch so, daß die in der Lemniskate angeordneten Stadien gleichzeitig und nebeneinander auftreten. Die Wachstumskräfte der Pflanze setzen bei jedem Blatt neu an und bilden es ganz für sich, von den anderen getrennt. Trotzdem herrscht zwischen den einzelnen Organen der geschilderte Zusammenhang. Indem wir den Formverwandlungen mit dem Auge folgen, tasten wir uns an die Wachstumskräfte und die ihnen zugrundeliegenden Gesetzmäßigkeiten heran. Goethe, auf den dieses Studium der Pflanzenmetamorphosen zurückgeht, fand auf solche Weise das, was er die Urpflanze nannte. Von dieser Urpflanze ist zu sagen, daß sie nirgends als physisch-reale Pflanze wächst. Es handelt sich vielmehr um eine nur geistig existierende, pflanzenschaffende Möglichkeit.

Wer der Pflanzenmetamorphose folgt, trifft in den Zwischenräumen, die zwischen den Bildern der einzelnen Phasen entstehen, auf die Urpflanze mit ihren Kräften und Gesetzmäßigkeiten, die den Übergang von einer Phase zur anderen verständlich machen und sogar notwendig erscheinen lassen. Vergleichen wir das mit der Projektion einer Kette von Einzelbildern, die beim Betrachten den Eindruck von Bewegung erzeugen, so gilt auch hier, daß Zwischenräume entstehen, weil die Phasenbilder immer nur bestimmte Momente des Bewegungsvorganges herausgreifen. Wir hatten gesehen, daß bei Film und Fernsehen die Zwischenräume durch die Dunkelphase der Projektion gefüllt werden. Die Überbrückung der Zwischenräume geschieht auf seiten des Betrachters durch die Trägheit des Auges (optisches Nachbild), das heißt, durch physiologischen Zwang. In der äußeren Wirklichkeit, die abgefilmt wird, vollzieht sich der Übergang von einer Phase zur anderen entsprechend den der Bewegung zugrundeliegenden Gesetzen der Mechanik. Für den Betrachter hat das zur Folge, daß er beim Anschauen der projizierten Bewegung in eine ermüdende Starre gerät. Das Betrachten einer Pflanzenmetamorphose und der innerliche Nachvollzug der jeweiligen Bildebewegungen erfrischen hingegen, da Phantasiekräfte aktiviert werden müssen, mit denen man dann den Kräften begegnet, die die Pflanze hervorbringen.

Die Verschiedenartigkeit der Zwischenräume beim Film (Fernsehen) und bei der Pflanzenmetamorphose kann noch durch einen Blick auf die Musik verdeutlicht werden. Beim Musikhören kommt es auch darauf an, den Raum zwischen den Tönen zu füllen und damit zu überbrücken. Je intensiver man zwischen die Töne hineinlauscht, um so intensiver wird das Musikerlebnis. Der Grund hierfür liegt darin, daß hinter den hörbaren Tönen als Quelle des Erle-

29

bens das Musikalische liegt, das so wenig sinnlich greifbar ist wie die Urpflanze.

Das Wesen des maschinellen Bildes

Die Ergebnisse, die sich ergeben haben, indem gefragt wurde, wie sich die
Technik des Bewegungsbildes auf den Betrachter auswirkt, sind solche, die
etwas über die Bild*qualität* aussagen. Dabei wurde bis jetzt nur die Bildprojek-
tion berücksichtigt. Im folgenden soll untersucht werden, wie sich die der Projektion vorausliegende maschinelle Herstellung des Bildes mit Hilfe der Kamera auf die Bildqualität auswirkt. Der Verfasser hat dieser Frage ein eigenes
Buch gewidmet.[*] An dieser Stelle können daher nur einige Gesichtspunkte
angeführt werden. Es läge nahe, als Beispiel für ein maschinell hergestelltes
Bild aus den mit Hilfe der Filmkamera aufgenommenen Fotos (Abbildung 3)
eines herauszugreifen. Dem könnte jedoch entgegengehalten werden, als Ein-
zelfoto genommen bliebe solch ein Bild hinter den Möglichkeiten der Fotografie weit zurück. Da solch einem Einwand eine gewisse Berechtigung zukommt,
soll ein Beispiel gewählt werden, das in Hinblick auf fotografische Qualität
bietet, was in diesem Bereich zu bieten ist.
Den Anblick von Abbildung 8 werden die meisten Betrachter als angenehm,
vielleicht sogar als ausgesprochen reizvoll empfinden. Bei vielen wird das Bild
auch ganz spontan eine bestimmte Stimmung wachrufen, etwa die Stimmung
eines herbstlichen Waldes.
Welche Mittel werden benutzt, um den Betrachter in der hier angedeuteten
Weise zu beeindrucken? Da ist zunächst einmal eine deutliche Gliederung des
Bildes durch die Vertikalen der Bäume, die, im Gegenlicht aufgenommen, auf
dem Bild wesentlich dunkler wirken, als sie das in der Natur täten. Weiter lebt
das Bild von verschiedenen Kontrasten. Da ist zum Beispiel der Kontrast zwischen den dunklen, undurchdringlichen Bäumen und den hellen, lichtdurch-
fluteten Blättern. Die Blätter mit ihren warmen Farben bilden außerdem einen
Kontrast zu dem kühlen Blau-Grün des Hintergrundes.
Die Eigentümlichkeit der Wirkung des hier besprochenen Bildes wird deutlich, wenn man sich zum Vergleich in einen herbstlichen Wald versetzt, etwa an
die Stelle, von der aus der Fotograf sein Bild aufgenommen hat. Da würde man
von den verschiedenartigsten Sinneseindrücken nur so überschüttet, denn man
würde ja nicht nur sehen, sondern zumindest auch hören, riechen und tasten.
Aber selbst im Bereich des Sehens wäre ein großer Unterschied gegenüber

---

[*] Heinz Buddemeier: Das Foto. Geschichte und Theorie der Fotografie als Grundlage
eines neuen Urteils, Hamburg 1981, rororo Sachbuch 7190.

Abb. 8

dem Bild. Anstelle eines engen, scharf umgrenzten Ausschnittes hätte man einen viel weiteren Umkreis vor Augen, in dem zudem alles in ständiger Bewegung und Veränderung wäre.

Die Vielfalt der geschilderten Sinneseindrücke wirkt auf die meisten Menschen zunächst so, daß sie nicht zu einem einheitlichen Erlebnis kommen können, sondern statt dessen den Eindruck einer völligen Überforderung haben. Dieser Eindruck läßt sich überwinden, wenn man geduldig ausharrt und die Sinneseindrücke, nachdem man sie zunächst einmal getrennt wahrgenommen hat (die optischen Eindrücke haben die Tendenz, alle anderen zu überlagern), allmählich zusammenwachsen läßt. Wie man die Sinneseindrücke zusammenwachsen läßt, so muß man es auch mit dem Raum tun, indem man nicht nur die Nähe, die Ferne oder den Mittelgrund wahrnimmt, sondern alles zusammen.

Wenn man auch noch in die verschiedenen Richtungen schaut, so daß einem auch das vertraut wird, dem man gerade den Rücken zukehrt, dann kann man erleben, daß die Landschaft, in der man sich befindet, anfängt, einen aufzunehmen. Ja, man wird in ihr sogar zu einem Mittelpunkt, zu einem ruhenden Pol. Und dann stellt sich auch ein einheitliches Erlebnis ein, in das dann immer auch eine Ahnung der hinter den Erscheinungen wirkenden Kräfte und Wesen einfließt.

Das Foto des herbstlichen Waldes verlangt vom Betrachter nicht die Spur einer Anstrengung. Die Wirkungen, die von ihm ausgehen, springen den Betrachter geradezu an. Das liegt – und darauf beruhen auch die bereits erwähnten Kontraste – vor allem daran, daß die im Raume ausgebreiteten Gegenstände in einen engen Rahmen gezwängt und zudem auf einer Fläche zusammengeschoben werden. Das Nebeneinander von warmen und kühlen Farben kommt auf dem Foto zum Beispiel auf die Weise zustande, daß mit Hilfe eines Teleobjektivs der Hintergrund (ein leicht ansteigender, im Schatten liegender Hügel) an den Vordergrund herangezogen wird. An Ort und Stelle müßte man mit den Augen tätig werden, wenn man den Hügel sehen wollte und hätte man ihn in den Blick gefaßt, das heißt, seine Augen darauf eingestellt, würde der Vordergrund verschwimmen und fast ganz aus dem Bewußtsein verschwinden. Widerspricht das nicht dem, was vorher über die unmittelbare Beobachtung der Natur gesagt wurde? Da hieß es doch, man solle Vordergrund, Mittelgrund und Hintergrund gleichzeitig wahrnehmen. In der Tat läßt sich diese Forderung nur auf einem Umweg erfüllen, indem man nämlich das, was man nacheinander mit den Augen erfaßt, in seinem Inneren zu einem Vorstellungsbild zusammenfügt. Der Reiz, den die Fotografie gewährt, beruht nicht zuletzt darauf, daß sie den Betrachter mit einem Anblick überrascht, den er in der Außenwelt gar nicht erwartet, weil er ihn sonst nur haben kann, wenn er ihn sich in seinem Inneren mühevoll erarbeitet.

Ein Foto überbietet das, was wir, ohne Dazwischentreten dieses Mediums, sehen können und erleichtert außerdem das Sehen, indem es die Arbeit des Akkomodierens, des Fixierens und des inneren Zusammenfügens erspart. Für diese Bequemlichkeit, die zweifellos nicht ohne Reiz ist, zahlt der Betrachter einen Preis. Indem er sich die Mühe macht, die Natur unmittelbar anzuschauen und es auf sich nimmt, in seinem Innern ein Bild von ihr zu formen, nimmt er dieselben Kräfte in Anspruch, die auch draußen das Wachsen bewirken, so daß der Betrachter gerade durch seine innere Regsamkeit, die er dem nach außen gewendeten Schauen hinzufügt, der Natur nahekommt, weil er nämlich, und sei es zunächst noch so anfänglich, denjenigen Kräften und Wesen begegnet, die hinter den äußeren Erscheinungen wirksam sind. Ein Foto bereitet dem Betrachter leichten Genuß, schneidet ihn aber von allem Wesenhaften ab. Was der Fotograf auch anstellen mag, sein Bild kommt schließlich auf die Weise zustande, daß physisch-materielle Oberfläche mit Hilfe des Lichts auf der lichtempfindlichen Schicht des Films einen Abdruck hinterläßt. Das Wesenhafte kann, sofern man seine Existenz überhaupt anerkennt, auf diese Weise nicht eingefangen werden.

Eine Fotografie, die vorgibt, mehr zu können, als Oberfläche zu dokumentieren, darf man daher als Lüge bezeichnen. Das trifft auf unser Beispiel (Abbildung 8) zu, da es im Betrachter den Eindruck erweckt, als sähe er mit seiner Hilfe den Wald intensiver und schöner als in Wirklichkeit. Der Betrachter wird dadurch davon abgehalten, die Mühe der unmittelbaren Begegnung auf sich zu nehmen. In Wahrheit tut das Foto aber nichts anderes, als Oberfläche in optisch reizvoller Weise zu präsentieren. Man könnte dem entgegenhalten, ob dann nicht auch gemalte und gezeichnete Bilder lügenhaft seien. Das ist jedoch nicht der Fall. Eine Zeichnung kann schlecht sein, sie lügt aber nicht – es sei denn, es werde eine Lüge gezeichnet –, da sie eine eigene Gestalt hat, die den Betrachter auf Grund der Wirkungsgesetzmäßigkeiten ihrer Linien anspricht. Ob dadurch ein Eindruck entsteht, der zu einem tieferen Naturverständnis führt, hängt einerseits von den künstlerischen Fähigkeiten des Zeichners und andererseits von der beim Betrachten waltenden Intensität ab. In keinem Fall wird es möglich sein, ein Bild zu malen oder zu zeichnen, das so betrachtet wird, als sei es die Natur selber.

Die Eigentümlichkeit der fotografischen Abbildung der äußeren Wirklichkeit soll auch noch dadurch verdeutlicht werden, daß die Augentätigkeit betrachtet wird. Wenn wir in der Welt umherblicken, wird uns normalerweise nicht klar, daß wir die Gegenstände, die vor uns liegen, ständig neu fixieren. Der Grund hierfür liegt darin, daß wir immer nur einen kleinen Wirklichkeitsausschnitt scharf sehen können. Wie groß dieser Bereich ist, kann der Leser an der Buchseite, die er gerade liest, erkennen. Bei oberflächlicher Betrachtung entsteht der Eindruck, als könne man beide Seiten scharf sehen. Versucht man dann aber ganz bewußt, beide Seiten gleichzeitig genau zu betrachten, dann wird man feststellen, daß das nicht geht. Man betrachte nun ein einzelnes Wort. Kann man es von Anfang bis Ende scharf sehen? Solange man das Wort liest, hat man diesen Eindruck. Betrachtet man das Wort jedoch ein zweites Mal, ohne es zu lesen, dann stellt sich heraus, daß immer nur ein Buchstabe scharf gesehen werden kann.

Um einen Gegenstand scharf zu sehen, müssen wir mit den Augen zweierlei tun. Wir müssen zum einen die Augen so richten, daß sich die Augenachsen in dem Punkt kreuzen, der, wie man dann sagt, ins Auge gefaßt werden soll. Zum anderen müssen die Augenlinsen so eingestellt werden (Akkomodation), daß die von dem Gegenstand ausgehenden Strahlen auf eine bestimmte Stelle der

Netzhaut gelenkt werden, auf das Sehgrübchen nämlich. Da das Sehgrübchen sehr klein ist, besteht unser Sehen aus einer meist unbewußt bleibenden raschen Folge von Fixierungen.

Das Gegenteil des Fixierens ist das Starren. Wer starrt, bringt die Beweglichkeit und Lebendigkeit nicht auf, die das ständig neue Fixieren verlangt. Sieht man einmal von rein physiologischen Störungen ab, sind es vor allem zwei Neigungen, die das Starren begünstigen: Bequemlichkeit und Genußsucht. Hinter dem Starren steht der Wunsch, mit möglichst wenig Aufwand möglichst viel zu sehen.

In der Augenheilkunde sieht man im Starren eine Ursache für verschiedenartige Sehstörungen. Dabei kann das Starren immer nur als Tendenz auftreten, da ein wirklich konsequenter Verzicht auf wechselnde Fixierungen dazu führen würde, daß alles verschwommen gesehen wird, wovon sich der Leser leicht überzeugen kann, indem er im Zimmer umherschaut, dabei aber die Spitze seines Zeigefingers fixiert.

Was in der Lebenswirklichkeit nicht möglich ist, dazu verhilft die Fotografie. Indem sie die im Raum ausgebreiteten Gegenstände auf die Fläche projiziert, erlaubt sie ein Anstarren der Welt, ohne daß alles verschwimmt. Das hat für den Bewußtseinszustand des Betrachters einschneidende Konsequenzen. Zunächst einmal wird in ihm, da er straflos starren darf, eine Begierdehaltung gefördert. Hinzu kommt, daß das Ich zurückgedrängt wird. Letzteres wird verständlich, wenn man bedenkt, daß Tiere in dem hier besprochenen Sinn nicht fixieren können. Hinter der Möglichkeit, einen Gegenstand mit zwei Augen in den Blick zu fassen, steht eine spezifisch menschliche Leistung, die auf der Gegenwart des Ich beruht. Das wird zum Beispiel daran deutlich, daß eine Neigung zum Schielen in dem Maße zunimmt, wie das Ich geschwächt wird, was etwa durch Alkoholeinfluß geschehen kann.

Bedenkt man, daß beim Betrachten von Fotografien auf der einen Seite das Ich einschläft, weil es am immer erneuten Fixieren gehindert wird, daß andererseits aber durchaus Gefühle und Empfindungen wachgerufen werden, dann ergibt sich ein Bewußtseinszustand, der Merkmale aufweist, die in Richtung Trance weisen. Diese Vermutung findet eine überraschende Bestätigung von einer ganz anderen Seite. Die Psychologen erforschen seit Jahrzehnten das Phänomen der Aufmerksamkeit, wobei sie vor allem interessiert, unter welchen Bedingungen die Aufmerksamkeit möglichst lange auf ein sinnlich wahrnehmbares Objekt oder einen Gedanken gerichtet werden kann. Dabei hat sich in zahlreichen Experimenten immer wieder herausgestellt, daß Aufmerksamkeit überhaupt nur dann aufrecht gehalten werden kann, wenn der betreffende Mensch die Möglichkeit hat, mit seiner Aufmerksamkeit zu wandern und sie immer neu zu richten. Einer der Forscher schreibt:

»Die Konzentration der Aufmerksamkeit auf einen Gegenstand oder einen Gedanken kann vom gesunden Menschen für recht lange Zeit aufrechterhalten werden. Was man aber gemeinhin einen Gegenstand oder Gedanken nennt, ist ein sehr komplexes Gebilde mit vielen verschiedenen Teilen oder Aspekten, und in Wirklichkeit springt unsere Aufmerksamkeit die ganze Zeit von einer Stelle zur anderen. Ohne die Möglichkeit, von Punkt zu Punkt zu springen, kann unsere Aufmerksamkeit nicht länger als etwa eine Sekunde auf einen wirklich isolierten einzelnen Gegenstand gerichtet sein, etwa einen kleinen Farbfleck, außer wir riskieren ernsthaft, in Trance oder einen ähnlichen pathologischen Zustand zu verfallen.«

Die Hypnotiseure haben das, wenn auch nur instinktiv, immer schon gewußt, warum würden sie sonst ihre Probanden auffordern, auf die Spitze eines Bleistiftes oder auf die rechte obere Ecke eines Bildes oder auf einen leuchtenden Punkt zu schauen. Was da zur Wahrnehmung angeboten wird, ist so, daß es weder ein Wandern der Aufmerksamkeit zuläßt, noch können sich Gedanken daran entzünden. Die Folge ist, daß das Ich zurücktritt, da es keine Möglichkeit des Eingriffs findet.

Bis zur Erfindung der Fotografie war es ein Privileg der Hypnotiseure, andere Menschen in den Zustand der Trance zu versetzen. Heute geschieht das öfter, als den meisten klar ist. Dabei könnte ein Einwand gegen die hier vorgetragene Auffassung dadurch entstehen, daß man Trance für einen ganz abnormen Bewußtseinszustand hält, der nur durch einen massiven Eingriff erreicht werden kann. Diese Meinung ist jedoch falsch. Der Mediziner Milton H. Erickson, der durch seine therapeutische Anwendung der Hypnose bekannt geworden ist, definiert in einem Buch, in dem er seine Methode darstellt, Trance folgendermaßen:

»Aber sie (die meisten Menschen) sind angenehm überrascht, wenn sie sich entspannen und entdecken, daß Assoziationen, Empfindungen, Wahrnehmungen, Bewegungen und psychische Mechanismen ganz von selbst vor sich gehen können. Dieser autonome Fluß des nichtgelenkten Erlebens ist eine einfache Weise, Trance zu definieren. Hypnotische Suggestion kommt ins Spiel, wenn die Direktiven des Therapeuten einen bedeutenden Einfluß haben bei der Förderung des Ausdrucks dieses autonomen Flusses in die eine oder andere Richtung.«

Die Fotografie bereitet jene »angenehme Überraschung«, von der Erickson spricht, indem sie im Betrachter Gefühle und Empfindungen wachruft, ohne daß er dafür innere Aktivität aufbringen muß. Dabei sei sogleich zugestanden, daß nicht jedes Betrachten einer Fotografie Trance zur Folge hat. Das wird zum Beispiel dann verhindert, wenn der Inhalt der Aufnahme den Betrachter zu Gedanken anregt. Man unterschätze jedoch nicht, wie stark das Medium Fotografie selbst darauf hinwirkt, daß der Betrachter eine passiv-genießende Haltung einnimmt. Diese Tendenz ist um so stärker, je »schöner« die Aufnahme ist. Die Tatsache, daß ein Foto stets das Wesen der dargestellten Dinge ausspart, ist für die Entwicklung von Gedanken verständlicherwei wenig förderlich. Zumindest wird man sagen können, daß jemand, der Fotos betrachtet, indem er blättert, wie etwa beim Anschauen von Illustrierten, mit großer Wahrscheinlichkeit in Trance ist.

Noch einmal: die Wirkung des technisch erzeugten Bewegungsbildes

Die Beschäftigung mit dem fotografischen Einzelbild, das bei der Filmprojektion auf die Leinwand geworfen wird, ermöglicht es, die Wirkung von Film und Fernsehen noch genauer zu verstehen. Wir hatten festgestellt, beide Medien seien eine Einübung in oberflächliches Betrachten, da der Blick die Projektionsfläche nur leicht berühren darf. Jede vertiefende Betrachtung wird zurückgewiesen. Es zeigt sich nun, daß bereits das maschinell hergestellte Einzelbild im buchstäblichen Sinne *oberflächlich* ist. (Beim Fernsehen gibt es, wie gezeigt wurde, kein vollständiges Einzelbild. Es werden die Veränderungen projiziert, die die Außenwelt auf der Bildplatte der Fernsehkamera hervorruft. Betrachtet man das Geschehen auf der Bildplatte einmal als Bild, so gilt dafür dasselbe wie für die fotografischen Bilder.) Man kann sagen, die Projektion sei den maschinell hergestellten Bildern angemessen, da durch den Zwang zur oberflächlichen Betrachtung nichts verlorengeht. Solch eine Feststellung ist zwar richtig, sie verdeutlicht aber auch, warum die Leere, die bereits beim Foto festgestellt wurde und die dort zum Blättern verleitet, bei Film und Fernsehen noch größer ist. Hier sind es, wie noch zu zeigen sein wird, Kamerabewegungen und rascher Bildwechsel, mit deren Hilfe die Leere überspielt wird.

Die Auseinandersetzung mit der Fotografie hatte auch auf Phänomene geführt, die noch gar nicht in den Blick gerückt waren, wie das Starren und die Neigung zur Trance. Das Starren hängt, wie gezeigt wurde, damit zusammen, daß beim Foto der Raum auf die Fläche reduziert wird. Bei dieser Reduktion wird zugleich auch die Bewegung der abgebildeten Gegenstände eingefroren. Man hat das von Anfang an als Mangel empfunden und nicht eher geruht, bis der Film die fotografisch fixierte Bewegung aus ihrer Erstarrung befreite. »Im Film bewegen sich die Menschen wie im Leben«, meinten die Besucher der ersten Filme enthusiastisch und übersahen dabei, fasziniert durch den technischen Fortschritt, daß sich die Bewegung auf der Leinwand von der wirklichen Bewegung beträchtlich unterscheidet. In der Natur gibt es kaum Bewegung, ohne daß der bewegte Körper seine Entfernung zum Betrachter verändert. Das bedeutet für denjenigen, der einem bewegten Gegenstand mit den Augen folgen will, daß die Aktivität seiner Augen, vor allem die Raschheit des Fixierens, zunehmen muß. Bei der projizierten Bewegung fallen die Entfernungsveränderungen weg, was zum Beispiel bedeutet, daß ein sich im Film auf den

Betrachter zubewegender Mensch angestarrt werden kann, da die Distanz zum Auge konstant bleibt.

Die Scheinbewegungen von Film und Fernsehen haben zur Folge, daß der Betrachter geneigt ist, sehr viel länger hinzuschauen als bei einem Foto. Ein Kinobesuch dauert knapp zwei Stunden, ein durchschnittlicher Fernsehabend ist ebenso lang. Ein Foto kann nur einen Bruchteil dieser Zeit für sich beanspruchen, da es nicht in der Lage ist, für ständig neue Abwechslung zu sorgen. Die technisch erzeugte Bewegung führt somit, im Vergleich zur Fotografie, zu einer erheblichen Verlängerung des Starrens, was wiederum den Zustand der Trance begünstigt. Auf letzteres Problem soll jedoch in einem späteren Abschnitt eingegangen werden.

IV. Elementare Gestaltungsmittel

Bewegung schaffende Bilder

Das Abfilmen und Wiedergeben von in der äußeren Welt auftretenden Bewegungen ist nicht die einzige Leistung des Films (das Fernsehen ist bis auf weiteres mitgemeint). Historisch gesehen steht sie jedoch am Anfang. Die ersten Filme entstanden auf die Weise, daß man die Kamera auf ein Stativ montierte und auf die sich bewegenden Personen oder Gegenstände richtete. Die anfängliche Begeisterung, die solche Filmstreifen auslösten, ließ rasch nach, und der Film wäre längst wieder verschwunden, wären nicht neue Wirkungsmittel entdeckt worden. Zunächst einmal steigerte man die Ausdrucksmöglichkeiten, indem man die Kamera in Bewegung setzte. Was das bedeutet, soll an dem folgenden Beispiel verdeutlicht werden.

Herr Meier, der in einer ruhigen Straße wohnt, tritt am frühen Nachmittag ans Fenster, weil er ein zu dieser Zeit ungewohntes Geräusch gehört hat. Er schaut zunächst nach links die Straße entlang, dann nach rechts, wo er ganz am Ende der Straße sieht, wie jemand aus dem Auto steigt und eine Haustür aufschließt.»Herr Schmidt hat wieder mal früher Schluß gemacht«, denkt Herr Meier und fährt mit seiner Beschäftigung fort, von der ihn das Geräusch ablenkte.

Was hat Herr Meier gesehen, als er sich aus dem Fenster beugte? Zunächst glitt sein Blick die gegenüberliegende Straßenseite und die gegenüberliegenden Häuser nach links entlang. Häuser und Straße traten in dem Maße, wie Herr Meier Augen und Kopf bewegte, nacheinander in sein Blickfeld. Dann ging der Blick in die andere Richtung. Ein Film, der zum Ausdruck bringen will, was Herr Meier sah, würde in Augenhöhe eine Kamera postieren und der Kameramann würde sie dann zunächst nach links und dann nach rechts schwenken. Bei der Wiedergabe des Films sähe der Betrachter auf der Leinwand in etwa das, was Herr Meier sah, als er aus dem Fenster blickte. Ein Vergleich des Herrn Meier mit dem Betrachter des Films ergibt trotz dieser Ähnlichkeit gewichtige Unterschiede. Bei Herrn Meier war es so, daß Straße und Häuser still standen, während er selbst Augen, Kopf und Oberkörper bewegen mußte, um das zu sehen, was ihn interessierte. Beim Kinobesucher ist es genau umgekehrt. Da hat die Kamera die Bewegungen des Herrn Meier übernommen und auf diese Weise Straße und Häuser nacheinander aufgenommen.

Wird dieser Filmstreifen projiziert, dann ziehen Straße und Häuser zunächst von links nach rechts und dann von rechts nach links über die Leinwand. Das heißt, während der Zuschauer festgebannt im Sessel sitzt und unentwegt starrt, bewegen sich vor ihm Straße und Häuser.

Diese Art, die Wirklichkeit vorzuführen, ist natürlich außerordentlich reizvoll. Die bereits bei der Fotografie festgestellte Spannung zwischen dem Erleichtern des Sehens einerseits und dem Überbieten dessen, was mit bloßem Auge zu sehen ist, wird noch vergrößert. Auf diese Weise steigt die Bereitschaft des Zuschauers, im Zustand des Starrens zu verharren.

Die Überbietung des natürlichen Seheindrucks kann noch durch ein Mittel gesteigert werden, das an folgender Erweiterung unseres Beispiels verdeutlicht werden soll. In dem Augenblick, in dem die Kamera Herrn Schmidt erfaßt, der gerade seine Haustür aufschließt, könnte es sein, daß durch einen Zoom (allmähliche Veränderung der Brennweite) die Szene herangeholt wird, etwa so weit, bis in Großaufnahme eine Hand mit Schlüssel zu sehen ist, die nervös und unsicher das Schlüsselloch sucht.

Der Betrachter einer solchen Filmszene bekommt den Eindruck, als flöge er auf Herrn Schmidt zu. Aber selbst wenn er das könnte, würde er nicht das sehen, was ihm der Film zeigt. Der Leser versuche einmal, nur seine eigene Hand zu sehen. Das ist ganz unmöglich. Es ist immer noch sehr viel mehr als die Hand im Blickfeld. Falls jemand den Eindruck hat, nichts als die Hand zu sehen, so liegt das daran, daß er seine Aufmerksamkeit auf die Hand konzentriert. Man kann sich davon überzeugen, indem man die eigene Hand so lange immer näher an die Augen heranführt, bis sie tatsächlich das ganze Blickfeld füllt. In dem Augenblick, wo das der Fall ist, ist die Hand so dicht vor den Augen, daß man eigentlich nichts mehr sieht.

Die kleine Szene, in der schließlich Herr Schmidt durch Zoom näher kommt, hätte auf den Betrachter eine erhebende Wirkung, da sie ihm eine gewaltige Steigerung seiner Fähigkeiten suggeriert. Tatsächlich entstehen durch Kamerabewegungen und Zoom Seherlebnisse, die den Eindruck erwecken, als seien die Beschränkungen der eigenen Körperlichkeit überwunden.

Das erzählende Bild

Es soll nun eine dritte Funktion des Filmbildes untersucht werden. Auch das Schaffen von Bewegung mittels Kamerabewegungen ist immer noch nicht dasjenige Mittel, das den Betrachter stundenlang auf die Leinwand oder den Bildschirm schauen läßt. Dazu ist erforderlich, daß mit Bildern eine Geschichte erzählt wird, an der der Betrachter miterlebend teilnehmen kann.

Der erste, dem es gelang, mit Hilfe filmischer Bilder eine Handlung darzustellen, war der Amerikaner Edwin S. Porter. Im Jahre 1902 drehte er für die Edison Company den Film »The Life of an American Fireman«, in dem ein Tag aus dem Leben eines Feuerwehrmannes erzählt wurde. Da die Art, wie Porter seinen Film herstellte, höchst bezeichnend ist, soll kurz darauf eingegangen werden.

Der entscheidende Einfall Porters bestand darin, daß er seinen Film aus zwei ganz verschiedenen Elementen zusammensetzte. Zum einen bediente sich Porter dokumentarischer Aufnahmen, die er im Archiv der Filmgesellschaft vorfand. Sie zeigten brennende Häuser und Feuerwehren, die ausrückten und löschten. Diese Aufnahmen kombinierte Porter mit Aufnahmen, die von Schauspielern gespielte Szenen zum Inhalt hatten. Sie zeigten zum Beispiel einen Feuerwehrmann, der von einem Kind träumt, das in einem brennenden Zimmer eingeschlossen ist.

Die dokumentarischen Aufnahmen und die gespielten Szenen ergaben für den Zuschauer eine einheitliche Handlung. Er sah zum Beispiel zu Beginn des Films in zwei inszenierten Einstellungen einen schlafenden Feuerwehrmann und dessen Traum. Daran schloß sich eine dokumentarische Aufnahme, die Feuerwehrleute zeigte, die zu einem Brand ausrückten, der vor einigen Monaten tatsächlich stattgefunden hatte. Die Zuschauer waren jedoch überzeugt, unter den Feuerwehrleuten, die auf ihren Wagen zum Brand rasten, sei derjenige Feuerwehrmann, den sie in der vorigen Einstellung im Bett liegend gesehen hatten. Oder der Film zeigte ein brennendes Haus (dokumentarische Aufnahme) und in der nächsten Einstellung ein raucherfülltes Zimmer mit einem in diesem Zimmer eingeschlossenen Kind (gespielte Szene). Der Zuschauer war überzeugt, das Kind befinde sich in dem lichterloh brennenden Haus, das die vorherige Einstellung gezeigt hatte.

Porter machte mit seinem Film eine für den weiteren Gang der Entwicklung entscheidende Entdeckung. Er stellte fest, daß die Zuschauer den unabweisbaren Drang hatten, Einstellungen, die nichts miteinander zu tun hatten, zu einer Einheit zusammenzufassen, wenn sich dadurch eine Spielhandlung ergab. Dabei wurde der einzelnen Einstellung, sofern der Bildinhalt nicht gar zu konträr war, einfach diejenige Bedeutung untergeschoben, die für den Fortgang der Handlung notwendig war.

Bevor der Frage nachgegangen wird, auf welche Weise der Zuschauer die einzelnen Handlungsausschnitte zusammenfügt, soll eine kleine Filmszene geschildert werden, deren Gestaltungsmittel dann in einer Art Drehbuch deutlich werden sollen. Erinnern wir uns an Herrn Schmidt, der aus seinem Auto steigt und die Haustür aufschließt. Die folgende Einstellung zeigt, wie Herr Schmidt, in seiner Wohnung angekommen, den Mantel auszieht. Danach sieht man, wie er sich in seinem Wohnzimmer in einen Sessel fallen läßt. Im nächsten Bild kommt seine Frau hinzu. Sie setzt sich auf die Lehne des Sessels, legt einen Arm um die Schultern ihres Mannes und sagt:»Geht's dir wieder nicht so gut?«

Diese Szenenfolge erhält erst einen Sinn, wenn sie auch einen Anfang bekommt. Er sei folgendermaßen. Herr Schmidt sitzt niedergeschlagen in seinem Büro an seinem Schreibtisch. Er versucht immer wieder zu arbeiten, ist aber nicht dazu in der Lage. Schließlich zieht er den Mantel an und verläßt den Raum. In der nächsten Einstellung öffnet Herr Schmidt die Tür eines Büros, in dem zwei Kollegen sitzen. Er sagt:»Es geht nicht. Ich muß nach Hause«, und verläßt den Raum wieder. Die dritte Einstellung zeigt die beiden Kollegen, die sich verständnisvoll anblicken. Einer sagt:»Gegen Depressionen ist wohl noch kein Kraut gewachsen.« Danach sieht man in verschiedenen Einstellungen Herrn Schmidt im Auto auf dem Heimweg.

Zum Verständnis des folgenden Drehbuchs müssen zwei Ausdrücke, von denen einer bereits verwendet wurde, näher erläutert werden. Wenn Herr Schmidt zunächst in seinem Büro gezeigt wird, und wir anschließend sehen, wie er in ein anderes Büro hineinschaut, so hat man es in der Filmsprache mit zwei Einstellungen zu tun. Zwischen zwei Einstellungen liegt ein Schnitt. Tatsächlich wird ja der Weg von einem Büro zum anderen ausgespart. Man kann so»Einstellung« definieren als dasjenige, was zwischen zwei Schnitten liegt oder auch als das nichtunterbrochene Kamerabild.

Die Einstellungsgröße sagt etwas über die Entfernung aus, die in einer bestimmten Einstellung zwischen Kamera und aufgenommenem Objekt besteht. Eine aus größerer Entfernung aufgenommene Landschaft nennt man eine Totale. Gibt eine Einstellung einen Überblick über ein Zimmer, kann man von Halbtotale sprechen. Eine Hand, die die ganze Bildfläche füllt, ist eine Naheinstellung.

Auf der einen Seite kann das, was als eine Art Drehbuch aufgezeichnet wurde, natürlich nicht den Film ersetzen. Bei jeder theoretischen Beschäftigung mit dem Film entsteht das Problem, daß er sich nicht zitieren läßt wie eine Textstelle oder auch wie ein stehendes Bild. Andererseits können am Drehbuch aber auch Eigenschaften des Films deutlich werden, die bei der Vorführung in der Regel unbemerkt bleiben. So kann gerade an Hand des Drehbuchs auf folgendes aufmerksam gemacht werden. Stellt man sich vor, die gefilmte Handlung würde in Wirklichkeit stattfinden, und fragt man sich, wieviel Zeit dazu nötig wäre, so müßte man annehmen, daß von dem Entschluß des Herrn Schmidt, seine Arbeit abzubrechen, bis zur Begegnung mit seiner Frau mindestens eine halbe Stunde vergehen würde. Der Film schildert den entsprechenden Handlungsausschnitt in 51 Sekunden. Selbstverständlich könnte man sich

Nr. der Einstellung	Dauer in Sekunden	Bildinhalt	Einstellungs-größe	Kamera-bewegung	Ton
1	15	Herr Schmidt in seinem Büro am Schreibtisch; dann im Zimmer auf- und abge-hend. Schließlich zieht er seinen Mantel an	Halb-totale	Ver-schiedene Schwenks	Original-geräusche und dishar-monische ›nervöse‹ Musik
2	7	Ein anderes Büro mit zwei Schreibtischen, an denen gearbeitet wird. Die Tür öff-net sich, und Herr Schmidt schaut ins Zimmer	Halb-totale, dann nah	Kamera zunächst starr, dann Schwenk und Zoom	Arbeits-geräusche, dann Herr Schmidt: »Es geht nicht, ich muß nach Hause«
3	4	Die beiden Kollegen des Herrn Schmidt, am Schreib-tisch sitzend	Halb-totale	starr	»Gegen Depres-sionen ist wohl noch kein Kraut gewach-sen«
4	2	Herr Schmidt auf einem großen Parkplatz	Totale	Schwenk	Musik
5	2	Herr Schmidt im Auto.	halbnah	starr	Musik
6	3	Das Auto mit Herrn Schmidt auf einer mehrspurigen Straße in einer langen Auto-schlange	Totale	Schwenk	Verkehrs-lärm und Musik
7	6	Das Auto mit Herrn Schmidt fährt durch eine ruhige Straße. Es hält an, und Herr Schmidt steigt aus	Totale	Schwenk, dann starre Kamera	Fahr-geräusche und Musik
8	2	Hand mit Schlüssel, das Schlüsselloch suchend	nah	starr	Musik
9	5	Herr Schmidt in seiner Wohnung; er zieht seinen Mantel aus	Halb-totale	starr	Original-geräusche
10	3	Herr Schmidt läßt sich in einen Sessel fallen	halbnah	starr	Musik
11	6	Frau Schmidt geht auf ihren Mann zu, setzt sich auf die Lehne des Sessels und legt ihren Arm um die Schultern ihres Mannes	Halb-totale	Schwenk, dann starr	Musik »Geht's dir wieder nicht so gut?«

das Drehbuch auch mit längeren Einstellungen denken. Andererseits wäre ein noch schnellerer Bildwechsel ebenfalls möglich. Das hier gewählte Tempo bewegt sich im Rahmen dessen, was bei Spielfilmen üblich ist.

Der Film kommt zu der enormen zeitlichen Raffung, indem er aus dem Handlungsverlauf besonders charakteristische Momente herausgreift und in den einzelnen Einstellungen festhält. Für das Verstehen der Filmwirkung stellt sich die Frage: Was bringt den Zuschauer dazu, die einzelnen Einstellungen zu einer zusammenhängenden Handlung zusammenzufügen, welche Leistungen muß er dazu erbringen und wie wirkt das auf ihn?

Zunächst einmal ist festzuhalten, daß die Art, wie der Film einen Geschehensverlauf darstellt, der menschlichen Erlebnisweise zutiefst widerspricht. Zu unserer Orientierung in der Welt gehört, daß wir jederzeit wissen, wie der Augenblick, den wir gerade erleben, mit der Vergangenheit zusammenhängt, und wir wollen auch eine ungefähre Vorstellung des Zukünftigen haben. Tatsächlich leben wir, solange uns nicht ein Unglück herausreißt, in einem räumlichen und zeitlichen Kontinuum. Ich kann jederzeit innehalten und fragen: Wie bin ich in die Situation gekommen, in der ich mich gerade befinde und was liegt vor mir? Das gilt auch ganz äußerlich. Wenn ich eine Straße entlanggehe, kenne ich auch den Teil, der hinter mir liegt, und ich sehe den vor mir liegenden Abschnitt, lange bevor ich ihn betrete.

Solange wir uns in einem Tempo bewegen, das dem Menschen gemäß ist – und das ist vor allem das Tempo unseres Ganges –, solange ist der Wechsel der Sinneseindrücke so, daß wir ihn gut verkraften und innerlich mitkommen können. Was im Film geschieht, ist so, als würde jemand mit verbundenen Augen von Geisterhand alle Augenblicke in eine neue Umgebung versetzt. Dort angekommen, würde ihm immer für einige Augenblicke die Augenbinde abgenommen und er würde aufgefordert, sich zu orientieren. Was für eine Strapaze!

Die Eigenart der filmischen Erzählweise kann auch dadurch noch weiter verdeutlicht werden, daß noch einmal darauf zurückgeblickt wird, wie die ursprüngliche Leistung des Films, die Wiedergabe von Bewegung, zustande kommt. Da ist es, wie bereits dargestellt wurde, so, daß die Filmkamera aus dem Bewegungsvorgang 24 Phasen pro Sekunde herausgreift und ebenso viele Phasen unterdrückt. Das Wirklichkeitskontinuum wird auf diese Weise fragmentiert. Bei der Filmprojektion verschmelzen die einzelnen Bruchstücke durch die Tätigkeit des Auges wieder zu einer zusammenhängenden Bewegung.

Bei der Filmerzählung wiederholt sich etwas Entsprechendes auf einer anderen Ebene. Statt einzelner Bewegungen werden Handlungszusammenhänge unterbrochen, wobei allerdings das Verhältnis des Herausgegriffenen zum Unterdrückten sehr viel ungünstiger ist als beim Abfilmen von Bewegung. Während bei letzterem genau die Hälfte wegfällt, erfassen die Einstellungen, mit deren Hilfe erzählt wird, nur einen verschwindend kleinen Teil des gesamten Handlungsverlaufs.

Für den Betrachter bedeutet dies, daß er sehr viel ergänzen muß. Man schaue daraufhin den Anfang des erdachten Films an. Da sieht man zunächst, wie Herr Schmidt irgend etwas nicht bewältigt und schließlich seine Arbeit abbricht. Die zweite Einstellung zeigt ein Büro mit zwei Schreibtischen, an denen gearbeitet wird. Nach kurzer Zeit geht die Tür auf und Herr Schmidt schaut herein. Die Einstellung läßt zunächst die Frage entstehen, wie sie mit dem vorhergehenden Bild zusammenhängt. Das Erscheinen des Herrn Schmidt gibt dann die Antwort, allerdings nur unter der Voraussetzung, daß der Zuschauer für sich hinzufügt: Herr Schmidt ist von seinem Büro zu dem Büro seiner Kollegen gegangen.

Nun könnte man auch hier wieder sagen, die Notwendigkeit, sich von Einstellung zu Einstellung neu zu orientieren, halte den Betrachter beweglich und das Ergänzen der fehlenden Handlungsschritte fördere die Phantasie. Wie beim Bewegungssehen, wo eine ähnliche Vermutung nahelag, ist jedoch das Gegenteil der Fall. Zum Beweis dieser Behauptung muß genauer betrachtet werden, wie sich der Übergang von einer Einstellung zur anderen vollzieht. Bleiben wir bei dem vorliegenden Fall, dann kann man sagen, daß der Betrachter die innere Bedrängnis und Verwirrung des Herrn Schmidt miterlebt. Wahrscheinlich wird er so etwas wie Mitleid empfinden. Man kann in diesem Zusammenhang das Wort »Einstellung« auch einmal anders als filmtechnisch auffassen. Nicht nur die Kamera wird von Bild zu Bild auf die aufzunehmenden Gegenstände eingestellt, auch der Betrachter stellt sich innerlich miterlebend auf die dargestellte Szene ein, wobei dieses Sich-Einstellen auf das Geschehen mit einem mehr oder weniger intensiven Fühlen verbunden ist.

Aus dieser *inneren* Einstellung wird der Betrachter durch die nächste *filmische* Einstellung herausgerissen. Man muß sich die Plötzlichkeit dieses Vorganges ganz klarmachen. Im wirklichen Leben hätte jemand, der Zeuge der ersten Szene gewesen wäre, den Weg über den Flur, um sein Erlebnis abklingen zu lassen und um sich auf die neue Situation einstellen zu können. Der Film rückt das Büro mit den beiden Kollegen, die möglicherweise in einer heiter-lockeren Stimmung gezeigt werden, übergangslos neben die Szene mit Herrn Schmidt. Solch ein Übergang geschieht in einem Spielfilm von 90 Minuten 300 bis 400 Mal. Ebenso viele Male wird der Betrachter aus seiner Einstellung herausgerissen, wird er genötigt, sich innerlich wie äußerlich neu zu orientieren. Das kann, vor allem, wenn der Film, was häufig der Fall ist, ein Wechselbad von Gefühlen beschert, nur Abstumpfung zur Folge haben. Kein Mensch ist in der Lage, so oft und so plötzlich andere Gefühle zu entwickeln. Beim Bewegungssehen hatten wir festgestellt, es werde ein oberflächliches Betrachten eingeübt, da der Blick auf den dargestellten Gegenständen nicht ruhen könne. Bei den erzählenden Bildern wird das Fühlen oberflächlich. Das Tempo des Bildwechsels hat zur Folge, daß der Betrachter sich mit der einzelnen Einstellung gar nicht richtig verbindet, zumal er sie immer in Erwartung des nächsten Schnitts, von dem er nicht weiß, wann er kommt, betrachtet.

Es muß nun noch geklärt werden, wie die ausgesparten Handlungsschritte ergänzt werden. Spielt die Phantasie dabei eine Rolle? Betrachten wir bei dem Drehbuch den Übergang von der dritten zur vierten Einstellung. Zwischen dem Büro mit den sich verständnisvoll anblickenden Kollegen und dem Bild, das Herrn Schmidt auf dem Parkplatz zeigt, liegt ein räumlicher und zeitlicher Sprung. Der Betrachter muß die Parkplatz-Einstellung zum einen inhaltlich deuten, indem er sich zum Beispiel sagt: Ich sehe Herrn Schmidt, der zu seinem Auto geht. Zum anderen muß der Zusammenhang zu der vorhergehenden Einstellung hergestellt werden, indem sich der Betrachter sagt: Herr Schmidt, der hier über den Parkplatz geht, kommt von dem Büro, in dem ich ihn eben gesehen habe. Der Anstoß zu Deutung und Verknüpfung in diesem Sinne wird dadurch gegeben, daß Herr Schmidt in der zweiten Einstellung sagt: »Es geht nicht, ich muß nach Hause.« Mit diesem Satz wird ein Deutungs- und Verknüpfungsmuster für die folgenden Einstellungen gegeben. Wenn etwa die Einstellung Nummer 4 Herrn Schmidt im Auto zeigt, wird der Betrachter das Bild als Heimfahrt deuten.

Diese Art, eine mit Hilfe von Filmbildern erzählte Handlung aufzunehmen, ist für den Film insgesamt charakteristisch. Dabei treten folgende Besonderheiten auf. Angenommen, von der Heimfahrt im Auto würde nicht nur eine Einstellung, sondern es würden fünf Einstellungen gezeigt. Da wäre es gar nicht nötig, daß immer Herr Schmidt am Steuer säße. Der Zuschauer würde jeden Menschen, dessen Äußeres von dem des Herrn Schmidt nicht allzusehr abwiche, als Herrn Schmidt ansehen. Ein Wechsel der Autos würde ebenfalls nicht auffallen, es sei denn, man ließe Herrn Schmidt zuerst in einem roten Kleinwagen und im nächsten Bild in einer schwarzen Luxuslimousine fahren.

Die hier beschriebenen Phänomene sind schon sehr früh bemerkt und erforscht worden. Am bekanntesten sind die Untersuchungen des russischen Regisseurs und Filmtheoretikers Kuleschow aus den zwanziger Jahren. Kuleschow drehte einen aus fünf Einstellungen bestehenden Experimentierstreifen. Die erste Einstellung zeigt einen jungen Mann, der von links kommt und nach rechts geht. In der nächsten Einstellung sieht man eine junge Frau, die von rechts ins Bild kommt und nach links geht. In der dritten Einstellung treffen sich die beiden und schütteln sich die Hand. Die vierte Einstellung zeigt ein großes weißes Haus, zu dem Stufen hinaufführen. In der letzten Einstellung gehen die beiden eine Treppe hinauf.

Die kleine Filmszene machte auf die Betrachter den Eindruck einer zusammenhängenden Handlung. In Wirklichkeit hatte Kuleschow räumlich und zeitlich auseinanderliegende Einstellungen zusammengefügt. Die ersten drei Einstellungen waren in verschiedenen Stadtteilen Moskaus aufgenommen worden. Die vierte Einstellung zeigte das Weiße Haus in Washington und die Stufen der fünften Einstellung gehörten zu einer Kathedrale.

Solche Experimente zeigen zunächst einmal, daß der Zuschauer den unabweisbaren Drang hat, einzelne Bilder in einen größeren Zusammenhang zu stellen, der ihnen einen Sinn innerhalb eines Handlungsverlaufs gibt. Diesem Zusammenhang werden störende Bildelemente geopfert. Dies geht um so leichter, als das Verknüpfen nicht durch einen Akt bewußten Nachdenkens geschieht, sondern durch das mehr unbewußte Befolgen eines vom Film selbst vorgegebenen Musters.

Bevor die Art des Verknüpfens weiter charakterisiert wird, soll noch auf ein anderes Phänomen aufmerksam gemacht werden. Bühnenschauspieler, die zum Film kommen, müssen meistens lernen, nicht so viel Ausdruck in ihre Mimik zu legen, weil sie sonst leicht übertrieben wirken. Das liegt nicht allein daran, daß die Kamera das Gesicht des Schauspielers näher heranbringt, als das im Theater der Fall ist. Wichtiger ist, daß beim Film das vorhergehende Bild die Deutung des nächsten beeinflußt. In der Einstellung Nummer 10 zum Beispiel, die zeigt, wie sich Herr Schmidt zu Hause in einen Sessel fallen läßt, wäre es gar nicht nötig, daß der betreffende Schauspieler versucht, in seinem Gesicht Deprimiertheit zum Ausdruck zu bringen. Der Zuschauer, der auf Grund der Handlung weiß, daß Herr Schmidt an Depressionen leidet, wird den entsprechenden Ausdruck in das Gesicht des Schauspielers hineinsehen. In der Filmtheorie wird dieses Phänomen der Reihenbildeffekt genannt. Der bereits erwähnte Kuleschow hat auch auf diesem Gebiet kleine Experimente unternommen. Wir übernehmen die Beschreibung dieses Experiments aus dem Buch »Das Filmmedium« von Walter Dadek:

Kuleschow nahm aus einem alten Film von Geo Bauer (Kuleschow hatte als Assistent bei Bauer angefangen) eine Großaufnahme des Schauspielers Iwan Mosschuchin, eine Aufnahme mit ganz vagem und bewußt ausdruckslosem Blick. Von dieser machte er dann drei Abzüge, denen er jeweils ein anderes Bild hinzufügte: zunächst eine Aufnahme mit einem Teller Suppe auf einem Tisch, ferner die Aufnahme eines mit dem Gesicht zu Boden liegenden Mannes, schließlich das Bild einer halb entblößten Frau, die auf einem Sofa liegt. Dann setzte er diese drei »Objekt-Subjekt«-Stücke zusammen und führte sie uneingeweihten Zuschauern vor. Und alle haben sie übereinstimmend die Fähigkeit Mosschuchins bewundert, der »in erstaunlicher Weise nacheinander das Gefühl des Hungers, der Angst und der Begierde auszudrücken verstand«. So wurde bewiesen, daß die Zuschauer – da Musschuchin gar nichts ausdrückte – etwas »sahen«, was in Wirklichkeit gar nicht vorhanden war.

Sowohl das Verknüpfen der Einstellungen zu einer Handlung als auch das Deuten der einzelnen Einstellungen geht mechanisch und zwangsweise vor sich. Etwas anderes wäre in Anbetracht der Geschwindigkeit des Bildwechsels und der Mechanik der Vorführung, die vom Zuschauer unbeeindruckt abläuft, auch gar nicht möglich. Würde der Betrachter zum Beispiel bei Einstellung Nummer 4 damit beginnen, die einzelnen Bildelemente zu untersuchen, um dann durch eigenes Nachdenken die Frage zu klären, wo sich Herr Schmidt jetzt befindet und wie er dort hingekommen ist, so würde mitten in diese Denkaktivitäten die nächste Einstellung platzen und der Betrachter fiele, da er sicher noch zu keinem Ergebnis gekommen wäre, aus dem Strom der Bilder heraus.

In der Filmliteratur geht man im allgemeinen davon aus, daß es sich bei der Verbindung der Einstellungen um Assoziationen handelt. Der Begriff ist in diesem Zusammenhang jedoch nicht ganz glücklich. In der Psychologie versteht man unter einer Assoziation eine Vorstellungsverknüpfung, wobei eine Vorstellung die andere – ohne Beteiligung des Ichs – auslöst. Das Verhältnis der durch Assoziation verbundenen Vorstellungen ist somit eines von Reiz und Reaktion. Dabei werden freie Assoziationen und kontrollierte Assoziationen unterschieden. Bei letzteren wird zum Beispiel jemand aufgefordert, alle Säugetiere zu nennen, die ihm gerade einfallen. Oder alle Vornamen, die mit B anfangen. In jedem Fall wird bei einer Assoziation zu einem vorgegebenen Element ein anderes hinzugefügt, das, wenn auch nur als Reaktion, vom Assoziierenden stammt.

Wenn im Hinblick auf den Film von Assoziationen die Rede ist, fragt sich, wo er dafür eigentlich Raum läßt. Man kann jedenfalls nicht sagen, daß zwei Einstellungen durch Assoziation miteinander verbunden werden, da ja *zwei* Elemente vorgegeben sind. Allenfalls läßt sich sagen, daß einer Einstellung dasjenige, was ihr vorausliegt, jedoch dem Schnitt zum Opfer gefallen ist, durch Assoziation hinzugefügt wird. Nur auf diesem Wege spielt die Assoziation beim Verknüpfen der Bilder eine Rolle.

Es wäre auch gar nichts gegen die Verwendung des Begriffs der Assoziation in der filmtheoretischen Literatur zu sagen, wenn er nicht zur Folge hätte, daß der Vorgang, auf den er sich bezieht, nicht richtig durchschaut wird. Der unscharfe Assoziationsbegriff lenkt davon ab, daß dem Filmverstehen eine geistige Mechanik zugrunde liegt. Das muß jedoch erkannt werden, wenn die Wirkung des Films richtig beurteilt werden soll.

V. Die Wirkung auf Denken, Fühlen und Wollen

Die bis jetzt angestellten Untersuchungen sollen noch einmal zusammengefaßt werden in Hinblick auf die Frage, wie der Film – und damit auch das Fernsehen – auf die Grundkräfte der menschlichen Seele wirkt. Zunächst seien noch einmal die Funktionen genannt, denen filmische Bilder dienen:

1. Bewegung abbildende Bilder,
2. Bewegung schaffende Bilder,
3. erzählende Bilder.

Bei jeder dieser drei Leistungen wird die Eigenaktivität des Zuschauers verdrängt, und zwar bei den Bewegung abbildenden Bildern durch physiologischen Zwang, bei den Bewegung schaffenden Bildern durch die Tätigkeit des Kameramannes und bei den erzählenden Bildern durch geistig-seelische Mechanismen.

Durch diese erzwungene Passivität kommt der Betrachter in einen Bewußtseinszustand, der so im alltäglichen Leben gar nicht vorkommt. Allenfalls bestehen noch Ähnlichkeiten zu demjenigen Zustand, den man gewöhnlich als Tagträumen bezeichnet. Betrachtet man zunächst den Willen, dann kann man, etwas überspitzt sagen, daß er beim Film nur zum Offenhalten der Augen gebraucht wird. Wie ungewöhnlich der Zustand des Auges beim Starren auf die Leinwand oder den Bildschirm ist, kann man an der Art und Weise ablesen, wie in Augenkliniken vorgegangen wird, wenn man nach einer Operation will, daß die Augenmuskeln nicht bewegt werden. Früher hatten die Ärzte nur die Möglichkeit, die Augen zu verbinden. Damit wurden die Augenmuskeln aber keineswegs ganz ruhig gestellt. Man bilde sich einmal bei geschlossenen Augen die Vorstellung, über einen großen Platz zu gehen. Man wird bemerken, daß sich die Augen entsprechend der vorgestellten Bewegung mitbewegen. Auch im Schlaf sind die Augenmuskeln unentwegt tätig. Nur beim Betrachten von Filmen und, noch radikaler, beim Fernsehen (wegen der Kleinheit des Bildschirms) sind die Augen wirklich in Ruhestellung. Aus diesem Grunde läßt man heute in den Augenkliniken die frisch Operierten fernsehen.

Nun lebt der Wille nicht allein in der Muskeltätigkeit, er kann sich auch im Verstehen dessen betätigen, was an den Menschen herankommt, vor allem, wenn es sich dabei um Schwieriges oder Rätselhaftes handelt. Beim Film ist es

48

aber so, daß er, wie gezeigt wurde, Verstehungsbemühungen gerade zurückweist. Statt dessen bietet er ein Sich-Treiben-Lassen auf dem Bilderstrom an. Damit ist auch bereits charakterisiert, in welcher Weise der Film das Denken beeinflußt. Seine schöpferische Entfaltung wird bereits durch das schnelle, durch nichts zu beeinflussende Tempo verhindert. Als Ersatz dafür werden Denkmechanismen ausgelöst.

Man könnte einwenden, niemand sehe sich einen Film an, um Denken und Wollen zu schulen. In der Tat liegt die Anziehungskraft von Kino und Fernsehen in den intensiven Gefühlserlebnissen, die ausgelöst werden. Die Gefühle entstehen dadurch, daß der Schein der Wirklichkeit erzeugt wird, in die der Betrachter sich miterlebend hineinversetzt.

Welcher Art sind die Gefühle, die der Film hervorruft? Es wurde bereits festgestellt, daß der rasche Wechsel der ›Einstellungen‹ sich auf das Fühlen in der Weise auswirkt, daß es oberflächlich und mechanisch wird. An die Stelle eines gefühlshaften Mitschwingens tritt ein Genießen der eigenen Gefühle. Dabei sind die Gefühle, obwohl oberflächlich, gleichwohl intensiv, oft durchaus heftig. Diese Intensität der Gefühle hat ihren Grund zum einen in der Perfektion, mit der der Film eine bestimmte Wirklichkeit vortäuscht. Ein weiterer Grund hängt wieder mit der Geschwindigkeit des Bildwechsels zusammen. Im gewöhnlichen Leben ist es so, daß wir uns einmal mehr gefühlshaft unseren Erlebnissen hingeben, dann aber auch wieder mehr in Gedanken leben. Dieser Wechsel zwischen Fühlen und Denken schafft in Hinblick auf das Fühlen Distanz und Beruhigung. Wenn es mir gelingt, mitten in einer Auseinandersetzung mit einem anderen Menschen, bei der heftige Vorwürfe und wütende Drohungen ausgestoßen werden, wenn es mir da gelingt zu denken: ›Der ist wohl auch Choleriker. Da sind die richtigen aneinander geraten‹, dann wirkt das natürlich ungemein besänftigend. Indem der Film Willen und Denken schwächt und überdies keine Zeit zur Besinnung läßt, kann er, sofern er es darauf anlegt, den Betrachter auf einer gewaltigen Gefühlswoge mitreißen, ohne daß dieser Kraft und Gelegenheit fände, sich mit Hilfe des Denkens für Augenblicke immer wieder daraus zu befreien. So ist zu erklären, daß manche Leute nach dem Ansehen eines Kriminalfilms im Fernsehen sich ins Bett verkriechen, nachdem sie vorher Türen und Fenster verriegelt und in alle Ecken geschaut haben. In der Kunsttheorie spricht man in diesem Zusammenhang von der ästhetischen Distanz. Sie ist, bei aller Intensität der Zuwendung, nötig, wenn der Betrachter gegenüber dem Dargebotenen seine Freiheit bewahren soll. Der Film ist in der Lage, die ästhetische Distanz zu zerstören.

Eine weitere Eigenart der beim Filmbetrachten entwickelten Gefühle soll verdeutlicht werden, indem noch einmal auf das kleine Drehbuch zurückgegriffen wird. In der letzten Einstellung legt Frau Schmidt ihrem Mann den Arm um die

Schultern und sagt: »Geht's dir wieder nicht so gut?« Es könnte sein, daß in solchen Situationen Frau Schmidt eine besondere Art hat, auf ihren Mann einzugehen. Liebevoll, verstehend und zugleich mit einer gewissen Zuversicht nimmt sie ihn auf. Herr Schmidt öffnet sich der Hilfe, die ihm entgegengebracht wird, und seine depressive Stimmung hellt sich etwas auf.

Nehmen wir an, diese Szene wäre Teil eines Theaterstückes. Da könnte es sein, daß der Zuschauer durch die Darstellung eine Art von zwischenmenschlicher Beziehung empfindet, wie er sie bisher noch nie erlebt hat. Nehmen wir weiter an, während der Aufführung wäre eine Kamera auf die Bühne gerichtet, und man könnte das Stück später als Film sehen. Theateraufführung wie Film würden Gefühle hervorrufen. Wo kommen sie her und wie unterscheiden sie sich?

Wenn es im Theater zu dem angedeuteten Erleben kommt, dann beruht es letztlich auf der Leistung der Schauspieler. Kulissen, Kostüme, Beleuchtung und ähnliches haben zwar auch Bedeutung, entscheidend ist aber die seelische Gestimmtheit, die die Schauspieler zum Ausdruck bringen. Dabei ist es so, daß diese Gestimmtheit sich nicht restlos in den äußeren Manifestationen der Sprache und der Mimik ausdrückt. Während der Aufführung geht Seelisches als etwas Immaterielles zwischen Bühne und Zuschauerraum hin und her.

Die Kamera kann von diesem komplexen Ereignis nur dessen optisch-materielle Seite aufnehmen. Gefühle sind nicht in der Lage, die lichtempfindliche Schicht des Films oder die Fotozellen der Fernsehkamera zu beeinflussen. Der Film kann folglich keine Gefühle aufnehmen – er kann sie aber sehr wohl auslösen. Woher kommen sie dann?

Es kann sich bei den von Filmen hervorgerufenen Gefühlen nur um Erinnerungen handeln. In unserem Falle wäre es so, daß der Film dem Betrachter einen Augenblick aus dem Leben zweier Menschen erzählt. Der Betrachter wird diese Handlung zunächst einmal verstehen. Wie und in welchem Ausmaß die dargestellte Szene außerdem gefühlshaft miterlebt wird, hängt davon ab, welche Erinnerungen sie wachruft.

Der Film kann den Betrachter mit äußeren Tatsachen konfrontieren. Er kann auch Gedanken übermitteln, die von den Darstellern ausgesprochen werden. Bei den Gefühlen kann der Film jedoch nur das, was beim Betrachter da ist, hervorlocken und aufwühlen. Und indem das geschieht, werden die Gefühle, bei aller Intensität, zugleich ihrer moralischen Qualität entkleidet. Die Seele wird zum Schauplatz, auf dem sich, wie auf der Projektionsfläche, alles und jedes abspielen kann, sofern es nur intensiv genug ist, um Ablenkung und Genuß zu bereiten. Die Horror-Videos wären ohne diese Vorbereitung ganz undenkbar.

Die hypnotische Wirkung

Wenn der Film, unter weitgehender Ausschaltung von Wille und Denken, ein intensives und unverbindliches Fühlen hervorruft, dann wird jener Zustand verstärkt, auf den wir bereits beim Starren gestoßen waren: die Trance. Dabei kann man davon ausgehen, daß die von Erickson erwähnten hypnotische Suggestion (vgl. S. 35) beim Film immer eintritt, da ja das, was der Betrachter im Zustand der Trance erlebt, von der in Bildern erzählten Geschichte beeinflußt wird.

Trance und hypnotische Suggestion sind, zumal bei der therapeutischen Hypnose, nur Mittel, um den eigentlichen Zweck, nämlich die posthypnotische Suggestion, zu erreichen. Es kann etwa sein, daß der Therapeut jemandem, der an Verfolgungswahn leidet, suggeriert, er werde fortan nur noch ihm wohlgesonnenen Menschen begegnen. Solch eine Suggestion bleibt dann über den Zustand der Trance hinaus wirksam. Der Begründer des autogenen Trainings, J. H. Schulz, schreibt darüber in einem Buch »Hypnose-Technik. Praktische Anleitung zum Hypnotisieren für Ärzte«:

»Trotz der Unkenntnis der Versuchsperson setzen sich die in der Hypnose aktuellen Vorstellungen im Wachzustand durch, ja vielfach mit dem Gefühle des subjektiven Zwanges (posthypnotische Suggestion), [sie sind mithin für sie nicht verloren]. Die Versuchsperson selbst pflegt dann die Ausführung der aufgetragenen Handlung anders zu motivieren, da ihr ja die Kenntnis des Auftrages fehlt. Damit ist der Beginn einer Dissoziation der Psyche gegeben, in dem Sinne, daß bestimmte Vorstellungsgruppen sich ohne Kenntnis des Individuums selbst halten (im Experiment bis über 365 Tage, neuestens über 5 Jahre) und durchsetzen...«

Die posthypnotische Suggestion setzt sich an die Stelle des Ichs und die von ihm ausgehenden Aktivitäten. Sie wirkt zwanghaft von außen und macht den Menschen unfrei.

Man könnte einwenden, ein Film enthalte keine Suggestionen, die nach dem Filmbetrachten wirksam werden. Das ist jedoch ein Irrtum. Jede Handlung enthält als bewegende Momente Wertvorstellungen und Wünsche. Jede Handlung zeigt Menschen, die einen bestimmten Lebensstil pflegen und in bestimmter Weise miteinander umgehen. Werden diese Dinge nun so gezeigt, daß sie dem Betrachter vorbildlich und erstrebenswert erscheinen, und identifiziert er sich mit den handelnden Personen, dann wirken die von ihnen dargelebten Werte posthypnotisch auf den Betrachter ein. Filme können somit tief in die Moral der Menschen eingreifen.

Bei Werbefilmen, bei politischen Sendungen und bei Nachrichtensendungen wirken dieselben Mechanismen. Darauf soll noch zurückgekommen werden.

Weitere Nachwirkungen: Verdrängung, Flucht, Sucht

Die posthypnotischen Suggestionen sind nicht die einzigen Wirkungen, die über das Betrachten des Films hinaus andauern. Es war festgestellt worden, daß während des Films der Wille nicht eingreifen kann, das Denken mechanisch deutet und verknüpft und das Fühlen intensiv und unverbindlich hin- und herschwankt. Dieser Zustand einer stark reduzierten inneren Aktivität wird gleichwohl als außerordentlich befriedigend empfunden. Ganz in diesem Sinn schreibt ein Mitarbeiter des Hypnose-Therapeuten Erickson in dem bereits zitierten Buch über Trance:

»Nichts-Tun ist eine Vorbedingung für die meisten hypnotischen Erfahrungen. Die meisten hypnotischen Phänomene können erfahren werden, indem wir uns bis zu dem Punkt entspannen, wo wir einfach unsere gewohnten Muster der Kontrolle und Selbst-Steuerung aufgeben. Dies steht im Gegensatz zur gewöhnlichen Situation im täglichen Leben, wo wir konzentrierte Anstrengungen machen, uns zu erinnern. In Trance werden wir für Vergessenes beglückwünscht (hypnotische Amnesie). Im normalen Leben sind wir gezwungen aufzupassen; in Trance spendet man uns Beifall, wenn wir dem Geist erlauben zu wandern (Träumerei, hypnotisches Träumen). In täglichen Geschäften sind wir gezwungen, unserem Alter entsprechend zu handeln; in Trance erzielen wir Erfolg, indem wir einfach zulassen, daß eine angenehme Regression stattfindet. Im normalen Leben bemühen wir uns beständig, realitätsgetreue Wahrnehmungen zu erzielen; in Trance erlauben wir, daß sensorische und perzeptuelle Verzerrungen stattfinden, und können sogar in Halluzinationen schwelgen. Von diesem Gesichtspunkt aus können wir verstehen, wie es tatsächlich viel leichter und vergnüglicher ist, eine Trance zu erleben als die umfassende Anstrengung, die nötig ist, um normal wach zu bleiben! So besteht Ericksons Anfangsziel beim Trancetraining darin, der Versuchsperson zu helfen, eine angenehme Erfahrung im Nichts-Tun zu machen. Häufig kann dies erlebt werden als momentaner Verlust von Fähigkeiten, die gewöhnlich auf automatische und nichtbewußte Weise funktionieren. Versuchspersonen können die Fähigkeit verlieren, aufzustehen oder eine Hand auf dem Oberschenkel zu lassen. Sie können die Fähigkeit verlieren, ihre Augen zu konzentrieren und deutlich zu sehen; sie können die Fähigkeit zu sprechen verlieren. Wie oft sagen wir im täglichen Leben: ›Ich stand da wie ein Idiot, unfähig etwas zu sagen oder auch nur zu denken in dieser Situation.‹ Das ist ein Beispiel der gewöhnlichen Alltagstrance, wo wir für einen Augenblick im Nichts-Tun absorbiert waren. Eng mit Nichts-Tun verwandt ist Nichts-Wissen. Im täglichen Leben müssen wir fortwährend Energie und Bemühung aufwenden, um zu wissen. Wie angenehm ist es dann, eine Situation zu entdecken, in der wir uns entspannen können und nichts zu wissen brauchen. Was für eine Erleichterung! Die meisten Versuchspersonen können sich auf die Tranceerfahrung als eine neugefundene Freiheit von den Ansprüchen der Welt freuen. Sie brauchen wirklich nichts zu wissen oder zu tun; ihr Unbewußtes kann ganz allein damit umgehen.« (Seite 42)

Für den Film gilt ganz entsprechend, daß er von der Mühsal der Daseinsbewältigung entlastet und zugleich höchst vergnüglich ist. Das läßt Ansprüche und Erwartungen an das wirkliche Leben entstehen. Wer täglich, und möglicherweise stundenlang, eine Wirklichkeit, eben die Medienwirklichkeit, erlebt, die

zufriedenstellt, ohne seelische Aktivität zu fordern, der wird unwillig, letztere
der Lebenswirklichkeit gegenüber zu erbringen, und er wird die Neigung entwickeln, sich immer häufiger dem zuzuwenden, das keine Ansprüche stellt.
Dabei muß auch bedacht werden, daß wir nur eine Seele haben, nicht eine für
den Film und eine für die Zeit danach. Beim Filmbetrachten wird eine Art von
Denken und Fühlen eingeübt, die im Laufe der Zeit von der Seele Besitz ergreift und sie zunehmend unfähig macht, in anderer Weise zu denken und zu
fühlen. Daß dies so ist, wird teilweise an der Geschichte des Films selbst deutlich. Die von ihm produzierte Abstumpfung im Bereich des Fühlens muß er
durch eine ständige Steigerung seiner Mittel ausgleichen. Themen und Dar-
stellungsweisen, die vor einigen Jahren noch schockierten, sind heute alltäglich geworden und niemand empört sich mehr.
Die ganze Schärfe des Problems tritt noch deutlicher heraus, wenn bedacht
wird, daß Film und Fernsehen nicht einem harmlosen Unterhaltungsbedürfnis
dienen, sondern gezielt dazu benutzt werden, um unbewältigten Problemen zu
entfliehen. Quälende Arbeitsbedingungen, unbefriedigende zwischenmenschliche Beziehungen, die unsichere wirtschaftliche und politische Lage, eine an
Vergiftung sterbende Umwelt, alles das sind Dinge, die die Menschen ängsti-
gen und in ihrer Initiative lähmen. Da niemand gern Angst und Resignation
erlebt, wären diese Stimmungen normalerweise ein Ansporn, ihre Ursachen
zu beseitigen. Film und Fernsehen bieten einen anderen Ausweg. Sie erlauben
es, die belastenden Gefühle zu verdrängen und zu ersetzen durch jene unverbindlichen Gefühle, die bereits geschildert wurden. Da die Angst unter den zu
verdrängenden Gefühlen vorherrscht, ist auch verständlich, warum die Krimi-
nal- und Horrorfilme solch breiten Raum einnehmen. Man wird die eigene
Angst am schnellsten los, wenn man sie überdeckt durch eine künstlich erzeugte Angst, die noch heftiger ist als die eigene, die einen aber nichts angeht
und die sich daher sogar genießen läßt.
Man könnte auf den Gedanken kommen, Film und Fernsehen zu rechtfertigen, indem man sagt, gerade in einer Zeit, die so bedrängend sei und soviel
Kraft erfordere, müßten die Menschen Augenblicke haben, in denen sie Atem
holen und Kräfte sammeln können. Dem ist jedoch entgegenzuhalten, daß der
Film, wie bereits zu zeigen versucht wurde, die Probleme, indem er von ihnen
ablenkt, zugleich verstärkt, da die anstrengungsfreie Fluchtmöglichkeit, die er
bietet, die Menschen davon abbringt, die Schwierigkeiten, an denen sie leiden,
anzupacken. Es kommt hinzu, daß der Film die Menschen nicht nur unwillig
macht, Probleme anzugehen, er macht sie auch unfähig dazu, weil er die Kräfte
raubt, die nötig wären, um sich aus den Schwierigkeiten herauszuarbeiten.
Indem wir festgestellt haben, daß der Film mühelos Unwohlsein in Wohlsein
verwandelt und dabei zugleich die Kräfte raubt, die zu einer echten Lebensbe-

53

wältigung nötig wären, haben wir Merkmale genannt, die auch für Alkohol und Drogen zutreffen. Es handelt sich in der Tat um die klassischen Bedingungen für das Entstehen einer Sucht. Daß in der Öffentlichkeit kaum von Film- oder Fernsehsucht gesprochen wird, hat verschiedene Gründe. Anders als Alkohol und Rauschgift, führen Filme nicht zu einer merklichen Bewußtseinstrübung, die nach dem Ende des Films fortdauert. Filme zerstören auch nicht in kurzer Zeit die Gesundheit oder führen zu finanziellem Ruin wie die Rauschgift- oder Geldautomaten-Sucht. Obendrein gibt es genügend gesellschaftlich akzeptierte Rechtfertigungen. Wer ins Kino geht, kann für sich in Anspruch nehmen, ein kulturell interessierter Mensch zu sein, und wer fernsieht, kann sich sagen, er komme seiner Staatsbürgerpflicht nach, zu der bekanntlich gehört, über politische Dinge informiert zu sein.

Wegen seiner leichten Verfügbarkeit bestehen die Abhängigkeiten vor allem in Hinblick auf das Fernsehen. Während Alkohol- oder Drogensüchtige sich über ihren Zustand meistens mehr oder weniger im klaren sind, fällt eine Fernsehsucht in der Regel erst dann auf, wenn der Betreffende aus irgendeinem Grund am Fernsehen gehindert wird oder wenn er sich davon befreien will. Über die Probleme, die in solchen Fällen auftreten, gibt es in der medienwissenschaftlichen Literatur zahlreiche Berichte.

Im folgenden wird einigermaßen ausführlich über ein ›Fernsehentzugsexperiment‹ berichtet, das bereits 10 Jahre zurückliegt, seitdem aber nichts an Aktualität verloren hat. Der Versuch wurde vom Institut für Publizistik der Freien Universität Berlin in Zusammenarbeit mit dem Zweiten Deutschen Fernsehen durchgeführt.

Um Teilnehmer für das Experiment zu gewinnen, wurde folgende Anzeige in den Berliner Tageszeitungen veröffentlicht:

Das ZDF sucht: Berliner Familien mit 2–3 Kindern, deren Haushaltsvorstand Volksschulabschluß hat und die regelmäßig fernsehen. Die Familien sollen bereit sein, an einem vom ZDF durchgeführten Versuch teilzunehmen und maximal vier Wochen auf den Fernsehempfang verzichten. Familien, die sich gegenseitig kennen und die gemeinsam an diesem Experiment teilnehmen wollen, werden bevorzugt. Zuschrift an: ZDF Studio Berlin, Kennwort: Vier Wochen ohne Fernsehen, 1 Berlin 42, Oberlandstraße 88.

Unter den 25 Familien, die sich meldeten, wurden zwei Familien ausgesucht: Familie Schneider (Herr Schneider 28 Jahre alt, Frau Schneider 25 Jahre alt, 9 Monate altes Baby) und Familie Völker (Herr Völker 40 Jahre alt, Frau Völker 40 Jahre alt, drei Kinder 15, 12 und 9 Jahre alt). Beide Eltern waren voll berufstätig und arbeiteten in einer Berliner Zigarettenfabrik. Während des Experiments wurden beide Familien zweimal in der Woche von einer Studentengruppe besucht, die mit den Familien über ihre Erfahrungen, die sie während des Fernsehentzugs machten, sprachen. Dabei entstanden Video-Aufzeichnungen (insgesamt 20 Stunden), aus denen das ZDF eine Sendung zusammenstellte (44 Minuten), die im Rahmen der Sendereihe »betrifft: Fernsehen« ausgestrahlt wurde. Die Absichten der an dem Versuch beteiligten Wissenschaftler und Studenten sind einem Buch zu entnehmen, das nach der Sendung erschien und den Titel trägt: »Vier Wochen ohne Fernsehen. Eine Studie zum Fernsehkonsum«. Dort heißt es unter anderem:

»Ausgangspunkt des Versuchs waren Ergebnisse der Zuschauerforschung, wonach jeder dritte Deutsche zum Fernsehdauerkonsumenten geworden ist. Fernsehen diktiert das Freizeitverhalten, hat sich für viele – vor allem Mittel- und Unterschichtsangehörige – zum beherrschenden Instrument der Erfüllung ihrer Informations-, Bildungs- und Unterhaltungsbedürfnisse entwickelt.
Dabei scheint dem Fernsehen als Medium der Freizeit vorwiegend die Suche nach Entspannung als Erwartungshaltung entgegengebracht zu werden, weil die Belastungen und Zwänge des Arbeitstages eine möglichst anstrengungslose Erholung fordern. Für die Zuschauer bedeutet Fernsehen deshalb in erster Linie Unterhaltung. (...)
Eine ›Aktivierung‹ des Zuschauers ist über bloßen Fernsehentzug sicherlich nicht zu leisten. Ein ›neuer Gebrauch der Medien‹ durch den Zuschauer setzt vielmehr größere medienpädagogische Bemühungen in allen Bildungsinstitutionen, zu allererst im Fernsehen selbst, voraus. Darüber hinaus darf nicht übersehen werden, daß aktive Freizeit- und Mediennutzung in enger Verbindung mit der Aufhebung von den Belastungen entfremdeter Arbeit steht, medienspezifische Bemühungen also allein nicht ausreichen.«

In einem Anhang enthält das Buch auch das Manuskript der vom Zweiten Deutschen Fernsehen ausgestrahlten Sendung. In diesem Manuskript sind vor allem die Dialoge festgehalten, die die Studenten mit den beiden Familien vor, während und nach dem »Versuch« geführt haben. Die folgenden Passagen entstanden in dem Augenblick, als der Fernsehapparat abgeholt wurde und enthalten eine Antwort auf die Frage, was die Familien von den kommenden vier Wochen erwarten.

Herr Schneider *(28 Jahre alt):*	»Ja, es wird wohl darin ausarten, daß wir öfters mal weggehen. Vielleicht mal tanzen oder noch öfters essen gehen, oder was. Daß man mal einen Spaziergang macht zusammen. Ja, man wird aktiver, glaube ich auch. Daß man, man hat ja doch mehr Zeit füreinander. Das wird wohl ausschlaggebend für uns beide sein.«
Frau Schneider *(25 Jahre alt):*	»Ich weiß wirklich nicht, was ich anfangen sollte ohne Fernseher. Die Arbeit, die sonst anfällt, die macht man ja auch mit Fernseher, oder so, ja? Das einzige vielleicht, wie mein Mann schon sagt, daß wir vielleicht mal tanzen gehen. Das einzige, daß wir mal mehr Radio hören, oder daß ich jetzt mal darauf achte, manchmal, wenn ich im Bett liege, möchte ich gerne mal ein Hörspiel hören, im Radio und das verpasse ich dann vielleicht, wenn einmal eins da ist, weil ich gerade fernsehen geguckt habe. Vielleicht komme ich jetzt mal dazu, daß ich jetzt mal so etwas höre, denn

manchmal sind sie ja auch interessant. Aber sonst? Also mir wird es schon ein bißchen schwerfallen, auf alle Fälle, denn man hat sich so daran gewöhnt.«

Frau Völker (40 Jahre alt): »Abwarten, mal sehen.«

Herr Völker (40 Jahre alt): »Was sich so ergeben, ob es viel...«

Frau Völker: »Wie wir das überstehen, also überstehen tun wir es auf jeden Fall. Aber wie?«

Herr Völker: »Vielleicht sind wir ganz froh, daß wir vier Wochen nicht haben...«

Frau Völker: »Ja«

Herr Völker: »Oder wir warten wie die Geier schon, daß wir das wieder anmachen.«

Frau Völker: »Das wird ein Fest.«

Student: »Können Sie sich vorstellen, was Sie in dieser Zeit ohne Fernseher machen. Haben Sie da irgendwelche Vorstellungen?«

Herr Völker: »Ach, ich glaube da kommen wir öfters mal raus.«

Frau Völker: »Ja«

Herr Völker: »Besuche machen«

Frau Völker: »Ja«

Kinder: »Zur Oma, ja zur Oma.«

Frau Völker: »Wir hoffen es. Ja, daß wir uns denn doch mal uns aufraffen und soviel Initiative beweisen, daß wir hier raus, nicht?«

Herr Völker: »Kommt ein schöner Film, und wir haben keine Lust. Und so ist der Fernseher nicht da, kann sein daß... komm wir fahren mal da hin, wir fahren mal da hin.«

Die Video-Aufzeichnungen, die bei den Besuchen der Studenten entstanden, haben sich die Familien auch angeschaut. Trotz dieser Abwechslungen wurde den Beteiligten die Zeit ohne Fernseher lang, man war auch kaum in der Lage, das zu tun, was man sich für diese Zeit vorgenommen hatte.

Die Studenten nutzten ihre Gespräche mit den Familien auch, um allgemeine Fragen zum Fernsehen zu stellen. Dabei kam es, als es um die Macht des Fernsehens ging, zu folgendem Dialog:

Warum Völkers und Schneiders dem Fernsehen vertrauen.

Herr Schneider: »Und dann: die Vögel im Fernsehen, die haben sowieso viel zu viel Macht. Ob es jetzt erstes, zweites oder drittes ist, das spielt keine Rolle.«

Student: »Du, wie wirkt sich das aus, wie meinst du das?«

Herr Schneider: »Na, wenn die jetzt meinetwegen sagen, ich will nur mal ein großes Beispiel nehmen – der Helmut Schmidt hat ein totgehangen oder was, nicht, – das glaubst du bald! Wenn du das Fernsehen siehst, nicht, wenn ich das im Radio höre, dann sage ich, die spinnen ja, das geht ja gar nicht! Aber wenn ich das im Fernsehen sehe, werde ich doch ein bißchen nachdenklich. Dann denke ich, Mensch nanu, so unmöglich ist das ja doch nicht.«

Student: »Das heißt, du würdest dem Fernsehen mehr glauben als dem Rundfunk oder der Presse?«

Herr Schneider:	»Ich würde dem Fernsehen, ja, ja, dem Fernsehen glaube ich mehr.«
Student:	»Also, jetzt haben wir schon zwei Sachen: einerseits die Macht, daß man dem Fernsehen leicht glaubt.«
Herr Schneider:	»Ja«
Student:	»Also dem verhältnismäßig unkritisch gegenübersteht, und andererseits bestimmt es total deine Zeit, deine Freizeit!«
Frau Völker:	»Das ist ja auch Macht.«
Student:	»Ja, ja stimmt; wie findet ihr das?«
Frau Völker:	»Ich finde es schön (lacht); ich laß ruhig die Macht auf mich ausüben, ich guck weiter! Ja ich gucke gerne fern.«

Das folgende Gespräch wurde fünf Tage vor dem Ende des Experimentes aufgezeichnet.

Noch 5 Tage

Frau Schneider:	»Ja, ich würde sagen, ich habe lieber mehr ... ich will meine Ruhe haben. Mein Mann hat öfter, wie gesagt, er ist durch die Nachtschicht nervöser, ja? Und das ist erwiesen. Du bist nervöser, brauchst gar nicht zu gucken! Er ist mehr, er hat öfter mal wieder Kleinigkeiten zu nörgeln, ja? Was er sonst früher nie getan hat, bevor er keine Nachtschicht gemacht hat.«
Student:	»Jetzt ist es aber doch so, daß dein Mann den Fernseher da nicht vermißt in der Beziehung, nämlich daß er dazu nützt, daß man nicht soviel nörgelt. Und du vermißt ihn, wie kommt das? Oder was meinst du, warum das so ist?«
(Frau Schneider nimmt eine Zigarette)	
Herr Schneider:	»Was ist denn mit dir?«
Frau Schneider:	»Nichts.« (längere Pause)
Frau Schneider:	»Zeit daß er wieder kommt. (weint) Entschuldigung, ehrlich, es wird wirklich Zeit, daß er wieder kommt.«
Student:	»Findest du, daß ihr euch soviel mehr gestritten habt?«
Frau Schneider:	»Ja, finde ich. (Pause) Wie sagt man, man achtet mehr auf den anderen, was derjenige tut, ja? Und das kann manchmal zur Katastrophe führen, weil man dann wieder mehr zum Nörgeln hat, ehrlich! So was kann, ich kann das einfach nicht ab, ja? Ich brauche meine Ruhe, es geht nicht. Es wird Zeit, daß der kommt, wirklich. Die Woche ist bald rum, heute ist Mittwoch.«
Student:	»Ja, jetzt ist es bald ausgestanden.«
Frau Schneider:	»Ja, ehrlich. Sonst schalte ich nämlich ab, wenn ich da was sehe, was ich dann nicht hören will, dann schalte ich einfach ab und dann höre ich einfach nicht, ja. Und in dem Sinne: dann antwortet man nicht gegen jetzt oder so, ja? Das ist ganz anders irgendwie, ja? Man kann sich wirklich abreagieren daran manchmal.« (längere Pause)
Student:	»Ich würde sagen, ich würde euch ganz gerne zum Schluß noch was fragen.«
Frau Schneider:	»Ja, mach ruhig weiter.«

Student:	»Was würdet ihr denn den Zuschauern sagen wollen zu dem Versuch?«
Frau Schneider:	»Die sollen, also meine Meinung ist, wenn da jemand kommen würde und so, meine Meinung ist, der soll es nicht machen, ja? Wenn er irgendwie so ein bißchen eben mein Temperament irgendwie hat, oder so. Ich weiß nicht, wie es woanders ist. Bei Rolf ist es wieder anders. Der würde vielleicht sagen, gut ja, aber ich selber, also, meine Meinung ist, macht das nie, ja, wirklich. Wer ein Fernseher hat, der oder gehabt hat, ja, das ist eine Katastrophe, wenn er weg ist!«
Student:	»Was meinen Sie denn, Frau Völker?«
Frau Völker:	»Na, ich will ihn auch wiederhaben. Ich will jetzt nicht von uns ausgehen, es aus unserer Perspektive als Katastrophe hinstellen. So ist es für uns nicht, ja. Und trotzdem fehlt er uns sehr.«

Der erste Fernsehabend bei der Familie Völker sah folgendermaßen aus:

Frau Völker:	»Schnubbel, mach an! Doch! Schalte erst mal ein, Gerhard!«
Herr Völker:	»Ich will aber nicht.«
Frau Völker:	»Ach, mach doch!«
Herr Völker:	»Müssen wir vorwärmen.«

Herr Völker schaltet den Fernseh-Apparat ein. Musikprogramm mit der Schlagersängerin Dorthe.

Frau Völker:	»jaaa«
Herr Völker:	»Da hast du ihn.«
Frau Völker:	»Guck mal, schön, laß ja an! Die hat sich aber herausgemacht!«
Student:	»Wer ist das?«
Frau Völker:	»Mm, hier, mit den Kulleraugen... Gerhard, wie heißt sie schnell noch?«
Herr Völker:	»Dorthe«
Frau Völker:	»Dorthe! Die ist richtig hübsch geworden, wa? Finde ich so richtig niedlich.«
	(Dorthe im Fernsehprogramm: »Einmal, da kommen wir wieder, und singen die Lieder von Sonne und Wein«)
Frau Völker:	»Da hat sie ein schönes Lied wieder. – (Musik) – Ist das schön, Schnubbel, jetzt haben die Abende wieder einen Sinn! Ach, ist doch was Schönes. Man hat doch erst gemerkt, wie das Ding weg war, daß man sich doch furchtbar viel damit beschäftigt, wa? Ist was Schönes.«

Drei Wochen, nachdem der Fernsehapparat wieder da war, wurden die Familien noch einmal besucht, um zu erfahren, wie sie ihre Erfahrungen verarbeitet hatten und ob sich ihr Verhältnis zum Fernsehen verändert hatte. Dabei wurde deutlich, daß alle Beteiligten sich über ihre Abhängigkeit vom Fernsehen vollkommen im klaren waren. Sie kannten auch die Gründe für die Abhängigkeit und sie hatten in den vier Wochen auch bemerkt, daß das Fernsehen sie bereits so schwach und bequem gemacht hatte, daß sie gar nicht mehr in der Lage waren, ihre Freizeit aus eigener Kraft zu gestalten. Frau Schneider meinte im

Verlauf des Gesprächs: »Es dürfte überhaupt kein Fernsehen geben, oder so, ja?« Diese Einsicht blieb jedoch folgenlos. In beiden Familien lief der Fernseher, nachdem er zurückgebracht worden war, länger als je zuvor.

In einem Schlußwort, das auf die Wiedergabe der Video-Aufzeichnungen folgte, griff eine Sprecherin des Zweiten Deutschen Fernsehens die Äußerung, es dürfte überhaupt kein Fernsehen geben, auf. Sie räumte ein, daß viele Zuschauer die tagsüber erlebten Zwänge und Belastungen der Arbeitswelt am Abend gegen die Abhängigkeit vom Fernsehen eintauschen. Mit Mündigkeit und Selbstbestimmung sei es dann vorbei. Als Ausweg bot die Sprecherin an, dem Zuschauer dadurch zu helfen, daß das Fernsehen über sich selbst aufklärt. Die letzten Sätze der Sendung lauteten:

Dem Zuschauer ist nicht damit gedient, daß man ihn für mündig erklärt. Man muß ihm helfen, mit dem Fernsehen richtig umzugehen.
Und dazu muß das Fernsehen seinen Teil beitragen. Durch Aufklärung über sich selbst und durch stärkere Aktivierung des Zuschauers.
Dazu gehört aber auch, daß alle Bildungseinrichtungen in verstärktem Maß Medienerziehung und Aufklärung über die Massenmedien betreiben.

Die Sendung »Vier Wochen ohne Fernsehen« entstand in einer Zeit, als die für das Fernsehen Verantwortlichen eine gewisse Bangigkeit überkommen hatte angesichts des Einflusses, den sie hatten. Man war sich über die Macht, die das Medium ausübte, im klaren und suchte nach Mitteln, diese Macht abzuschwächen. Eines der Mittel, zu dem man griff, bestand darin, daß man medienkritische Sendereihen einführte. Beim Zweiten Deutschen Fernsehen hieß diese Sendereihe »betrifft: Fernsehen«, beim Ersten Programm: »Im Glashaus«. Diese Sendungen machten den Versuch, die Zuschauer über die Einflußmöglichkeiten des Fernsehens aufzuklären. Dadurch hoffte man, sie zu einer kritischen Distanz gegenüber dem Medium bewegen zu können.
Betrachtet man die Ergebnisse der Sendung »Vier Wochen ohne Fernsehen«, dann wird deutlich, daß diese Bemühungen vergeblich sein mußten. Die beiden Familien zeigen deutlich, daß sie über ihre Situation und den Einfluß des Fernsehens kaum aufgeklärt werden müssen. Man kennt die Macht des Fernsehens und unterwirft sich ihr. Man findet sich mit der Fernsehsucht ab, weil Kraft und Möglichkeit fehlen, die Probleme, von denen sie ablenkt, zu lösen. Wie ernst das Zweite Deutsche Fernsehen seine medienkritische Sendung nahm, läßt sich daran ablesen, daß die Abteilung »Medienforschung« intensive Begleituntersuchungen zu den einzelnen Sendungen von »betrifft: Fernsehen« anstellte. Man ging dabei so vor, daß in verschiedenen Städten und Gemeinden möglichst repräsentativ ausgewählte Zuschauergruppen zusammengestellt wurden, mit denen man zuvor festgelegte Fragen bezüglich der Verständlichkeit und Wirksamkeit der Sendungen diskutierte. Das markante-

ste Ergebnis dieser Diskussion war, wie einem Papier der Abteilung »Medienforschung« zu entnehmen ist, das folgende:

»Andererseits bestätigen die Gruppendiskussionen jedoch, was aus anderen Untersuchungen längst bekannt ist, daß das Fernsehen für die Mehrzahl der Zuschauer, auch die Mehrzahl der Mittel- und Oberschichtangehörigen, primär als Unterhaltungsmedium von Interesse ist. Dementsprechend wurde offensichtlich, daß gegenüber dem fernsehkritischen Reihenvorhaben zunächst einmal ein latentes Desinteresse oder doch zumindest ein schwankendes Interesse vorherrscht (. . .)
Dieses offenbar durch die Unterhaltungserwartung gegenüber dem Fernsehen ausgelöste Desinteresse an einer medienkritischen Sendereihe kann aber, wie die Diskussionsergebnisse ebenfalls zeigen, von Fall zu Fall abgebaut werden. Vielleicht wird es sich zu einem latenten Interesse gegenüber der Sendereihe verändern, wenn die Redaktion es vermag, mit ihren weiteren Sendefolgen eine thematisch motivierte Interessenbereitschaft auszulösen beziehungsweise sie nicht zu enttäuschen durch die programmliche Ausformulierung. Vorbedingung einer solchen wünschenswerten breitgestreuten Zuschauerbindung an die Sendereihe ist der jetzige Sendetermin (19.30 Uhr).«

Der Hoffnung, die hier zum Ausdruck gebracht wird, steht das Medium selber, mit dessen Hilfe sie verwirklicht werden soll, entgegen. Ein hypnotisierendes Medium ist nicht geeignet, die Zuschauer zu aktivieren und ihnen zu einer kritischen Haltung zu verhelfen. Die für das Fernsehen Verantwortlichen haben das inzwischen auch einsehen müssen. Die medienkritischen Sendungen sind eingestellt worden, und es sind für die Zukunft auch keine neuen geplant.

VI. Lautsprecher und Mikrofon

Die maschinelle Wiedergabe von Sprache und Musik und ihre Folgen. Edison und die Erfindung der › Sprech-Maschine ‹

Seit Ende der zwanziger Jahre der Stummfilm durch den Tonfilm verdrängt wurde, sind Vorführungen bewegter Bilder fast immer von maschinell erzeugten Tönen begleitet. Um der Frage nachgehen zu können, wie diese Töne auf den Betrachter wirken, soll zunächst einmal grundsätzlich nach dem Unterschied von Sehen und Hören gefragt werden. Eine Möglichkeit, sich diesem Unterschied anzunähern, besteht darin, daß man sich mit den unterschiedlichen Auswirkungen von Blindheit und Taubheit beschäftigt.

Sieht man einen Blinden mit seinem Stock durch die Stadt gehen, hat man den Eindruck eines mühevollen und gefährlichen Schicksals. Ein auf dem Gehweg abgestelltes Fahrrad, ein nicht fortgeräumter Mülleimer werden zu Hindernissen, die den Blinden zu Fall bringen können. Ein Tauber hingegen fällt auch im dichten Großstadtgewühl kaum auf. Er findet seinen Weg, und man könnte den Eindruck haben, seine Behinderung sei, verglichen mit der des Blinden, von sehr viel leichterer Art.

Lernt man blinde und taube Menschen näher kennen, ergibt sich ein ganz anderes Bild. Blinde sind in der Regel stille und freundliche Menschen, bei denen oft eine innere Heiterkeit, manchmal sogar eine Art inneres Leuchten anzutreffen ist. Taube neigen hingegen zu Mißtrauen und heftigen, unkontrollierten Gefühlsausbrüchen. Diese Eigenschaften können verstärkt werden, wenn zu der Taubheit, was meistens der Fall ist, die Stummheit hinzukommt.

Der Unterschied zwischen Blinden und Tauben entsteht dadurch, daß trotz aller Beschwerlichkeiten des äußeren Lebens nicht der Blinde von Menschen und Umwelt abgeschnitten ist, sondern der Taube. Man stelle sich einmal vor, die Menschen seiner Umgebung nur zu sehen. Man sieht dann, daß sie miteinander reden, ist aber ausgeschlossen von ihren Gesprächen. Da hilft es nur zum Teil, wenn man die Mitteilungen der anderen liest. Für den alltäglichen, familiären Umgang ist das viel zu unbeholfen. Außerdem, und hier liegt der entscheidende Punkt, erfährt man über die gesprochene und gehörte Sprache ja nicht nur Mitteilungen, man erfährt außerdem, wie der Sprechende gestimmt ist, wie er das meint, was er sagt und wie er zu einem selbst steht.

Diese Fähigkeit, in den anderen hineinzuhören, kann gerade durch den Verlust des Sehvermögens unerhört gesteigert werden, so daß mancher Blinde tiefer mit anderen Menschen verbunden ist als ein Sehender. Die Tauben haben es viel schwerer, den Verlust des Hörsinns durch andere Sinnesfunktionen zu kompensieren.

Im folgenden soll der Frage, welche Veränderungen sich ergeben, wenn Laute maschinell wiedergegeben werden, zunächst an einem besonderen Fall nachgegangen werden, dem der Musik nämlich. Wir können uns dabei auf Beobachtungen stützen, die Wilhelm Furtwängler bereits 1931 in einem Aufsatz mit dem Titel »Die Lebenskraft der Musik« mitgeteilt hat. Diese Beobachtungen sind deshalb besonders aufschlußreich, weil sie von einem bedeutenden Musiker stammen und außerdem zu einem Zeitpunkt gemacht wurden, als die mechanische Tonwiedergabe noch verhältnismäßig neu war, es folglich leichterfiel, ihre Besonderheiten zu sehen. Furtwängler schreibt:

Daß unser Konzertleben katastrophal zurückgegangen ist, ist nicht zu leugnen. Man könnte zwar davon sprechen, daß bei den gegenwärtigen Zeiten das ganze kulturelle Leben in allen seinen Zweigen demselben Schrumpfungsprozeß ausgesetzt sei, indessen kommt doch bei der Musik die besonders in letzter Zeit sich auswirkende Bedrohung durch die mechanische Musikproduktion, durch Schallplatte und Radio, dazu, von der man nicht weiß, ob sie mehr Ursache oder mehr Folge des überall spürbaren Schwindens des musikalischen Interesses und Verständnisses ist. Dies Verschwinden, dies Erlahmen des Musikmitlebens und Mitlebenkönnens, nicht mehr die Bedrohung durch mechanische Musik an sich, ist unsere eigentliche Sorge. (...)
Handelt es sich bei der auf mechanischem Wege reproduzierten Musik noch um dieselbe Musik, die früher von lebenden Musikern lebendig musiziert wurde? Diese Frage ist nicht so einfältig und abseitig wie sie scheint – sobald wir uns über den Charakter der Schallplatte genauer Rechenschaft zu geben versuchen. Wir bemerken dann wohl, daß die Stimme eines Caruso an Farbe und unmittelbarer persönlicher Gegenwart durch die Reproduktion des Grammophons nichts einzubüßen scheint, daß auch der eigenartige Glanz des Spieles eines Casals oder Kreisler von der Platte bis zu gewissem Grade wiedergegeben wird. Aber immer nur, wenn man von der dazugehörigen »Begleitung« absieht. Denn sobald es sich um das Zusammenwirken mehrerer Stimmen handelt, wird der Eindruck merklich diffuser und unsicherer. Dies ist schon bei Kammermusik zu spüren, am meisten aber bei der Wiedergabe des Orchesters. Es scheint nämlich, als ob – bildlich gesprochen – das räumlich perspektivische Moment der Musik, durch welches das Verhältnis der einzelnen Stimmen unter sich geregelt wird, auf der Platte nicht richtig zur Auswirkung gelange. Auch die Stärkegrade scheinen von Grund aus verändert, so sehr, daß extreme Schattierungen, ein wirkliches Fortissimo oder Pianissimo vom Interpreten, will er plattengerecht musizieren, streng vermieden werden muß. Nicht anders verhält es sich mit den Tempi. Ein wirklich langsames Tempo wirkt leicht langweilig und inhaltlos, ein wirklich schnelles leicht lärmend und unklar. Pausen, Generalpausen gar, müssen möglichst vermieden werden. So erscheint alles in einer Orchesterplatte verändert – grundsätzlich verändert –, und zwar nicht nur absolut im einzelnen, sondern vor allem auch relativ, in seinen Beziehungen untereinander. Wie anders etwa die Symphonien von Beethoven heute auf der Platte klingen, als damals, als sie nur von Orchestern

selber vorgetragen wurden, ist uns im allgemeinen gar nicht mehr bewußt. Es ist das etwa wie mit Menschen, mit denen man täglich zusammen ist – man bemerkt Veränderungen, die mit ihnen vorgehen, erst gar nicht, oder erst dann, wenn man von anderen, Außenstehenden, darauf aufmerksam gemacht wird.

Man hätte nun annehmen können, daß beim Aufkommen der mechanischen Musikproduktion ein stillschweigender erbitterter Kampf zwischen der wirklichen lebendigen Musik und den Tendenzen der mechanischen stattgefunden habe. Das aber war – und dies ist das Eigentümliche – keinesweg der Fall.

Im Gegenteil sehen wir, zuerst in Amerika, dann aber auch bei uns, die lebende Musik sich den Idealen und Tendenzen der mechanischen mehr und mehr anpassen, ja, ihr geradezu nacheifern. Und in der Tat: Heute ist das Kriterium eines guten Klaviervortrages oder Orchesterkonzerts immer mehr die perfekte, ausgeglichene, alles wissende Schallplatte geworden, an Stelle der immer einmalig lebendigen Reproduktion. Und so wurden auch alle Eigenheiten »plattengerechten« Musizierens mehr und mehr auf den Konzertsaal übertragen; zugleich mit der technischen Perfektion kam die Furcht vor den allzu langsamen Tempi, vor den großen Gegensätzen, den Pausen, die Angst vor allem, was extrem, aber zugleich auch vor allem, was gliedernd, formgebend, im tieferen Sinne bildend ist. Das bedeutet nun eine entscheidende Veränderung in unserem Musizieren überhaupt: Die Musik wurde mehr und mehr ihres motorischen, leibhaftig-unmittelbaren Charakters entkleidet: der Rhythmus, der Pulsschlag des lebendigen Herzens, wurde dem mechanisch-schematischen Takt der Maschine angenähert, die organische Gestalt bis in die kleinste Gesangsphase hinein eines Teiles ihres Gehaltes an Wärme, an prallem, blutvollem, lebendigem »Sein« beraubt. (...)

Denn je perfekter, je vollkommener, je mehr der alles hörende, alles wissenden Platte angenähert die Darstellung wurde, desto ärmer an unmittelbaren Lebenskräften – an »Vitaminen«, wenn man so will – wurde das Musizieren selber. Es begann immer mehr den faden Geschmack von destilliertem Wasser anzunehmen, der durch die künstlichen Reizmittel, die man allenfalls zur Belebung hinzufügte, nicht besser wurde. Und schließlich nun tritt ein, was wir heute erleben: Der Überdruß an der Musik.

Musik ist eben noch etwas anderes als bloß abstrakte, für sich selbst existierende Kunst. Man kann sie daher auch noch von der soziologischen Seite aus betrachten; und damit treffen wir auf die andere Form mechanischer Reproduktion, auf das Radio. Musik ist nämlich, wie wir alle wissen, vor allem auch Gemeinschaftserlebnis; von der Gemeinschaft her hat sie begonnen, hat sie Sinn und Zweck. Daß das Radio die sichtbare Gemeinschaft nicht braucht, nicht voraussetzt, nicht fordert, ist ihm in unseren Zeiten als Vorzug angerechnet worden. Das Gegenteil ist der Fall. Die Tatsache etwa, daß ein seinem Wesen nach an eine wirkliche Gemeinschaft gerichtetes Werk – etwa eine Beethovensche Sinfonie – nur von in aller Welt verstreuten einzelnen gehört werden kann, bedeutet eine weitere Irrealisierung des Musikerlebnisses. Diese Irrealisierung geht so weit, daß man ohne Übertreibung sagen kann: Wo es sich nicht um Erinnerungen handelt, ein vollwertiges Erleben dieser Werke, die in ihrem festlich-übergewaltigen Hochgefühl unmittelbar von einer leibhaftigen Gemeinschaft aufgenommen werden müssen, am Radio unmöglich. Was nun gar soll man zu den heute so vielfach beliebten Plattenkonzerten im Radio sagen!

Den Beobachtungen Furtwänglers ist zu entnehmen, daß es so etwas wie ein plattengerechtes Musizieren gibt, und man ist erstaunt zu erfahren, daß diese Art des Musizierens bereits Ende der zwanziger und Anfang der dreißiger

Jahre begonnen hat, die in Konzerten unmittelbar aufgeführte Musik zu beeinflussen. Als Charakteristikum der Schallplatte gibt Furtwängler an, daß die Musik sich der Maschine, die sie hervorbringt, angleicht und folglich etwas Mechanisches bekommt. Das äußert sich unter anderem darin, daß die Unterschiede in den Stärkegraden und den Tempi abgemildert und Pausen verkürzt werden. Die musikalischen Darbietungen werden perfekt, zugleich verliert die Musik aber ihre unmittelbaren Lebenskräfte, was durch künstliche Reizmittel wieder ausgeglichen werden muß. Schließlich geht Furtwängler noch auf die Vereinzelung beim Radiohören ein (es fällt uns heute schwer, hier einen grundsätzlichen Unterschied zur Schallplatte zu sehen) und er stellt fest, daß es sich bei dem musikalischen Erleben eigentlich nur um Erinnerungen handeln kann.

Diese Feststellungen sind deshalb so wertvoll, weil sie auf etwas aufmerksam machen, das die meisten heute gar nicht mehr wahrnehmen können, weil sie sich so daran gewöhnt haben. Dabei sind die Beobachtungen Furtwänglers auch heute noch von jedem zu machen, der Musik in erster Linie als unmittelbares Musizieren erlebt. Das wird durch Äußerungen des Geigers Miha Pogacnik bestätigt, der zu den wenigen großen Musikern gehört, die sich weigern, Schallplatten zu bespielen. In einem Interview sagt Pogacnik zu dieser Weigerung:

Wenn ich mich als Künstler entwickle, ohne Einspielungen zu machen, dann glaube ich mehr Chancen zu haben, das durch die Plattenaufnahmen gesetzte Ziel zu übertreffen und die musikalische Sphäre zu erreichen, die von vielen großen Interpreten in der Vergangenheit erreicht worden ist – eine rein menschliche Sphäre, die hinausreicht über die objektiven Qualitäten, welche das Aufnehmen auf Platten übermittelt. Dies ist es, woran die Menschen denken, wenn sie nostalgisch sagen: »Wo sind die Tage hin, da wir Kreisler, Ysaye und andere hatten, die so verschieden waren, so individuell. Heutzutage spielen die Musiker alle gleich. Man kann kaum einen Interpreten vom anderen unterscheiden.«

Im weiteren Verlauf des Interviews betont Pogacnik, welch große Rolle andere Musiker in seiner musikalischen Entwicklung gespielt haben, dabei habe sich die Anregung aber immer durch die unmittelbare Begegnung im Konzertsaal ergeben. Es sei vorgekommen, daß ein einziges Konzert eines wirklich originellen Künstlers seine eigene Arbeit für ein Jahr inspiriert habe.

Durch die Beobachtungen von Furtwängler und Pogacnik aufmerksam gemacht, empfiehlt es sich, einmal selbst folgenden Versuch anzustellen. Man lasse sich in einem kleinen Kreis ein einigermaßen kurzes Musikstück vorspielen, das langsame und schnelle Passagen und auch markante Pausen aufweist. Während man der Musik zuhört, lasse man zugleich ein Tonband laufen. Wenn man anschließend das Tonband abspielt, hat man die Möglichkeit, den Eindruck, den man beim Musizieren hatte, mit dem Eindruck zu vergleichen, den die durch den Lautsprecher wiedergegebene Musik hervorrief. Es wird sich dann die Erfahrung einstellen, die Furtwängler als Grund für das ›plattengerechte‹ Musizieren angibt: die schnellen Passagen wirken überhastet, die langsamen überdehnt und die Pausen werden zu Unterbrechungen, in denen der Fluß der Musik abreißt. Man sollte nach diesem Vergleich die Musik noch einmal unmittelbar hören und dabei darauf achten, wie man zum Beispiel eine Pause erlebt. Man wird dann vielleicht beobachten können, daß Hören nicht allein ein passives Entgegennehmen, sondern zugleich ein aktives Hinausgehen ist. Dieses Hinausgehen führt zu einer Begegnung mit dem Gehörten, und zwar auf einer Ebene, die über der des Physikalischen liegt. Man erinnere sich an die Zwischenräume, die zwischen den auf die Leinwand projizierten Einzelbildern einerseits und den verschiedenen Entwicklungsstufen einer Pflanzenmetamorphose andererseits bestehen. Bei der Filmprojektion ist zwischen den einzelnen Bildern schwarze Leinwand, die dem Blick jedoch durch die Trägheit des Auges entzogen wird (physiologischer Zwang). Bei der Pflanzenmetamorphose ist es so, daß der Betrachter, wenn er die einzelnen Phasen intensiv beobachtet und ihre Abfolge in sich nachvollzieht, auf die Urpflanze als das die Erscheinungen Bewirkende treffen kann. Der Urpflanze entspricht beim Musikhören das Musikalische an sich oder die ›musikalische Sphäre‹, wie Pogacnik sich ausdrückt. Die Begegnung mit dieser Sphäre kann gerade in den Pausen besonders intensiv sein, da dann alles Sinnlich-Akustische zurücktritt. Bei der maschinell erzeugten Musik müssen solche Augenblicke gerade vermieden werden, da sich in ihnen enthüllt, daß die Maschine nur physikalische Phänomene produziert, mit denen eine den Hörenden wirklich ergreifende Begegnung gar nicht möglich ist. Wie dem Tauben der Zugang zum Inneren anderer Menschen versperrt ist, so dem platten- und radiohörenden Menschen der Zugang zu derjenigen Sphäre, aus der die Musik kommt und aus der ihre Wirksamkeit herrührt. Wer Musik aus einem Lautsprecher hört, ist ihr gegenüber im Grunde genommen in derselben Lage wie ein Tauber gegenüber anderen Menschen, Wesen und Dingen. Die Folgen dieser Abtrennung haben ja auch durchaus Ähnlichkeit miteinander, insofern der maschinellen Musik wie dem Tauben etwas Mechanisches und Unpersönliches anhaftet, wobei letzterer, da er eben keine Maschine ist, die Möglichkeit hat, diesen Eigenschaften entgegenzuarbeiten.

Gegen diese Feststellungen liegen verschiedene Einwände auf der Hand. Wenn beim unmittelbaren Hören von Musik die Berührung mit der musikalischen Sphäre möglich ist, warum dann nicht auch bei einer perfekten Wiederholung des musikalischen Ereignisses mittels der Technik? Und was heißt denn, Lautsprechermusik könne den Zuhörer nicht ergreifen? Wiederlegt nicht jedes Rock-Konzert diese Behauptung?

Die Auseinandersetzung mit diesen Einwänden soll zunächst so vor sich gehen, daß genau betrachtet wird, wie eine technische Übertragung von Hörbarem vor sich geht. Die technischen Hilfsmittel, die dabei immer eine Rolle spielen, sind auf der einen Seite das Mikrofon, auf der anderen Seite der Lautsprecher. Die Leistung des Mikrofons besteht darin, daß es Luftschwingungen in Stromschwankungen umsetzt. Das geschieht auf folgende Weise. Hinter der Membrane befindet sich Kohlegrieß, der in einem Stromkreis als Widerstand fungiert. Wird der Kohlegrieß von der Membrane zusammengepreßt – was bei starken Schallwellen geschieht – dann läßt er mehr Strom durch. Drückt die Membrane weniger stark, liegt der Grieß lockerer, und es kann weniger Strom hindurchfließen.

Diese Stromschwankungen verwandelt der Lautsprecher wieder in Schallwellen. Er besteht ebenfalls aus einer Membrane, den Platz des Kohlegrieß nehmen jedoch zwei Dauermagnete ein, die mit Draht umwickelt sind. Durch diesen Draht fließt der Strom, der vom Mikrofon kommt. Der Stromfluß hat zur Folge, daß die Anziehungskraft des Magneten zunimmt. Da der Stromfluß schwankt, schwankt auch die Anziehungskraft, was für die eiserne Membrane

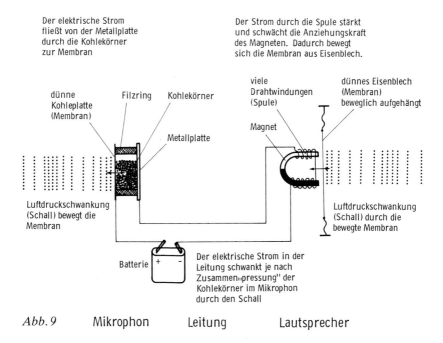

Abb. 9 Mikrophon   Leitung   Lautsprecher

zur Folge hat, daß sie entsprechend den Stromschwankungen in Schwingungen versetzt wird, die wiederum Schallwellen erzeugen.

Für den Gesamtvorgang ist entscheidend, daß sich zwischen Mikrofon und Lautsprecher ein geschlossener Stromkreis befindet, dessen Stärke durch das Mikrofon beeinflußt wird. Wer mit Strom und Widerständen Mühe hat, stelle sich getrost vor, daß vom Mikrofon zum Lautsprecher und von diesem zurück zum Mikrofon Wasser fließt. Das Mikrofon reguliert wie ein schnell reagierender Absperrhahn die Menge des durchfließenden Wassers. Der Lautsprecher reagiert auf diese Schwankungen, indem er Schallwellen produziert.

In Hinblick auf den eigentlichen Vorgang sei darauf hingewiesen, daß eine enge Beziehung zu dem besteht, was in der Fernsehkamera vor sich geht. Hier sind es nicht Luftschwingungen, sondern Helligkeitsunterschiede, die in Stromschwankungen umgesetzt werden. Dem Mikrofon entspricht dabei die Bildplatte mit den in sie eingelassenen Fotozellen. Dem Lautsprecher entspricht der Fernsehempfänger, dessen Kathodenstrahl die Stromschwankungen aufnimmt und in entsprechende Leuchtpunkte umsetzt. Da Fernsehen immer auch Fernhören ist, enthält der Fernsehapparat beide Übertragungssysteme.

Was bedeutet es für den Hörenden, daß der Laut von einer eisernen Membrane kommt und nicht von der Lautquelle selbst? Nehmen wir als Beispiel die Übertragung eines Geigentons. Geht man der Frage nach, wo und wie dieser Ton entsteht, dann bemerkt man bald, daß eigentlich die ganze Geige klingt. Man braucht nur irgendwo ein schlechtes Stück Holz einzufügen und der Ton ist verdorben.

Was bei Musikinstrumenten besonders augenfällig ist, gilt für alle Lautquellen. Der Ton entsteht, indem die Quelle insgesamt in Schwingung gerät. Den Tönen, die so entstehen, gibt die Quelle etwas von ihrer Eigenart mit. So kommt es, daß Kupfer anders klingt als Silber, Eichenholz anders als Fichtenholz und so fort.

Ein Lautsprecher müßte eigentlich immer wie Eisen klingen. Gerade das tut er aber nicht. Die Bauweise eines Lautsprechers ist so, daß er keinen Eigenklang entwickeln kann. Ist er statt dessen in der Lage, einmal wie eine Geige und einmal wie die Stimme eines jungen Mädchens zu klingen? Es scheint so, denn wie könnte man sonst die einzelnen Lautquellen unterscheiden und benennen? Hier gibt man sich jedoch in der Regel einer Täuschung hin. Ein Lautsprecher kann nicht wie eine Geige klingen, er kann lediglich ein Schallereignis produzieren, das im Hörenden die Erinnerung an den Klang einer Geige wachruft. Da dieses Auffüllen mit Erinnerungen schnell und unbewußt geschieht, bleibt die eigentliche Natur des Lautsprechertones fast immer unbemerkt. In Wirklichkeit begegnet dem Hörenden nichts qualitativ Neues.

Die Folgen des Lautsprechers werden noch schwerwiegender, wenn ein künstlerisches Ereignis übertragen wird. Solch eine Feststellung hat natürlich nur Sinn, wenn man annehmen kann, daß solch ein Ereignis, wenn es zum Beispiel als Konzert stattfindet, nicht nur aus Schallwellen besteht. Wenn der Hörende durch die physikalisch erklingenden Töne hindurch mit dem eigentlich Musikalischen in Berührung kommen soll, dann muß es auch anwesend sein. Das ist es aber nur, wenn es von Menschen, die sich entsprechend vorbereitet haben, herbeigebeten wird. Von Maschinen läßt es sich nicht herbeibitten. Das kann hier zunächst nur als Behauptung hingesetzt werden. Mit den folgenden Überlegungen wird wieder an naheliegendere Erfahrungen angeknüpft. Es stellt sich die Frage, was die aus Lautsprechern erklingende Musik eigentlich so anziehend macht? Diese Frage hängt mit der bereits gestellten Frage zusammen, auf welche Weise der Hörer bei Lautsprechermusik eigentlich beteiligt ist. Bisher ist nur festgestellt worden, wovon er abgetrennt ist: er erfährt nichts Qualitatives von den einzelnen Instrumenten, er erfährt nichts von der Individualität der Musiker, und er kann auch nicht zu dem eigentlich Musikalischen vordringen. Aber er erlebt doch etwas, und dieses Erlebnis kann sich sogar bis zur Ekstase steigern. Was da erlebt wird, sind, genau wie beim Film, erinnerte Gefühle. Die Schallwellen, die der Lautsprecher an den Hörenden heranträgt, sind gerade dazu in der Lage, Musik zu imitieren. Der Hörer trägt in diese Imitation seine Gefühle, vor allem seine Sehnsüchte, hinein. Die Musik gibt ihm so die Möglichkeit, sich selbst zu erleben. Während es Mühe kostet, fremde Wesen und Qualitäten zu erleben, weil man die Anstrengung auf sich nehmen muß, sich selbst zum Schweigen zu bringen, stellt sich das Selbsterlebnis mühelos ein. Eine Bestätigung für diese Wirkung der Lautsprechermusik kann in folgendem gefunden werden. In einem Konzert kann der aufmerksam Hörende Gefühle erleben, die neu und rätselhaft sind und die sich gar nicht einordnen lassen. Lautsprechermusik kann immer nur bekannte, allzubekannte Gefühle wachrufen, die, gerade wegen ihrer Bekanntheit, genossen werden können, die aber auch gerade deswegen eine Neigung zum Kitschigen haben.

Wenn es so wäre, daß das, was aus dem Lautsprecher tönt, den Hörenden zwar nicht bereichert, ihm aber auch nicht schadet, so brauchte man sich nicht viele Gedanken zu machen. Es gilt hier jedoch dasselbe wie bei Film und Fernsehen: Einübung, Verdrängung, Schwächung wirken nach. Dabei können die Schädigungen, die durch das Hören entstehen, noch schwerer wiegen als die durch Bilder verursachten, weil das Hören tiefer in unser inneres Wesen führt als das Sehen. Das soll verdeutlicht werden, indem noch einmal auf das kleine Filmdrehbuch zurückgegriffen wird. Da tröstet die Frau ihren Mann mit den Worten:»Geht's dir wieder nicht so gut?« Stellen wir uns zunächst vor, die

Szene würde sich in Wirklichkeit zutragen. Wir hatten gesagt, Frau Schmidt könne ihrem Mann in solch einer Situation helfen, weil sie eine besondere Art habe, ihm liebevoll, verstehend und zugleich aufmunternd zu begegnen. Wenn sich die depressive Stimmung des Herrn Schmidt tatsächlich aufhellt, kann das daran liegen, daß Schallwellen an sein Ohr dringen, die er als Wörter deutet, woraufhin er sich dann sagt: Ach ja, meine Frau versteht mich und meint es gut mit mir? Es ist offensichtlich, daß die Begegnung viel tiefer geht. Wenn Herr Schmidt getröstet und ermuntert wird, dann setzt das ein Hören voraus, bei dem es zu einer unmittelbaren Begegnung mit dem kommt, was ihm seine Frau seelisch entgegenbringt. Solch eine Begegnung verlangt natürlich vom Hörenden, daß er sich öffnet und dem zu Hörenden mit seiner Innerlichkeit entgegenkommt. Hören besteht natürlicherweise immer in der Begegnung zweier Innerlichkeiten. Schon der einfache Eindruck, daß eine Stimme, die man hört, heiter oder traurig klingt, setzt voraus, daß ich meine Seele von der anderen berühren lasse. Mein Erleben der Stimmung oder Eigenart eines anderen beruht immer darauf, daß ich in mir seelisch das aufleben lasse, was von dem anderen kommt. Daher kann jemand, dem wirklich alles Heitere fehlt, auch nicht die Heiterkeit eines anderen Menschen erleben.

Nehmen wir nun wieder an, die Szene zwischen Herrn und Frau Schmidt würde im Film spielen. Der Zuschauer wäre auf Grund seiner Lebenserfahrung in der Lage, die Handlung zu verstehen und mitzuerleben. Er würde das Geschehen in der weiter oben geschilderten Weise mit erinnerten Gefühlen begleiten. Auch die Worte »Geht's dir wieder nicht so gut?« würden ihn seelisch herauslocken, wobei die dabei entstehende Gefühlsnuance durch die der Szene mit großer Wahrscheinlichkeit unterlegte Filmmusik beeinflußt würde. Worauf trifft der Betrachter, wenn er dem Geschehen auf der Leinwand oder dem Bildschirm mit seinem seelischen Inneren entgegenkommt? Er trifft auf Schall und Licht, aber auf nichts Seelisches. Dadurch gerät der Hörende in ein ganz merkwürdiges Zwischenreich: er ist nicht bei sich, weil er herausgelockt wurde, aber er kommt nirgends an, weil ihm nichts begegnet. Es liegt auf der Hand, daß man in solchen Augenblicken allen möglichen Einflüsterungen ausgeliefert ist. Außerdem wird der Hörende seelisch ausgehöhlt, weil sich sein Fühlen in einer Art Vakuum verströmt. Wenn das immer und immer wieder geschieht – bei den meisten Menschen geschieht es täglich stundenlang –, hat das eine seelische Schwächung zur Folge, die sich vor allem als Abstumpfung bemerkbar macht. Wessen Seele selten Gelegenheit hat, anderen Seelen zu begegnen und sich auf ihre Gestimmtheit einzustellen, der verliert diese Fähigkeit allmählich und vertrocknet innerlich. Damit tritt eine Wirkung ein, die genau derjenigen entspricht, die im optischen Bereich durch den schnellen Einstellungswechsel hervorgerufen wird.

Macht man sich in dieser Weise klar, welche Schäden entstehen, wenn Lautsprechern seelische Regungen entgegengebracht werden, dann kann man ermessen, was es bedeutet, wenn durch tragbare Cassetten-Geräte und Kopfhörer (Walkman) das Hören technisch erzeugter Töne auch während der Arbeit, dem Gehen und Reisen fortgesetzt wird. Bei dem, was auf solche Weise gehört wird, handelt es sich überwiegend um stark rhythmische und gefühlsbetonte Musik. Der Hörer bezahlt die Bereitschaft, seine Sehnsucht nach intensiven Gefühlen in einer Haltung der inneren Passivität befriedigen zu lassen, mit einer allmählichen Abtötung seiner Empfindungsfähigkeit.

Selbstverständlich wäre es ganz verfehlt, solch eine Feststellung mit einem Vorwurf gegen die meist jugendlichen Träger des Walk-Man zu verbinden. Wer beobachten konnte, mit welcher Offenheit Kinder, die in einer ihnen förderlichen Umgebung aufwachsen, auf die Welt zugehen, wer erfahren hat, welches Interesse solche Kinder an anderen Menschen haben, der weiß, daß ein Jugendlicher, der es vorzieht, sich einen Kopfhörer aufzusetzen statt mit offenen Sinnen durch die Welt zu gehen, eine lange Reihe seelischer Mißhandlungen hinter sich hat. Jede ›normale‹ Schule verursacht heute solche Mißhandlungen. Aber die Schule ist bei weitem nicht allein verantwortlich.

Es soll noch auf folgendes aufmerksam gemacht werden. Wenn gesagt wurde, der Lautsprecher führe zu seelischer Abstumpfung, so ist es lediglich in Hinblick auf den einzelnen Menschen richtig, den Lautsprecher in dieser Weise als Ursache zu betrachten. Faßt man nicht einzelne Menschen, sondern die Menschheit insgesamt in den Blick, dann gilt im Sinne des zur Vorgeschichte des Fernsehens Ausgeführten, daß der Lautsprecher die *Folge* von geistig-seelischen Veränderungen ist. Die materialistische Denkungsart bewirkte, daß sich auch der Mitmensch in Moleküle und Atome auflöste, denen die Kräfte der Vererbung und des Milieus einmal diese und einmal jene Gestalt gaben. Selbst der Kern der Persönlichkeit, das Ich, wurde als durch äußere Einflüsse gebildet angesehen. Was für ein Interesse aneinander können aber Menschen entwickeln, die sich in dieser Weise betrachten?

Es lohnt doch gar nicht, auf die seelische Eigenart eines anderen Menschen zu lauschen, wenn man sie für den Ausdruck irgendwelcher chemischer Prozesse, die auch ganz anders hätten verlaufen können, hält.

Neben dieser mehr allgemeineren Auffassung ist dann in der zweiten Hälfte des 19. Jahrhunderts noch eine speziell die Sinnestätigkeit betreffende Auffassung außerordentlich wirksam geworden. Sie ist zuerst von dem Physiologen Johannes Müller (1801–1856) formuliert worden. Müller ging davon aus, daß alle Sinneseindrücke durch das Nervensystem vermittelt werden. Er trieb diese Anschauung bis zu dem Punkt, daß er behauptete, letztendlich sei uns die Außenwelt vollkommen verschlossen. Was wir dafür hielten, wenn wir zum

Beispiel sehen und hören, sei nichts weiter als ein Empfinden der Zustände und Veränderungen in den Nerven.

Im Jahre 1828 veröffentliche Müller eine Schrift mit dem Titel:»Von der Vermittlung des Subjektes und Objektes durch den Gesichtssinn«, in der er seine Auffassung als »Gesetz von den spezifischen Sinnesenergien« formulierte. Im folgenden wird eine wesentliche Passage aus der Arbeit von 1828 wiedergegeben:

Wir können also ursprünglich durch den Sinn von nichts als von uns selbst wissen. Unsere Affektionen sind uns unsere Sinnenwelt, unsere äußere Natur, und alle Gesichtserscheinungen sind dem Sinne immanent.

Die Wesenheiten der äußeren Dinge und dessen, was wir äußeres Licht nennen, kennen wir nicht, wir kennen nur die Wesenheiten unserer Sinne; und von den äußeren Dingen wissen wir nur, inwiefern sie auf uns in unseren Energien wirken.

Wir mögen uns die Mahnung gelten lassen, daß Licht, Dunkel, Farbe, Ton, Wärme, Kälte und die verschiedenen Gerüche und Geschmäcke, mit einem Worte, was alles uns die fünf Sinne an allgemeinen Eindrücken bieten, nicht die Wahrheit der äußeren Dinge, sondern die realen Qualitäten unserer Sinne sind, daß die tierische Sensibilität allein in diesen rein subjektiven Zügen ausgebildet ist, wodurch das Nervenmark hier nur sich selbst leuchtet, dort sich selbst tönt, hier sich selbst fühlt, dort sich selbst riecht und schmeckt.

Nach der in diesen Sätzen eindrucksvoll vertretenen Auffassung sind unsere Sinne nicht »Tore zur Welt«, sondern Maulwurfsgänge, in denen der Widerhall der Außenwelt einmal diese und einmal jene Reaktion hervorruft.

Die von Müller zuerst vertretene Auffassung liegt seitdem allen von der Schulwissenschaft entwickelten Theorien der Sinneswahrnehmung zugrunde. Man kann sich davon überzeugen, indem man zum Beispiel in der Brockhaus Enzyklopädie unter dem Stichwort »Sinn« nachliest. Da wird ausdrücklich auf Müller Bezug genommen, wenn es heißt »Im allgemeinen kann jede (auch eine inadäquate) Reizung der Sinnesempfänger, Sinnesnerven oder Sinneszentren die für die entsprechenden Sinnesorgane kennzeichnenden Empfindungen hervorbringen (Gesetz der spezifischen Sinnesenergien nach Johannes Müller)«. Als »inadäquate Reizung« wird häufig ein Drücken des Augapfels angeführt, was eine Helligkeitsempfindung zur Folge haben kann. Dieser Eindruck wird dann als ›Beweis‹ dafür genommen, daß das Auge die Eindrücke, die es uns vermittelt, selbst produziert, wir durch das Auge also nichts über die Außenwelt erfahren. Für die anderen Sinne wird natürlich Entsprechendes angenommen.

Bei Wissenschaftlern, die sich mit der Sinneswahrnehmung mehr von der psychologischen Seite aus befassen, taucht immerhin als Frage auf, wie unser *Erleben* der Welt eigentlich mit der angenommenen Tätigkeit der Nerven und Sinnesorgane zusammenhängt. Der folgende Text aus einem Wörterbuch der Psychologie verdeutlicht, welche Probleme die materialistische Sinneslehre für das Verstehen unserer Sinneswahrnehmungen macht.

Wahrnehmungstheorie. Unsere Sinnesorgane transformieren physikalisch-chemische Energien in Störungen des biologischen Gleichgewichts von Nervenzellen, die sodann als elektrische Impulse in den sensorischen Bahnen zentripetal weitergeleitet werden und die schließlich zur Erregung bestimmter *Ganglienzellen* in der Hirnrinde führen (Reiz und Reaktion). Diese physiologische Schilderung des Wahrnehmungsvorganges läßt nur schwer erkennen, wieso wir uns im Wachzustand stets Dingen, Lebewesen und Ereignissen gegenüber befinden, nicht aber bloß dem sehr feinkörnigen Mosaik isolierter Reize. Diese Kluft zu überbrücken ist das Anliegen der verschiedenen Wahrnehmungstheorien, als deren Vorläufer die schon aus dem Altertum stammenden Klagen der skeptischen Philosophen über die Unverläßlichkeit der Sinne anzusehen sind...

Im weiteren Verlauf des Artikels werden verschiedene Wahrnehmungstheorien referiert, die sich aber alle widersprechen und von denen keine zu einer befriedigenden Antwort auf die zu Beginn gestellte Frage führt. Der Weg zu solch einer Antwort wird dadurch versperrt, daß die Wissenschaftler, fasziniert von den Nervenzellen, elektrischen Impulsen und physikalisch-chemischen Energien, die sie entdecken, den Menschen vergessen, der hört und sieht. Die Wissenschaftler gleichen jemandem, der der Frage, wie das Einschlagen eines Nagels zustande kommt, auf die Weise nachgeht, daß er von Hammer, Hand, Knochen, Muskeln und ähnlichem spricht und nie an den Punkt kommt, wo deutlich wird, daß hinter allem ein Mensch steht, der sich der genannten Dinge bedient, weil er einen Nagel einschlagen will.

Was geschieht, wenn die Menschen sich ihrer Sinne bedienen und dabei eine Wissenschaft im Kopf haben, die dem, was sie mit den Sinnen tatsächlich tun, nicht gerecht wird? Die Sinne werden schwach und werden dabei allmählich immer dem ähnlicher, was man über sie denkt. Man könnte einwenden, bei den Wahrnehmungstheorien handele es sich um ein Gelehrtenproblem, das von den meisten Menschen gar nicht beachtet werde. Dem ist aber entgegenzuhalten, daß die Bücher, denen die zitierten Stellen entnommen wurden, in jeder öffentlichen Bibliothek und in vielen privaten Bücherregalen stehen. Ich hätte auch ganz andere Bücher auswählen können, die Tendenz der Aussage wäre dieselbe gewesen. Die materialistische Weltsicht ist in unser Denken wie eingesickert, sie ist zur Gewohnheit geworden, und diese Gewohnheit behindert das, was in Wirklichkeit da ist.

Die materialistische Denkweise schafft sich noch auf andere Weise eine ihr entsprechende Wirklichkeit. Trifft nicht auf Mikrofon und Lautsprecher mit dem sie verbindenden Stromkreis genau das zu, was Müller die spezifische Sinnesenergie genannt hat? Gleichgültig, was an das Mikrofon herankommt, Meeresrauschen, Vogelsang, ein ganzes Orchester oder eine Kinderstimme, das technische System reagiert immer auf die einzig ihm mögliche Weise: mit

Membranschwingungen und Stromschwankungen. Die materialistische Denkweise kann das Hören nur schwächen, nicht aber derart verändern, daß es tatsächlich jede Aufnahmefähigkeit für Seelisches verliert. Schalten wir jedoch zwischen uns und das zu Hörende eine technische Übertragungsanlage, dann sind wir tatsächlich dessen beraubt, was wir nach Meinung des Materialismus auch gar nicht wahrnehmen können.

Die elektronische Bildübertragung (Fernsehen) entspricht ebenfalls genau der herrschenden Vorstellung, in diesem Fall der Gesichtswahrnehmung. Beim Sehen geht man davon aus, daß das Auge im vorderen Teil wie eine Kamera funktioniert: Licht fällt durch die Augenlinse auf die Netzhaut. Die Netzhaut wandelt die optischen Signale in elektrische Impulse um (entspricht genau der Funktion der Bildplatte) und leitet sie durch den Sehnerv (entspricht dem Kabel beziehungsweise den elektromagnetischen Trägerwellen) zum Gehirn, das daraus ein Bild aufbaut (entspricht dem Bild auf dem Fernsehschirm). Die Analogie ist in der Tat vollständig, was vor allem dadurch möglich wird, daß bei der Deutung des Sehvorgangs, wie oben bereits ausgeführt, wohl Linsen, Netzhaut und Nerven eine Rolle spielen, der Mensch als denkendes, fühlendes und wollendes Wesen aber gar nicht vorkommt.

Zum Abschluß dieses Kapitels soll auf die Entstehungsgeschichte der technischen Wiedergabe von Sprache und Musik eingegangen werden, weil sie ein bedeutsames Licht auf die bisherigen Ausführungen wirft. Für die Beschäftigung mit diesem Thema spricht auch, daß diese Erfindung und die damit verbundenen Umstände – ganz im Gegensatz zur Erfindung der Fotografie etwa – kaum im allgemeinen Bewußtsein sind.

Die erste Maschine, mit deren Hilfe es möglich war, Sprache und Musik aufzunehmen und wiederzugeben, wurde von Thomas Alva Edison, dem bedeutendsten Erfinder des Industriezeitalters, entwickelt. Zunächst einige Bemerkungen zu Edison. Er bezeichnete sich, um seinen Gegensatz zu den »reinen Wissenschaftlern« herauszustellen, als »Industrie-Wissenschaftler«, der Erfindungen auf Bestellung macht, Erfindungen, für die ein Bedarf da ist und die sich kommerziell auswerten lassen. Um im Sinne dieser Absicht arbeiten zu können, gründete Edison 1876 in Menlo Park, einem kleinen Ort in der Nähe von New York, das erste industrielle Forschungslabor. Innerhalb von 10 Jahren entstanden hier die wichtigsten Erfindungen Edisons, neben dem Phonographen (1877) vor allem die Glühbirne (1879) mit allen zur Stromerzeugung und -verteilung notwendigen Maschinen (zum Beispiel ein von Edison entwickelter Dynamo) nebst Zubehör wie Lampen, Schaltern und Sicherungen (allein im Zusammenhang mit der Elektrizität und dem elektrischen Licht meldete Edison 389 Patente an). Zu den wichtigsten Erfindungen dieser Zeit gehörte auch eine von Edison entwickelte elektrische Eisenbahn (1880).

Die Erfindung des Phonographen (Edison sprach von »phonograph« oder »speaking machine«) lag aus mehreren Gründen in der Luft. Zunächst einmal lebte man ganz allgemein in der Erwartung, daß Maschinen erfunden wurden, die das taten, was bis dahin nur der Mensch gekonnt hatte. Man hatte zum Beispiel erlebt, daß die Fotografie malte und zeichnete und bereits im Jahr ihrer Erfindung (1839) spekulierte ein Zeitgenosse, da es nun ein selbsttätiges Zeichenpapier gebe, werde es wohl auch bald eine Art von Schreibpapier geben, das alles wiedergibt, was es hört.

Direkte technische Vorläufer des Phonographen waren der 1839 von Samuel Morse erfundene elektromagnetische Drucktelegraph und das von Graham Bell erfundene Telefon (1876). Edison war mit beiden Erfindungen aufs engste verbunden. Als junger Mann hatte er jahrelang als Telegraphist gearbeitet und war dabei zu zahlreichen Erfindungen auf diesem Gebiet angeregt worden. Das Telefon funktionierte mit Hilfe des von Edison erfundenen Kohlemikrofons.

Betrachtet man den Telegraphen, das Telefon und den Phonographen im Hinblick darauf, wie sie den Menschen nachahmen, so läßt sich eine deutliche Steigerung feststellen. Der Telegraph produziert im Grunde nur eine Folge von kurzen und langen Signalen. Die Übertragung von Mitteilungen geschieht auf die Weise, daß ein Text mit Hilfe des Morsealphabets so codiert wird, daß für jeden Buchstaben eine bestimmte Anzahl von Längen und Kürzen steht. Diese Längen und Kürzen werden gesendet, und mit ihrer Hilfe kann an der Empfangsstation der ursprüngliche Text wieder hergestellt werden (Decodierung). Der Telegraph überträgt zwar Mitteilungen, aber er tut es auf eine Weise, die mit dem Menschen nichts zu tun hat.

Das ist beim Telefon vollkommen anders. Es nimmt die beim Sprechen entstehenden Schallwellen auf, verwandelt sie in Stromschwankungen, aus denen dann wieder Schallwellen entstehen, die den gesprochenen Schallwellen entsprechen. Auf diese Weise ist der Telefonhörer in der Lage, die Stimme des Anrufers nachzuahmen. Allerdings kann diese Stimme nur von einem gehört werden und auch nur dann, wenn der Anrufer spricht. Das Telefon kann nicht allein sprechen.

Genau hier liegt der Fortschritt beim Phonographen, den Edison mit Recht »Speaking-Machine« nennen konnte: Er spricht allein.

Die unmittelbare Anregung zum Phonographen bekam Edison durch den von ihm erfundenen automatischen Telegraphen. Er bestand darin, daß die telegraphischen Signale mit Hilfe einer Nadel in Papier eingeritzt wurden, das um einen Zylinder gewickelt war. Mit Hilfe dieser Aufzeichnung der Signale konnten sie beliebig oft und zu einem beliebigen Zeitpunkt gesendet werden, ohne daß ein Mensch diese Arbeit ausführen mußte.

Dieses Verfahren brachte Edison auf den Gedanken, nicht nur Signale, sondern die menschliche Stimme selbst zu speichern und maschinell wiederzugeben. Später erinnerte sich Edison:

Mein Kopf war voll von Theorien über Schallschwingungen und über die Übertragung durch Membranen. Es war nur natürlich, daß mir der Gedanke kam: wenn die Vertiefungen auf Papier zur Wiedergabe des Klickens des Instruments gebracht werden konnten, warum konnten die Schwingungen einer Membrane nicht aufgenommen und ähnlich wiedergegeben werden? Ich bastelte in Eile eine Vorrichtung, zog einen Streifen Papier durch und rief gleichzeitig »Hallo!« Dann wurde das Papier nochmals durchgezogen, und mein Freund Batchelor und ich horchten atemlos zu. Wir hörten einen deutlichen Ton, den man mit starker Phantasie in das ursprüngliche »Hallo« übersetzen konnte. Das genügte, mich zu weiteren Experimenten zu bringen. Aber Batchelor war skeptisch, und er wettete mit mir um ein Faß Äpfel, daß ich das Ding nicht in Gang setzen könnte.

In diesem Zitat wird eine Voraussetzung des Phonographen genannt, die bisher unerwähnt blieb: das Interesse am Schall, das in jener Zeit vor allem ein Interesse an Schallwellen und ihren Gesetzmäßigkeiten war. Zahlreiche Forscher arbeiteten auf diesem Gebiet, und es gab eine Reihe von Veröffentlichungen. Besonders einflußreich war das 1863 von Hermann Helmholtz veröffentlichte Buch »Die Lehre von den Tonempfindungen als physiologische Grundlage für die Theorie der Musik«. Der Titel läßt bereits erkennen, daß hier der Grund für die Wirkung der Musik in physikalischen Phänomenen gesucht wird. Edison hatte für solche Fragen neben dem allgemeinen Interesse noch ein ganz spezielles Interesse, das mit seiner starken Schwerhörigkeit zusammenhing.

Nach dem Erfolg mit dem ersten Apparat, der ein vages »Hallo« zustande brachte, skizzierte Edison Ende November 1877 ein verbessertes Modell, dessen Bau er einem seiner Arbeiter, dem aus der Schweiz stammenden Mechaniker John Kruesi, auftrug. Nach wenigen Tagen hatte Kruesi die Maschine fertig. Sie bestand aus einem horizontal gelagerten Zylinder, der mit einer Kurbel gedreht werden konnte (s. Abb. 10, S. 76). An beiden Seiten des Zylinders befanden sich Trichter, die mit Membranen versehen waren. An den Membranen konnten Nadeln befestigt werden, Trichter, Membrane und Nadeln konnten mit Hilfe von Stellschrauben bis dicht an den Zylinder herangeführt werden. Edison traute der Maschine nicht viel zu. Er schreibt:

Der Arbeiter, der die Skizze bekam, war John Kruesi. Ich war nicht besonders zuversichtlich, daß es funktionieren würde, und erwartete, daß ich vielleicht ein, zwei Worte hören würde, die Hoffnung auf zukünftige Möglichkeiten machen könnten. Als er fast fertig war, fragte Kruesi, wofür das sei. Ich sagte es ihm... Er hielt es für absurd.

Am 6. Dezember 1877 wurde die Maschine zum ersten Mal ausprobiert. Edisons Mitarbeiter hatten gewettet, daß sie nicht funktionieren würde. Edison

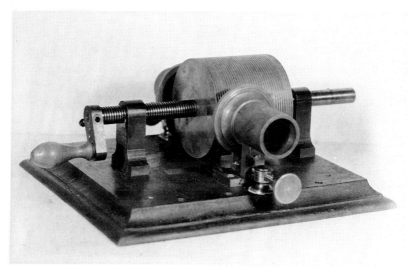

Abb. 10

umwickelte die Walze mit Stanniolfolie, setzte eine Nadel so ein, daß sie die Folie eben berührte und brüllte dann, während er die Kurbel drehte, einen Kindervers aus dem damals bekannten Buch »Mutter Gans« in den Trichter:

Mariechen hat ein kleines Schaf,
Sein Fell ist weiß wie Schnee.
Mariechen singt: Wie ist es brav,
Geht mit mir, wo ich geh.

Anschließend drehte Edison die Walze zum Ausgangspunkt zurück, steckte die Nadel in die andere Membrane, justierte sie und kurbelte dann wieder vorwärts. Aus der Maschine ertönte, klar und deutlich, die Stimme Edisons. Die Wirkung auf die Anwesenden war ungeheuerlich. Vor allem Kruesi, der die Maschine gebaut hatte, erschrak zu Tode und stammelte auf deutsch »Gott im Himmel«. Auch Edison mußte später bekennen: »In meinem ganzen Leben war ich noch nie so aus der Fassung geraten.«
Man hatte sich jedoch bald wieder gefaßt. Es wurden sogleich die ersten Verbesserungen an der Maschine angebracht. Unaufhörlich sprach man alles mögliche in sie hinein und wurde nicht müde, ihren Wiederholungen zu lauschen. So ging es bis zum frühen Morgen.
Noch am selben Tag fuhr Edison mit dem verbesserten Modell nach New York und stellte es der Redaktion von »Scientific American« vor. Er begann damit, daß er den Phonographen fragen ließ, wie es den Redakteuren gehe und wie er

ihnen gefalle. Dann sagte der Phonograph noch, ihm gehe es gut und zum Schluß wünschte er allen eine gute Nacht.

Man kann sich vorstellen, daß die ›Sprechmaschine‹ dieselbe Wirkung hervorrief wie in Menlo Park. Darüber hinaus hatte die Demonstration genau das Ergebnis, das Edison bezweckt hatte: am nächsten Morgen erschienen in allen Zeitungen lange Berichte über den Phonographen.

Es dauerte nicht lange, und das Laboratorium in Menlo Park wurde von Besuchern aus aller Welt überflutet. Edison, der sich sonst kaum Zeit zum Schlafen und Essen nahm, führte den Phonographen unermüdlich und ausführlich vor. Innerhalb weniger Wochen wurde aus einem jungen, nicht ganz unbekannten Erfinder (Edison war 30 Jahre alt) ein Nationalheld. Man sprach ihn respektvoll mit »Professor« an oder nannte ihn »Zauberer von Menlo Park« oder »New Jersey-Columbus«. (Seit der Formulierung des Gesetzes von den spezifischen Sinnesenergien durch Johannes Müller waren eben 50 Jahre vergangen.)

Bei so viel Anerkennung blieb es nicht aus, daß Edison nach Washington eingeladen wurde. Im April 1878 stellte er den Phonographen der Amerikanischen Akademie der Wissenschaften vor. Anschließend mußte er das Gerät einigen Kongreßabgeordneten vorführen. Abends um elf Uhr kam dann noch eine Einladung vom amerikanischen Präsidenten, den Phonographen im Weißen Haus vorzuführen. Präsident Hayes fand so viel Gefallen an dem Gerät, daß Edison sich erst gegen drei Uhr morgens verabschieden konnte.

Bewunderung und Anerkennung verhinderten nicht, daß zunächst viele meinten, Edison bediene sich eines Tricks. Immer wieder kamen Leute nach Menlo Park, um diesen Trick zu entlarven. So stellte sich eines Tages ein anglikanischer Bischof ein, der in ungeheuerem Tempo eine endlos lange Reihe biblischer Namen in den Phonographen sprach, in der Annahme, der vermutete Bauchredner würde nicht in der Lage sein, die Namen zu wiederholen. Als dann dem Bischof alles lückenlos entgegenscholl, was er in die Maschine hineingesprochen hatte, war er überzeugt, und er beglückwünschte Edison für seine Leistung.

Der Grund dafür, daß ein Trick vermutet wurde, lag in der verblüffenden Einfachheit der Maschine. Vor allem war man überrascht, es mit einer Maschine zu tun zu haben, die, ganz im Gegensatz zum Telegraphen und zum Telefon, rein mechanisch funktionierte. Viele fragten sich, nachdem sie die Funktionsweise des Phonographen verstanden hatten, warum man solch eine Maschine nicht viel früher erfunden habe. Rein technisch wäre es in der Tat längst möglich gewesen, eine Maschine wie den Phonographen zu bauen. Ausgeführt wurde sie aber erst, als man begann, in der menschlichen Stimme in erster Linie ein physikalisches Phänomen zu sehen.

Nachdem sich der Phonographen-Fimmel, wie Edison es nannte, etwas gelegt hatte, mußte sich der berühmt gewordene Erfinder überlegen, was er mit seinem Werk eigentlich anfangen wollte. Er, der sonst Erfindungen auf Bestellung machte, hatte es ausgerechnet beim Phonographen mit einer Erfindung zu tun, die niemand bestellt hatte. Deshalb konnte sich Edison aber auch gerade in diesem Fall in aller Freiheit die verschiedensten Anwendungen überlegen. Im Juni 1878 erschien in der »North American Review« ein Artikel Edisons, in dem er 10 Verwendungsmöglichkeiten aufzählte:

1. Korrespondenz und jede Art von Diktat ohne Zuhilfenahme eines Stenographen.
2. Phonographische Bücher für Blinde, die von ihnen keinerlei Anstrengungen erfordern.
3. Unterricht in der Redekunst.
4. Musik. Ohne Zweifel wird der Phonograph weitgehend musikalischen Zwecken dienen.
5. Die Familienplatte: sie hält die Aussprüche, die Stimmen und die letzten Worte von Familienmitgliedern wie die berühmter Männer fest.
6. Musikapparate, Spielzeug etc. Eine Puppe, die sprechen, singen, weinen oder lachen kann, die man den Kindern für das bevorstehende Weihnachtsfest versprechen kann.
7. Uhren, die mit Worten die Stunde des Tages ansagen, dich zum Mittagessen rufen, deinen Schatz um zehn Uhr nach Hause schicken, usw.
8. Die Möglichkeit, die Sprache eines Washington, eines Lincoln, eines Gladstone zu konservieren.
9. Erzieherische Zwecke: zum Beispiel könnte man die Anweisungen des Lehrers aufnehmen, so daß der Schüler sie jederzeit zur Hand hat; zum Buchstabierenlernen.
10. Die Vervollkommnung oder doch ein Fortschritt im Telefonwesen durch den Phonographen, indem das Instrument zu einem Hilfsmittel bei der Übertragung von Protokollen wird.

Der erste Punkt nennt diejenige Möglichkeit, auf die Edison zunächst kam, wenn er geschäftlich und in den bisherigen Bahnen dachte. Es sind dann später auch eine Reihe von Diktiergeräten gebaut worden. Die Anwendung dieser Geräte blieb jedoch hinter den Erwartungen Edisons zurück.
Es spricht für das Gespür Edisons und seine richtige Einschätzung seiner Zeitgenossen, daß er die Zukunft des Phonographen vor allem im Zusammenhang mit der Wiedergabe von Musik sieht. Dabei schwebte Edison zunächst vor, daß gute Musik, von hervorragenden Orchestern gespielt, durch den Phonographen an Menschen herangebracht wurde, die sonst damit nicht in Berührung gekommen wären. Auf ähnliche Weise wollte Edison auch die Meisterwerke der Literatur verbreiten.
Bei solchen Überlegungen ging Edison bereits davon aus, daß der Zylinder des Phonographen durch eine flache Scheibe aus Stahl ersetzt wurde, in die schneckenförmig feine Rillen gefräst waren. Einem der vielen Reporter, die

nach Menlo-Park kamen, sagte Edison, ein ganzer Dickens-Roman könnte auf solch einer Scheibe eingraviert und in einer Auflage von einer Million produziert werden. Den Preis schätze Edison auf 25 Cent. Den Umgang mit solch einer Platte schilderte er dem Reporter folgendermaßen:

»Ein Mann ist müde und seiner Frau fallen die Augen zu und so sitzen sie an einem Tisch und hören zu... den ganzen Roman von Dickens, vorgetragen mit der ganzen Ausdruckskraft eines erstklassigen Sprechers.«

Auch folgende Szene schildert Edison:

Sie können eine Platte aus dem Album nehmen, sie auf den Phonographen auflegen und eine Symphonie spielen lassen. Wenn Sie die Platte wechseln, können Sie sich ein oder zwei Kapitel eines Lieblingsromans anhören, und darauf kann ein Lied, ein Duett oder ein Quartett folgen. Am Schluß können die jungen Leute in einem Walzer schwelgen, an dem sich alle beteiligen können, denn niemand muß gebeten werden, die Tanzmusik zu spielen.

Mit dem Phonographen begann der Versuch, Kultur zu popularisieren, indem mit Hilfe technischer Medien der Zugang zu ihr erleichtert wird und indem dabei zugleich die Anstrengung abgenommen wird, die Kultur sonst erfordert. Die Verbindung von technischen Medien einerseits und Anstrengungsfreiheit andererseits kann aber nur Unterhaltung und Zerstreuung zum Ergebnis haben, gleichgültig, welcher Inhalt gewählt wird.

Zu ähnlichen Plänen hatte 1839 bereits die Fotografie angeregt. Kaum war sie erfunden, ging man daran, die Kunstwerke aller Zeiten und aller Länder in Foto-Museen und Foto-Alben zu versammeln. Dabei wurde als einer der Vorteile hervorgehoben, daß die Verkleinerung der Formate das Erfassen der Bilder erleichtere. In Form von Kunst-Bildbänden sind heute solche Pläne in einem Umfang und einer Perfektion realisiert, wie man es sich damals wohl kaum hat träumen lassen. Gleichzeitig hat es selten eine Zeit gegeben mit einem so schwach entwickelten Sinn für wirkliche Kunst. Dabei können Kunst-Bildbände durchaus den Kunstsinn fördern, wenn man nicht – was jedoch meistens geschieht – der in ihnen liegenden Versuchung zum genießerischen Blättern erliegt.

Von den Anwendungen des Phonographen, die Edison nennt, sei noch auf die Möglichkeit verwiesen, mit seiner Hilfe Stimmen festzuhalten und dann wiederzugeben, wenn die entsprechenden Menschen längst gestorben sind. In dieser Möglichkeit, von der erstaunlich oft gesprochen wird, sah man einen der großen Vorteile des Phonographen. Auch hier läßt sich eine Parallele zur Fotografie finden. Die ersten Fotos von Paris brachten die Zeitgenossen dazu zu sagen: »Von jetzt ab ist Paris eine ewige Stadt.« In einer Zeit wachsenden Unglaubens erhoffte man von der Technik eine Befreiung von der zunehmenden Bedrängnis durch den Gedanken der Vergänglichkeit seiner selbst und seiner Werke.

Um die vielfältigen Möglichkeiten des Phonographen nutzen zu können, gründete Edison Ende 1878 die »Edison Speaking Phonograph Company«, der er die Rechte an seiner Erfindung für 10.000 Dollar in bar und einen hohen Gewinnanteil verkaufte. Die Gesellschaft verkündete dem Publikum, der Phonograph stecke noch in den Kinderschuhen. Die Entwicklung eines Produktes für »praktische Handelszwecke« sei im Gange, wegen des großen Interesses wolle man die Maschine aber schon einmal als »Neuheit« vorführen. Dazu wurden 500 Phonographen produziert, die als Musikbox in beliebten Vergnügungsstätten oder eigens eingerichteten Salons aufgestellt wurden. Von beliebten Melodien über die Witze bekannter Komiker bis zum Brüllen von Rindern und anderen Tieren wurde alles aufgenommen, wovon man hoffen konnte, daß es Anklang fand. Natürlich konnten die Besucher auch ihre eigene Stimme aufnehmen. Der Andrang war ungeheuer. In einer einzigen Woche verdiente Edison aus dem Verkauf von Eintrittskarten allein in Boston knapp 2000 Dollar. Zur Verbreitung des Phonographen gehörten auch Schausteller, die ihn auf Rummelplätzen vorführten. Hier kam es natürlich besonders auf publikumswirksame Aufnahmen an. Da jede Walze nur eineinhalb Minuten lief, mußte der Schausteller davon immer eine ganze Reihe zur Hand haben.

Bei dem Entwicklungsstand, den der Phonograph anfänglich hatte, reichte seine Anziehungskraft für etwa ein Jahr. Danach ließ das Interesse rapide nach, und die Geschäfte mit der Sprechmaschine mußten eingestellt werden. Edison hätte, um dieser Entwicklung entgegenzuwirken, seine Erfindung fortlaufend verbessern müssen. Er war jedoch mit anderen Erfindungen so beschäftigt, daß er den Phonographen für ein Jahrzehnt vollkommen aus dem Blick verlor. Diese anderen Erfindungen, die kurz erwähnt seien, hingen vor allem mit der Einführung der elektrischen Beleuchtung zusammen. Bereits im Oktober 1879 gelang der Bau einer Kohlefadenglühlampe, die mehrere Stunden brannte. Innerhalb von zwei Monaten wurden so viele Verbesserungen entwickelt, daß im November eine Glühlampe zum Patent angemeldet werden konnte, die über zweihundert Stunden brannte. Nun mußte alles, was zur Stromerzeugung, Stromverteilung und Stromregulierung gehörte, erfunden und gebaut werden. Vor allem mußte aber auch die inzwischen überall eingeführte und zuverlässig funktionierende Gasbeleuchtung aus dem Felde geschlagen werden. Zu allem Überfluß wurde Edison in endlose Prozesse verwickelt, in denen es um die Verletzung seiner Patentrechte ging.

Den Anlaß für Edisons neuerliche Beschäftigung mit dem Phonographen bildete die Tatsache, daß andere seine Erfindung aufgriffen und weiterentwickelten. Im Frühjahr 1887 erhielt eine Gruppe von Erfindern ein Patent auf ein

»Graphophon«, das statt einer Staniolfolie eine dünne Wachsschicht als Aufnahmeträger benutzte und das entschieden besser klang als Edisons Phonograph. Als die Erfinder Edison vorschlugen, künftig zusammenzuarbeiten, nannte Edison sie wütend Spekulanten und Piraten und beschloß, seinen Phonographen so zu verbessern, daß er das Graphophon weit übertraf.
Edison brauchte über ein Jahr, um diese Absicht zu verwirklichen. Als er hörte, daß seine Konkurrenten einen reichen Geldgeber gefunden hatten, verdoppelte er seine Anstrengungen. Dabei sorgte Edison dafür, daß die Presse ständig über die bevorstehende Erfindung berichtete. Lange bevor man von »Public Relation« zu reden begann, war Edison ein Meister auf diesem Gebiet. Es gelang ihm, ständig Ereignisse zu produzieren, die von der Presse aufgegriffen wurden.
In der Schlußphase der Entwicklung eines verbesserten Phonographen schloß sich Edison, was er in solchen Fällen zu tun pflegte, mit seinen Mitarbeitern im Laboratorium ein und arbeitete Tag und Nacht, bis das Ziel erreicht war. Am 16. Juni 1888, morgens um 5 Uhr, war es soweit. Edison ließ den Augenblick in einem Foto festhalten, das ihn »nach geschlagener Schlacht« zeigt. (Siehe Abbildung 11. Edison ist mit dem Phonographen per Kopfhörer verbunden). Man kann sich vorstellen, wie begierig die Presse dieses Bild aufgriff. Es wurde zum verbreitetsten Foto Edisons überhaupt. Nach dem Foto entstand dann auch ein Ölbild, das Edison in der Pose eines »Napoleons der Erfinder« zeigt. Dieses Bild wurde dann als Werbeplakat verwendet.
Um den Phonographen kommerziell ausnutzen zu können, rief Edison die vor 10 Jahren gegründete Gesellschaft wieder ins Leben. Zunächst ließ er den Phonographen als Diktiergerät bauen. Das Geschäft kam jedoch nicht in Gang, und Erfolg stellte sich erst wieder ein, als man sich erneut dem Unterhaltungssektor zuwandte. Diesmal wurde der Phonograph in Spielsalons und ähnlichen Vergnügungsstätten als Münzautomat aufgestellt. Nach Einwurf von 5 Cent konnte man Blasorchester, beliebte Tenöre, Witze und ähnliches hören.
Daneben entwickelte Edison auch ein billiges Abspielgerät, den »Edison Phonograph«, der nur 20 Dollar kostete und eine riesige Verbreitung fand. Um den Bedarf an Walzen mit immer neuen Melodien zu decken, wurde ein Vertriebsnetz aufgebaut, zu dem allein in den Vereinigten Staaten 13 000 Händler gehörten. Die Walzen kosteten nur 35 Cent. Jährlich wurden viele Millionen davon hergestellt.
Außerdem konnte Edison mit dem verbesserten Phonographen ein Versprechen einlösen, das er bereits vor 10 Jahren in dem erwähnten Aufsatz in der North American Review gegeben hatte (siehe Seite 78), als er schrieb, man könne den Kindern zum bevorstehenden Weihnachtsfest eine Puppe versprechen, die spreche, singe, weine oder lache. Die Nachfrage nach diesen Puppen

Abb. 11

war so groß, daß schließlich 500 Stück pro Tag hergestellt wurden (siehe Abbildung 12). Die Käufer konnten zwischen verschiedenen Kinderreimen wählen oder selbst Verse vorschlagen. Die in der Fabrik arbeitenden Mädchen besprachen die Walzen. (Die Mädchen werden sich über diese leichte Arbeit

Abb. 12

gefreut haben. Man möge sich bei dieser Gelegenheit daran erinnern, daß der industrielle Fortschritt für diejenigen, die in den Fabriken die Arbeit tun mußten, mit den unmenschlichsten Arbeitsbedingungen verbunden war.)
Neben der von Edison gegründeten Gesellschaft entstanden im Laufe der Zeit

andere, die ihre eigenen Systeme vertrieben. Um sich von Edison zu unterscheiden, nahmen sie auch anspruchsvolle Musik auf. Edison blieb, was seinen »Edison-Phonograph« betraf, bei leichter Musik, entwickelte jedoch in den ersten Jahren des 20. Jahrhunderts einen Konzertphonographen, der eine Laufzeit von vier Minuten hatte und an Klangqualität alles übertraf, was bis dahin existierte. In New York wurde ein Tonstudio eingerichtet, in dem Aufnahmen mit den berühmtesten Orchestern und Sängern der Zeit entstanden.

Bereits früher hatte sich Edison berühmter Namen bedient, um seine Produkte zu verkaufen. So lud er 1888, um für seine verbesserten Phonographen zu werben, den berühmtesten Pianisten der Zeit, Hans von Bülow, zu Tonaufnahmen ein. Von Bülow spielte eine kurze Chopin-Mazurka. Als er geendet hatte, behauptete Edison steif und fest, eine falsche Note gehört zu haben. Von Bülow widersprach heftig. Daraufhin meinte Edison, man habe ja einen unbestechlichen Zeugen und setzte den Phonographen in Gang. Sein Spiel hatte zur Folge, daß von Bülow in Ohnmacht fiel und erst wieder zu sich kam, als Edison ihm kurzentschlossen ein Glas kaltes Wasser ins Gesicht schüttete. Nach diesem Vorfall behauptete Edison, von Bülow sei in Ohnmacht gefallen, weil er tatsächlich eine falsche Note gehört habe. Man wird der Wahrheit wohl näherkommen, wenn man annimmt, daß von Bülow die Besinnung verlor, als er hörte, auf welche Weise eine Maschine ein von ihm geliebtes Musikstück nachahmte. Natürlich war der Vorfall mit von Bülow von jener Art, die Edison in die Schlagzeilen brachte.

Was läßt sich aus den Anfängen des Phonographen lernen? Zunächst ist doch wohl die Tatsache bedeutsam, daß der Schöpfer dieser Erfindung fast taub war. Voller Wehmut vertraute Edison seinem Tagebuch an: »Ich habe keinen Vogel mehr singen hören, seit ich 12 Jahre alt war.« Bei Unterhaltungen war es so, daß Edison nur verstand, wenn in seiner unmittelbaren Nähe mit großer Lautstärke gesprochen wurde. In späteren Jahren mußte ihm alles ins rechte Ohr gebrüllt werden. Bei den Versuchen mit dem Phonographen legte Edison dieses Ohr direkt an den Trichter oder er biß in den aus Horn gearbeiteten Trichter, um die Schallwellen über die Kieferknochen wahrzunehmen.

Hören war für Edison unter diesen Umständen vor allem ein Problem der Lautstärke und des schlichten Verstehens. Ein besonderes Interesse an dem, was ihm von den Sprechenden an Seelischem entgegenkam, konnte so wohl kaum entwickelt werden. Damit war Edison aber jemand, der für den Mangel des von ihm erfundenen Apparates das denkbar geringste Gespür haben mußte. Im vollen Sinne, etwa wie ein von Bülow, hat Edison das, was durch ihn in die Welt gekommen ist, nie gehört.

Bedeutsam ist auch, daß von allen Plänen, die Edison mit dem Phonographen hatte, nur diejenigen wirklich erfolgreich waren, bei denen er als Mittel der

84

Unterhaltung eingesetzt wurde. Die Eignung des Phonographen für diesen Zweck war unübersehbar. Man kann sagen, daß mit ihm die industrielle Befriedigung und Ausbeutung des Unterhaltungsbedürfnisses begann. Mit der »Edison Speaking Phonograph Company« entstand die erste Unterhaltungsindustrie, wobei uns mit den von dieser Gesellschaft aufgestellten Münzautomaten gleich zu Beginn eine der schäbigsten Formen der Ausnutzung des Unterhaltungsbedürfnisses begegnet.

Der Phonograph ist auch insofern bedeutsam, als mit ihm die Nachahmung menschlicher Fähigkeiten in ein neues Stadium tritt. Bis dahin hatte die industrielle Technik immer körperliche Tätigkeiten nachgeahmt, etwa wenn mit Hilfe von Wasserkraft ein Hammerwerk angetrieben wurde. Der Phonograph ahmt das Sprechen nach, zu dem, neben physikalischen Phänomenen, auch Seelisches gehört. Daß sein Fehlen nur vereinzelt Entsetzen auslöste, liegt daran, daß der Materialismus seit der Jahrhundertmitte erklärt, der Mensch bestehe letztlich nur aus Materie. Indem sich der Mensch die Seele abspricht, verliert er die Fähigkeit zu bemerken, daß sie beim Phonographen fehlt.

Das führt, neben den bereits vorher geschilderten Folgen des Hörens technisch erzeugter Sprache und Musik, auch dazu, daß man im Funktionieren des Phonographen einen Beweis dafür zu haben meint, daß Sprechen und Musizieren nichts als physikalische Schallphänomene seien. Statt den Unterschied zwischen Mensch und Maschine zu bemerken, benutzt man die Maschine, um den Menschen zu erklären.

Diese Art, den Menschen zu mißdeuten, war zunächst durch die Erfindung der Dampfmaschine gefördert worden. Sie regt zum Beispiel den bereits zitierten Helmholtz in dem Vortrag »Über die Wechselwirkung der Naturkräfte« zu folgenden Überlegungen an:

»Wie ist es nun mit den Bewegungen und der Arbeit der organischen Wesen? Jenen Erbauern der Automaten des vorigen Jahrhunderts erschienen Menschen und Thiere als Uhrwerke, welche nie aufgezogen würden und sich ihre Triebkraft aus nichts schafften; sie wussten die aufgenommene Nahrung noch nicht in Verbindung zu setzen mit der Krafterzeugung. Seitdem wir aber an der Dampfmaschine diesen Ursprung von Arbeitskraft kennen gelernt haben, müssen wir fragen: Verhält es sich beim Menschen ähnlich? In der That ist die Fortdauer des Lebens an die fortdauernde Aufnahme von Nahrungsmitteln gebunden, diese sind verbrennliche Substanzen, welche denn auch wirklich, nachdem sie nach vollendeter Verdauung in die Blutmasse übergegangen sind, in den Lungen einer langsamen Verbrennung unterworfen werden, und schliesslich fast ganz in dieselben Verbindungen mit dem Sauerstoffe der Luft übergehen, welche bei einer Verbrennung im offenen Feuer entstehen würden... Der Thierkörper unterscheidet sich also durch die Art, wie er Wärme und Kraft gewinnt, nicht von der Dampfmaschine, wohl aber durch die Zwecke und durch die Weise, zu welchen und in welcher er die gewonnene Kraft benutzt.«

Die Dampfmaschine führt zu einem vermeintlichen Augenöffnen in bezug auf den Ursprung menschlicher Bewegung und Wärme. Bei dieser Deutung geht der Unterschied zwischen dem Anorganischen und dem Organischen, dem Toten und dem Lebendigen verloren, was bis heute unendliche Probleme schafft. Immerhin endet für Helmholtz die Analogie auf dieser Ebene. Der Phonograph weitet die Analogie auf das Seelische aus, und mit Hilfe des Computers wird heute auch das Geistige als ein selbständiger Seinsbereich bestritten, weil man meint, die elektronischen Rechner zeigten im Großen, wie das Denken im Kleinen im Kopfe des Menschen vor sich gehe.

Tatsächlich hat die industrielle Technik eine Fähigkeit des Menschen nach der anderen herausgegriffen und maschinell nachgeahmt. In einem Gespräch mit einem der gegenwärtig bekanntesten Informatiker sagte mir dieser, die Industrie werde fortfahren, Scheibchen um Scheibchen aus dem Menschen herauszuschneiden und zu operationalisieren. Er persönlich halte es für möglich, daß schließlich ein Rest bleibe, der sich der maschinellen Nachahmung entziehe. Ob das zutreffe oder nicht, sei aber belanglos, da der Rest, der möglicherweise übrigbleibe, so unbedeutend sei, daß es darauf gar nicht ankomme.

Am Phonographen können wir lernen, daß der Mensch, der unfähig wird, sich selbst zu verstehen, Bedürfnisse entwickelt, die am besten von jenen Maschi-

Abb. 13

nen befriedigt werden, mit deren Hilfe er sich verstanden zu haben glaubt. Konsequenterweise verliert er dabei seine ganze Würde.

Wenn wir uns Spielsalons vorstellen, in denen Menschen Geldstücke in Münzautomaten einwerfen, um ihre Ohren von blechern klingender Musik bearbeiten zu lassen, dann fällt solch eine Feststellung nicht schwer. Schwerer fällt es schon, auch einzusehen, daß der von Edison entwickelte Konzertphonograph nichts anderes ist als die elegante Verkleidung solcher Automaten.

Solch eine Feststellung wird manch einen empören, der sich eine Sammlung edler Platten zugelegt hat und überzeugt ist, in das Reich der Kunst einzutauchen, wenn er zum Beispiel Beethovens Neunte Symphonie, gespielt von den Wiener Symphonikern unter Karajan, anhört. In Wirklichkeit taucht er aber nicht in das Reich der Kunst, sondern in das Reich seiner Erinnerungen und der damit verbundenen Gefühle ein. Diese Gefühle lassen sich um so unbeschwerter genießen, als der maschinell erzeugte Klang die anstrengende Auseinandersetzung mit Neuem und Unbekanntem erspart. Ein frühes Plakat der Edison-Werbung bringt den Gemütszustand, in den man dabei gerät, treffend zum Ausdruck (siehe Abbildung 13). Die ernste Miene, die wir heute vielleicht aufsetzen, wenn wir unsere Stereo-Anlage einschalten, ist da viel weniger sprechend.

VII. Theater – Literatur – Film. Ein Vergleich

Vor der Auseinandersetzung mit einzelnen Filmen soll einem Einwand begegnet werden, der häufig gemacht wird, wenn mit den hier entwickelten Argumenten Einwände gegen Film und Fernsehen erhoben werden. Es heißt dann, die Gestaltungsmittel, die bei Film und Fernsehen abgelehnt würden, kämen seit jeher bei den traditionellen Kunstarten vor, und da hätte man nichts gegen sie einzuwenden.

Diese Meinung hat zum Beispiel mit aller Entschiedenheit Michael Ende vertreten, als er kritisiert wurde, weil er die Zustimmung zur Verfilmung seines Buches »Die unendliche Geschichte« gegeben hatte. In der Zeitschrift *Info 3* (Nr. 3, 1983) hat Ende seine Auffassung in einem längeren Beitrag zusammengefaßt, auf den der Verfasser dann geantwortet hat (*Info 3*, Nr. 4, 1983). Im folgenden wird diese Diskussion aufgegriffen und vertieft.

Ende vergleicht zunächst einmal die von Film und Malerei jeweils auf ihre Weise hervorgerufene Täuschung miteinander. Beim Film ist es, wie gezeigt wurde, so, daß der Eindruck der Bewegung durch eine Folge rasch wechselnder Einzelbilder hervorgerufen wird. Dem an dieses Phänomen geknüpften Vorwurf der Täuschung und der Lügenhaftigkeit hält Ende entgegen, bei der malerischen Perspektive werde der Betrachter ebenfalls getäuscht, da das Bild ihn dazu bringe, einen dreidimensionalen Raum zu sehen, wo in Wirklichkeit nur eine zweidimensionale Fläche sei.

Bei diesem Vergleich, so zwingend er zunächst aussieht, wird ein wesentlicher Unterschied übersehen. Bei einem perspektivisch angelegten Bild muß der Betrachter die Illusion des Raumes durch eigene Tätigkeit aufbauen. Wenn der Betrachter will, kann er sich der Raumillusion entziehen und das Bild flächig sehen. Das ist beim Film anders. Das Bewegungssehen beruht hier auf physiologischem *Zwang*. Von einem bestimmten Tempo des Bildwechsels an sieht der Betrachter Bewegung, ob er will oder nicht. Wer im Kino plötzlich den Wunsch hat, auf der Leinwand das zu sehen, was dort tatsächlich vorhanden ist, nämlich unbewegte Einzelbilder, der kann diesem Wunsch nicht nachkommen. *Die Täuschung durch die gemalte Perspektive ist eine freiwillige, die Täuschung durch den Film ist unfreiwillig.*

Eine weitere Gemeinsamkeit will Ende zwischen Film und Theater sehen. Beide Medien zielten darauf ab, Emotionen hervorzurufen, und beide Medien

Nr. der Einstellung	Dauer in Sekunden	Einstellungsgröße	Kamerabewegung	Bildinhalt	Text
2	6	halbnah	starr	Wurm vom Kopf bis zur Hüfte	»Es ist nicht anders! Die Mutter – die Dummheit selbst – hat mir in der Einfalt zu viel geplaudert.«
3	2	Totale	Kamera schwenkt nach links	Zimmer mit Wurm und Präsident. Letzterer geht nach links (von Wurm weg) Setzt an zur Drehung	»Gut!«
4	2	nah	Kamera erst starr, dann Zoom ran	Kopf von Wurm. Lauernder Ausdruck	
5	2	Totale	Kamera schwenkt von links nach rechts	wie Einstellung 3, jedoch Präsident von links nach rechts	»Diesen Morgen noch«
6	15	Halbtotale	Kamera starr	Wurm und Präsident von Kopf bis Hüfte. Teile des Zimmers als Hintergrund	»Nur vergessen Eure Exzellenz nicht, daß der Major – der Sohn meines Herrn ist!« – »Er soll geschont werden, Wurm.« »Und daß der Dienst, Ihnen von einer unwillkommenen Schwiegertochter zu helfen – « – »Den Gegendienst wert ist, ihm zu einer Frau zu helfen? – Auch das, Wurm!« – »Ewig der Ihrige, gnädiger Herr!«

Nr. der Einstellung	Dauer in Sekunden	Einstellungsgröße	Kamerabewegung	Bildinhalt	Text
7	3	halbnah	starr	Kopf und Brust Wurms. Er bückt sich, geht dann ab. Wendet sich im Abgehen noch einmal um	
8 innerer Schnitt	4	halbnah	Kamera schwenkt	Durch den Schwenk kommt neben Wurm der Präsident ins Bild	»Was ich ihm vorhin vertraut habe, Wurm! Wenn er plaudert –«
9	4	Nah	Kamera starr	Gesicht Wurms, hämisch lachend	»So zeigen Ihre Exzellenz meine falschen Handschriften auf.«
10	6	Totale	Kamera starr	Präsident und Wurm, der aus dem Zimmer geht	»Zwar du bist mir gewiß. Ich halte dich an deiner eigenen Schurkerei wie den Schröter am Faden.«

Der wichtigste Unterschied zwischen Theater und Verfilmung besteht darin, daß im Film das raum-zeitliche Kontinuum der Bühne in diskontinuierliche Einzelbilder (Einstellungen) zerlegt wird, die fast immer nur Bruchstücke des Gesamtgeschehens zeigen. Welche Folgen hat das für den Zuschauer? Zunächst einmal muß gesagt werden, daß sich die Aufmerksamkeit des Betrachters zwangsläufig vom Sprachlichen zum Visuellen verlagert. Wie in dem Abschnitt über die erzählenden Bilder dargelegt, hat der Zuschauer den unabweisbaren Drang, die einzelnen Einstellungen in eine sinnvolle Handlungsfolge einzuordnen. Bei dem Tempo des Bildwechsels gelingt das nur, wenn die volle Aufmerksamkeit darauf verwendet wird. Aber selbst dann ist, wie gezeigt wurde, die Verknüpfung nur möglich, wenn sich der Betrachter einer vorgegebenen Mechanik überläßt. Diese Mechanik kommt auch bei der Deutung der einzelnen Bilder ins Spiel. Wenn zum Beispiel in der vierten Einstellung der Kopf Wurms in einer Naheinstellung gezeigt wird, dann wird der Zuschauer einen lauernden Ausdruck in die Gesichtszüge hineinsehen, gleichgültig, wie die Physiognomie des Schauspielers tatsächlich ist.

Das Theater bietet dem Zuschauer in jedem Augenblick einen ganzheitlichen Erlebnisraum. Es bleibt seiner Aktivität und seinem Interesse überlassen, wohin er seine Aufmerksamkeit jeweils lenkt. Bereits hierin liegt ein wirksames Mittel gegen ein träumerisches Sich-Treibenlassen. In diese Richtung wirkt auch die Tatsache, daß im Theater immer das gesprochene Wort im Vordergrund stehen wird. Während Bilder unmittelbar Gefühle hervorrufen können, muß Sprache immer erst denkend verstanden werden, bevor sie auf das Gefühl wirken kann. Denkbewegungen verhindern aber Trance.

Wäre ein Film denkbar, der auf die Gestaltungsmittel, wie sie das Drehbuch angibt, verzichtet? Man könnte doch auch eine Kamera auf einen Zuschauerplatz montieren und von dort aus das Geschehen auf der Bühne filmen, wobei von allen Schnitten und Einstellungswechseln abgesehen würde. Solche Filme wären natürlich möglich, und es gibt sie auch. Sie sind jedoch nur als theatergeschichtliche Dokumente brauchbar, als Film sind sie unbeschreiblich langweilig. Gerade filmische Dokumentationen von Theateraufführungen machen unübersehbar deutlich, daß bei einer technischen Übertragung das Wesentliche verlorengeht, daß dieses Wesentliche eben doch nicht identisch ist mit den äußeren Hüllen.

Eine Verfilmung, die publikumswirksam sein will, muß von der Tatsache, daß sie das Wesentliche unterschlägt, ablenken. Dazu dienen die Schnitte, Schwenks und Zooms, der ganze Bilderzauber, der den Zuschauer fasziniert und dabei zugleich hypnotisiert.

Trotz dieser hier als negativ bewerteten Eigenschaften gehen ungleich mehr Menschen ins Kino als ins Theater. Das hängt mit der im vorigen Kapitel geschilderten Art zusammen, wie die Menschen sich selbst und ihre Mitmenschen verstehen. Wer der Meinung ist, daß er über seine Sinne letztendlich immer nur Kunde von sich selbst erhält und wer überdies meint, Seele und Geist seien nur Modifikationen der Materie, der hat am Film etwas, das an seinen Auffassungen keinen Zweifel aufkommen läßt, denn er entspricht ihnen vollkommen. Überdies bietet der Film mit seiner hypnotischen Inanspruchnahme des Betrachters ein wirksames Mittel gegen die mit materialistischen Auffassungen immer verbundene Angst.

Wenn das Theater für den Besucher nicht nur ein gesellschaftliches, sondern auch ein künstlerisch-kulturelles Ereignis sein soll, dann muß er alle Sinne, alle seelischen und geistigen Fähigkeiten anspannen, um die Aufführung, an der er durch sein Dabeisein irgendwie auch beteiligt ist, in sich aufzunehmen. Dabei kann jemand, der sich gerade einen Platz auf dem letzten Rang leisten konnte, ebenso einbezogen sein wie jemand auf einem Logenplatz. Aber man stelle sich einmal den Unterschied zwischen einem Theaterbesucher auf dem sogenannten Olymp und einem Kinobesucher vor. Vom letzten Rang aus haben die

93

Gesichter der Schauspieler für den Zuschauer nicht einmal die Größe einer halben Briefmarke. Die fehlende Nähe kann jedoch durch eine Steigerung der Aufmerksamkeit durchaus ausgeglichen werden. An den Kinobesucher werden keine derartigen Anforderungen gestellt. Er kann sich bequem in seinen Sessel zurücklehnen und bekommt die Schauspieler in Nahaufnahmen vorgeführt, das heißt, überlebensgroß.

Die Tatsache, daß das Theater Ansprüche stellt, die nicht leicht zu erfüllen sind, ist für manche Anlaß, es unsozial zu nennen und ihm Film und Fernsehen als sozial entgegenzustellen. Daran ist richtig, daß die Kunst und die ihr dienenden Institutionen in der Vergangenheit durchaus zur Verschärfung sozialer Ungerechtigkeiten beigetragen haben. Wo das geschehen ist, lag es aber nicht an der Kunst an sich, sondern daran, daß nur wenige Menschen, und zwar auf Kosten anderer, sich Lebensverhältnissen erfreuten, die ihnen erlaubten, diejenigen Ansprüche zu erfüllen, die die Kunst stellt. Wer nicht will, daß die Kunst zur Quelle sozialer Ungerechtigkeit wird, der sollte diesen Mißstand nicht durch Abschaffung der Kunst zu beheben suchen, sondern dadurch, daß er dazu beiträgt, daß niemand auf Grund seiner Lebensverhältnisse den Forderungen der Kunst nicht gerecht werden kann.

Die Lösung des Problems auf die Weise, daß mit Hilfe technischer Mittel die Ansprüche, die Kunst stellt, beseitigt werden, ist so verführerisch, daß sie seit der Erfindung der Fotografie ergriffen und als sozial gepriesen worden ist. Bedenkt man, daß in jeder recht verstandenen Kunst eine Aufforderung an den Menschen steckt, sich zu vervollkommnen und allseitig zu bilden, dann wird deutlich, daß mit der Verdrängung der Kunst durch technische Medien ein Ansporn verlorengeht, der gerade in unserer Zeit unersetzbar ist.

Gegen den Vergleich von Film und Theater, wie er hier entwickelt wurde, könnte auch eingewendet werden, Schillers »Kabale und Liebe« sei schließlich aus dem 18. Jahrhundert, es gebe heute Stücke, die dem Film sehr viel näherkämen. Dieser Einwand wirft die Frage auf, ob mit der Wahl von »Kabale und Liebe« etwas für das Theater Wesentliches in den Blick gekommen ist, das auch heute noch gilt, oder ob es inzwischen Stücke gibt, die ganz andere Gesetzmäßigkeiten erkennen lassen.

Das Problem, um das es dabei insbesondere geht, wird, seitdem man begonnen hat, über das Theater nachzudenken, unter dem Stichwort der drei Einheiten behandelt, womit die Einheit der Handlung, der Zeit und des Ortes gemeint sind. Die erste und bis heute wirksame Auseinandersetzung mit diesen Fragen findet sich in der *Poetik* des Aristoteles. Aristoteles hat mit Nachdruck die Einheit der Handlung gefordert. Alle Nebenhandlungen, die nicht zur Haupthandlung beitragen, sah er als abträglich für die Wirkung des Stückes an. Die übrigen Einheiten fordert Aristoteles nicht ausdrücklich, weil sie sich für das

Theater seiner Zeit von selbst verstehen. Die vorhanglose Bühne der Amphitheater und die ständige Anwesenheit des Chores auf der Bühne ließen einen Ortswechsel gar nicht zu. Was die Einheit der Zeit betrifft, so bereitete ihre Einhaltung keinerlei Mühe, da das Bühnengeschehen, zumal bei der Tragödie, immer unmittelbar vor dem dramatischen Höhepunkt einsetzte. Die Handlung konnte sich so leicht an einem einzigen Tage zutragen. Da die Aufführung vom Morgen bis zum Abend dauerte, waren Aufführungszeit und gespielte Zeit identisch.

In der Folgezeit ist bei jedem Schreiben eines Stückes und bei jeder Aufführung die Frage der drei Einheiten bedacht worden. Dabei hat es Zeiten gegeben, in denen man mit den drei Einheiten sehr großzügig umgegangen ist, und es hat Zeiten gegeben, in denen man sie sehr eng ausgelegt und befolgt hat. Schiller beachtete in »Kabale und Liebe« die Einheit der Handlung und der Zeit, legt die Einheit des Ortes jedoch großzügig aus. Das Stück spielt an verschiedenen Schauplätzen, die aber alle dicht beisammen in einer Stadt liegen. Warum spielen die drei Einheiten für das Drama eine so zentrale Rolle? Ihre Bedeutung beruht darauf, daß sie aufs engste mit dem Auffassungsvermögen des Zuschauers zusammenhängen. Von der Einhaltung oder Nichteinhaltung der drei Einheiten hängt es ab, ob der Zuschauer einem Stück in seelischer Ruhe und geistiger Konzentration folgen kann oder nicht. Dabei hat sich das, was einem Zuschauer zugemutet werden kann, im Laufe der Zeit durchaus verändert. Heute werden Stücke aufgeführt, die keine der drei Einheiten so auslegen, wie es das antike Drama getan hat. Jeder Dramatiker hat aufs neue für sich die Frage zu prüfen, wo die Grenze liegt, von der an ein geistig-seelisches Verarbeiten des Gebotenen nicht mehr möglich ist.

Der Film muß diese Grenze notwendigerweise überschreiten, wenn er sein Publikum nicht zum Gähnen bringen will. Raum- und Zeitsprünge sind *das* Wirkungsmittel. Allerdings wird, wie gezeigt wurde, den wenigsten klar, daß sie gar nicht in der Lage sind, diesen Sprüngen voll bewußt zu folgen. Daher sind die Wirkungsmittel des Films heute weitgehend akzeptiert, und man erwartet sie auch beim Theater. Tatsächlich gibt es heute Stücke, die unter Ausnutzung von Technik und Medien versuchen, dem Film nachzueifern. Furtwängler stellte bereits in den dreißiger Jahren fest, daß in den Konzertsälen plattengerecht musiziert wurde. Inzwischen gibt es auch Aufführungen, bei denen die Zuschauer filmgerechte Stücke zu sehen bekommen. Ein filmgerechtes Theater ist aber eines, das sich selbst aufgegeben hat.

Wie stehen die Ausdrucks- und Gestaltungsmittel der Literatur zu denen des Films? Stellen wir uns die kleine Filmszene, in der Herr Schmidt seine Arbeit abbricht und nach Hause fährt, als Erzählung vor. Da ergibt sich zunächst der grundlegende Unterschied, daß die Lektüre einer solchen Erzählung nur so

95

lange stattfinden kann, wie der Leser den Willen dazu aufbringt, und daß zweitens der Leser das Tempo der Lektüre bestimmt.

Gibt es in einer Erzählung etwas, das der filmischen Einstellung entspricht? In der filmwissenschaftlichen Literatur hat man sich um die Herstellung der verschiedensten Analogien bemüht, genau besehen entsprechen aber weder eine Theaterszene noch ein Satz oder ein Absatz der Filmeinstellung.

Das wird sofort verständlich, wenn der Schluß der angenommenen Filmhandlung, in der Herr Schmidt nach Hause kommt, in die Form einer Erzählung gekleidet wird.

Die Fahrt im Auto hatte Herr Schmidt mehrfach an den Rand der Verzweiflung getrieben und ihm die letzten Kräfte geraubt. Eingekeilt zwischen andere Autos, minutenlang ohne jedes Vor oder Zurück, wäre er einmal fast ausgestiegen. Nur weil ein Auto so dicht neben ihm stand, daß er die Tür gar nicht weit genug hätte öffnen können, blieb er sitzen. Allmählich kam er in ruhigere Viertel. Er empfand große Erleichterung, als er endlich in die Straße einbiegen konnte, in der er wohnte. Fluchtartig verließ er das Auto. Er hätte etwas dafür gegeben, wenn die Haustür, worüber er sich sonst ärgerte, offengestanden hätte. Jetzt war sie natürlich verschlossen und hielt ihn auf. Zum Glück fand er im Gehen seinen Haustürschlüssel, den er dann aber kaum ins Schloß brachte.
In der Wohnung war es still. Diese Stille tat ihm wohl, zugleich beschlich ihn aber Furcht, seine Frau könnte nicht zu Hause sein. Er kam ja früher als sonst heim. Zum Glück fiel ihm das erst jetzt ein. Wer weiß, ob er die Autofahrt überstanden hätte.
Er wagte nicht zu rufen. Wenn sie da war, hatte sie ihn gehört und würde kommen. Er ging ins Wohnzimmer, ließ sich in seinen Sessel fallen. Wenn sie nicht da wäre...? Da hörte er ihren Schritt und durch seine Schwermut zog, unaufhaltsam, etwas wie ein inneres Frohlocken.
Sie brauchte nichts zu fragen. Die ungewöhnliche Uhrzeit, die Art, wie er die Tür geöffnet hatte, sagten ihr genug. Sie setzte sich zu ihm, legte ihren Arm um ihn und sagte: »Geht's dir wieder nicht so gut?« Sie hätte auch etwas anderes sagen können, was zählte, war die Wärme ihrer Stimme und alles, was sonst noch darin lag.

Zum Vergleich schaue der Leser noch einmal das Drehbuch an (Seite 42). Wenn der Film erzählen will, wie jemand nach Hause kommt, zeigt er, wie der Betreffende die Tür öffnet und seinen Mantel auszieht. Als wäre das interessant. Statt zu zeigen, was *in* dem Menschen vorgeht, wird gezeigt, was um ihn herum vor sich geht. Das führt zu einer phantastischen Veräußerlichung.

Selbstverständlich ist es, wie bereits hervorgehoben wurde, durchaus möglich, auf diese Weise Gefühle hervorzurufen. Der Film ist auch in der Lage, die Stimmung, die während eines Verkehrsstaus herrscht, zu schildern. Entsprechende Beispiele, von bekannten Regisseuren gedreht, liegen vor. Filme gehen dann so vor, daß ein tatsächlicher oder inszenierter Verkehrsstau so gezeigt wird, daß im Betrachter Gefühle suggeriert werden, etwa das Gefühl der Bedrängnis, der Erschöpfung oder der Ungeduld. Dabei können, da mit Bildern materieller Oberfläche gearbeitet wird, die gezeigten Gefühle niemals individualisiert werden, das heißt, es kann nicht gezeigt werden, wie die Ungeduld in einem ganz bestimmten Menschen auftritt. Um der Oberfläche überhaupt Ausdruck zu verleihen, muß der Film an Bekanntes anknüpfen und er muß es übertreiben. Er bewegt sich daher immer in der Nähe des Klischees. Wieso kann das bei einer Erzählung oder einem Roman anders sein? Zunächst einmal ist es doch beim Lesen eines Buches wie beim Anschauen eines Films: die geschilderten Personen sind in Wirklichkeit nicht da. Wieso kann ich das eine Mal bereichert werden und das andere Mal können nur Erinnerungen hervorgelockt werden? Der Unterschied kommt dadurch zustande, daß die Sprache ein Material ist, dem, wenn künstlerisch damit umgegangen wird, Menschlich-Individuelles eingeprägt werden kann. Zum Allgemeinen kommt dann etwas Einmaliges.

VIII. Entwicklung und Bedeutung des Films an Hand einiger Beispiele

Im Folgenden werden einzelne Filme besprochen. Dabei sollen zugleich allgemeinere Tendenzen innerhalb der Entwicklung des Films aufgezeigt werden. Als Ausgangspunkt empfiehlt sich ein Blick auf die Entstehungsgeschichte des neuen Mediums. Dabei treffen wir wieder auf Edison. Seine Beschäftigung mit bewegten Bildern begann 1887. Bereits im folgenden Jahr reichte Edison folgende Patentanmeldung ein (8. 10. 1888):

Ich arbeite an einem Instrument, das für das Auge das gleiche leistet wie der Phonograph für das Ohr, nämlich die Aufzeichnung und Wiedergabe von in Bewegung befindlichen Dingen, und zwar auf eine preiswerte, praktisch verwertbare und einfache Art. Diesem Apparat habe ich die Bezeichnung Kinetoskop, d. h. ›bewegtes Bild‹, gegeben... Die Erfindung besteht darin, eine zusammenhängende Serie von Bildern in Abständen zu photographieren... und diese Serie von Bildern auf einer fortlaufenden Spirale in derselben Art aufzunehmen, wie Musik auf einem Phonographen aufgezeichnet wird.

Der Text macht deutlich, daß der Phonograph die Anregung zur Entwicklung des Kinetoskops lieferte. Allerdings erkannte Edison sofort, daß er die kontinuierliche Bewegung des Phonographen zugunsten einer intermittierenden Bewegung aufgeben mußte. Er trennte sich auch bald von der Walze und ersetzte sie durch einen Zelluloidstreifen, wobei er ein Format wählte (35 mm), das noch heute für Kinofilme üblich ist.

Um das Kinetoskop kommerziell nutzen zu können, baute es Edison in einen Guckkasten für Filmpositive ein. Ein batteriegetriebener Motor bewegte den Filmstreifen so, daß der über den Sehschlitz gebeugte Betrachter einen vagen Eindruck von Bewegung bekam (siehe Abb. 14). Zunächst sah es jedoch so aus, als würde sich niemand für die neue Erfindung interessieren. Das ganze machte zu sehr den Eindruck einer wissenschaftlichen Spielerei, mit der sich kein Geld verdienen ließ.

Das änderte sich im Jahre 1894, als die reich gewordenen Spekulanten und Buchmacher Raff und Gammon die »Kinetoscope-Company« gründeten. Die Gesellschaft verpflichtete sich, Edison Münz-Guckkästen (einschließlich Kurzfilmen von 90 Sekunden Länge) abzukaufen und in »Kinetoskop-Salons« aufzustellen. Der erste dieser Salons, der mit fünf Kinetoskopen bestückt war, wurde im April 1894 am Broadway in New York eröffnet. Es kam zu einem tumultartigen Menschenauflauf, so daß die Polizei ordnend eingrei-

Abb. 14

fen mußte. Nach diesem Erfolg wurden bald auch in anderen Städten Salons eröffnet.
Das Kinetoskop hatte mit der Glühbirne gemeinsam, daß Edison wieder etwas in die Welt gesetzt hatte, das erst anwendbar wurde, wenn eine ganze Reihe anderer Dinge hinzuerfunden wurden. So konnten die Kinetoskop-Salons nur

Abb. 15

florieren, wenn es gelang, rasch und billig Filme herzustellen. Edison verbesserte daher ständig die von ihm entwickelte Filmkamera (Kinetograph); außerdem baute er neben seinem Laboratorium das erste Filmstudio der Welt auf. Es bestand aus einem 17 Meter langen Holzschuppen, der innen und außen mit schwarzer Teerpappe überzogen war (siehe Abb. 15). Um möglichst viel Sonnenlicht, das für die Filmaufnahmen benötigt wurde, hereinzubekommen, konnte eine Dachhälfte aufgeklappt werden. Außerdem war der ganze Schuppen drehbar gelagert, so daß die Dachöffnung in eine dem jeweiligen Sonnenstand angemessene Position gebracht werden konnte. Im Inneren befand sich eine kleine Bühne, die ebenfalls schwarz verhangen war. Offiziell hieß das Studio »Kinematographic Theatre«. Edison und seine Mitarbeiter sprachen jedoch nur von »Black Maria«. Unter diesem Namen ist das Studio in die Filmgeschichte eingegangen.

Die Filme, die gedreht wurden, waren äußerst primitiv. Edison engagierte Boxer, Messerwerfer und Akrobaten und ließ sie 90 Sekunden lang auf der Bühne ihre Kunststückchen vorführen. Wer unbekannt war, bekam 10 Dollar für seinen Auftritt. Leute mit einem bekannten Namen, wie etwa Buffalo Bill, erhielten 50 Dollar. Eine Sensation wurde ein blutiger Boxkampf über 10 Runden, der von zwei bekannten Berufsboxern ausgetragen wurde und der mit einem echten Knockout eines der Boxer endete. Als der Film, auf sechs Kine-toskope verteilt, in New York gezeigt wurde, weckte er solch ein Interesse, daß der Salon von Schaulustigen tagelang geradezu belagert wurde.

Bisher ist vom Film die Rede gewesen, ohne daß ein Element erwähnt wurde, das für ihn gleichwohl wesentlich ist: das der Projektion. Tatsächlich gehörte zu den von Edison entwickelten Geräten von Anfang an ein Projektor und ein Wandschirm. Als Edison im Herbst 1889 von einer Europareise zurückkehrte, überraschten ihn seine Mitarbeiter mit der vielleicht ersten Filmvorführung. Dickson, der engste Mitarbeiter Edisons auf filmtechnischem Gebiet, erschien auf der Leinwand, zog den Hut, lächelte und sagte: »Guten Morgen, Mr. Edison, es freut mich, daß Sie wieder da sind. Ich hoffe, Sie sind mit dem Kineto-Phonographen zufrieden.« Über eine ähnliche Vorführung, die wenig später stattfand, berichtet Dickson:

An Vorführungsabenden wird der Projektionsraum im Obergeschoß der Photo-Abtei-lung schwarz verhängt, um alle von der Leinwand am anderen Zimmerende ausgehen-den Lichtreflektionen zu vermeiden. Der Projektionsapparat steht hinter einem schwar-zen Vorhang, der ein einziges Guckloch hat für die Linse. Die düstere Ausstattung des Raums und das unheimliche, monotone Begleitgeräusch des Elektromotors vom Pro-jektor wirken furchtbar gruselig. Das Gefühl des Übersinnlichen wird noch verstärkt, wenn plötzlich eine Gestalt auftaucht, sich bewegt und spricht und dann ebenso geheim-nisvoll wieder verschwindet.

Die ersten Filme besaßen demnach bereits diejenigen Eigenschaften, die auch heute zum Film gehören: sie wurden projiziert, und es handelte sich um Ton-filme. Allerdings empfand Edison sowohl die Tonwiedergabe als auch die Pro-jektion als derart unvollkommen, daß er in seinen Kinetoskopen zunächst dar-auf verzichtete. Merkwürdigerweise sträubte sich Edison auch, an der Verbes-serung vor allem der Projektion zu arbeiten. Als er dazu gedrängt wurde, führte er geschäftliche Nachteile als Grund für seine Haltung an. Projektions-apparate, die es ermöglichten, daß ein Film von vielen gleichzeitig gesehen wird, würden das Geschäft mit den Kinetoskopen verderben. »Die Gans, die goldene Eier legt, schlachtet man nicht«, meinte Edison. Erst als die Konkur-renz mit Projektoren, Plagiaten seiner Erfindung, auf den Markt kam, be-quemte sich Edison, einen brauchbaren Apparat zu entwickeln. Er wurde 1896 in einer Gala-Vorstellung in einem der elegantesten Varieté-Theater New Yorks den führenden Persönlichkeiten der Theater- und Geschäftswelt vorge-stellt. Die Projektionsfläche hatte die beachtliche Größe von 6,10 × 3,65 Me-ter. Neben Tänzerinnen und ähnlichen Darbietungen wurden auch Meeres-wogen gezeigt, die auf die Zuschauer so echt wirkten, daß sie vor Angst zu-rückwichen.

Fragt man, was die ersten Filme so anziehend machte, so ist sofort deutlich, daß es nicht der Inhalt gewesen sein kann. Was auf der Bühne des ersten Filmstudios aufgenommen wurde, hätten die Besucher der Kinetoskop-Salons weit vollkommener ein paar Türen weiter in anderen Häusern des Broadways sehen können. Es kann auch nicht sein, daß die Begeisterung über den Film darauf beruhte, daß er, wie manche Filmhistoriker gesagte haben, an alltäglichen Dingen etwas sichtbar machte, was man bis dahin nicht sehen konnte, etwa wegen der Schnelligkeit der Bewegung. Nicht auf dem, *was* der Film zeigt, ruht seine Anziehungskraft, sondern darauf, *wie* er es zeigt.

Dennoch gibt es bei den Inhalten eine gewisse Tendenz. Die Besucher der Kinetoskop-Salons hätten sich gewiß gewundert, wenn man ihnen einen Kindergeburtstag gezeigt hätte oder einen Hirten, der seine Schafe hütet. Ein Hang zum Sensationellen, Brutalen und Bösen ist unverkennbar.

Wie hängt das alles mit den Menschen und der Zeit, in der sie leben, zusammen? Am ehesten läßt sich noch eine Erklärung für die inhaltlichen Vorlieben finden. Wer Seele und Geist leugnet, wird die Auseinandersetzung mit tiefschürfenden Darbietungen für überflüssig halten. Andererseits erzeugt die materialistische Gesinnung aber Angst, da die Materie, von der alles abzuhängen scheint, unbeeindruckt von den Nöten und Wünschen des Menschen ihren Gesetzen folgt. In solch einer Situation sind starke Sensationen gefragt, die in der Lage sind, die bedrückenden Seelenstimmungen aus dem Felde zu schlagen.

Damit ist aber noch nicht das »Wie« der filmischen Darbietungen erklärt. Was haben die kleinen Flimmerbilder einem Variété voraus, das, so sollte man meinen, mit seinen lebenden Darstellern, seinem Orchester und der ganzen phantastischen Ausstattung viel wirksamere Mittel hat, die Zuschauer in seinen Bann zu ziehen? Vielleicht sind die Menschen nur halbe Materialisten, die sich, ohne es sich einzugestehen, danach sehnen, hinter der materiellen Oberfläche auf Geister zu stoßen. Man denke an die Schilderung einer der ersten Filmvorführungen, wo es hieß, die auf der Leinwand erscheinenden Personen erweckten den Eindruck des Übersinnlichen. Möglicherweise lockt der Film die Zuschauer mit dem Eindruck, er könne sie über das Materielle hinausführen. Auf diese Fragen soll in einem späteren Kapitel ausführlicher eingegangen werden.

Der ›Phonographen-Fimmel‹ war nach zwei Jahren vorbei. Das Interesse erwachte erst wieder, als ein verbessertes Gerät neue Attraktionen zu bieten hatte. Das Schicksal des Films, das war Edison und seinen Mitarbeitern klar, hing ebenfalls davon ab, ob es gelang, ihn über die Anfänge hinaus weiter zu entwickeln. Zunächst mußte vor allem die kurze Dauer von 90 Sekunden überwunden werden. Die technischen Voraussetzungen wurden durch den Filmstreifen und die Filmspule geschaffen. Zu den technischen Problemen kamen nun aber auch solche dramaturgischer Art. Es war nicht viel gewonnen, wenn es gelang, einen Jongleur nicht nur 90 Sekunden, sondern fünf oder zehn Minuten lang zu zeigen. Wenn der Film sich gegen andere Darbietungen, vor allem Boulevard-Theater und Trivialroman, behaupten sollte, dann mußte es gelingen, mit seiner Hilfe das zu tun, was auch Theater und Roman taten, nämlich eine Geschichte zu erzählen.

Der entscheidende Schritt hierzu gelang 1902 mit dem bereits erwähnten Film »Das Leben eines amerikanischen Feuerwehrmannes« (vergleiche Seite 40), der in Edisons Filmstudio entstand. Die Entdeckung, die Porter, der den Film drehte, machte, bestand darin, daß sich ein Film aus verschiedenen Kameraaufnahmen (Einstellungen) zusammensetzen ließ, da die Zuschauer bereit waren, die Bruchstücke, zwischen denen räumliche und zeitliche Lücken lagen, zusammenzufassen, wenn sich dadurch eine kontinuierliche Handlung ergab.

Der nächste Film, den Porter drehte, verzichtete auf dokumentarische Aufnahmen, wie sie in »Das Leben eines amerikanischen Feuerwehrmannes« enthalten sind. Der erste reine Spielfilm, der auf diese Weise entstand, hat den Titel »Der große Zugüberfall« (1903). Er beginnt damit, daß Banditen einen Bahnhofsvorsteher niederschlagen. Sie gelangen unbemerkt in einen Zug, der kurz darauf im Bahnhof hält. Sie überwältigen das Zugpersonal, rauben die Postsäcke und plündern die Passagiere aus, wobei einige, die sich wehren oder zu fliehen versuchen, erschossen werden. Danach fahren die Banditen mit der Lok davon. Inzwischen ist der Bahnhofsvorsteher von einem Kind gefunden und befreit worden. Er alarmiert die Sheriffs der Umgebung, die die Banditen beim Teilen der Beute überraschen. In einem Pistolenduell werden sämtliche Räuber erschossen.

Porter hat mit »Der große Zugüberfall« die Gattung des Western begründet. Die Filmgeschichtsschreibung feiert den Film als geniale Pionierleistung. Dabei werden vor allem die formalen Mittel hervorgehoben, die Porter entwickelte, um mit Filmbildern eine Geschichte erzählen zu können. Die Tatsache, daß der erste Spielfilm ein Verbrechen erzählt, wird kaum erwähnt. Vor allem wird nichts zu der Art und Weise gesagt, wie dieses Verbrechen erzählt wird. Nehmen wir einmal an, in einer Geschichte des Theaters würde ein Stück aus dem Jahr 1903, das ein Verbrechen zum Inhalt hat, »genial« genannt. Solch ein Hinweis würde mit Sicherheit gewisse Erwartungen schaffen. Man könnte zum Beispiel vermuten, die Genialität liege darin, wie die Personen charakterisiert werden. Die Begründung des Verbrechens, sein Zusammenhang mit der Zeitgeschichte, das in Erscheinungtreten der Natur des Bösen, all das könnte ebenfalls Gegenstand einer genialen Leistung sein.

Porters Film ist vollkommen frei von solchen Dingen. Er erzählt auf eine dramaturgisch zweifellos geschickte Weise den äußeren Ablauf des Geschehens.

Dabei springt, wenn man nicht schon zu viele Filme gesehen hat, ins Auge, daß es keinen Unterschied zwischen wichtig und unwichtig, moralisch und unmoralisch gibt. Das Besteigen eines Pferdes wird genau so gezeigt wie das Erschießen eines Menschen oder das Einschlagen eines Schädels.

Die völlige Gleichgültigkeit gegenüber dem Bösen und den dadurch verursachten Leiden wird auch nicht durch den Schluß des Films aufgehoben. Die Sheriffs schießen so sportlich-gleichgültig wie die Banditen. Ihr Sieg ist kein Sieg des Guten, sondern der Übermacht.

Zur Beurteilung der Wirkung des Films muß man sich klar machen, daß der Zuschauer all das im Zustand der Trance vorgeführt bekommt. Die Trance verhindert zunächst einmal, daß der Filminhalt Empörung auslöst. Der posthypnotische Effekt besteht dann darin, daß der Zuschauer geneigter wird, Töten als etwas Selbstverständliches zu betrachten.

Vor einigen Jahren hätte eine Kritik wie die hier vorgetragene, die moralische Kategorien einbezieht, bei den meisten Menschen Kopfschütteln ausgelöst. Das hat sich heute geändert, nicht zuletzt deswegen, weil die Folgen der Wirkung der Massenmedien heute nicht mehr zu übersehen sind. So hatte ich während der Arbeit an diesem Buch einen bekannten Filmwissenschaftler, der selbst auch Filme dreht, zu einem Vortrag über filmtheoretische Fragen, insbesondere Fragen der Filmmontage, eingeladen. Der Referent zeigte den Film »Der große Zugüberfall« und erläuterte dann die Erzähltechnik Porters insbesondere an zwei Szenen. Die eine Szene spielt auf dem Dach eines der Waggons. Ein Räuber kämpft mit dem Heizer, überwältigt ihn schließlich, schlägt ihn mehrmals mit dem Revolver auf den Kopf und wirft ihn dann wie einen Kartoffelsack vom Dach des fahrenden Zuges. In der anderen Szene bedroht ein Räuber die Passagiere, die man gezwungen hat, den Zug zu verlassen, mit dem Revolver, während ihnen zwei Komplizen Geld und Wertsachen abnehmen. Als ein Passagier zu fliehen versucht, wird er hinterrücks erschossen. Die beiden Räuber fahren unterdessen mit ihrer Tätigkeit des Einsammelns fort. Der Referent benutzte die beiden Szenen, um dramaturgische Probleme, die mit der Bewegungsrichtung der auf- und abtretenden Personen zusammenhingen, zu verdeutlichen. In dem sich anschließenden Gespräch warf ich die Frage auf, ob solche Szenen nicht im Zusammenhang mit den brutalen Videos gesehen werden müßten, die sich heute Jugendliche zum Entsetzen der Eltern und Lehrer anschauen. Ich wehrte mich gegen eine rein formale Betrachtungsweise und wies im Sinne des hier Ausgeführten auf den Abstumpfungseffekt solcher Filme hin. Die Studenten, aber auch der Referent, nahmen meine Hinweise ernst und gingen darauf ein.

Der einzige Rechtfertigungsversuch, der unternommen wurde, bestand in einem Hinweis auf die Tragödien Shakespeares mit ihren vielen Morden. Gerade dieser Vergleich läßt aber die Unmenschlichkeit der Gangsterfilme besonders deutlich hervortreten. Die Hauptsache der Tragödie besteht ja nicht in der Darstellung des Tötens, sondern in der Darstellung der menschlichen Verwicklungen, in deren Verlauf das Töten schließlich als letzter Ausweg erscheint. Dabei wird Töten immer als eine Katastrophe dargestellt, die auch den Tötenden vernichtet, und zwar in erster Linie moralisch. Die physische Vernichtung der Bösen im Gangsterfilm hat dagegen reine Alibifunktion.

»Der große Zugüberfall« wurde der erste große Erfolg der Filmgeschichte. Er brachte auch finanziell so viel ein, daß Edison mit den Einnahmen einen Teil der Verluste, die er durch andere Erfindungen erlitten hatte, ausgleichen konnte. (Edison hatte jahrelang versucht, eine brauchbare Autobatterie – er war eng mit Ford befreundet – herzustellen. Es traten immer neue Mängel auf und schließlich setzte der Benzinmotor dem ganzen Unternehmen ein Ende.) Der Erfolg, den Porters Film hatte, regte zu unzähligen Nachahmungen an. Sechs Jahre später gab es allein in den Vereinigten Staaten 8000 Kinos, in denen fast ausschließlich Western und Kriminalfilme liefen.

Ungeachtet dieser Verbreitung rangierte der Film, was seine Wertschätzung betraf, im Urteil der Zeitgenossen auf dem Niveau von Varieté-Vorstellungen und Jahrmarktunterhaltungen. Das änderte sich erst mit den Filmen von David Work *Griffith* (1875–1948). Griffith fühlte sich als junger Mann sehr zur Literatur hingezogen. Er schrieb, als er in den ersten Jahren des zwanzigsten Jahrhunderts nach New York kam, Gedichte und Dramen und hoffte, dort als Schriftsteller ein der Literatur gewidmetes Leben führen zu können. Seine Hoffnungen erfüllten sich jedoch nicht, und nach kurzer Zeit landete er, von finanzieller Not getrieben, als Schauspieler in Edisons Filmstudio. Bald hatte Griffith genug gelernt, um selbst Filme drehen zu können. Obwohl er den Film als unkünstlerisches Medium verachtete und zutiefst haßte, dreht er für Edisons Filmgesellschaft, die »Biograph«, von 1908 bis 1913 über 400 Filme. Um seinen Neigungen wenigstens etwas nachgehen zu können, wählte er häufig literarische Vorlagen. Auf diese Weise entstanden Verfilmungen von Werken von Shakespeare, Dickens, Poe, Tolstoi, Maupassant und anderen.

Einmal beim Film, versuchte Griffith, ihm wenigstens einen Platz im kulturellen Leben der Zeit zu verschaffen. Die Wahl des Stoffes war ein wichtiger Schritt auf diesem Weg. Außerdem war aber nötig, daß der Film eine den Theaterstücken entsprechende Länge bekam. Bis dahin bestanden Filme lediglich aus einer Filmrolle, was für die zeitliche Länge bedeutete, daß sie nicht länger als 15 Minuten dauern konnten. Griffith ging daran, immer längere Filme zu entwerfen und herzustellen. 1913 entstand der erste Film, der annähernd die Länge heutiger Spielfilme erreichte. Als Thema wählte Griffith einen biblischen Stoff (»Judith von Bethulien«).

Zu Beginn des ersten Weltkrieges wechselte Griffith zur Konkurrenz über (»Reliance Majestic«) und begann dort mit dem Film »Birth of a Nation«, der alles, was es bis dahin auf diesem Gebiet gegeben hatte, weit in den Schatten stellte. Der Film handelt vom Amerikanischen Bürgerkrieg und zeigt »die Agonie, die der Süden durchstehen mußte, damit eine Nation geboren werden konnte«, wie es in einem der Zwischentitel hieß. Für die Schlachtszenen dieser ersten Mammutproduktion mietete Griffith ganze Landstriche, in denen er Tausende von Statisten agieren ließ. Der fertige Film brachte es auf eine Spieldauer von drei Stunden.

Inhaltlich gliedert sich der Film in zwei Teile. Der erste Teil zeigt den Verlauf des Bürgerkrieges bis zur Kapitulation des Südens. Der zweite Teil beschäftigt sich mit den Ereignissen in den Südstaaten nach der Befreiung der Sklaven. Auf dem Hintergrund der historischen Ereignisse erlebt der Zuschauer das Schicksal zweier Familien, die eine aus dem Norden, die andere aus dem Süden, die durch Schulfreundschaft der Eltern und Liebesbeziehungen der Kinder miteinander verbunden sind. Es kommt schließlich zum Konflikt zwischen den Familien, weil die Familie aus dem Norden für die Sklavenbefreiung eintritt, während die Familie aus dem Süden unter dieser Befreiung leidet.

Die Aussage des Films ist eindeutig geprägt von einer rassistischen Einstellung. Die Neger werden als faule Wüstlinge gezeigt. Sklaverei ist der ihnen angemessene Zustand. Werden sie befreit, kann das nur zur Entfesselung animalischer Triebe führen. Dagegen schildert der Film die Terrororganisation des Ku-Klux-Klan als eine von selbstlosen und heroischen Weißen gegründete Selbsthilfeorganisation.

Der Rassenhaß, den Griffith predigte, erregte zwar von Anfang an Widerspruch, verhinderte jedoch nicht, daß »Birth of a Nation« zum bis dahin erfolgreichsten Film wurde und diesen Rang auf Jahrzehnte behielt.

Griffith war gelungen, was er angestrebt hatte. Mit »Birth of a Nation« verließ der Film die »Nickel Odeons«, die billigen Kinos der Anfangszeit mit ihrer Jahrmarktsatmosphäre, und zog in die aufwendig gebauten und respektabel eingerichteten Film*theater* ein. Zur gesellschaftlichen Anerkennung trug wesentlich bei, daß »Birth of a Nation« als erster Film im Weißen Haus vorgeführt wurde. Wie damals Edison, so wurde jetzt Griffith vom Präsidenten persönlich gebeten, sein Werk vorzuführen. Diesmal hieß der Präsident Woodrow Wilson. Daß er sich über den Rassismus des Films erregt hätte, ist nicht bekanntgeworden.

Zum Publikumserfolg und der damit verbundenen gesellschaftlichen Anerkennung kam das Lob derer, die sich als Kritiker und Historiker mit dem Film zu beschäftigen begannen. Von allem Anfang an hat der Film Schreiber gefun-

106

den, deren Schriften für den Leser, falls er sich nicht kritisch distanziert, zu einer Einübung in die Wertschätzung des Trivialen und Bösen führt. Daran hat sich bis heute nichts geändert. So schreiben Ulrich Gregor und Enno Patalas in ihrer 1973 erschienenen (seitdem mehrfach aufgelegten) »Geschichte des Films« über die Filme von Porter und Griffith in der Zeit von 1902 bis 1914:

Vor allem Edwin S. Porter und David W. Griffith entdeckten und entwickelten zwischen 1902 und 1914 die wesentlichen Möglichkeiten der realistischen Filmerzählung. Wenn ihnen in der Erfindung einzelner Erzähltechniken auch einige Europäer zuvorgekommen waren, so brachten erst sie sie zu der Vollkommenheit, die den Film als der Literatur ebenbürtiges episches Medium erscheine lassen konnte. (Seite 26)

Von einer Großaufnahme in dem Film »The Life of an American Fireman«, die zeigt, wie eine Hand eine Alarmglocke betätigt, heißt es:

»Die Einstellung mit der Hand, die eine Alarmanlage betätigt, ist ein schönes Beispiel künstlerischer Ökonomie und dramatischer Verdichtung: eine ganze Szene ist in dieser Großaufnahme zusammengerafft«. (Seite 27)

Der Film »Birth of a Nation« wird von den gleichen Autoren als Meisterwerk gefeiert. Dabei wird der Rassenhaß aus den Kindheitserfahrungen begründet und damit zugleich entschuldigt.

Ein den gesellschaftlichen Zuständen gegenüber ansonsten durchaus kritischer Autor (Hans C. Blumenberg, Film positiv, Düsseldorf 1968) schreibt über »Birth of a Nation«:

Noch heute wird die künstlerische Kraft von »Birth of a Nation« gerühmt. Die Dynamik der großen Schlachtszene, die einfühlsame Poesie der Liebesszenen, die Meisterschaft der Montage und Billy Blitzers geniale Fotografie faszinieren den Zuschauer immer noch. Doch das Meisterwerk von Griffith leidet unter dem Rassenhaß seines Regisseurs. Griffith, der Mann aus dem Süden, verteufelte die Neger als mordende und schändende Untermenschen und feierte die weiße Terrororganisation »Ku-Klux-Klan«. So blieben auch Proteste gegen die rückschrittliche Tendenz von »Birth of a Nation« nicht aus. Die künstlerische Meisterschaft des Films aber ist unbestritten. Georges Sadoul schreibt: Auch der Zuschauer, der über den Rassenhaß Griffith' empört ist, wird stark beeindruckt von der Schönheit der Bilder und der Vollkommenheit ihrer Montage. Sie erreichen ihren Höhepunkt im Finale des Films, wenn die weiße Kavalkade des Klan und die Todesängste der von einer Negerfamilie belagerten Familie Cameron abwechseln. In der Einleitung zu diesem Schluß folgen die Bilder einander in einer Reihenfolge, die klassisch geworden ist: Totale der einsamen Hütte in der Ebene; Halbtotale von außen; Totale des Inneren; Halbnaheinstellung der verschiedenen Helden; Großaufnahmen von Gegenständen. (Seite 108–111.)

Die Autoren tun so, als ob die *Form* künstlerisch sein könnte, unbeschadet der Tatsache, daß der *Inhalt* moralisch verwerflich ist. In Wirklichkeit entsprechen sich Form und Inhalt in ihrer Negativität. Die Tatsache, daß die Proteste gegen den Rassismus des Films so schwach blieben, daß sie seinen Siegeszug, der

107

auch außerhalb Amerikas seine Fortsetzung fand, nicht aufhalten konnten, ist doch nur dadurch zu erklären, daß die formalen Mittel des Films den Zuschauer so angreifen, daß seine *Urteilsfähigkeit* lahmgelegt wird. Wie gezeigt wurde, gilt das grundsätzlich für jeden Film. Allerdings können die bewußtseinsschwächenden Mittel schwächer oder stärker eingesetzt werden. Letzteres ist der Fall bei dem als künstlerischen Höhepunkt gepriesenen Finale von »Birth of a Nation«. Es ist so aufgebaut, daß zunächst zwei Handlungsstränge parallel geführt und in ständigem Wechsel gezeigt werden: Das Herbeieilen der als Retter erscheinenden Mitglieder des Ku-Klux-Klan und die steigende Bedrängnis der von den Negern belagerten Familie Cameron. Man nennt dieses Verfahren heute Parallel-Montage. Es ist seitdem in tausenden von Filmen als unfehlbares Mittel der Spannungssteigerung verwendet worden. Die Parallel-Montage enthält in dem geschilderten Fall aber zugleich eine Kontrast-Montage. Ku-Klux-Klan und Neger werden einander gegenübergestellt und der Kontext, in dem das geschieht, bewirkt, daß die einen um so heroischer und die anderen um so brutaler erscheinen.

Wie nimmt der Zuschauer die geschilderte Einstellungsfolge auf? Das Tempo des Bildwechsels ist so, daß für eine denkende Verarbeitung des Gezeigten keine Zeit bleibt. Will der Zuschauer im Geschehensstrom des Films mitschwimmen, muß er die Einstellungen entsprechend dem vorgegebenen Handlungsklischee (»Retter in höchster Not«; »Rettung in letzter Minute«) mechanisch deuten und verknüpfen. Diese Reduktion des Denkens führt im Verein mit den intensiven Gefühlen von Spannung, Furcht und Hoffnung unfehlbar zur Trance. In diesem Zustand ist der Zuschauer bereit, Dinge zu tolerieren, die er bei klarem Denken empört von sich wiese.

Ein besonders brutales Gestaltungsmittel des Films, das Griffith als erster anwandte, ist die Großaufnahme, vor allem die Großaufnahme des menschlichen Gesichtes. Es wird berichtet, daß einige Zuschauer schreiend aus dem Vorführraum liefen, als zum ersten Mal nur ein Kopf auf der Leinwand erschien (1908). Sie müssen das, was sie sahen, für einen abgehackten Kopf oder für ein Monster, einen Kopfmenschen, gehalten haben. Inzwischen haben wir uns an solche Aufnahmen gewöhnt. Aber was haben wir damit eingeübt? Warum starren wir denn unseren Mitmenschen nicht rücksichtslos ins Gesicht? Wir empfinden das als taktlos, als Mißachtung der Würde des anderen. Die Großaufnahme fordert zu solchem Starren auf. Sollte das ohne Einfluß auf unsere Begegnungen mit lebenden Menschen bleiben?

Im folgenden sollen einige weitere Filme besprochen werden, zunächst

The Godfather (Der Pate)

Paramount USA
Regie: Francis Ford Coppola
Uraufführung: 11.3.1972 (USA)
Deutsche Erstaufführung: 24.8.1972 (München)
Hauptdarsteller: Marlon Brando, Al Pacino, James Caan.

Es handelt sich um einen Gangsterfilm, der zu Beginn der siebziger Jahre in fast allen Ländern der Welt ein großer Erfolg wurde und den die Filmkritiker zu den bedeutendsten Filmen dieses Jahrzehnts rechnen. An »Der Pate« läßt sich ablesen, woran der Film seine Zuschauer inzwischen gewöhnt hat. Es wird nicht allein eine endlos lange Reihe von Morden gezeigt; jeder Mord wird geradezu zelebriert und mit einer bis dahin kaum gekannten Realistik im Bild festgehalten.

Betrachtet man die Filmkritik, läßt sich feststellen, daß sie weiterhin für die gesellschaftliche und kulturelle Anerkennung des Films sorgt. Aus einem Buch über den Regisseur Coppola, das der Carl-Hanser-Verlag in Zusammenarbeit mit der Stiftung Deutsche Kinemathek herausgebracht hat, zitieren wir zunächst eine Schilderung des Filminhaltes.

Die Gewalttaten des Films sind kaum zu zählen, und auf die Mordszenen ist ein verschwenderischer Einfallsreichtum verwendet worden. Kein Mord sieht aus wie der andere, und jeder wird als neues ästhetisches, choreographiertes Erlebnis zelebriert. Der Film ist auf Steigerung der Effekte aus: so stirbt Brasi, indem man ihm eine Hand mit einem Messer auf das Holz einer Bartheke nagelt und ihn von hinten mit einer Schnur stranguliert, und da er sich mit einer Hand noch wehren kann, verlängert das den Todeskampf im Verhältnis zur gleichen Szene im Roman, wo Brasi an beiden Armen von zwei Männern festgehalten wird, während ihm ein dritter die Kehle zuzieht; so wird Moe Greene, von dem wir schon wissen, daß er die Massage liebt, auf der Bank seines Masseurs erschossen: ins Auge, seine Brille splittert; so stirbt Philip Taglia, den Don Vito und Sonny einen pimp genannt haben, neben einem Schulmädchen im Bett. Die Climax des Films – die Taufszene, unterschnitten mit einer Serie von Morden – scheut auch ironische Umschnitte nicht: von den Händen, die das Tuch vom Kopf des Kindes heben, auf Hände, die nach einer Pistole greifen; von der Hand des Priesters auf Hände, die eine Waffe aus einer Tasche holen; und während allenthalben getötet wird, geht im Ton das Taufzeremoniell weiter.

All das aber dient, zumal in der ästhetischen Überhöhung, nur dem einen Ziel: zu zeigen, daß die Morde notwendig sind, um die Familie zu schützen und zu retten, was durch die Taufsequenz, die durch den Filmschnitt bewirkte Vereinigung von Wasser und Blut, geradezu abgesegnet wird: die Taufe ist ein Familiensakrament. Das Morden ist nötig, um das Morden zu beenden.

Die Inhaltsangabe formuliert zugleich die ›Moral‹, die der Film nur allzu deutlich zum Ausdruck bringt: Morde sind notwendig, wenn man selbst vor Morden geschützt sein will. Diese offensichtlich verwerfliche Moral wird damit gerechtfertigt, daß der Film sie aufdeckt. In dieser angeblich aufdeckenden Leistung wird sogar ein gesellschaftskritischer Beitrag gesehen. Ganz in diesem Sinne äußert sich auch der Regisseur des Films. Er empfiehlt, sein Bild der Mafia als Metapher für Amerika zu lesen und fährt dann fort:

»Beide, die Mafia und Amerika, haben Wurzeln in Europa. Amerika ist ein europäisches Phänomen. Im Grunde halten sich beide, die Mafia und Amerika, für wohltätige Einrichtungen. Beide, die Mafia und Amerika, haben ihre Hände mit Blut besudelt bei dem, was notwendig war, um ihre Macht und ihre Interessen zu beschützen. Beide sind total kapitalistische Phänomene und haben kein anderes Motiv als den Profit. Aber ich glaube, daß Amerika sich nicht um seine Menschen kümmert. Amerika mißbraucht und betrügt seine Menschen. Wir sehen in unserem Land unseren Beschützer, und es hält uns zum Narren und belügt uns. Und ich dachte mir, daß das Buch deshalb so populär war, weil die Leute es liebten, von einer Organisation zu lesen, die sich wirklich um uns kümmert.«

Marlon Brando als Hauptdarsteller trug ebenfalls dazu bei, daß der Film als kritischer Beitrag zu den gesellschaftlichen Problemen der Vereinigten Staaten gesehen wurde:

»Ich denke, daß der Film überhaupt nicht von der Mafia handelt, er handelt vom Geist der Wirtschaftsgesellschaften (corporate mind). In gewisser Hinsicht ist die Mafia das beste Beispiel für die Kapitalisten, die wir haben... Die amerikanische Regierung tut das gleiche [wie Don Corleone] aus Gründen, die nicht besonders verschieden sind von denen der Mafia. Und der Big-Business tötet uns unaufhörlich und wissentlich – mit Autos und Zigaretten und Umweltverschmutzung.«

Bei der Premiere des Films in München, die durch die Anwesenheit von Politikern wie Hans-Dietrich Genscher zu einem gesellschaftlichen Ereignis wurde, äußerte der Produzent des Films:»Ja, in gewissen Momenten glorifizieren wir die Mafia, aber die Totalität des Films zeigt etwas ganz und gar Schreckliches. Die Essenz des Films ist, daß er die Immoralität der amerikanischen Mentalität zeigt, wenn es um Geschäft und Macht geht.«

Solche Worte werden vom Publikum bereitwillig aufgenommen. Sie ermöglichen es dem Zuschauer, beim Anschauen des Films das gute Gefühl zu haben, ein kritischer Mensch zu sein.

Für die mehr kunstsinnigen Zuschauer hält die Filmkritik einfühlsame Analysen der Kameraführung und des Filmschnitts bereit. Vor allem der Filmanfang ist eingehend untersucht worden. Die erste Einstellung zeigt Don Corleone (Der Pate) von hinten. Während ihm jemand etwas ins Ohr flüstert, fährt die Kamera zurück und zeigt so immer mehr von dem Raum, in dem der Pate sitzt. Diese Rückwärtsfahrt dauert drei Minuten. Erst dann zeigt die Kamera – im »Gegenschuß«, wie man filmdramaturgisch sagt – Don Corleone von vorn. Er sitzt an seinem Schreibtisch und streichelt eine Katze. Über diesen Beginn heißt es in dem bereits zitierten Buch:

»Die Operation erinnert von fern an filmsprachliche Zurüstungen, wie man sie etwa Ende der sechziger Jahre bei Claude Chabrol findet. Die Schlußeinstellung von ›La femme infidèle‹ (1968) – Rückwärtsfahrt der Kamera mit gleichzeitig vorwärts gezogenem Zoom – mobilisiert auf ähnliche Weise den Zuschauer: er wird involviert. (...) Die Kamerabewegung, die den Film eröffnet, ist keine Entfernung von etwas fort, sondern eine Entfernung in etwas hinein. Insofern, meine ich, läßt sich der Vergleich mit der Schlußeinstellung der ›Femme infidèle‹ aufrechterhalten: was hier wie da geschieht, ist eine Emotionalisierung des Blickes durch die Doppelbewegung. Wir sind gleichzeitig außen und innen; wir nehmen an dem Geheimnis teil beziehungsweise wir sehen einem Geheimnis zu, das sich in der Gleichzeitigkeit von Annäherung (durch das Zuschauen selbst) und Entfernung (durch die Kameraoperation) als Geheimnis etabliert. Was bei Chabrol der Mythos der Ehe (zwischen Charles und Hélène) ist, nennt Kolker für Coppola ›the myth of familiy‹.«

Daß »Der Pate« künstlerischen Rang besitzt und über allen Zweifel erhaben ist, ist auch dadurch signalisiert worden, daß die Amerikanische Filmakademie den Film mit drei »Oscars« (bester Film, bester Darsteller – Marlon Brando –, bestes Drehbuch nach einer literarischen Vorlage) ausgezeichnet hat.

Was am Beispiel von »Der Pate« gezeigt wurde, gilt heute für fast alle Filme, die als Welterfolge ein Millionenpublikum erreichen. Die Aussagen dieser Filme sind so, daß sie die Menschen, wenn sie ihnen folgen, ins Unglück stürzen. Zugleich gibt es ein ganzes Netz von Institutionen, die von dieser Tatsache ablenken, indem sie um die Filme einen Glorienschein von Kunst und Kultur spinnen.

Was heißt zum Beispiel, »Der Pate« decke die Skrupellosigkeit der amerikanischen Gesellschaft auf? Es wird überhaupt nichts aufgedeckt, aber es wird genüßlich geschildert, und es wird zum genüßlichen Betrachten verführt. Es kann auch keine Rede davon sein, daß das Schreckliche nur angeführt wird, um dann Möglichkeiten seiner Überwindung und Verwandlung zu zeigen. Die besondere Fähigkeit des Films besteht ja darin, die Oberfläche der Dinge so interessant zu machen, daß wir dermaßen davon fasziniert werden, daß wir nichts mehr weiter zu wissen begehren. Da, wo wir eigentlich nach dem Warum, nach Gut und Böse fragen sollten, da bringt uns der Film dazu, uns am Anschauen des Faktischen, so schlimm es sein mag, zu ergötzen. Die Folge ist, daß die Wirklichkeit, in der wir leben, den Filmen, die wir anschauen, täglich ähnlicher wird, ohne daß wir es bemerken.

Der Regisseur Coppola gehört zu der kleinen Zahl jener Regisseure, die immer wieder die Grenzen dessen, was im Film gezeigt werden kann, ohne daß Empörung den Erfolg verhindert, hinausschieben. Nach dem Film »Der Pate, Teil II« drehte Coppola, wieder mit Marlon Brando in einer der Hauptrollen, den Film »Apocalypse Now« (1979), der die Schrecken und Leiden des Vietnam-Krieges zu einem Augen- und Ohrenschmaus mißbrauchte. Durch unerhört gekonnte und raffinierte Filmaufnahmen, durch eine verführerische Musik (fünfkanalige Tonspur) und durch immer wieder eingestreute Hinweise auf eine tiefere Bedeutung gelang es Coppola, dem Film in den Augen des Publikums den Rang einer Kunstleistung zu geben.

Die Filmkritik trug dazu das ihre bei. In dem deutschen Buch über Coppola, das bereits angeführt wurde, werden zwar in Hinblick auf »Apocalypse Now« gewisse Bedenken erhoben, insgesamt überwiegen jedoch Bewunderung oder zumindest wertneutrale Darstellung. Es heißt da zum Beispiel: Der Film, den Coppola »mehr von einer Drogen-Sensibilität her gemacht« haben will, riskiert es, mit einem bisher einmaligen Aufwand an Geld, Material und Innovation, dem Krieg den Gestus delirierender Ästhetik zu verleihen, denn, so Coppola, »es muß eine Schönheit und eine Verführung im Krieg sein, sonst würden die Menschen ihn nicht immer wieder machen wollen«.

In Cannes gewann der Film, zusammen mit Schlöndorffs »Blechtrommel«, die »Goldene Palme«. Diese innerhalb der Filmwelt wohl renommierteste Auszeichnung macht aus »Apocalypse Now« einen Meilenstein der Filmgeschichte. Seine ›Leistungen‹ erhalten damit den Stempel des künstlerisch Wertvollen und erscheinen damit gerechtfertigt.

Coppola ist gegenwärtig dabei, auch die Art und Weise, wie Filme hergestellt werden, zu verändern. Dazu gaben nicht zuletzt die Erfahrungen mit den Dreharbeiten zu »Apocalypse Now« den Anstoß. Coppola verbrachte drei Jahre im Dschungel der Philippinen, um der Natur jene Bilder abzutrotzen, die ihm für seinen Film vorschwebten. Für einen Hubschrauber-Angriff auf ein vietnamesisches Dorf (zur Niedermetzelung der schutzlosen Zivilbevölkerung erklingt Wagners »Walkürenritt«), der im Film sechs Minuten dauert, wurde zum Beispiel eine Drehzeit von über sieben Wochen benötigt. Damit solche Widerstände künftig wegfallen, will Coppola Filme möglichst weitgehend mit elektronischen Mitteln herstellen. 1980 kaufte er die »Hollywood General Studios« und ließ sie mit den letzten Entwicklungen auf dem Gebiet der Video- und Computertechnik ausstatten. Tatsächlich ist es heute bereits möglich, weitgehend synthetische Filme herzustellen, deren Bilder von Computern errechnet wurden. Coppola behauptet, durch das »Electronic Cinema« würden die Filme billiger und sie könnten so »mehr und mehr zu einer Brücke zwischen den Menschen werden«. Der erste Film, der in den neuen Studios gedreht wurde, heißt denn auch »One from the Heart« (deutsch: »Einer mit Herz«). In Wirklichkeit kommt hier eine Entwicklung in Gang, in deren Verlauf die fotografischen Filme, in die immer noch ein Widerschein der natürlichen Außenwelt fällt, ganz zurücktreten. An ihre Stelle rückt eine Medienwelt – und diese Medienwelt ist heute für viele Menschen die eigentliche Welt –, die ganz aus den Maschinen kommt und dem, was mit ihrer Hilfe zum Ausdruck kommen will.

Für die meisten Filme, die jährlich in den Kinos anlaufen, gilt, daß sie nach ein oder zwei Jahren keinerlei Interesse mehr erwecken und in den Archiven der Filmgesellschaften verschwinden. Daneben gibt es aber immer einige ganz wenige Filme, die dieses Schicksal nicht teilen. Sie tauchen, nachdem sie ihre Reise durch die Kinos beendet haben, an verschiedenen Orten und zu verschiedenen Zeiten immer wieder auf. Häufig ist es so, daß bestimmte Kinos sich darauf spezialisieren, solch einen Film zu zeigen. Er läuft dann dort monatelang, oft jahrelang täglich oder an einem bestimmten Tag der Woche, wobei das Publikum zum Teil immer dasselbe ist. In der Filmliteratur spricht man in solchem Fall von einem »Kultfilm«. In einem Buch zu diesem Thema werden 40 solcher Filme besprochen, wobei die Autoren anmerken, daß sich ihre Zahl leicht verdoppeln ließe.

Als Beispiel für einen »Kultfilm« soll im folgenden besprochen werden:

»The Rocky Horror Picture Show« (1975)
Twentieth Century Fox, USA
Regie: Jim Sharman

Mit diesem Film wird innerhalb seines Genres insofern eine neue Stufe erreicht, als er – allerdings in pervertierter Form – tatsächlich religiöse Elemente enthält. Außerdem kommt es auf seiten der Zuschauer zu bis dahin nicht gekannten Handlungen während der Vorführung.

Die im folgenden wiedergegebene Beschreibung des Filminhaltes stammt von Cordelia Böttcher, mit der zusammen ich den Film in Bremen angeschaut habe, nachdem Cordelia Böttcher festgestellt hatte, daß die vielen Jugendlichen, denen sie begegnete, den Film fast ausnahmslos gesehen hatten, ohne allerdings zu bemerken, wovon der Film eigentlich handelte.

Der Inhalt dieses brillanten Films ist folgender: Zu Beginn erscheint auf einer völlig schwarzen Leinwand links oben ein roter Punkt, der näherkommt und sich als roter Mund entpuppt, der den Titelsong singt. Es ist nur der Mund zu sehen, fast so groß wie die ganze Leinwand, so ausgeleuchtet und fotografiert, wie man beim normalen Sprechen nie einen Mund sieht. (Daneben erscheinen die Namen der Mitwirkenden.) In unheimlicher Schönheit wird Verborgenes offenbart.

Der Film beginnt mit dem Bild eines Kreuzes mit dem Sonnenkreis. Es ist, wie sich zeigt, das hölzerne Kreuz auf einer Kirchturmspitze. Unten aus der Türe im Kirchturm kommt eine fröhliche Hochzeitsgesellschaft heraus, das Foto wird gemacht, mit einem seltsamen Pastor hinter dem Brautpaar und zwei eigenartigen, drohenden Knechtsgestalten links und rechts. Nach der Abfahrt des Brautpaares verlobt sich ein hübsches, törichtes, »typisch amerikanisches« Pärchen – Janet und Brad – auf dem Friedhof, dort zwischen den Gräbern, und beginnt die Show mit Singen und Tanzen, das zieht sich in die Kirche hinein, wo eine Trauerfeier vorbereitet wird. Man tanzt auf dem herum, was in der Kirche geschieht. Die beiden kommen nun auf dem Rückweg durch eine Autopanne im Regen zu einem seltsamen Schloß. Am Zaun des Geländes steht zu lesen:

113

»Achtung! Lebensgefahr! Eintritt auf eigene Gefahr!« In diesem Schloß begegnen sie den drohenden Knechtsgestalten wieder als zwei Bediensteten – Riff Raff und Magenta –, dem Pastor als dem Herrn des Schlosses, einem faszinierenden Abartigen. Im Hintergrund der Eingangshalle sieht man mehrere Bilder der Mona Lisa. Zur Erklärung der folgenden Ereignisse war ein Kriminologe erschienen, der, in einer immensen Bibliothek sitzend, die Erlebnisse von Janet und Brad erläutert. Von ihm erfährt man, daß der Transvestit Frank N. Furter von Transsexual, einem Planeten des Milchstraßensystems Transsylvanien kommt. (Transsylvanien ist die alte Heimat von »Graf Dracula«, da noch in Europa gelegen.) Im Schloß werden Janet und Brad nun in eine rauschende Party gezogen, als deren Höhepunkt Frank N. Furter vor seinen Gästen einen Menschen erschafft. In einem rosagekachelten, laborähnlichen Raum schwimmt in einem Glasbehälter eine völlig in weiße Binden eingewickelte menschliche Gestalt in einer grünlichen Flüssigkeit. Der Transvestit betätigt sich als Schöpfer, indem er aus mehreren Düsen verschiedene Flüssigkeiten mit lustiger Gier in dieses Glasbassin fließen läßt. Man sieht, wie sich das Knochengerüst bildet, der Mensch wird. Schließlich klettert er aus dem Bassin und wird von smarten Girls von den Binden befreit. Es ist das Bild des Lazarus, der aus dem Grabe kommt. Der Mensch, der da erscheint, ist schön und dumm, ein Muskelmensch, der Hanteln, Expander und Turngeräte mit rosa Schleifchen zu seiner Geburt bekommt, er heißt Rocky Horror.
Bald darauf erscheint aus einem riesigen Kühlschrank ein komischer Rocker, klein und dick, mit einem gewaltigen Motorrad. Er ist eine frühere, mißratene Kreatur von Frank und war in dem Eisschrank eingefroren, damit er keine Dummheiten machen kann. Der singt nun mit schmetterndem Tenor, und alle liegen ihm zu Füßen, auch Rocky Horror. Das erbost den Schloßherrn so, daß er mit einem Eispickel diesen dicken Rocker totschlägt. Man sieht da nur die Reaktion der Partygäste und dann die beiden seltsamen Diener, die singend das Blut aufwischen. In der Nacht erscheint dann Frank in der Gestalt des Brad bei Janet und umgekehrt in Janets Gestalt bei Brad, die beide nach erstem Erstaunen die neue sexuelle Beglückung genießen. Am nächsten Tag kommt ein Detektiv, der den verschwundenen Rocker sucht. Er wird hingehalten. Abends wird dann zum Dinner gebeten. Nachdem die Einladung zum Dinner ausgesprochen ist, erscheint wieder der erläuternde Kriminologe. Er hat andere Bücher und Zeitschriften um sich herum, unter anderem ein aufgeschlagenes Buch mit der Abbildung des Abendmahles von Leonardo. Er erklärt, daß es mehrere berühmte Dinner in der Weltgeschichte gegeben habe, das von Jesus und noch andere. Die Gäste dieses Dinners nun kommen an einen exquisit gedeckten Tisch, Wein wird eingeschenkt, ein großer knuspriger Braten gebracht, den der Schloßherr mit einer kleinen Motorsäge tranchiert. Man fängt an zu essen. Da fragt der Detektiv wieder nach dem Rocker. Antwort des Schloßherrn: Wir essen ihn gerade und trinken sein Blut. Großes Entsetzen, der Schloßherr zieht die Tafel weg: Unter dem Tisch ist der Sarg mit dem toten, halb ausgeweideten Rocker. Grab und Tisch, Leib und Blut. Janet und Brad werden nun ganz in diese Welt aufgesogen und fühlen sich überglücklich. Man schwimmt zu mehreren in einem Bassin in köstlich klarem Wasser, auf dem Grund ist die Erschaffung Adams von Michelangelo riesig groß gemalt. Eine Neugeburt wird erlebt. Am Schluß erscheinen dann Riff Raff und Magenta als zwei Wesen von einer noch anderen Galaxie, mit einer Laserkanone ausgerüstet, der Schloßherr und seine Gesellen winseln vergebens um Gnade, Janet und Brad werden zwar verschont, es löst sich aber alles in Rauch und Explosion auf, zurück bleibt ein Geripppe der Erde.

Cordelia Böttcher fügt ihrer Inhaltsangabe noch folgende Bemerkung an:

Die tiefsten christlichen Tatsachen: Auferweckung des Lazarus – das Abendmahl – die innere Neugeburt werden pervertiert und zum Leitfaden der Show gemacht. Das Ende ist das Nichts, die absolute Sinnlosigkeit. Im Programmheft ist in der Inhaltsangabe davon nichts zu lesen, und kaum ein Besucher des Films nimmt diese religiösen Inhalte wahr. Sie sind einerseits so phantastisch verpackt, daß es tatsächlich nicht leicht ist, sie zu sehen, andererseits sind die christlichen Inhalte Millionen Menschen, die auch auf dem Papier noch einer christlichen Kirche angehören, so unbekannt, daß sie gar nicht erkannt werden können.

Zum Erfolg des Films hat wieder, neben den in den Zuschauern liegenden Gründen, beigetragen, daß der Film von Presse und Filmkritik positiv aufgenommen wurde. Angesichts des blasphemischen und makabren Inhalts fragt man sich, welche positiven Leistungen und Eigenschaften dem Film beigelegt worden sind. Läuft die Rechtfertigung von Filmen wie »Der Pate« so, daß die Darstellung von Negativem als dessen Aufdeckung ausgegeben wird, so ging man bei »The Rocky Horror Picture Show« so vor, daß man seine Abartigkeit als Parodie rechtfertigte. Tatsächlich enthält der Film Anspielungen auf andere Filme und Filmgattungen. Die Kritiker entzückten sich an diesen Anspielungen und sahen in den Perversitäten nichts weiter als Übertreibungen, die zu einer Parodie nun einmal dazu gehören. Als Beispiel hierfür im folgenden die Kritik des »Katholischen Filmdienstes« (31, 1978):

Es wäre ein Leichtes, diesen Film, der ganz aus Trivialmythen, Filmzitaten und Parodien montiert ist, dadurch fertigzumachen, daß man ihm seine totale Amoral vorhält und ihm seine grotesken, immer haarscharf am Rande von Obszönität und Geschmacklosigkeit balancierenden Bilder und Einfälle vorrechnet. Aber damit täte man diesem hemmungslos originellen Film bitter Unrecht. Er ist grell, vulgär und kitschig, veralbert virtuos die halbe Filmgeschichte (»Frankensteins Braut« und »Baby Doll«, Mekas' »Scorpio Rising« und »Flesh Gordon«, »Is was, Doc?«, »Tarzan«, der »Glöckner von Notre Dame« und de Palmas »Phantom in Paradise«), parodiert beiläufig die Kunstgeschichte (da Vinci, Michelangelo und den amerikanischen Trivialmaler Norman Rockwell), schwelgt in Straps- und Nahtstrumpf-Romantik und ignoriert Moral, Geschmack und Naturgesetze – aber er ist hinreißend. Vor allem Tim Curry als verführerischer Transvestit bietet eine schauspielerische Glanzleistung von unerhörter Eindringlichkeit und läßt alles »Normale« mittelmäßig und langweilig erscheinen (z. B. Bret, der so bieder ist wie Ryan O'Neal in »Is was Doc?«). Die Sympathie, die der Film den »Monstern« entgegenbringt, rückt ihn unvermutet in die Nähe von Tod Brownings Klassiker »Freaks« (1932), der Studie über die Normalität von Zirkus-Mißgeburten und die (charakterliche) Monströsität ihrer »normalen« Kollegen. Vielleicht ist »Rocky Horror«, allem Anschein zum Trotz, in letzter Konsequenz doch ein moralischer Film? »Rocky Horror« läuft in Originalfassung ohne Untertitel. Ein wenig Englisch sollte man schon können, aber nötig ist es nicht: Der Film besteht fast nur aus entfesselten Bildern, Choreographie und der – ganz hervorragenden – Rockmusik des »Hair«-Komponisten Richard O'Brien.

Man fragt sich bei dieser Kritik, was ein Film eigentlich zeigen muß, um wirklich geschmacklos und obszön zu sein und nicht am Rande davon zu balancieren. Wenn dann zum Schluß gefragt wird, ob »Rocky Horror« in letzter Konsequenz nicht doch ein moralischer Film sei, so wird damit wohl der raffinierteste

115

Rechtfertigungsversuch unternommen, der sich denken läßt, wobei allerdings, sobald man nur einen einzigen Gedanken auf den Film verwendet, klar wird, daß hier eine Verkehrung der Werte und ein Verlust aller religiöser Substanz vorliegt.

Wie ist nun das Publikum mit dem Film umgegangen? Das soll am Beispiel eines Münchner Kinos verdeutlicht werden. Die »Museum-Lichtspiele« haben im Laufe des Jahres 1980 – nachdem der Film bereits vier Jahre dort lief – einen dritten Vorführungsraum eingerichtet, in dem nur »The Rocky Horror Picture Show« gezeigt wurde. Der Raum ist so dekoriert, daß er dem Schloßsaal entspricht, in dem im Film die Transvestiten-Show stattfindet. Viele der Zuschauer – die meisten haben den Film wieder und wieder gesehen – ahmen in ihrem Äußeren die Personen des Films nach, das heißt, sie sind grell geschminkt und tragen Netzstrümpfe, Strumpfhalter und Korsetts. Zu der Eintrittskarte erhalten die Zuschauer eine »Mitspieltüte«, in der sich folgendes befindet: Reis, Streichhölzer, Wunderkerze, Luftrüssel, Ratsche. Die Spielregel lautet folgendermaßen:

1. Bei der Hochzeit wünscht man dem jungen Paar vor der Kirche lauthals Glück und wirft auf die Leinwand Reiskörner.
2. Wenn Janet in dunkler Nacht in den Regen gerät, ruft man: »Why dont you buy an umbrella, you cheap bitch«. – Der Film läuft in Originalsprache ohne Untertitel, die sich ohnehin für die Rocky-Kenner erübrigen.
3. Damit sich Brad und Janet in der Nacht vor dem unheimlichen Schloß nicht verlaufen, zündet man die Wunderkerzen an.
4. Bei der Ankunft im Horror-Schloß des Dr. Frank-N-Furter ist das durchweichte Pärchen zusammen mit dem buckligen Butler Fiff-Rass zu begrüßen: »Hello!«
5. Im Saal tobt die Schloßgesellschaft. Man steht auf und tanzt den »Time warp« mit.
6. Wenn immer Dr. Frank-N-Furter erscheint, ist er mit Beifall zu begrüßen.
7. Die Luftrüssel und Ratsche benützt man nach eigenem dramaturgischen Gespür.

Bei der Vorführung in Bremen, an der ich selbst teilnahm, hat sich das Publikum ganz in dieser Weise verhalten, wobei, und das macht das Phänomen noch erstaunlicher, keinerlei Spielregel ausgegeben worden war und die Zuschauer alle Requisiten, die sie benötigten, selbst mitgebracht hatten.

Was die Zahl der Vorstellungen betrifft, so war es in München so, daß die erste Vorstellung um 13.30 Uhr begann und die letzte um 22.15 Uhr. Die letzte Vorstellung war vor allem für diejenigen gedacht, die den Film immer wieder ansahen. Es wurde erwartet, daß man geschminkt und kostümiert kam. Zu der ersten Vorstellung bemerkte der Kinobesitzer in einem Zeitungsbericht (»Münchner Allgemeine Zeitung«, 20./21. September 1980), sie werde vor allem von Kindern besucht, die direkt von der Schule kämen. Entgegen der ursprünglichen Regelung, nach der der Film erst ab sechzehn Jahren gesehen werden durfte, war er 1980 für Jugendliche ab zwölf Jahren freigegeben worden. Im März 1986 teilte mir der Besitzer der »Museum-Lichtspiele« auf meine Anfrage mit, der Film »Rocky Horror Picture Show« laufe seit neun Jahren täglich in seinem Kino. Inzwischen hätten eine halbe Million Menschen den Film gesehen, eine Besucherin habe den Film 400 Mal gesehen. Von der »twentieth century-fox«, die den Film in Deutschland verleiht, war zu erfahren, daß man insgesamt 2 Millionen Besucher zähle. Inzwischen ist der Film auch im Fernsehen gelaufen. Da dürften ihn an einem Abend zwischen 10 und 20 Millionen Menschen gesehen haben.

Ähnlich wie in München, wenn auch nicht immer so ausgeprägt wie dort, richteten sich in vielen Städten Kinos darauf ein, »The Rocky Horror Picture Show« zu zeigen. Die Presse berichtete bereitwillig über das Besondere dieser Aufführungen, wobei auf die eine oder andere Weise immer die Rede davon ist, daß es sich um einen »Kultfilm« handele, um den sich eine Gemeinde gebildet habe. Bei solchen Berichten wird auch häufig deutlich, daß ein großer Teil des Publikums Kinder sind. Dazu paßt, daß einige Schulen das dem Film zugrunde liegende Musical als Schüleraufführung bringen.

Wie zwiespältig und heuchlerisch die Berichterstattung der Presse ist, kann an der bereits zitierten Münchner Zeitung deutlich gemacht werden. Das Mitspiel-Kino und der dort gezeigte Film werden als Attraktion geschildert. In dem geschminkten und kostümierten Stammpublikum sieht man etwas besonders Originelles. Der Kinobesitzer bekommt Gelegenheit, seine Kindervorstellungen anzupreisen.

Auf der nächsten Seite derselben Zeitungsausgabe findet sich dann ein Artikel mit der Überschrift: »Gefährliche Geschäfte mit der Angst. Olympiahalle: Harter US-Rock mit ›KISS‹«.

Der Schreiber des Beitrags wirft die Frage auf, ob man sich nicht Gedanken machen müsse, wenn Musik »zur massenhypnotisierenden Demagogie« wird. (Die Gruppe hatte vor 6000 Zuhörern, zumeist Kindern, gespielt.) Neben den Gehörschäden müsse wohl noch mit anderen Folgen gerechnet werden. »Hier werden schon Neunjährige getrimmt auf bedingungsloses Nachschreien von unverständlichen Parolen, hier wird mit der Angst des Menschen vor dem Medizinmann Geschäft gemacht, und man gibt dem Ganzen noch den verharmlosenden Namen ›metal heavy-rock‹«.

Die Zeitung macht sich hier zum Anwalt der Kinder. Sie sieht auch ganz richtig, daß die Kinder dazu gebracht werden, in einem hypnotisierten Zustand etwas Negatives einzuüben. Genau das geschieht aber auch beim Anschauen des Films, für den die Zeitung vorher Reklame gemacht hat.

Zum Abschluß der Besprechung von »The Rocky Horror Picture Show« sollen noch einige Überlegungen zu dem Ausdruck »Kultfilm« angestellt werden. In dem erwähnten Buch über diese Filme wird in der Einleitung festgestellt, es gebe wohl zahlreiche Definitionsversuche, jedoch keine befriedigende Definition. Der Autor nennt dann einige Merkmale des Kultfilms. Es wird darauf hingewiesen, daß ein Film immer im nachhinein, durch das Publikum, zum »Kultfilm« werde. Es sei unmöglich, solch einen Film von vornherein zu planen. Über den Umgang des Publikums mit diesen Filmen wird dann folgendes gesagt:

Wiederholtes Miterleben ihres Films im Kino ist selbstverständlich, um das Lebensgefühl, das der Film vermittelt, zu verinnerlichen, es sich anzueignen und – zumindest in Gedanken – weiterzutragen oder offen zur Schau zu stellen. Kultisten sprechen Dialoge mit, sie kommentieren Szenen oft durch Jauchzen und Johlen und imitieren das Geschehen auf der Leinwand durch Bewegung, Körperhaltung, Gestik, Mimik, Tonfall und nicht zuletzt auch durch Requisiten aller Art. Kultisten l(i)eben ihren Film.

Die Problematik der Kultfilme tritt zutage, wenn es heißt, durch das wiederholte, vom eigenen Mittun begleitete Anschauen verinnerliche der Zuschauer das durch den Film vermittelte Lebensgefühl. Es setzt sich also in dem Zuschauer etwas fest, was von außen in ihn eindringt.

Stellt man die Frage, ob die Kultfilme, was das Lebensgefühl betrifft, etwas gemeinsames haben, so ergibt sich, daß »The Rocky Horror Picture Show« durchaus typisch ist und zwar insofern, als die meisten Kultfilme die lustvolle Mißachtung und Zerstörung von Werten zum Inhalt haben. Georges Sadoul schrieb bereits 1955 in seiner »Geschichte der Filmkunst«: »Filme dieser Richtung sind von einem eigenartigen Geschmack für den Verfall beherrscht.« Dabei ist unter »Verfall« vor allem ein moralischer Verfall zu verstehen.

Die ganze Tragweite der Kultfilme erscheint, wenn man ein positives Gegenbild dazu entwirft, indem man sich deutlich macht, was ein echter Kultus ist. Er ist eine heilige, von göttlichen Wesen inspirierte Handlung, die von geweihten Priestern regelmäßig vollzogen wird und die göttlichen Wesen die Möglichkeit gibt, sich den Menschen zuzuneigen und unter ihnen wirksam zu werden. Hält man sich die Funktion des Kultus vor Augen, dann muß man von einem Film wie »The Rocky Horror Picture Show« sagen, daß seine Vorführung so etwas wie das Zelebrieren eines Gegenkultus bedeutet. Die Faszination, die der Film ausübt, beruht darauf, daß er die Zuschauer mit Geistern in Berührung bringt (jenen, die den Film auch inspiriert haben), die unerhört verlockende Versprechungen machen, die aber dem Menschen böse gesonnen sind.

Wem das alles zu religiös ist, wer von göttlichen Wesen und gar von Widersachern nichts wissen will, der soll sich zumindest die Frage stellen, ob jemand

wohl derselbe bleiben kann, der sich wieder und wieder mit all seinen Seelen-
kräften einem Film hingibt, dessen Held eine Verkörperung von Gier, Brutali-
tät und Menschenverachtung ist und der zentrale Momente des christlichen
Glaubens blasphemisch verspottet. Wer das, was »The Rocky Horror Picture
Show« im Zuschauer aufleben lassen will, tatsächlich durchlebt und es vielleicht auch noch handelnd bekräftigt, der huldigt, ob ihm das bewußt ist oder
nicht, dem Bösen und verhöhnt das, was zu seiner Überwindung geschah und
geschieht. Dabei applaudiert der Zuschauer schließlich auch seinem eigenen
Untergang oder zumindest seinem Sturz in die Nacht endloser Sinnlosigkeit.
Denn nachdem er sich von der Aufforderung »Überlaß dich dem totalen Vergnügen« hat mitreißen lassen, wird er am Ende des Films, an dem die ›Überir-
dischen‹ verschwinden oder getötet werden, zu einem Insekt degradiert, das
verloren im Weltraum umherirrt. Im folgenden seien zwei Textstellen wiedergegeben, die die Pole angeben mögen, zwischen denen sich der Film bewegt.

Frank: Give yourself over to absolute pleasure.
All: Swim the warm waters of sins of the flesh.
Frank: Erotic nightmares beyond any measure.
All: And sensual daydreams to treasure forever.
Frank: Can't you see it?
  Don't dream it – Be it.
  Don't dream it – Be it.
  Don't dream it – Be it.
And crawling on the planet's face
Some insects called the human face
And lost in space
And meaning

Fast möchte man sagen, die Schrecken, die gegenwärtig die neue Krankheit
Aids verbreitet, sind ein Vorgeschmack auf das, was jene Mächte, die den Film
inspiriert haben, dem Menschen bereiten wollen.
Für die meisten Filme gilt, was bei den Kultfilmen nur besonders deutlich her-
auskommt: sie bringen die Zuschauer dazu, Negatives zu bewundern. Man
denke an den Film »Der Pate«. Der »Vater an Gottes statt« (das englische
Wort »godfather« bringt gut zum Ausdruck, daß der Pate neben den leiblichen
Vater als Vater an Gottes Statt tritt) ist der Chef einer skrupellosen Gangster-
bande. Der Film bringt es dahin, daß sich der Zuschauer mit diesem ›Helden‹
bewundernd identifiziert und über seine Erfolge beglückt ist.
Die inhaltlichen Tendenzen des Films kommen auch in der Kino-Werbung zum
Ausdruck. An einem beliebig herausgegriffenen Donnerstag (6. Februar 1986;
am Donnerstag wechselt in Bremen das Kino-Programm) kündigte der »Weser-Kurier« folgende Filme an (die Filmtitel sind kursiv, dazu wurde vermerkt,
was die jeweilige Anzeige besonders hervorhebt):

1. *Phantom Kommando*
   Er will seine Rache, hier und jetzt. Einer der rasantesten und härtesten Action-Filme, die je auf die Leinwand gebannt wurden.

2. *Ein Käfig voller Narren. 3. Jetzt wird geheiratet.*
   Gags in Rosarot und Himmelblau.

3. *Teen Wolf (Der Klassenwolf)*
   Er wußte, daß er etwas Besonderes hatte, aber er erwartete nicht das.

4. *Sex Family*
   Die Sex-Tabus und bizarren Spiele einer scheinbar normalen Familie.

5. *A Chorus Line*
   Mitreißend und explosiv – die erfolgreichste Broadway-Show aller Zeiten auf der Leinwand.

6. *Die Ehre der Prizzis*
   Sie sind Profis – in der Liebe und als Killer. Bis sie aufeinander angesetzt werden.

7. *Zurück in die Zukunft*
   Er kam nie pünktlich zur Schule, doch dann kam er um Jahre zu früh.

8. *Die rabenschwarze Nacht*
   Wenn Sie die Angst lieben, dann wird *das* die Nacht Ihres Lebens.

9. *Enemy Mine. Geliebter Feind.*
   Nach »Das Brot« und »Die unendliche Geschichte« der neue Film von Wolfgang Petersen.

10. *Herrscher der Straße*
    Frankensteins Todesrennen.

11. *Freitag der 13.*
    Wenn Sie glauben, das Grauen hätte ein Ende...

12. *LISA – Der helle Wahnsinn*
    L. I. S. A. – Die Superfrau aus dem Computer.

13. *Die Klassenfête*
    Die ersten Sünden sind die Schönsten.

14. *Feuer und Eis*
    Die totale Skiaction.

15. *Quatermain*
    Abenteuer – Action – Spaß

16. *Der Panther*
7 Leben hat die Katze. Der Panther mindestens 8. Vom Einzelgänger zum Profikiller.

17. *Black Moon*
Ein Superschlitten – das schnellste Auto der Welt – wird kurz darauf gestohlen. Es gibt nur einen Mann, der beides wiederbringen kann.

18. *Die Goonies*
Sieben kleine Helden entdecken ihr größtes Abenteuer.

19. *Taran und der Zauberkessel*
Das Neuste aus der Disney-Zauberküche

20. *Der Gigant*
Dieser Mann braucht keine Waffe. Dieser Mann ist eine Waffe.

21. *Männer*
Der eine kann's. Der andere auch.

22. *Amadeus*
(Im 2. Jahr!)

23. *Die Zauberflöte*

24. *Tote tragen keine Karos*

25. *Spiel mir das Lied vom Tod*

26. *West-Side-Story*

27. *Gustav Gründgens »Faust«*

28. *Diva*

29. *Jesus Christ Superstar*

30. *White Nights (Nacht der Entscheidung)*

31. *Die Kinder*

32. *Novembermond*

33. *Stammheim*
Baader-Meinhof vor Gericht

34. *In the shadow of the sun*

35. *Bierkampf*

36. *Jesus*
Ein hervorragender Film über die einzigartigste Persönlichkeit der Weltgeschichte. Eine Produktion aus dem Genesis-Projekt.

Die Liste ist, wie man sieht, lang und mancher mag ihre vollständige Wiedergabe für ermüdend halten. Ihre Wiedergabe verdeutlicht jedoch die große Rolle, die der Film im Leben einer Stadt spielt. Dabei ist es so, daß diejenigen Filme, die man von ihrer Absicht her als ernsthaft bezeichnen kann, in kleinen Kinos laufen, wo sie nur ein oder zweimal am Tag gezeigt werden. Der überwiegende Teil der Filme, der in den großen Kinos läuft und an den Wochenenden bis zu fünfmal am Tag gezeigt wird, hat Verbrechen, Sexualität oder Klamauk zum Inhalt.

Geht man davon aus, daß ein Film im Durchschnitt viermal am Tag gezeigt wird, dann ergibt das für eine Stadt wie Bremen 140 Filmvorführungen pro Tag. Mit dem Einfluß, der sich auf diese Weise ergibt, muß im heutigen kulturellen Leben gerechnet werden.

Dies wird noch deutlicher, wenn man den Film mit anderen Angeboten vergleicht. Im Jahre 1984 wurden in der Bundesrepublik insgesamt 112 Millionen Kinobesucher gezählt. Keine andere Institution kann auch nur entfernt ähnliche Zahlen aufweisen. Theater und Oper wurden im gleichen Zeitraum von 17 Millionen Menschen besucht und benötigten 1,4 Millionen Mark an Zuschüssen, um existieren zu können. 57 Millionen Menschen besuchten ein Museum und 8 Millionen einen Fußballplatz.

Das Übergewicht des Films wird noch größer, wenn man das Fernsehen hinzunimmt. Die deutschen Sendeanstalten strahlten 1984 etwa 2000 Spielfilme aus, die ungefähr zwei Milliarden Zuschauer fanden.

Inhaltlich bestätigt sich die bereits festgestellte Tendenz. Von den circa 300 Filmen, die 1985 in die Kinos kamen, konnten sechs Filme etwa dreißig Prozent der Besucher anziehen. Bei diesen Filmen handelte es sich, mit einer Ausnahme, um Klamauk- oder Gangsterfilme. (»Otto« – 7,6 Millionen; »Police-Academy« – 5,1 Millionen; »Beverly Hills Cop« – 4,5 Millionen; »Amadeus« – 2,8 Millionen; »Rambo« – 2,4 Millionen; »James Bond« – 2,2 Millionen). Filmliebhaber werden meinen Ausführungen zum Film entgegenhalten, ich hätte meinem Urteil einseitig solche Filme zugrunde gelegt, die auf den Erfolg bei der großen Masse der Kinogänger hin konzipiert seien. Massenware, so könnte man einwenden, sei auf keinem Gebiet besonders qualitätsvoll. Meinem Urteil über das Theater würde ich ja auch nicht ausschließlich Boulevard-Stücke zugrunde legen.

In Hinblick auf solch einen Einwand soll der Film »Die weiße Rose« (1982) von Michael Verhoeven behandelt werden. Der Film, der sich als erster mit dem Widerstand Jugendlicher gegen das Hitler-Regime beschäftigt, will zunächst einmal die Erinnerung an die Widerstandskämpfer um die Geschwister Sophie und Hans Scholl wachhalten. Darüber hinaus liegt dem Film daran, diese Gruppe gegen verklärende oder diffamierende Deutungen in Schutz zu nehmen. Der Film zeigt den Mut der Widerstandskämpfer, aber auch ihre Angst und ihre Streitigkeiten. Vor allem aber wird, neben dem moralischen Ernst der Gruppe, deutlich, daß ihren Aktionen eine klare Einsicht in das, was politisch möglich und wirksam war, zugrunde lag, was unter anderem darin zum Ausdruck kommt, daß Kontakte zu anderen Gruppen aufgebaut wurden. Der Film erhielt den Bundesfilmpreis und wurde, trotz seiner eindeutig politischen Zielsetzung, zur erfolgreichsten deutschen Produktion des Jahres 1982, Er löste eine Diskussion um die Rolle der Justiz während der Herrschaft der Nationalsozialisten aus, insbesondere um die Tatsache, daß die von den damaligen »Volksgerichten« gefällten Todesurteile formal immer noch Rechtskraft besaßen. Der Bundestag verabschiedete schließlich einstimmig eine Erklärung, in der die »Volksgerichtshöfe« als Instrument des Terrors bezeichnet und ihre Urteile aufgehoben wurden.

Haben wir da nicht einen Film, von dem ein positiver Einfluß ausgegangen ist? Zur Klärung dieser Frage soll zunächst sein Inhalt kurz betrachtet werden. Der Film erzählt chronologisch die Ereignisse vom Eintreffen Sophie Scholls in München, wo sie ihr Studium aufnimmt, bis zur Hinrichtung der Geschwister und eines weiteren Mitgliedes der »Weißen Rose«. Dabei werden die Verhältnisse deutlich, unter denen damals studiert werden konnte (Kasernierung der männlichen Studenten, Überwachung der Vorlesungen durch Mitglieder der Hitlerjugend, Eingriffe des Gauleiters). Der Film schildert auch die Beziehungen der Geschwister Scholl zu ihren Eltern und zu ihren (außenstehenden) Freunden und macht deutlich, wie die politischen Verhältnisse in diese Beziehungen hineinwirken. Im Mittelpunkt steht die Herstellung und Vertreibung der Flugblätter und die damit verbundenen Gespräche, Schwierigkeiten und Verfolgungen. Den Schluß bildet die Schilderung der Verhöre, der Gerichtsverhandlung und der Hinrichtung.

Die filmische Darbietung dieses Inhaltes bewirkt beim Zuschauer vor allem ein Gefühl der Spannung, einer Spannung, von der man im voraus weiß, daß sie zu einem tragischen Ende führt. Dem Verfasser saß während des ganzen Films, obwohl er sich Notizen machte und versuchte, dem Film gegenüber Distanz zu wahren, ein nicht zu bewältigender Kloß von Angst im Bauch. Neben diesem Gefühl von Spannung und Angst erlebt der Zuschauer Sympathie für die Widerstandskämpfer und Widerwillen gegen die Faschisten. Er durchlebt, während er sich mit der »Weißen Rose« identifiziert, deren Triumphe, deren Angst und deren Ohnmacht, und er bekommt das Gefühl einer nicht zu brechenden Übermacht der Nationalsozialisten.

Aus diesen Gefühlswogen, in die der Film den Zuschauer hineinreißt, könnten ihn nur Gedanken befreien. Die fehlen jedoch. Der Zuschauer erfährt nichts über die geistigen Wurzeln des Faschismus, über die politischen Gründe seiner

Ausbreitung und über Möglichkeiten der Überwindung. Alles, was der Film dem Zuschauer über die Faschisten sagt, ist, daß sie feiste Gesichter haben und sich bei ihren Lagebesprechungen in Wolken von Zigarrenqualm hüllen. In den Gesprächen der »Weißen Rose« wird nur ein einziges Mal der Versuch gemacht, den Faschismus zu charakterisieren und seine Hintergründe in den Blick zu fassen. Da ist dann ganz unvermittelt von »Dämonen« und »geistigen Wurzeln des Faschismus« die Rede, ohne daß diese Gedanken entwickelt oder im weiteren Verlauf des Films wieder aufgegriffen würden.

Der Film wurde gedreht, um den antifaschistischen Widerstand zu stärken, trotzdem lautet seine Botschaft: Dieser Widerstand ist persönlich ehrenvoll, aber sinnlos. Im letzten Bild des Films fällt das Messer der Guillotine, ohne daß vorher auch nur die geringste Andeutung darüber gemacht wird, wie der Faschismus überwunden werden kann und was die »Weiße Rose« dazu, trotz des äußeren Scheiterns, beigetragen hat.

Mancher mag einwenden, meine Kritik treffe allenfalls diesen bestimmten Film, nicht aber den Film an sich. Nichts spreche dagegen, einen Film zu drehen, der die Wurzeln des Faschismus aufdecke. Genau das ist aber unmöglich, wenn der Film wirklich ein Film sein will, das heißt, wenn er seine Wirkung in erster Linie durch bewegte Bilder erzielen will. Diese Bilder regen nun einmal das Fühlen an und nicht das Denken.

In den Film eingebaute Monologe und Dialoge können daran nichts ändern, denn der Zuschauer könnte die in ihnen geäußerten Gedanken nur aufnehmen, wenn die Bilder aufhörten, ihn in Trance zu versetzen. Dazu müßten sie aber auf ihre Dominanz und ihr Eigenleben verzichten. Der Regisseur ist in diesem Punkt bereits an die Grenze dessen gegangen, was heute möglich ist.

Die Kritiker haben dem Film zwar eine lautere Gesinnung, aber Schwächen in der formalen Bewältigung des Themas bescheinigt. Der katholische »Filmdienst« (35/1982) schreibt: »Die Bilder sind oft absehbar und scheinen bisweilen von der Dialoglastigkeit des Films ›entmündigt‹ zu werden. Da bleibt die letztlich ausschlaggebende Betroffenheit aus. So empfehlenswert der Film ist, läßt aus inhaltlichen Erwägungen heraus auch das Ungleichgewicht zwischen der Bedeutung des Themas und der eher unverbindlichen Form einige Enttäuschung aufkommen.«

Wie eingangs erwähnt, hat der Film »Die weiße Rose« die öffentliche Auseinandersetzung mit dem Faschismus belebt. Ist das nicht ein Verdienst, das die hier vorgetragene Kritik des Films entkräftet? Von einem Verdienst des Films könnte nur dann die Rede sein, wenn er, über die Erregung von Sympathie und Antipathie hinaus, zu einer Bewältigung des Faschismus beigetragen hätte. Davon könnte zum Beispiel die Rede sein, wenn die Frage angeregt worden wäre, ob in der Art und Weise, wie heute manche Gerichte mit Menschen umgehen, die sich gegen die Staatsgewalt auflehnen, nicht ein Fortleben des Faschismus zu sehen sei. Zu solchen Fragen gibt der Film jedoch nicht die geringste Veranlassung. Daß der Bundestag einstimmig die Tätigkeit der Volksgerichtshöfe verurteilte, hat für die Bewältigung des Faschismus nicht die geringste Bedeutung.

Das Urteil über den Film wird noch eindeutiger, wenn man sich andere Möglichkeiten, ein Bild der Widerstandskämpfer und ihrer Wirksamkeit zu zeichnen, vergegenwärtigt. Da gibt es zum Beispiel eine Veröffentlichung der Briefe der Geschwister Scholl an Freunde und Eltern. Diese Briefe geben tiefen Einblick in die Zeitverhältnisse und die Persönlichkeit der Schreibenden. Der Leser findet nachfolgend einen Brief, den Hans Scholl zwei Tage vor seiner Verhaftung an seine Freundin schrieb:

An Rose Nägele
München, 16. 2. 1943

Liebe Rose!
Dein letzter Brief hat mich traurig gemacht. Ich las ihn und sah Deine Tränen durch die Worte schimmern und kann sie nicht trocknen. Warum schreibst Du nur so? Lebe ich auch im steten Wechsel von Gestern zu Heute und Morgen, so bleibt doch die Schönheit des Vergangenen unberührt und ungemindert schön. Und ein Abglanz jenes vergangenen Sommers leuchtet bis in die Gegenwart hinein. Soll der Schatten der Traurigkeit dieses Licht auslöschen?

Heute muß ich so sein, wie ich bin. Ich bin äußerlich wie innerlich fern von Dir, aber niemals fremd. Noch nie war meine Achtung vor Deinem reinen Herzen größer als in diesen Tagen, da das Leben zu einer steten Gefahr geworden ist. Aber weil ich die Gefahr selbst gewählt habe, muß ich frei, ohne Bindung, dorthin steuern, wo ich es haben will.

Irrwege bin ich schon viele gegangen, und ich weiß es, Abgründe tun sich auf, tiefste Nacht umgibt mein suchendes Herz – aber ich stürze hinein. Wie groß ist das Wort Claudels: La vie, c'est une grande aventure vers la lumière.

Es wäre vielleicht gut, wenn wir in Zukunft in unseren Briefen uns nicht so sehr die Reflexionen unserer Herzen als unseres Verstandes mitteilen würden. Ich freue mich, wenn Du mir bald wieder schreibst.

Herzliche Grüße
Hans

Wenige Zeilen lassen hier ein Bild entstehen, neben dem die Gestalt des Films zu einem blutleeren Gespenst verblaßt.

Neben Briefen und Zeugnissen von Zeitgenossen sind sämtliche Flugblätter der »Weißen Rose« bekannt und veröffentlicht. Aus dem vierten Flugblatt sei folgender Abschnitt wiedergegeben:

Jedes Wort, das aus Hitlers Munde kommt, ist Lüge. Wenn er Frieden sagt, meint er den Krieg, und wenn er in frevelhaftester Weise den Namen des Allmächtigen nennt, meint er die Macht des Bösen, den gefallenen Engel, den Satan. Sein Mund ist der stinkende

125

Rachen der Hölle, und seine Macht ist im Grunde verworfen. Wohl muß man mit rationalen Mitteln den Kampf wider den nationalsozialistischen Terrorstaat führen; wer aber heute noch an der realen Existenz der dämonischen Mächte zweifelt, hat den metaphysischen Hintergrund dieses Krieges bei weitem nicht begriffen. Hinter dem Konkreten, hinter dem sinnlich Wahrnehmbaren, hinter allen sachlichen, logischen Überlegungen steht das Irrationale, das ist der Kampf wider den Dämon, wider den Boten des Antichrists. Überall und zu allen Zeiten haben die Dämonen im Dunkeln gelauert auf die Stunde, da der Mensch schwach wird, da er seine ihm von Gott auf Freiheit gegründete Stellung im ordo eigenmächtig verläßt, da er dem Druck des Bösen nachgibt, sich von den Mächten höherer Ordnung loslöst und so, nachdem er den ersten Schritt freiwillig getan, zum zweiten und dritten und immer mehr getrieben wird mit rasend steigender Geschwindigkeit – überall und zu allen Zeiten der höchsten Not sind Menschen aufgestanden, Propheten, Heilige, die ihre Freiheit gewahrt hatten, die auf den Einzigen Gott hinwiesen und mit seiner Hilfe das Volk zur Umkehr mahnten. Wohl ist der Mensch frei, aber er ist wehrlos wider das Böse ohne den wahren Gott, er ist wie ein Schiff ohne Ruder, dem Sturme preisgegeben, wie ein Säugling ohne Mutter, wie eine Wolke, die sich auflöst.

Neben solchen allgemeinen Aussagen nennen die Flugblätter ganz konkret die einzelnen Verbrechen der Nationalsozialisten. Besonders eindringlich wird auf die Ermordung der Juden hingewiesen. Außerdem enthalten die Flugblätter Hinweise darauf, wie jeder an dem Platz, an dem er gerade steht, Widerstand leisten kann. Jeder Text schließt mit der Aufforderung, das Flugblatt zu vervielfältigen und weiterzugeben.

Die Sprache der Flugblätter ist unerhört aufrüttelnd. Man versteht, daß sich Menschen fanden, die der Aufforderung, diese Blätter zu verbreiten, nachkamen, obwohl sie dabei ihr Leben aufs Spiel setzten. Und man versteht, wenn man diese Flugblätter liest, daß sie die Nationalsozialisten in panische Angst versetzten.

Der Film behandelt die Flugblätter »filmgerecht«. In unzähligen Bildern zeigt er ihre Herstellung: die Druckerwerkstatt in schummeriger Beleuchtung, Schreibmaschinen, auf denen getippt wird, laufende Umdruckmaschinen, die Flugblätter auswerfen. In dieses Bildgewirr werden aus den Flugblättern herausgegriffene Wörter oder Satzfetzen eingeblendet. In keinem Augenblick des Films hat der Zuschauer die Möglichkeit, einen Eindruck von dem Charakter der Flugblätter und ihrer eigenartigen Kraft zu gewinnen. Ohne das wichtigste Kampfmittel der »Weißen Rose« zu kennen, weiß man so gut wie nichts über diese Gruppe.

Zu einem Urteil über den Film gehört auch, daß bedacht wird, was er unterschlägt. Dazu gehören zum Beispiel die Nachwirkungen der »Weißen Rose«. Vor ihrer Hinrichtung äußerten die inhaftierten Widerstandskämpfer die Überzeugung, daß ihr Tod die Ziele, für die sie gekämpft hatten, befördern würde. Diese Hoffnung hat sich erfüllt. Wenige Tage nach der Hinrichtung tauchte in München das Flugblatt, bei dessen Verteilung die Geschwister

126

Scholl verhaftet worden waren, wieder auf. In dicken Lettern war darüber
gedruckt: »Und ihr Geist lebt doch!« Dieser Satz erschien auch auf Mauern
und Hauswänden. Tatsächlich fanden die Flugblätter nach der Ermordung ihrer Urheber eine größere Verbreitung als je zuvor. Sie gelangten auch ins Ausland und gaben vor allem in den besetzten Ländern den dort im Untergrund
arbeitenden Widerstandskämpfern neue Hoffnung. Sie wurden sogar in die
Konzentrationslager geschmuggelt. Überlebende berichten, daß sie sich vor
Freude in die Arme fielen, nachdem sie eines dieser Flugblätter gelesen hatten.

Die Tatsache, daß Menschen dagewesen waren, die sich auch angesichts des
Terrors, der ihr Leben bedrohte, die Freiheit nahmen, das Böse böse zu nennen, hatte solch ein geistiges Gewicht, daß die Kräfte, die sich dem Hitler-
Regime entgegenstellten, unerhört gestärkt wurden. Indem der Film das unterschlägt und statt dessen zum Ausdruck bringt, daß das Fallbeil dem Wirken
der Widerstandskämpfer ein Ende setzte, unternimmt er, obwohl er die
»Weiße Rose« gegen Angriffe in Schutz nehmen wollte, selber den schlimm-
sten Angriff.

Dieser Kritik, bei der dem Film Briefe und Flugblätter gegenübergestellt wer-
den, mit deren Hilfe sich die »Weiße Rose« viel besser hätte schildern lassen,
wird entgegengehalten werden, mit solchen Mitteln sei heute nur noch eine
Minderheit zu erreichen. Wem daran liege, die Betroffenheit einer großen
Zahl von Menschen zu erreichen, der müsse sich nun einmal der Bilder des
Films und des Fernsehens bedienen. Heißt dieser Einwand aber, so berechtigt
er zunächst sein mag, nicht, daß man auch nach dem politischen Ende des
Nationalsozialismus fortgefahren ist, sich seiner Mittel zu bedienen? Hitler
und seine Helfer konnten doch nur deshalb ihre Ziele erreichen, weil es ihnen
gelang, die Menschen in entscheidenden Augenblicken immer wieder zu hypnotisieren.

Mit einem schlechten Mittel ist aber kein guter Zweck zu erreichen. Gleichgültig, welche Katastrophe abgewendet und welche positive Neuerung durchge-
setzt werden soll, alle Maßnahmen müssen so sein, daß sie die Freiheit des
einzelnen schützen und stärken. Das heißt zum Beispiel, daß eine Bürgerinitia-
tive, die sich gegen den Bau eines Atomkraftwerkes zur Wehr setzt, davon
absehen muß, mit Hilfe eines Films Menschen anzulocken und Stimmung gegen Atomkraftwerke zu machen.

Es ist selbstverständlich auch ein Widersinn, wenn Film und Fernsehen benutzt werden, um ein Gedankengebäude bekanntzumachen, in dem die Begriffe »Bewußtsein« und »Freiheit« eine zentrale Stelle einnehmen. So gibt es
zum Beispiel einen Film der »Weleda Heilmittel Aktiengesellschaft«, der versucht, den Zuschauer in die Anthroposophie und die anthroposophische Medi-

zin und Heilmittelherstellung einzuführen. Der Beginn des Films zeigt in stimmungsvollen Bildern, die mit klassischer Musik unterlegt sind, die alte Mysterienstätte Stonehenge in England. Dazu erfährt der Zuschauer, daß bereits die Druiden, die in jener Mysterienstätte wirkten, die Heilkraft der Mistel kannten. Im weiteren Verlauf des Films wird dann gezeigt, wie heute die »Weleda« mit Hilfe moderner Verfahren aus der Mistel Heilmittel gewinnt. Der Film versucht auch, die geisteswissenschaftliche Grundlage der von der »Weleda« gewählten Herstellungsweise zu verdeutlichen. Dabei wird hervorgehoben, daß das, was die Druiden früher aus instinktiven Ahnungen heraus taten, heute in der Klarheit des denkenden Bewußtseins geschehe. Und diese Aussage, mit der auf einen großen Fortschritt hingewiesen werden soll, wird mit Hilfe eines Mediums formuliert, das die Menschen in Trance versetzt.

Rudolf Steiner, der Begründer der anthroposophischen Geisteswissenschaft, hat seinen Veröffentlichungen eine sprachliche Form gegeben, die jeden zurückhält, der nicht in der Lage ist, sich in einen Zustand gesteigerter geistiger Aktivität zu versetzen. Der Film tut genau das Gegenteil. Er bringt Inhalte der Anthroposophie an Menschen heran, die sich in einem Geisteszustand befinden, der in Hinblick auf Denken und Bewußtsein unter dem liegt, was das alltägliche Leben uns abverlangt. Dadurch entstehen falsche Erwartungen im Hinblick auf die Anstrengungen, die die Anthroposophie von denen verlangt, die einen Zugang zu ihr finden wollen. Es kommt hinzu, daß Mißverständnisse und Angriffe zunehmen, wenn immer mehr Menschen halb schlafend mit ihr bekannt werden.

Damit soll die Besprechung einzelner Filme abgeschlossen werden. Es versteht sich von selbst, daß es Leser geben wird, die einen Film vermissen, der ihnen besonders viel bedeutet und von dem sie überzeugt sind, daß er mich genötigt hätte, zu einem anderen Urteil über den Film zu kommen. In solch einem Zusammenhang wird oft der Film »Kinder des Olymp« (»Les enfants du paradis«) genannt. Zu diesem Film sei kurz bemerkt, daß er zu den Kultfilmen gehört. Nach seiner Fertigstellung lief er zwei Jahre in einem Pariser Kino. Danach wurde er auch andernorts ein großer Erfolg. Seitdem gehört »Kinder des Olymp« zum festen Repertoire der Programm-Kinos. Seit vielen Jahren findet der Film Menschen, die ihn sich anschauen, sobald er in ihrer Nähe gezeigt wird. Der Inhalt lebt von der Darstellung einer morbiden Welt und der Unmöglichkeit menschlicher Beziehungen. Darüber hinaus gilt insbesondere für »Kinder des Olymp«, daß seine Wertschätzung darauf beruht, daß er allerlei Bedeutungen suggeriert. Macht man sich von diesen Suggestionen frei, dann verflüchtigt sich alle vorgespiegelte Tiefe.

Abschließend soll auf die Videokassetten eingegangen werden. Ihre Benutzung setzt einen Video-Recorder voraus, der in knapp 5 Millionen Haushalten

(= zwanzig Prozent) der Bundesrepublik steht (Mitte Mai 1985). Die Kassetten-Hersteller bieten zum einen historische und aktuelle Kinofilme an. Daneben gibt es Filme, die gar nicht für öffentliche Vorführungen gedacht sind, da sie dort von der freiwilligen Filmselbstkontrolle zurückgewiesen würden. Von solchen Filmen, die nur mittels Video-Kassette vertrieben werden können, soll im folgenden die Rede sein.

Bereits im März 1984 fand in München eine Tagung unter dem Motto »No future – but video?« statt, zu der ein Initiativkreis eingeladen hatte, dem neun Organisationen aus dem Bereich Jugendschutz und Medienpädagogik angehörten. Auf der Tagung versuchte man sich einen Überblick über den Inhalt der Video-Filme und das Ausmaß ihrer Verbreitung zu verschaffen. Außerdem wurden Überlegungen dazu angestellt, wie die Flut der Video-Filme eingedämmt werden könnte. Es war zu erfahren, daß es zum Zeitpunkt der Tagung in der Bundesrepublik 2.800 Videotheken gab, die Video-Filme verkaufen, zumeist aber verleihen. Die Kunden sind überwiegend Kinder und Jugendliche. Die Leihgebühr für eine Videokassette liegt etwa bei einer Mark pro Tag. Jeden Monat kommen circa 150 neue Videofilme in riesiger Auflage auf den Markt. Von diesen Filmen zeigen rund 60 Prozent Handlungen extremster Gewalt und Grausamkeit. Bei den übrigen Filmen dominiert Horror und Pornographie. Nur zwei Prozent der Filme verzichten auf extreme Inhalte. Daß die auf der Münchner Tagung untersuchte Entwicklung seitdem kaum rückläufig ist, läßt sich allein daran ablesen, daß sich die Zahl der Video-Recorder in privaten Haushalten seit 1984 mehr als verdoppelt hat. Dabei war die Bundesrepublik bereits Anfang des Jahres 1984 mit knapp zwei Millionen Recordern »führend« in Europa.

Bereits im Dezember 1983 hat die Bezirksregierung von Lüneburg eine Informationsmappe für Eltern und Lehrer zusammengestellt, die Informationen und Anregungen für die Auseinandersetzung mit den Video-Filmen gibt. In dieser Mappe befindet sich auch eine kurze Inhaltsbeschreibung des Films »Der Fan«. Diese Beschreibung lautet: »Ein junges Mädchen, dargestellt von dem Fernseh-Starlet Désirée Nosbusch, verehrt einen Pop-Star. Es gelingt ihr, seine Bekanntschaft zu machen. Als er sie verlassen will, erschlägt sie ihn mit einer Statue, zerlegt anschließend die Leiche und bereitet sich aus Leichenteilen eine Mahlzeit.«

Der Film »Der Fan« ist dadurch bekanntgeworden, daß er in der Weihnachtszeit des Jahres 1982 einen 17 Jahre alten Jungen zweimal dazu anregte, eine Frau zu überfallen und mit ihr nach dem Vorbild des Films zu verfahren. Bei dem zweiten Versuch wurde das Opfer in entsetzlicher Weise verstümmelt. Die Sensationspresse hat die Tat damals begierig aufgegriffen. Auf den Titelseiten erschien in Großbuchstaben das Wort »Menschenfresser«. Man nahm die Tat zum Anlaß, genüßlich den Film, teilweise in allen Einzelheiten, zu schildern. Der Prozeß hat dann noch einmal Aufsehen erregt. Den »Kieler Nachrichten« (21. Oktober 1983), die ohne Sensationsgier und durchaus mitfühlend über den Prozeß berichteten, ist zu entnehmen, daß der Junge zur Konfirmation einen Video-Recorder geschenkt bekam. Mit seiner Hilfe flüchtete er immer häufiger vor der Wirklichkeit seines alltäglichen Lebens. Dabei faszinierten ihn von Anfang an Kanibalenfilme.

Über den Eindruck, den der Junge während des Prozesses machte, heißt es: »Doch neben seinem Verteidiger saß beileibe kein Unhold: Ein richtiges Kind saß da mit rundem, unfertigem Gesicht, in Jeans und Turnschuhen.« Die Freundinnen des Jungen, mit denen er sich die Filme oft gemeinsam ansah, schildern ihn, vom Gericht befragt, als lieb und zärtlich. In seinem Tagebuch, das man heranzog, um Gründe für die Tat zu finden, schrieb er über seine Freundinnen: »Wenn ich so ihren schönen Körper betrachte, fühle ich so eine innere Sehnsucht, die ich niemand erzählen kann.«

Das Entsetzen der Erwachsenen angesichts der Filme, die Kinder und Jugendliche anschauen, ist echt; die Maßnahmen, die dagegen ergriffen werden, sind bis jetzt jedoch so halbherzig, daß sie wenig fruchten werden. Als Beispiel mag die bereits zitierte Informationsmappe der Bezirksregierung Lüneburg dienen. Da heißt es bereits auf der ersten Seite: »Wenn hier von ›Gefahr durch Video‹ gesprochen wird, so ist damit weder eine Verteufelung des Mediums ›Video‹ beabsichtigt, noch werden seine positiven Möglichkeiten verkannt. Es geht um die jugendgefährdenden Videofilme.« Und in dem Muster eines Einladungsschreibens an die Eltern wird empfohlen, die folgenden Sätze aufzunehmen: »Wir wollen weder Ihnen noch Ihren Kindern die Freude am Videogerät oder am Fernsehen vergällen. Wir meinen jedoch, daß Kinder und Jugendliche, die sich häufig solche Filme ansehen, dadurch in hohem Maße gefährdet sind. Die Ergebnisse der neuesten Forschung über die Wirkung gewaltdarstellender, ganz normaler Fernsehfilme auf Kinder und Jugendliche geben dafür deutliche Hinweise.«

Die Videofilme mit extremem Inhalt müssen im Zusammenhang mit den übrigen Medien gesehen werden, wenn irgend etwas bewirkt werden soll. Diesen Zusammenhang zuzugeben fällt den meisten Erwachsenen schwer, weil sie in die Medienwelt selber verstrickt sind. Im folgenden werden einige Hinweise zur Verdeutlichung dieses Zusammenhangs gegeben.

Zunächst einmal gilt für alle technischen Unterhaltungsmedien, daß sie ihre Mittel beständig steigern müssen, wenn sie ihr Publikum halten wollen. Das zeigte sich bereits bei den mit Hilfe von Fotografien bebilderten Illustrierten. Als sie Ende des vorigen Jahrhunderts zu erscheinen begannen, genügten ein paar Bilder von einem Sonntagsspaziergang, um die Leser zu begeistern. In den zwanziger Jahren dieses Jahrhunderts, als die Illustrierten zum ersten Mal Millionenauflagen erreichten, wurden Reportagen wie »Berlin bei Nacht« oder »Sonntags in einem Freibad« berühmt. Die Titelbilder zeigten schneebedeckte Berggipfel oder junge Mädchen in Trachtenkleidung. Die Bilder waren durchaus zurückhaltend. Da sie aber nichts weiter taten, als zu zerstreuen und die Neugierde zu befriedigen, war eine Steigerung der Bilder in Richtung auf eine immer stärkere Reizung des Betrachters vorgezeichnet. Beim Film läßt sich eine ähnliche Entwicklung beobachten, nur daß dort bereits der Beginn innhaltlich keineswegs harmlos war.

Die Video-Filme hängen mit dem Medium »Film« auch auf die Weise zusammen, daß sie dessen Ausdrucksmöglichkeiten genau entsprechen. Diese Entsprechung ergibt sich aus der Fixierung des Films auf die Oberfläche. Für die Darstellung menschlicher Gefühle bedeutet diese Fixierung folgendes. Geht man davon aus, daß sich das, was jemand empfindet, in seiner äußeren Physiognomie widerspiegelt, so kann man sagen, daß dies um so stärker der Fall ist, je gröber die Empfindungen sind. Wut, Entsetzen, Verachtung und Gier zeichnen sich so deutlich in ein Gesicht ein, daß man es fotografieren kann. Ein Gefühl inniger Freude hingegen hinterläßt kaum Spuren im Äußeren. Wie will man es da filmen? In den Video-Filmen ist konsequent alles fortgelassen, was der Film eigentlich auch gar nicht darstellen kann. Statt dessen dominiert derjenige Teil im Menschen, der dem Materiellen am nächsten ist.

Die Video-Filme werden auch durch den folgenden, mit dem Medium »Film« zusammenhängenden Umstand gefördert. Tatsache ist, daß die meisten Kinder heute vom zweiten Lebensjahr an regelmäßig dem Fernsehen ausgesetzt sind: Die Vorschulsendung »Sesamstraße« zum Beispiel wird von den Verantwortlichen ausdrücklich für Kinder ab zwei Jahren produziert. Daraus ergibt sich für die Kinder, wenn man von dem der Waldorfpädagogik zugrunde liegenden Menschenbild ausgeht, folgendes. In der Zeit der ersten sieben Jahre entwickeln sich Kinder vor allem dadurch, daß sie nachahmen. Das Sich-Aufrichten, das Gehen und das Sprechen lernen die Kinder von den Erwachsenen. Wenn keine Erwachsenen da sind, entwickelt sich nicht einmal der aufrechte Gang, wie man an den sogenannten Wolfskindern gesehen hat.

Nun beschränkt sich die Nachahmung aber keineswegs auf äußerlich Wahrnehmbares. Die Verantwortung der Eltern und Erzieher wird noch dadurch ungeheuer gesteigert, daß die Kinder auch innerlich nachahmende Wesen sind. Das bedeutet, daß das, was sie in der sie umgebenden Welt wahrnehmen, in das Wachsen und Gestalten der inneren Organe eingeht. Rudolf Steiner schreibt darüber:

Aber das Kind lernt eben nicht durch Belehrung, sondern durch Nachahmung. Und seine physischen Organe bilden sich ihre Formen durch die Einwirkung der physischen

Umgebung. Es bildet sich ein gesundes Sehen aus, wenn man die richtigen Farben- und Lichtverhältnisse in des Kindes Umgebung bringt, und es bilden sich in Gehirn und Blutumlauf die physischen Anlagen für einen gesunden moralischen Sinn, wenn das Kind Moralisches in seiner Umgebung sieht. Wenn vor dem siebenten Jahre das Kind nur törichte Handlungen in seiner Umgebung sieht, so nimmt das Gehirn solche Formen an, die es im späteren Leben auch nur zu Torheiten geeignet machen.

Erst auf dem Hintergrund einer solchen Anschauung kann ermessen werden, was einem Kinde angetan wird, wenn man es vor den Fernseher setzt. Die Schäden, die da verursacht werden, können im ganzen folgenden Leben nicht mehr ausgeglichen werden, denn die Ausgestaltung der inneren Organe ist, wie jedem Anatomie-Buch entnommen werden kann, mit dem siebenten Lebensjahr abgeschlossen.

Dabei werden die Kinder nicht allein durch die Oberflächlichkeit der Filme und durch das von ihnen verursachte begierdenhafte Starren geschädigt. Es spielen auch inhaltliche Momente eine Rolle. Gerade die Vorschulsendung »Sesamstraße«, die auf der ganzen Welt von den Kindern gesehen wird, ist bevölkert von Wesen, die man nur als Karikaturen und Monster bezeichnen kann. Auge und Gehirn der Kinder werden durch sie in ihrer Bildung so beeinflußt, daß sie eine Vorliebe für Abartigkeiten entwickeln. So tragen gerade diejenigen, die sich brüsten, kindgemäße Sendungen zu produzieren, entscheidend zu der späteren Vorliebe für Video-Filme bei.

Abschließend soll auf eine weitere Erklärung hingewiesen werden, von der vermutlich das meiste Licht auf die Filme mit extremem Inhalt fällt. Es ist in vorhergehenden Abschnitten schon darauf eingegangen worden, daß Filme häufig dazu dienen, Probleme, die der Zuschauer mit sich herumträgt, für eine Weile zu verdrängen. Da diese Probleme meistens mit intensiven Angstgefühlen verbunden sind, die sich nicht so ohne weiteres beiseiteschieben lassen, eignen sich besonders angsterregende Filme als Mittel der Verdrängung, da sie die Möglichkeit bieten, die eigene Angst in das Filmerleben einfließen zu lassen und sie so als Angst um anderer willen zu erleben.

Die Video-Filme werden wohl auch im wesentlichen der Verdrängung dienen. Aber was haben Kinder und Jugendliche zu verdrängen? Es kann sich dabei nur um Probleme der Erwachsenen handeln! Was soll man aber auch von Erwachsenen halten, die genau wissen, daß die Wälder sterben und die trotzdem jedes Jahr mehr mit dem Auto fahren statt weniger. Was soll man von Erwachsenen halten, denen zur Lösung der wirtschaftlichen und sozialen Probleme nichts anderes einfällt, als immer noch mehr Arbeit den Computern zu überlassen? Was soll man von Erwachsenen halten, die eine Regierung gewählt haben, die bereits vor der Wahl angekündigt hat, sie werde noch mehr Raketen ins Land holen, Raketen, von denen jeder weiß, daß sie die Zahl der Raketen, die auf Deutschland gerichtet sind, erhöhen werden und von denen jeder weiß, daß sie abgefeuert werden können, ohne daß die deutsche Regierung gefragt werden muß? Was soll man überhaupt von Erwachsenen halten, die zunehmend unfähig werden, sich zu begegnen, die statt dessen mit ungeheurer Energie an der Zerstörung unserer Lebensgrundlagen arbeiten?

Mag sein, daß die Kinder und Jugendlichen das alles im einzelnen gar nicht wissen. Aber sie haben eine Wahrnehmung davon. Und davon lenken die Ungeheuer der Video-Filme ab. Im Vergleich mit ihnen sind die Erwachsenen wieder zu ertragen.

Das hier Gesagte gewinnt an Wahrscheinlichkeit, wenn man annimmt, daß diejenigen, die sich Video-Filme anschauen, Menschen sind, die mit der Absicht ins Leben getreten sind, hohen Idealen zu dienen und mitzuwirken an einer Erneuerung unserer Kultur. Die folgenden Beobachtungen mögen verdeutlichen, was hiermit gemeint ist. Als Hochschullehrer begleite ich regelmäßig meine Studenten bei ihren ersten Unterrichtsversuchen. Auf diese Weise komme ich in die unterschiedlichsten Schulen und lerne seit vielen Jahren immer neue Schülergenerationen kennen. Dabei ist mir seit einigen Jahren aufgefallen, daß durch alle Schädigungen hindurch, die Schule und Umwelt den Schülern antun, dennoch etwas Neues zum Vorschein kommt. Es zeigt sich vor allem in der Art, wie die Schüler miteinander umgehen, miteinander sprechen. Sie sind da oft in einer Weise friedfertig und liebevoll, daß ich sehr beeindruckt bin. Ich frage mich dann, wo die Schüler das in dieser aggressiven, intellektuellen und oft ironischen Umgebung eigentlich her haben. Es kann nur aus ihnen selbst kommen.

Besonders deutlich wurde mir das noch einmal im letzten Sommer (1985), als ich in einer zwölften Klasse zu Gast war, in der zwei Studentinnen einige Stunden zum Thema »Das Verhältnis von Kunst und Technik am Beispiel des Bauhauses« unterrichteten. Es ergab sich ein gutes Gespräch, bei dem für Augenblicke die Schulsituation ganz verschwand. Wenn die Studentinnen ins Stocken gerieten, wenn sie einen Übergang nicht recht finden konnten oder wenn es ihnen schwerfiel, eine Frage zu formulieren, dann wurde ihnen ganz nebenbei von der Klasse darüber hinweggeholfen.

Mehr als das Unterrichtsgeschehen interessierten mich die Gesichter der Schüler und der Ton ihrer Stimmen. Welche Offenheit, welches Wohlwollen ging von ihnen aus. Ich hatte den Eindruck, es sei ganz unmöglich, daß hier Neid, Konkurrenz oder irgendeine dieser Untugenden auftreten könnten.

Nach dem Unterricht standen wir noch eine Weile zusammen, die beiden Studentinnen, die Lehrerin der Klasse und ich. Wir freuten uns über die gute Stunde, vor allem freuten sich natürlich die Studentinnen. Wir sprachen auch über die Schüler. Die Lehrerin meinte, als sie vor zwei oder drei Jahren zum ersten Mal mit dieser Generation von Schülern zu tun bekommen habe, sei sie ganz verunsichert gewesen. Schon ihre eigene etwas schlottrige Kleidung habe gar nicht zu dem Äußeren der Schüler gepaßt. Sie habe dann aber bald gemerkt, wie gut sich mit diesen Schülern arbeiten lasse. Die meisten ihrer Kollegen hielten diese Schüler für naiv und etwas dümmlich, weil sie von der allgemeinen Frust-Welle nicht berührt seien. Dann meinte die Lehrerin noch, einmal habe sie mit dieser Klasse von Sun Bear (Medizinmann der Indianer) das Buch:»Das Medizinrad« gelesen. Wenn es um solche esoterischen Sachen gehe, dann seien die Schüler wach und aufmerksam, daß es kaum zu glauben sei.

Wenn ich mir am Ende eines solchen Tages noch einmal die Gesichter der Schüler vergegenwärtige, denen ich begegnet bin, dann empfinde ich tiefstes Ungenügen. Ich weiß, daß sie nach spirituellen Antworten auf ihre Lebensfragen suchen. Antworten, an denen sie sich entzünden können, um dann das zu tun, was sie eigentlich wollen. Ich weiß das und weiß auch, wo diese Antworten zu finden sind. Und mich bedrängt dann die Frage: Wie schaffe ich einen Raum der Begegnung, in dem sie berührt werden können von dem Feuer des Geistes.

Eine »Freie Schule« könnte solch ein Ort sein. Ich habe, gemeinsam mit anderen, begonnen, eine freie Schule für Erwachsene aufzubauen. Es bestehen jedoch nur geringe Aussichten, daß Schüler, wie ich sie im Auge habe, dort hingehen. Zu gründlich haben sie gelernt, daß Schule kein Ort ist, wo sie dem begegnen können, wonach sie suchen. Man spricht da zwar auch von Seele, Geist, Gott und Ewigkeit, aber man meint damit nur Bildungsgut und Prüfungsstoff. Die Wahrheitsfrage wird nicht gestellt, weil die meisten Lehrer keine geistigen Interessen haben.

Sollten die Video-Filme damit nichts zu tun haben? Man stelle sich die Enttäuschung von Menschen vor, die spirituelle Impulse haben und sie nicht ausleben können, weil sie auf eine Welt treffen, die dem Materialismus huldigt. Was da verdrängt werden muß, verlangt schon nach rabiaten Mitteln.

Nachtrag

Nachdem dieses Kapitel abgeschlossen war, kam der Film »Ganz unten« von Jörg Gförers und Günter Wallraff in die Kinos (Februar 1986). Dem Film liegen Erfahrungen zugrunde, die Wallraff machte, als er zwei Jahre lang bei der Firma »Thyssen-Stahl AG« in Duisburg arbeitete, wobei er einen falschen Namen annahm und sich als Türke ausgab. Während der Arbeit machte Wallraff heimlich Aufnahmen mit einer Video-Kamera. Dem Film ging ein Buch gleichen Titels voraus, das innerhalb weniger Monate eine Millionenauflage erreichte. Buch und Film sollen Mißstände aufdecken und anprangern: die Ausbeutung von Arbeitern durch schlechte Bezahlung und lebensbedrohende Arbeitsbedingungen; den Verleih rechtloser Arbeiter an große Unternehmen durch kleine Firmen; die Ausländerfeindlichkeit. Der Film könnte eine Berechtigung dadurch bekommen, daß er das Buch durch dokumentarische Aufnahmen ergänzt. Solche Aufnahmen hätten zum Beispiel dann einen Wert, wenn sie Beweise für die Thesen des Buches lieferten, die auf keine andere Weise zu bekommen wären.

Leider fehlt den Bildern des Films jede dokumentarische Bedeutung. Das liegt unter anderem daran, daß man Gift, das sich in Industrieabfällen und in der Atemluft befindet, nicht filmen kann. In endlos langen Bildern sieht man Arbeiter, die, mit Eimern und Schaufeln ausgerüstet, Dreck zusammenkratzen und wegschaffen. Geht man nach dem, was man *sieht,* dann handelt es sich um eine leichte Arbeit. Wallraff bleibt so nichts anderes übrig, als das, was er anprangern will, den Bildern in einem gesprochenen Kommentar hinzuzufügen. Bilder belegen diese Aussagen nicht, sondern *suggerieren* ihre Richtigkeit. Wo sie das nicht können, wird mit Hilfe von Filmmusik kräftig nachgeholfen.

Großen Raum nimmt in dem Film die Darstellung eines jener Unternehmer ein, die Arbeitskräfte an Großunternehmen verleihen. In verschiedenen Szenen wird deutlich, wie die Arbeiter, die sich aus blanker Not ohne jede arbeitsrechtliche Absicherung in den Dienst des Unternehmers begeben, um ihren Lohn betrogen werden. Wallraff bringt es als Türke Ali Levent Sigirlioglu schließlich so weit, daß ihn der Unternehmer als persönlichen Chauffeur einstellt. Spätestens an dieser Stelle verstößt, so meine ich, Wallraff gegen einen Grundsatz, der allein eine menschliche Überwindung von Mißständen ermöglicht: Der Zweck heiligt *nicht* die Mittel. Ein Betrug bleibt ein Betrug, auch wenn er begangen wird an jemandem, der selber betrügt.

Das gilt noch mehr für das, was dann den zweiten Teil des Films ausmacht und überschrieben ist mit »Der Auftrag – Eine Inszenierung der Wirklichkeit«. Da wird der Unternehmer regelrecht in eine Falle gelockt. Zwei Journalisten, die mit Wallraff zusammenarbeiten, geben sich als Strahlenschutzbeauftragte des Atomkraftwerkes Würgassen aus. Sie fragen den Unternehmer, ob er für eine riskante Reparatur im Gefahrenbereich des Atomkraftwerkes ausländische Arbeitskräfte, die anschließend in ihre Heimat zurückkehren, zur Verfügung stellen kann. Dabei wird deutlich gesagt, daß die Arbeit lebensbedrohend ist und in jedem Fall Spätfolgen hat.

Es ist nun in der Tat haarsträubend zu sehen, wie der Unternehmer Arbeitskräfte anwirbt, denen er die gesundheitlichen Risiken verschweigt und die er obendrein noch um den größten Teil der Gefahrenzulage betrügen will. Der »Auftrag« endet schließlich mit einer von Wallraff und seinen Helfern inszenierten Verhaftung der angeworbenen Türken kurz vor ihrem angeblichen Einsatz.

Diese Szenen des Films werfen die Frage auf: Hat ein Mensch das Recht, einen anderen in dieser Weise in Versuchung zu führen und ihn dabei auch noch heimlich zu filmen, um die Bilder anschließend einem Millionenpublikum im Kino vorzuführen. Ich meine, dieses Recht hat niemand. Dabei muß man sagen, daß die schlechten Mittel, die Wallraff verwendet, nicht einmal vordergründig einem guten Zweck dienen. Die Mißstände, die Wallraff anklagt, und die ja nur zu real sind, diese Mißstände werden im Film auf das Versagen einzelner Menschen zurückgeführt. Das ökonomische System, das diese Mißstände bedingt, bleibt im dunkeln. Damit lenkt der Film von den eigentlichen Ursachen dessen, was Wallraff anklagt, ab.

Man wird dem Film auch keine abschreckende Wirkung zugute halten dürfen. Es könnte im Gegenteil sein, daß die Firmen, die ihr Geld mit dem Verleih von Arbeitskräften verdienen, nach dem Film noch rabiater und raffinierter vorgehen.

Der Film lief gleichzeitig in 100 Kinos an. In Bremen war er in drei Kinos zu sehen, worunter eins war, das sonst die üblichen Unterhaltungsfilme zeigt. Woher kamen plötzlich die vielen gesellschaftskritischen Menschen, die einen Film über soziale Mißstände sehen wollten? Einen Hinweis auf das eigentliche Motiv der Kinobesucher bekommt man, wenn man sich anschaut, wie für den Film geworben wurde. Auf allen Plakaten und allen Zeitungsanzeigen steht mit dicken Buchstaben: »Mit versteckter Kamera gefilmt!« Der Film gewährt dem Kinobesucher das Vergnügen, als unsichtbarer Beobachter etwas wahrzunehmen, das nicht für ihn bestimmt ist. Das verschafft ein gewaltiges Gefühl der Überlegenheit. Wenn dann die Menschen, die gezeigt werden, sich so verhalten, wie sie es gewiß nicht täten, wenn sie wüßten, daß sie beobachtet werden, dann ist das Vergnügen noch größer.

Nennt man einen Menschen, der unfähig ist, selbst zu handeln und der seine Befriedigung daraus ziehen muß, daß er andere bei ihren Handlungen beobachtet, einen Voyeur, dann gilt für jeden Film, daß er eine voyeuristische Haltung nahelegt. Der Film »Ganz unten« tut das in besonderem Maße. Er spekuliert geradezu auf den Voyeur im Zuschauer und lockt ihn mit dem damit verbundenen Vergnügen. Wer reich und privilegiert ist, kann obendrein sein soziales Gewissen beschwichtigen, weil er ja Gefühle der Empörung angesichts der gezeigten Mißstände durchlebt. Von diesen Gefühlen führt aber wohl kaum ein Weg zu vernünftigen Gedanken und wirkungsvollen Taten.

136

IX. Nachrichtensendungen des Fernsehens

Die Nachrichtensendungen gehören zu denjenigen Sendungen des Fernsehens, die am meisten Zuschauer finden. Allein die »Tagesschau« wird täglich in rund 30 Prozent der Fernsehhaushalte empfangen, was einer Zahl von 10 Millionen Zuschauern entspricht. Insgesamt werden 60 Prozent der Fernsehgeräte einmal am Tage zum Empfang einer der zahlreichen Nachrichtensendungen eingeschaltet.

Die Nachrichtensendungen bilden häufig den Auftakt des Fernsehabends oder des Fernsehnachmittags. Die Zuschauer sind bei dieser Sendung überzeugt, daß sie nicht ihrem Vergnügen nachgehen, sondern eine staatsbürgerliche Pflicht erfüllen. Die Nachrichtensendungen ermöglichen es so, daß zumindest der Einstieg in das Fernsehprogramm mit gutem Gewissen geschieht.

Bevor eine Ausgabe der »Tagesschau« untersucht wird, soll ein wenig der Geschichte des Nachrichtenwesens nachgegangen werden. Ursprünglich geschah die Übermittlung von Nachrichten mit Hilfe von Briefen. Die Nachrichten wurden entweder auf einem gesonderten Zettel beigelegt oder man fügte sie vor der Grußformel ein. Fürsten, Amtspersonen, Kaufleute und Gelehrte waren diejenigen, die Briefe mit solchen Zusätzen austauschten.

Allmählich gingen dann Fürsten- und Handelshäuser dazu über, an wichtigen Orten bezahlte Korrespondenten zu haben. Diese Korrespondenten stellten für ihre Auftraggeber kleine, handgeschriebene Zeitungen her. Die Auswahl der Nachrichten hing von den Interessen und Geschäften des Auftraggebers ab. Der Korrespondent wußte, welche Begebenheiten sein Auftraggeber erfahren mußte, um erfolgreich handeln zu können.

Einige Jahrzehnte nach der Erfindung des Buchdrucks (1450) erscheinen die ersten gedruckten Zeitungen. Sie nennen sich »Neue Zeitung«, wozu jeweils noch ein Untertitel kommt, etwa: »Wahrhaftige, neue Zeitung«; »Wahrhaftige, auch ganz glaubwürdige Zeitung«; »Sehr getreuliche, erschreckende, vorher unerhörte wahrhafte Zeitung«. Der Inhalt bestand aus Nachrichten, wie ja überhaupt das Wort »Zeitung« bis ins 19. Jahrhundert hinein die Bedeutung von »Nachricht« hatte.

Die gedruckten Zeitungen stellen gegenüber den handgeschriebenen Zeitungen insofern etwas völlig Neues dar, als sie öffentlich erscheinen und Nachrichten für ein allgemeines Publikum bereithalten. Welches Interesse hat dieses

Publikum an Nachrichten? Der Kaufmann, der Wein aus Frankreich holen wollte, mußte wissen, ob dort Krieg oder Frieden war. Eine Nachricht war für ihn etwas, wonach er sich, wie das Wort auch sagt, richtete. Wozu braucht das allgemeine Publikum Nachrichten? Die Antwort auf diese Frage ist, zumindest teilweise, einem Buch zu entnehmen, das als erstes eine Gesamtdarstellung des Pressewesens versucht. Es heißt »Zeitungs Lust und Nutz« (1695) und stammt von Kaspar Stieler. In der Vorrede lesen wir:

Wir ehrliche Leute / die wir itzt in der Welt leben / müssen auch die jetzige Welt erkennen: und hülft uns weder Alexander / Caesar / noch Mahomet nichts / wenn wir klug seyn wollen. Will aber wer klug seyn und werden / wo er anders in der Stats-Handels- und Bürgerl. Gesellschaft leben will / so muß er die Zeitungen wissen / er muß sie stets lesen / erwägen / merken / und einen Verstand haben / wie er mit denenselben umgehen soll. Und ich bezeuge hiermit vor Gott und der Welt / daß / wer die Zeitungen nicht weyß (wann er anders ein Politicus seyn will) nicht geschickt sey / noch geschickt werden könne / sich in Welt- und Stats-Sachen einzulassen. Alhier gehet mich nicht an / was gewisse Leute wieder die Neugierigkeit / die sie nicht verstanden / angeführet haben / weil sie nicht betrachtet / was zu einem Welt-Mann gehöre / und / daß man nicht stumm seyn müsse / wann Fürsten und Herren Fragen; ob Friedens-Tractaten ohanden seyn oder nicht? denn hiervon schweiget mausestill Plato und Aristoteles / und / wann man gleich den Grotium / de Jure Belli & pacis darüm fragen wolte ; so gibt er keine Antwort: Ob diese Leute gleich einem Menschen etwas Nachricht geben / wie man diß oder jenes aufnehmen und beurteilen könne. Die Zeitungen sind der Grund / die Anweisung und Richtschnur aller Klugheit / und / wer die Zeitungen nicht achtet / bleibet immer und ewig ein elender Prülker und Stümper in der Wissenschaft der Welt und ihrem Spielwerk / indem / wer heute klug ist / Morgen nach der Sachen Lauf straks eine andere Klugheit annehmen / und sich selbst wiederlegen / ja verdammen muß.

An der Vorrede wird zunächst einmal deutlich, daß Kaspar Stieler auch zweihundert Jahre nach dem Erscheinen der ersten gedruckten Zeitungen noch einige Mühe darauf verwenden muß, der Zeitung überhaupt erst einmal Anerkennung zu verschaffen gegenüber den bis dahin allein anerkannten Autoritäten. Was einer wissen mußte über Gott und die Welt, das fand er nach gängiger Auffassung in der Bibel und in denjenigen antiken Philosophen und Schriftstellern, die Lehrautorität besaßen, wozu vor allem Platon und Aristoteles gehörten. Wenn also Stieler feststellt, was in den Zeitungen stehe, das müsse man unbedingt wissen und wenn er hinzusetzt, es stände weder bei Platon noch bei Aristoteles, so mußten viele Zeitgenossen das als ungebührliche Anmaßung und als Rütteln am überkommenen Denk- und Lehrgebäude ansehen. Als Grund dafür, daß die Zeitungen unentbehrlich seien, führt Stieler an, daß man ohne sie kein »Politicus« sein könne. Die Zeitungen verhelfen zu jener Klugheit, die jemand braucht, der sich in »Welt- und Staats-Sachen« einlassen will.

138

Die Absicht, in die Geschichte von Staat und Gesellschaft mitgestaltend einzugreifen, hängt mit der zu Beginn dieses Buches geschilderten Entwicklung zusammen, in deren Verlauf sich das Interesse der Menschen vom Ideellen zum Materiellen zu verlagern begann. Damit aufs engste verknüpft ist das Streben, sich von Autoritäten zu befreien und als mündiger Mensch selbstverantwortlich handelnd in der Welt zu stehen.

Wer dieses Ziel verfolgt, der benötigt neben dem Wissen, das bis dahin erworben werden konnte, eine ganz neue Art von Wissen. Wir nennen dieses Wissen heute aktuelles Wissen. Die Zeitung hatte sich zur Aufgabe gemacht, diese Art des Wissens zu verbreiten.

Das klingt sehr positiv. Man muß jedoch einräumen, daß die Zeitung von Anfang an auch weniger hohe Ziele verfolgt hat. Kaspar Stieler läßt das indirekt erkennen, wenn er denen entgegentritt, die in der Zeitung nichts als die Befriedigung der Neugierde sehen wollen. Daß dieser Vorwurf eine gewisse Berechtigung hat, wird bereits deutlich, wenn man sich anschaut, worüber die Zeitungen berichten. Eine Inhaltsübersicht der ersten Zeitungen ergibt folgende Themen: Kaiser, Papst, Schlachten, Feldzüge, Verträge, Friedensschlüsse, Wolkenbrüche, Überschwemmungen, Blitzschläge, Erdbeben, Heuschreckenschwärme, Mäuseplage, Blutregen, Wundersonnen, Zwitterformen, Mißgeburten, Mordtaten, Hinrichtungen. Tatsächlich hat die Zeitung von Anfang an eine Neigung zum Sensationellen, der auf seiten des Lesers der Wunsch nach Unterhaltung und Zerstreuung entsprochen haben muß. Der Grund hierfür dürfte zum einen darin liegen, daß viele Menschen noch gar nicht soweit waren, daß sie ein Interesse an Nachrichten entwickeln konnten, hinter dem nicht persönliches Gewinnstreben stand, sondern der Wunsch, der Gemeinschaft, in der sie lebten, selbstlos zu dienen. Dazu kam, daß die Möglichkeiten zu solchem Dienst noch sehr begrenzt waren. Das Streben nach Freiheit und Mündigkeit traf überall sehr rasch auf die Inhaber der geistlichen und weltlichen Macht, die nicht gesonnen waren, ihre Positionen zu räumen.

In den sich in den folgenden Jahrhunderten entwickelnden Freiheitskämpfen gewann die Presse ein immer größeres Gewicht. Das Pressewesen schuf die Voraussetzung für das, was man »Öffentlichkeit« und »öffentliche Meinung« zu nennen begann. Die Forderung nach Pressefreiheit wurde schließlich zur wichtigsten Forderung der demokratischen Kräfte, was exemplarisch zum Ausdruck kommt in einer Rede, die Ludwig Uhland am 3. 11. 1833 vor der württembergischen Abgeordnetenkammer hielt, wo er sagte: »Die Frage von der Preßfreiheit ist geeignet alle übrigen Fragen, welche die freie Entwicklung eines Volksgeistes angehen, zu vertreten und in sich aufzunehmen.«

Heute gibt es kaum ein Land, das nicht, zumindest de jure, die Freiheit der

Presse anerkennt. Die Pressegesetze des Landes Bremen (diese Gesetzgebung ist in Deutschland Ländersache) beginnen folgendermaßen:

§ 1 *Freiheit und Presse*
(1) Die Presse ist frei. Sie dient der freiheitlichen demokratischen Grundordnung.
§ 3 *Öffentliche Aufgabe der Presse*
Die Presse erfüllt eine öffentliche Aufgabe.
§ 4 *Informationsrecht der Presse*
(1) Die Behörden des Landes und der Gemeinden sowie die der Aufsicht des Landes unterliegenden Körperschaften des öffentlichen Rechts sind verpflichtet, den Vertretern der Presse in Angelegenheiten von öffentlichem Interesse Auskünfte zu erteilen, die dazu dienen, Nachrichten zu beschaffen und zu verbreiten, Stellung zu nehmen, Kritik zu üben oder in anderer Weise an der Meinungsbildung mitzuwirken.

In diesen Gesetzen haben Forderungen ihren Niederschlag gefunden, die von den Freiheitskämpfern des ausgehenden achtzehnten und beginnenden neunzehnten Jahrhunderts erhoben wurden. Die Presse wird vom Gesetzgeber als notwendige Voraussetzung der Demokratie betrachtet. Damit die Presse diese Aufgabe erfüllen kann, wird ihr Freiheit garantiert und werden ihr Privilegien eingeräumt (Informationsrecht; Zeugnisverweigerungsrecht der Journalisten).
Es fragt sich allerdings, ob die Presse, die wir heute haben, noch jene Funktionen erfüllt, um deretwegen einmal die Pressefreiheit erkämpft wurde. Tatsächlich spricht man in der Pressegeschichtsschreibung davon, daß um die Mitte des 19. Jahrhunderts die Meinungs- und Gesinnungspresse verschwand, um der Massenpresse Platz zu machen. Ging es den Herausgebern und Autoren der Gesinnungspresse darum, ihrer Auffassung in einem möglichst lebhaften Geisteskampf Gehör zu verschaffen und setzte man alle Hoffnungen auf solch einen freien Wettstreit, so verfolgt die Massenpresse das Ziel, möglichst viele Zeitungen zu verkaufen, um auf diese Weise möglichst hohen Gewinn zu erzielen. Ein heutiges Zeitungsunternehmen hat daher mehr mit einer Schuhfabrik oder einem Automobilkonzern gemeinsam als mit einer Zeitung des ausgehenden achtzehnten Jahrhunderts.
Nach diesem kurzen Überblick über die Entwicklung des Presse- und Nachrichtenwesens soll die »Tagesschau« vom 3. 3. 1986 untersucht werden (daß die Sendung vom 3. 3. 1986 ausgewählt wurde, hat keinen anderen Grund als den, daß an diesem Tag das vorhergehende Kapitel abgeschlossen wurde). Dabei soll die »Tagesschau« an ihren eigenen Aussprüchen gemessen werden. In dem »Staatsvertrag über den Norddeutschen Rundfunk« vom 16. 2. 1955 (die »Tagesschau« wird vom Norddeutschen Rundfunk produziert) heißt es unter anderem:

140

§ 4 *(Grundzüge für die Sendungen)*
(1) Der Norddeutsche Rundfunk hat seine Sendungen im Rahmen der verfassungsmäßigen Ordnung zu halten. Er hat die weltanschaulichen, wissenschaftlichen und künstlerischen Richtungen zu berücksichtigen. Die sittlichen und religiösen Überzeugungen der Bevölkerung sind zu achten. Der landsmannschaftlichen Gliederung des Sendegebiets ist Rechnung zu tragen. Die Nachrichtengebung muß allgemein, unabhängig und objektiv sein.
(2) Der Norddeutsche Rundfunk soll die internationale Verständigung fördern, zum Frieden und zur sozialen Gerechtigkeit mahnen, die demokratischen Freiheiten verteidigen und nur der Wahrheit verpflichtet sein. Er darf nicht einseitig einer politischen Partei oder Gruppe, einer Interessengemeinschaft, einem Bekenntnis oder einer Weltanschauung dienen.

Über Nachrichtensendungen werden keine gesonderten Aussagen gemacht. In dem Gesetz über die Aufgaben von Radio Bremen heißt es dazu:

§ 2, Absatz 7

Alle Nachrichten und Berichte müssen nach Inhalt, Stil und Wiedergabe wahrheitsgetreu und sachlich sein. Jede offene oder versteckte Kommentierung ist zu unterlassen. Bei Nachrichtenübermittlung ist nur solches Material zu benutzen, das aus Nachrichtenagenturen und Quellen stammt, die in Beurteilung und Wiedergabe einen objektiven Standpunkt erkennen lassen. Ist diese Gewähr nicht gegeben, dann ist dies unmißverständlich zum Ausdruck zu bringen.

Die hier formulierten Grundsätze gelten allgemein für Nachrichtensendungen. Die entsprechenden Abschnitte der Richtlinien für die Sendungen des Zweiten Deutschen Fernsehens lauten ganz ähnlich:

I. 3.

Das Programm soll dem einzelnen die eigene Urteilsbildung ermöglichen. Es soll das Gewissen schärfen.

4.

Die Berichterstattung muß von vorbehaltlosem Willen zur Wahrhaftigkeit und Sachlichkeit bestimmt sein.

III. 4.

Die Informationssendungen müssen durch Darstellung der wesentlichen Materialien der eigenen Meinungsbildung dienen. Sie dürfen dabei nicht durch Weglassen wichtiger Tatsachen, durch Verfälschung oder durch Suggestivmethoden die persönliche Entscheidung zu bestimmen versuchen.

Fragt man, ob die Nachrichtensendungen diesen hohen Zielen entsprechen, dann muß man, noch ehe man eine einzelne Sendung untersucht hat, feststellen, daß die politische Bildung der Bundesbürger äußerst schlecht ist, obwohl sie doch in ihrer überwiegenden Mehrheit täglich eine Nachrichtensendung sehen. Wer diese Behauptung nicht auf den Grund eigener Erfahrung bestäti-

141

gen kann, der möge einen Blick auf Umfrageergebnisse werfen, die vom Institut für Demoskopie in Allensbach bereits Ende der sechziger und Anfang der siebziger Jahre ermittelt wurden.

Nach dem außerordentlichen Parteitag der SPD im Dezember 1971, über den im Fernsehen eingehend berichtet wurde, stellte man folgende Frage: »Haben Sie die Beratungen dieses Parteitags genauer verfolgt, oder nur flüchtig, oder gar nicht weiter?« Nur 15% der Befragten gaben an, sie hätten den Parteitag genauer verfolgt. 45% antworteten mit »flüchtig« und 40% meinten, sie hätten den Parteitag überhaupt nicht verfolgt. 80% der Befragten müssen jedoch mehrmals Berichte über den Parteitag im Fernsehen verfolgt haben.

Im Juli 1969 wurde gefragt: »In Bonn gibt es außer dem Bundestag noch einen Bundesrat. Könnten Sie mir sagen, wozu der Bundesrat da ist?« Nur 14% der Befragten machten richtige Angaben.

Im August 1971 wurde gefragt: »Glauben Sie, daß die meisten Fabrikanten von sich aus versuchen, die Wünsche ihrer Arbeiter und Angestellten, so gut es geht, zu erfüllen, oder müssen sie dazu erst durch Gesetze gezwungen werden?« 24% der Befragten meinten, die Unternehmer müßten gezwungen werden. Der Rest hatte kein Urteil oder war unentschieden (57%) oder meinte, die Fabrikanten täten von sich aus, was sie könnten (19%).

Im November 1970 wurde gefragt, wer an den Preissteigerungen Schuld sei, die Gewerkschaften, die immer höhere Löhne fordern oder Unternehmer, die immer höhere Gewinne wollten. 34% der Befragten gaben den Unternehmern die Schuld. Der Rest hatte keine Meinung oder war unentschieden (42%) oder gab den Gewerkschaften die Schuld (24%).

Im Dezember 1969 stellte man folgende Frage: »Es wird in letzter Zeit viel von ›Gesellschaftspolitik‹ gesprochen. Was stellen Sie sich unter ›Gesellschaftspolitik‹ vor? Könnten Sie mir vielleicht ein oder mehrere Beispiele geben, wo Sie sagen würden: Das gehört zur Gesellschaftspolitik?« 69% der Befragten konnten kein einziges Beispiel geben. 10% gaben falsche Beispiele. 21% der Befragten konnten richtige Beispiele nennen.

An dem Wissensstand, auf den sich die bis jetzt genannten Fragen beziehen, hat sich in den letzten Jahren nicht viel geändert, wie Trenduntersuchungen gezeigt haben. Es gibt jedoch Gebiete, auf denen das Wissen stark zugenommen hat. Betrachtet man etwa Statistiken über die Bekanntheit von Politikern, so zeigt sich, daß deren Bekanntheit ständig gewachsen ist. Führende Politiker, deren Namen und Parteizugehörigkeit in den sechziger und Anfang der siebziger Jahre vielen Leuten unbekannt waren, sind heute praktisch jedermann bekannt.

Auf Grund dieser Befragungen ergibt sich folgendes Bild. Die Bekanntheit der führenden Persönlichkeiten des öffentlichen Lebens hat zugenommen. Politische Zusammenhänge erfassen kann jedoch nur eine Minderheit, die trotz steigender Ausbreitung des Fernsehens konstant klein bleibt. Der Anteil derer, die zu wichtigen politischen Fragen keine eigene Meinung haben, ist sehr hoch (im Durchschnitt die Hälfte der Befragten).

Selbst wenn man einmal in Rechnung stellt, daß mit Hilfe von Meinungsumfragen kaum brauchbare Ergebnisse zu erzielen sind, so läßt sich aus den vorliegenden Ergebnissen doch immerhin die Frage gewinnen: Wie kommt es, daß die Nachrichtensendungen so wenig dazu beitragen, daß die Zuschauer sich in politischen Fragen auskennen? Wie kommt es, daß die Sendungen so wenig zur Urteilsbildung beitragen, obwohl doch der Gesetzgeber gerade dieses erwartet und in Hinblick auf diese Leistung Rechte und Privilegien gewährt?

Aufgrund der bisherigen Untersuchungen läßt sich sagen: Wenn Nachrichtensendungen des Fernsehens genau so wirken wie die bisher untersuchten Filmbeispiele, wenn sie die Zuschauer also in Trance versetzen, dann ist die geringe Kenntnis in politischen Angelegenheiten kaum verwunderlich. Es muß daher zunächst der Frage der Trance nachgegangen werden. Dazu müssen die einzelnen Elemente einer Sendung untersucht werden.

Um eine erste Orientierung zu gewinnen, schaue man sich das Übersichtsschema auf Seite 145 an. Daraus läßt sich folgendes ablesen. Die Sendung, die insgesamt 15 Minuten dauert, enthält 13 Nachrichten, an die sich am Schluß der Wetterbericht anschließt. Die ersten fünf Nachrichten beziehen sich auf Deutschland. Darauf folgen sechs Nachrichten, die über Ereignisse in verschiedenen Ländern des Auslandes berichten. Daran schließen sich noch einmal drei Nachrichten, die sich auf Deutschland beziehen.

Die Besonderheit der Nachrichtenübermittlung mittels des Fernsehens wird deutlich, wenn man sich zum Vergleich eine Zeitung anschaut. Der »Weser-Kurier« vom 4.3.1986 enthält auf den beiden ersten Seiten (siehe Abbildung 16) acht der von der »Tagesschau« gemeldeten Nachrichten. Die übrigen Nachrichten finden sich, von einigen Ausnahmen abgesehen, auf den folgenden Seiten der Zeitung.

Nimmt man eine Zeitung zur Hand, dann kann man zunächst einmal einige Seiten durchblättern, um sich einen Überblick darüber zu verschaffen, was sie enthält. Aufgrund dieser Übersicht (die sich auch auf die erste Seite beschränken kann) wird dann entschieden, wo man zu lesen beginnt. Eine Zeitung bietet zwar auch nur eine Auswahl von Nachrichten und verbindet damit zugleich eine Rangfolge, innerhalb dieser Auswahl und dieser Rangfolge kann und muß der Leser aber seine Auswahl treffen. Das ist ein aktiver Vorgang, bei dem außerdem eine Offenheit für Unvorhergesehenes besteht.

Die »Tagesschau« wählt nicht nur aus, sie bestimmt außerdem die Reihenfolge

143

Abb. 16

und das Tempo. Dadurch wird dem Zuschauer eine ganz und gar passive Haltung aufgezwungen.
In dieser Haltung werden Nachrichten angeboten, die ohne jeden inneren Zusammenhang sind. In der Zeitung stehen die Nachrichten auch unverbunden nebeneinander. Der Leser hat jedoch, wenn er will, die Möglichkeit, einen Zusammenhang herzustellen. Er kann auch, wenn ihn eine Nachricht besonders interessiert oder berührt, eine Weile darüber nachsinnen, bevor er zur nächsten Nachricht übergeht.
Die Nachrichten des Fernsehens laufen automatisch und ohne Pause ab. Dabei sind die Übergänge von einer Nachricht zur anderen so geartet, daß man, in der Terminologie der Filmdramaturgie, von harten Schnitten sprechen muß, das heißt, Ereignisse, die nichts miteinander zu tun haben (sie tragen sich zum Beispiel auf verschiedenen Erdteilen zu), werden übergangslos zusammengerückt. Oft merkt man erst nach einigen Sekunden, daß Text und Bilder sich auf eine neue Nachricht beziehen. Die Nachrichten werden dadurch zur »Information«, das heißt zu etwas, das man zur Kenntnis nimmt, ohne daß es einem etwas bedeutet und ohne daß man sich innerlich damit verbindet.
Die naheliegende Frage, worauf denn eigentlich die Anziehungskraft der Nachrichtensendungen beruht, führt ganz eindeutig zu den Nachrichtenfil-

144

Protokoll der Tagesschau vom 3.3.1986, 20.00–20.15 Uhr

Nr.	Nachricht	Präsentationsform	Zeit (Einzel-sequenz) min/sec	Kontrolle (Totalzeit) min/sec
1	Kommunalwahlen in Schleswig-Holstein	– Sprecher im Studio + Landkarte Schleswig-Holsteins	/48	
		– Tabelle: Parteien-Wahlergebnis, Zuwachs bzw. Minus (Sprecher im Off)	/34	
		– Film: Sprecher im Off + O – Ton (Parteisprecher)	1/55	
		– Sprecher im Studio + Landkarte von S.-H.	/23	3/17
2	DGB + GRÜNE – Spitzengespräch abgesagt –	– Sprecher im Studio + Schrifteinblendung	/27	
3	GRÜNE: »Umbau der Gesellschaft«	– Sprecher im Studio + Schrifteinblendung	/36	
4	CDU/CSU: Konzept zur Agrarpolitik	– Sprecher im Studio + Schrifteinblendung	/38	
5	Attentat auf Olof Palme – FAHNDUNG –	– Sprecher im Studio + Foto von Palme	/ 8	
		– Film + Sprecher im Off	/23	
		– Film + Sprecher direkt (Korrespondent) + O-Ton	/15	
		– Film + Sprecher im Off	/36	
		– Film: Pressekonferenz mit Ingmar Carlsson	/20	1/42
6	Sowjetunion: 27. Parteitag der KPdSU – Kritik an Breschnew-Ära –	– Sprecher im Studio + Foto von Ryschkow	/26	
		– Film + Sprecher im Off (O-Ton im Hintergrund)	1/13	
		– Korrespondent im Studio Moskau	/16	1/55

Nr.	Nachricht	Präsentationsform	Zeit (Einzelsequenz) min/sec	Kontrolle (Totalzeit) min/sec
7	Frankreich: Mitterrand; Erklärung zur Parlamentswahl	– Sprecher im Studio + Foto von Mitterrand und Schrift	/32	
8	NORDIRLAND: Ausschreitungen beim eintägigen Generalstreik	– Film + Sprecher im Off + O-Ton im Hintergrund	/52	
9	Naher Osten – Westjordanland: Bürgermeister von Nablus beigesetzt Ausschreitungen – 1 Palästinenser getötet	– Sprecher im Studio + Landkarte von Israel/ Naher Osten + Schriftzug – Film + Sprecher im Off + O-Ton als Hintergrund	/10 /48	/58
10	VR. China: Deutsch-chinesische Zusammenarbeit: KWU gescheitert	– Sprecher im Studio + Landkarte von Asien/ China + Schriftzug	/30	
11	BRD: – Teuerungsrate bei 0,7 Prozent	– Sprecher im Studio + Foto von offener Geldbörse mit Geld (Scheine und Hartgeld) + Schriftzug	/20	
12	Nordrhein-Westfalen: Modellprojekt für Neue Heimat	– Sprecher im Studio + Landkarte N/W + Schriftzug	/32	
13	Seltenes Naturereignis an der Ostseeküste (Eisbarrieren, durch vom Wind aufgetürmte Eisschollen)	– Film und Sprecher im Off	/28	
14	WETTER	– Beobachtungsfotos (Wettersatellit) mit Trickablauf der Wetterveränderung	/15	

Nr.	Nachricht	Präsentationsform	Zeit (Einzelsequenz) min/sec	Kontrolle (Totalzeit) min/sec
		– Wetterkarte Gesamteuropa (Großwetterlage)	/ 8	
		– Wetterkarte Deutschland-Vorhersage für morgen:	/25	
		– Temperaturen Nacht	/ 8	
		– Temperaturen Tag	/25	
	ABSAGE und Nachspann	– Sprecher im Studio	/ 6	1/21

Protokolle der Filmberichte der »Tagesschau« vom 3.3.1986

Nachricht 1 – Kommunalwahlen in Schleswig-Holstein

Nummer der Einstellung	Inhalt	Kamera
1.	– CDU – Geißler geht zum Podium (Pressekonferenz)	Schwenk
2.	Journalistentisch	starr
3.	Blick auf das Podium	starr
4.	Geißler (Halbprofil)	starr
5.	Ein Journalist im Halbprofil	starr
6.	Geißler im Halbprofil	starr
7.	Journalistentisch (Blick von rechts)	starr
8.	Journalistentisch (Blick von links)	starr
9.	Geißler	starr
10.	– FDP – Haussmann kommt zur Tür herein, geht auf seinen Platz	Schwenk
11.	Journalistenhände (Stift und Zigarette)	starr
12.	Haussmann	starr
13.	Journalist (Halbprofil)	Schwenk
13.a	Journalistenhände	starr, Schwenk
14.	Pressekonferenztisch	starr
15.	Haussmann	starr

147

Nummer der Ein- stellung	Inhalt	Kamera
16.	– SPD – Brandt am Rednerpult (1), wechselt auf Rednerpult (2), (an Engholm vorbei)	Schwenk
17.	Engholm im Profil	starr
18.	Brandt am Rednerpult (2)	starr
19.	Journalisten (Blick in den Raum)	Fahrt
20.	Brandt und Engholm (beide im Halbprofil)	starr

Nachricht 5 – Attentat auf Olof Palme

Nummer der Ein- stellung	Inhalt	Kamera
1.	Platz, auf dem das Attentat stattfand	starr
1.a	Blumen und Briefe – Detail: ein Brief	Zoom
2.	1. Polizist, Halbprofil – wendet den Kopf	starr
3.	2. Polizist, en face, spricht in Walkie-talkie	starr
4.	Eine Gruppe von Journalisten vor einem Haus und zwei Polizisten	starr
5.	Korrespondent auf der Straße (Stockholm), Fußgänger gehen – und drängen sich an ihm vorbei	starr
6.	Journalisten vor einem von zwei Polizisten bewachten Portal	starr
7.	Straßenszene: Ankunft von Nachfolger Palmes; Auto, Journalisten und Bewacher	starr
7.a	Ingmar Carlsson steigt aus und geht durch die wartenden Journalisten (Kamera folgt dem Weg),	Schwenk + Zoom
7.b	Journalisten sind im Bild, Zoom zurück in Halbtotale,	Zoom
7.c	Ingmar Carlssons Weg wird weiterverfolgt, er verschwindet im Portal	Schwenk
8.	INNENAUFNAHME: Er kommt zur Tür herein, geht zu seinem Platz, setzt sich	Schwenk + Zoom/ starr
9.	Blick auf Podium, Vordergrund Fotografen und Journalisten	starr
10.	Blick auf die internationalen Journalisten (Profile)	starr
11.	Ingmar Carlsson, en face, Pressekonferenz	starr

Nachricht 6 – Parteitag der KPdSU

Nummer der Einstellung	Inhalt	Kamera
1.	Ryschkow am Rednerpult	starr
2.	Tribüne des Zentralkomitees mit Rednerpult im Vordergrund	starr
3.	Blick in den Raum, Delegierten- und Zuschauerbänke	starr
4.	Rednerpult und erste Reihe der Tribüne	starr
5.	Schwenk von rechts oben nach links unten durch das Parteitagsplenum (zeigt die Größe des Raumes) zur ZK-Tribüne (Hintergrund: Leninstatue, Fahnen etc.)	Schwenk
6.	Blick von halblinks auf das Zentralkomitee, im Vordergrund das Rednerpult	starr
7.	Fleischerladen: Verkäufer legt Geflügel auf die Waage	starr
8.	Blick über die Schulter einer Kassiererin in einem Kaufhaus – sie überprüft die Rechnung aus einer Registrierkasse mit der alten russischen Kugelrechen-»Maschine«	starr

Nachricht 8 – Generalstreik in Nordirland

Nummer der Einstellung	Inhalt	Kamera
1.	Schlägereien zwischen Polizei und Demonstranten (Protestanten) – Kamera folgt einer Gruppe	Schwenk Fahrt
2.	Fahrt mit dem Auto, an brennenden und umgestürzten Autos (Barrikaden) vorbei	Fahrt
3.	Aufnahme durch die Frontscheibe – brennendes Polizeifahrzeug auf einer Kreuzung	Fahrt + Zoom
4.	(ORTSWECHSEL) Demonstranten bei einer Straßensperre (lassen gerade ein Auto passieren)	starr
5.	Blick auf ein Haus, Kamera zoomt zurück in den Raum, in dem sie sich befindet. Ein Generator wird sichtbar	Zoom
6.	Belfast, Sprecher (Abend- oder Nachtaufnahmen), Blick auf einen Laden, die Kamera zoomt auf ein Plakat an der Fensterscheibe (»British Democracy is Dead«)	starr Zoom starr

Nummer der Ein- stellung	Inhalt	Kamera
7.	Flugzeuge vor Abfertigungshalle	starr
8.	Historisches Gebäude (Parlament von Nordirland) mit Transparent: »Belfast says no«	starr
8.a	Zoom auf das Transparent;	Zoom
8.a.1	bis auf Schlußstein eines Fensterbogens	Zoom + starr
9.	Demonstranten, klatschen in die Hände, Flugblätter verteilend, ein Auto fährt vorbei	starr
10.	Demonstrantengruppe, eine Person wird durch die Kamera hervorgehoben	starr + leichtes Zoom
	Anmerkung: Nur wer Ian Paisley (protestantischer Pfarrer und radikaler Politiker) kennt weiß, daß er hier gezeigt wird	

Nachricht 9 – Beisetzung des Bürgermeisters von Nablus

Nummer der Ein- stellung	Inhalt	Kamera
1.	SCHWENK ÜBER DEN TRAUERZUG	Schwenk
2.	Der Leichnam wird über etwas (Auto?) hinweggeho- ben (ein Mann küßt dabei den Ermordeten, dieses wird jedoch nur beim häufigen Sehen der Szene deut- lich)	starr Zoom ran
3.	Blick auf die Demonstranten (Menge)	starr
4.	Seitlicher Blick auf den Trauerzug, Transparente und Bilder des Ermordeten, Palmenzweige, ein ver- mummter Mann auf den Schultern anderer	starr
5.	Blick auf den Trauerzug mit dem Leichnam, dann auf den verhüllten Leichnam, der von der Menge getragen wird	starr Zoom
6.	Platz mit einer großen Anzahl von Demonstranten	starr
7.	Straßenszene: Leute suchen Deckung hinter einem Auto	starr
7.a	einer kommt mit einem Stein aus der Deckung und wirft ihn	Schwenk
7.b	Kamera nimmt einen Polizeijeep auf, Leute laufen vor die Kamera, sie verfolgt aus der Deckung diesen Wa- gen	Schwenk

Nummer der Einstellung	Inhalt	Kamera
8.	Ein Mann lädt seine Pistole durch, hebt die Waffe und feuert (raucht dabei, Zigarette im Mund, greift nach dem Schuß zur Zigarette – dieses läßt sich nur durch häufiges Sehen erkennen)	Schwenk starr Schwenk
9.	(Detailbild aus geduckter Haltung) eine Reihe geparkter Autos am Gehweg, hinter denen sich Leute zu Boden werfen und Deckung nehmen	starr

Nachricht 13 – Winter an der Ostsee

Nummer der Einstellung	Inhalt	Kamera
1.	Schwenk über einen Strandabschnitt mit Eisbarrieren	Schwenk
2.	Detail aus der Totalen, Eisbarriere, davor eine Person	starr
3.	Detailaufnahme, Grat der Barriere mit einer Person	starr
4.	Person auf einer anderen Barriere aus Eisschollen, Zoom auf ein Paar, das auf dem Grat sitzt und sich sonnt	Zoom
5.	»Halbtotale« auf die Eisbarriere, Trickeinblendung: aus diesem Bild heraus »zoomt« sich das Satellitenbild der Wettermeldungen	starr Trick- Zoom

men. Es gibt in der untersuchten Sendung zwar sechs Nachrichten, die ausschließlich vom Sprecher verlesen werden, diese Nachrichten dauern im Durchschnitt jedoch nicht länger als 30 Sekunden. Sobald eine Nachricht zeitlich umfangreicher ist, wird ein großer Teil dieser Zeit durch einen Film gefüllt. Insgesamt entfällt gleich viel Zeit auf das Verlesen der Nachrichten durch den Sprecher im Studio wie auf Nachrichtenfilme.

Der Aufbau einer zeitlich umfangreicheren Nachricht soll am Beispiel der ersten Nachricht verdeutlicht werden. Aus der Spalte »Präsentationsform« des Übersichtsschemas ist abzulesen, daß die Präsentationsform vier Mal wechselt. Beachtet man, daß der Nachrichtenfilm aus 20 Einstellungen besteht, dann ergibt sich, daß, während das Ohr dem Text folgt, dem Auge 24 verschiedene Bilder geboten werden.

Wie stehen Bild und Text zueinander? Da ist zunächst einmal der Nachrichtensprecher, dessen Bild der Zuschauer sieht. Der Sprecher hat mit dem Inhalt

151

der Nachricht nicht das geringste zu tun. Dennoch beansprucht er Aufmerksamkeit. Seine Krawatte, sein Gesichtsausdruck, seine Bewegungen werden wahrgenommen. Das Interesse am Sprecher wird noch dadurch verstärkt, daß er für die meisten Menschen zu den Prominenten zählt. Daß dies so ist, dazu tragen die Programmzeitschriften, die in den meisten Fernsehhaushalten vorhanden sind, wesentlich bei. Sie berichten ausgiebig über das Privatleben derjenigen, die regelmäßig im Fernsehen in Erscheinung treten. Wenn zum Beispiel ein Sprecher längere Zeit fehlt und danach die Nachrichten braun gebrannt verliest, dann werden viele daran denken, daß er seinen Urlaub auf den Bahamas verbrachte, und sie werden die Bilder vor Augen haben, die sie in den Programmzeitschriften gesehen haben.

Zu dieser Ablenkung kommt ganz allgemein die Eigenschaft des flimmernden Fernsehbildes hinzu, Aufmerksamkeit geradezu aufzusaugen, so daß für ein bewußtes Verfolgen der sprachlichen Äußerungen keine Kraft mehr bleibt.

Außer dem Sprecher sieht der Zuschauer immer auch noch ein Hintergrundbild, das entsprechend dem Inhalt der Nachricht wechselt. In der hier besprochenen Nachricht sieht man zunächst die Landkarte von Schleswig-Holstein und dann eine Graphik, die den Stimmenanteil der Parteien verdeutlicht. Solche Hilfen, die das Gesagte veranschaulichen, werden auch in den Zeitungen verwendet. Wie geht der Leser damit um? Er liest zunächst, schaut dann die Abbildungen an, um mit ihrer Hilfe das Gelesene zu verdeutlichen, und wendet sich dann wieder dem Text zu. Das Auge pendelt zwischen Bild und Text hin und her. Nie würde ein Leser auf die Idee kommen, während der Betrachtung eines Bildes mit der Lektüre fortzufahren. Bei einer Nachrichtensendung wird dem Zuschauer jedoch etwas ganz Entsprechendes zugemutet. Während ein Bild gezeigt wird, müßte der Sprecher eigentlich das Verlesen des Textes unterbrechen oder er müßte sich auf Erläuterungen zu dem Bild beschränken. Weder das eine noch das andere geschieht und so entsteht ein weiteres Hindernis, das dem Verstehen des gesprochenen Textes im Wege steht.

Wie steht es mit dem Nachrichtenfilm? Wenn er, wie bereits gesagt wurde, aus 20 Einstellungen besteht, von denen jede im Durchschnitt 6 Sekunden dauert, dann ist sicher, daß für den Text kaum Aufmerksamkeit übrigbleibt. Ein Fernsehjournalist wird natürlich sagen, bei einem Film würden Sinn und Bedeutung durch die Bilder ausgedrückt und da mache es nichts, wenn der sprachliche Teil nicht voll verstanden werde.

Man schaue sich daraufhin die Auflistung der Einstellungen an, aus denen die Filmberichterstattung zu den Kommunalwahlen besteht. (Siehe Übersicht auf Seite 147.) Da sieht man drei Mal, wie sich die Sprecher der jeweiligen Parteien zum Mikrofon begeben. Da diese Bilder allein zu langweilig wären, zeigt man außerdem die Journalisten, zu denen gesprochen wird. Mal sieht man sie allesamt, mal einen einzelnen Kopf, mal Hände, die einen Kugelschreiber halten und mal Hände, die eine Zigarette halten. Mit der Wahl hat das alles absolut nichts zu tun.

Kommt es bei dem Film doch auf das, was gesprochen wird, an? Das kann auch nicht sein, denn dann müßte man denjenigen, der gerade spricht, in einer langen, ruhigen Einstellung zeigen. Statt dessen werden in die Ausführungen der Parteiensprecher, oft nur blitzartig, die eben erwähnten Aufnahmen der zuhörenden Journalisten eingeblendet. Dem vom Kommentator gesprochenen Text unterliegt obendrein noch der Originalton der im Bild gezeigten Schauplätze.

Wie wirkt das auf den Zuschauer? Bei repräsentativen Umfragen, in denen seit Jahren regelmäßig nach der Glaubwürdigkeit der verschiedenen Medien gefragt wird, liegt das Fernsehen immer an der Spitze. Bei der letzten Befragung vertraten 41 % der Bevölkerung der Bundesrepublik (über 14 Jahre) die Auffassung, das Fernsehen berichte wahrheitsgetreu »und gibt die Dinge immer so wieder, wie sie in Wirklichkeit sind«. Dem Hörfunk billigten nur 32 % der Befragten diese Glaubwürdigkeit zu. Für die Zeitung entschieden sich gar nur 21 % der Befragten.

Auf die Frage, warum denn dem Fernsehen mehr geglaubt werde als den anderen Medien, wurden folgende Gründe genannt: Bilder können nicht lügen, das Fernsehen kann sich nur an Tatsachen orientieren, das Fernsehen ist so etwas wie eine amtliche, gut kontrollierte Einrichtung, der das Lügen verboten ist. Aktualität und Unmittelbarkeit der Berichterstattung verstärken die Glaubwürdigkeit.

Angesichts dieser Ergebnisse muß genauer betrachtet werden, worauf sich denn die Glaubwürdigkeit, die das Fernsehen genießt, bezieht. Da ist zunächst einmal der Inhalt der Meldungen. Dieser Inhalt wird vor allem durch die Bilder und den technischen Charakter des Fernsehens glaubwürdig. Daneben wirkt aber auch die Art, wie die Meldungen dargeboten werden. Der Ton der Sendung ist ernst, offiziell und überparteilich. Bei einer Meldung wie der über die Kommunalwahl in Schleswig-Holstein entsteht auf diese Weise der Eindruck, als sei das Gemeldete, so wie es ist, in Ordnung und vernünftig.

Schauen wir uns an, was da dem Zuschauer durch die Art, wie darüber berichtet wird, als vernünftig angeboten wird. Die Nachricht enthält, neben der Mitteilung der Wahlergebnisse, die Interpretation dieser Ergebnisse durch die jeweiligen Parteien. Die CDU Schleswig-Holsteins behauptet, an ihren Verlusten sei die Politik der Bundes-CDU schuld. Der Generalsekretär der CDU, Heiner Geißler, widerspricht dem zwar nicht, sieht aber dennoch keine Notwendigkeit, etwas zu ändern. Wörtlich sagt Herr Geißler: »Die Politik der

153

Bundesrepublik war zwar erfolgreich, die Erfolge wurden aber überdeckt von den Diskussionen über notwendige, aber nicht gerade populäre Gesetze, wie zum Beispiel den Paragraphen 116 [Arbeitsförderungsgesetz, der sogenannte Streikparagraph], aber auch die Sicherheitsgesetze, die in der letzten Woche vom deutschen Bundestag verabschiedet worden sind.« Der Generalsekretär der FDP führt die Niederlage seiner Partei (sie blieb unter 5 Prozent der Stimmen) auf die von der CDU beschlossene Milchquotenregelung zurück. Die SPD sieht in der Wahl eine »ermutigende Entwicklung«, die ihre Politik bestätigt. Diese Stellungnahmen besagen nichts anderes als dies: Der Wähler kann tun, was er will, die Parteien deuten es so, daß sie mit dem fortfahren können, was sie gerade tun. Verliert eine Partei an Stimmen, dann werden die Ursachen dafür anderen angelastet oder man sagt, der Wähler war nicht reif genug, die von der Partei beschlossenen Maßnahmen zu verstehen. Gewinnt eine Partei, sieht sie darin natürlich eine Bestätigung ihrer Politik.

Warum wird das in den Nachrichten nicht ausgesprochen? Das Fernsehen würde auf eine solche Frage antworten, es enthalte sich in den Nachrichten jeder Stellungnahme. Aber das ist nicht wahr! Das Fernsehen nimmt Stellung, indem es Wahlen, so wie sie bei uns ablaufen, als vernünftig hinstellt. Dadurch bekommt Widersinn den Schein des Vernünftigen, was bedeutet, daß das Fernsehen zur Vertiefung der unguten Verhältnisse beiträgt.

Dabei muß man sich klarmachen, daß zu denjenigen Maßnahmen, die der Bürger nach Auffassung Geißlers wegen seiner Unreife nicht verstehen konnte, die Verabschiedung der Sicherheitsgesetze gehört. Mit diesen Sicherheitsgesetzen, die generell die Möglichkeiten der Überwachung der Bürger vergrößern, ist unter anderem auch die Einführung des maschinenlesbaren Personalausweises beschlossen worden. Wenn dieser Ausweis eingeführt ist, wird man gezwungen sein, sich mit Hilfe eines Dokumentes auszuweisen, das Daten über einen selbst enthalten kann, die man gar nicht kennt und die nur von Maschinen gelesen werden können. Das bedeutet nichts anderes als eine Entmündigung durch die Maschine.

Eine Nachricht, die einer freien Presse würdig sein wollte, müßte auf so etwas hinweisen. Und die Wahl müßte etwa in folgender Weise kommentiert werden: »Die Kommunalwahlen haben wieder einmal gezeigt, daß es nicht genügt, wenn Bürger alle vier Jahre entscheiden können, welche Partei herrschen darf. Durch solche Wahlen kommt eine Regierungsform zustande, die sich von früheren Zeiten lediglich dadurch unterscheidet, daß die Herrschaft der gekrönten Häupter ersetzt wird durch die Herrschaft von Parteien. Mit wirklicher Demokratie hat das nichts zu tun. Wann werden die Bürger sich endlich eine Staatsform erkämpfen, bei der sie wirklich beteiligt sind an der Gestaltung der öffentlichen Angelegenheiten?!«

Wenn derartiges weder in der gedruckten Massenpresse noch im öffentlich-rechtlichen Hörfunk oder Fernsehen vorkommt, dann liegt das einfach daran, daß diese Medien alles andere als frei sind. Die Massenpresse ist unfrei, weil, wie bereits erwähnt wurde, ihr oberstes Ziel darin besteht, möglichst viele Exemplare zu verkaufen. Um dieses Ziel zu erreichen, muß eine Zeitung in erster Linie gefallen. Werden politische oder sonstige Ansichten vertreten, so geschieht das nur in dem Maße, wie man annehmen kann, daß es den Lesern – wobei man eine bestimmte Zielgruppe im Auge hat – gefällt.

Die öffentlich-rechtlichen Rundfunkanstalten verhalten sich weitgehend wie die kommerziellen Unternehmen. Gerade in bezug auf die Nachrichtensendungen des Fernsehens besteht zwischen dem ersten und dem zweiten Programm seit Jahren ein Konkurrenzkampf, bei dem es um möglichst hohe Einschaltquoten geht. Die entsprechenden Zahlen werden regelmäßig veröffentlicht und spielen eine wichtige Rolle, wenn es darum geht, an den Sendungen irgend etwas zu verändern.

Diesem Konkurrenzkampf liegt zum einen eine Gesinnung zugrunde, bei der in erster Linie Quantität und nicht Qualität eine Rolle spielt. Zu diesem allgemeinen Grund kommt noch ganz konkret die Abhängigkeit von den Werbeeinnahmen. Tatsächlich ist es so, daß sich die Rundfunkanstalten nur zur Hälfte aus den Rundfunkgebühren finanzieren; die andere Hälfte stammt aus der Werbung. Die Höhe der Werbeeinnahmen richtet sich nach der Zahl der Hörer oder Zuschauer, die erreicht werden.

Der These, die hier untersuchte Nachrichtensendung verfestige die bestehenden Verhältnisse, könnte entgegengehalten werden, das setze voraus, daß der Text verstanden werde, was aber doch andererseits bestritten würde. Darauf ist folgendes zu sagen. Wahlen finden bei uns häufig statt. Die Art, wie sie ablaufen und die Art, wie darüber berichtet wird, ist so etwas wie ein Ritual geworden, das sich immer und immer wiederholt. Ähnliches gilt für die meisten politischen Ereignisse. Was in der behaupteten Weise wirkt, ist nicht die einzelne Nachricht, sondern die ständige Wiederholung der sich untereinander ähnelnden Nachrichten.

Außerdem ist mit der Behauptung, die Bilder ständen dem Verstehen des Textes im Wege, lediglich gemeint, ein *bewußtes* Aufnehmen sei nicht möglich. Wenn der Text im Zustand der Trance gehört wird, dann heißt das, daß er, ohne zum Gegenstand des Nachdenkens geworden zu sein, unmittelbar ins Unterbewußtsein eindringen kann. Von hier aus kann er natürlich eine nachhaltige Wirkung entfalten.

Zur Beurteilung des weiteren Verlaufs der »Tagesschau« betrachte der Leser die Auflistungen der Einstellungen, aus denen die verschiedenen Nachrichtenfilme bestehen. (Siehe Übersicht Seite 147.) Bei dem Film, der sich auf das Attentat auf Olof Palme bezieht, ist ganz offensichtlich, daß man eigentlich nichts hat, was man zeigen konnte, was nur zu verständlich ist, da zum Zeitpunkt der Meldung die Fahndung nach dem Attentäter keinerlei Ergebnisse erbracht hatte. So zeigt man die Stelle, an der Olof Palme erschossen wurde, man zeigt Polizisten, die überall herumstehen und geschäftig sind, ohne daß der Zuschauer erfährt, was sie eigentlich tun, und wenn es gar nichts mehr zu sehen gibt, dann zeigen die Journalisten sich selbst, wie sie hinter Neuigkeiten herjagen. Dazu wird ein Kommentar gesprochen, der zwar das Attentat zum Thema hat, aber ohne jeden Bezug zu den Filmbildern bleibt. Schließlich wird der Nachfolger von Olof Palme während einer Pressekonferenz gezeigt.

Der Leser möge die Einstellungen der übrigen Filme studieren, um sich selbst ein Urteil zu bilden. Lediglich der Film zur neunten Nachricht soll noch besprochen werden. Dem Film gehen zwei Sätze voraus, die der Sprecher im Studio spricht. Die Sätze lauten: »Am Rande der Beisetzung des getöteten Bürgermeisters von Nablus ist heute ein Palästinenser von Israelis erschossen worden. Er soll einen israelischen Soldaten mit Steinen beworfen haben.« Der folgende Film dauert 48 Sekunden und besteht aus 9 Einstellungen. Sieht man den Film innerhalb der Nachrichtensendung in der üblichen Weise, dann hat man folgenden Eindruck: Ein riesiger Trauerzug begleitet den ermordeten Bürgermeister zum Friedhof. Auf dem Wege dahin kommt es zu Gewalttätigkeiten. Dabei wirft jemand einen Stein und wird daraufhin erschossen.

Schaut man sich den Film mit Hilfe eines Video-Recorders Einstellung für Einstellung an, dann stellt man fest, daß er aus Filmmaterial besteht, das an ganz verschiedenen Schauplätzen aufgenommen wurde. Von der siebten Einstellung an, in der Leute zu sehen sind, die vor irgend einem Angriff in Deckung gehen, haben die gezeigten Ereignisse räumlich und zeitlich mit dem Trauerzug nichts mehr zu tun. Man kann das an der veränderten Umgebung ablesen und daran, daß plötzlich ganz andere Hintergrundsgeräusche da sind.

Liest man die Nachrichten, die am folgenden Tage in der Presse veröffentlicht wurden, dann stellt man fest, daß die Ereignisse anders waren, als sie der Nachrichtenfilm zeigt (vgl. Seite 150). Im »Weser-Kurier« vom 4. März 1986 heißt es:

Bei einer vorangegangenen Protestaktion (das heißt: dem Trauerzug vorangegangen; der Verfasser) von Palästinensern des Flüchtlingslagers Balata am Rande von Nablus war am Vormittag ein Demonstrant von israelischen Soldaten erschossen worden. Er sei getötet worden, als er einen Soldaten angefallen und zu erwürgen versucht habe, sagte ein israelischer Militärsprecher in Tel Aviv.

Dem Text ist zu entnehmen, daß der getötete Palästinenser von israelischen Soldaten erschossen wurde, nachdem er versucht hatte, einen dieser Soldaten zu erwürgen. In der Fernsehnachricht heißt es, der getötete Palästinenser habe einen israelischen Soldaten mit Steinen beworfen. In dem Film, der als Beleg dieser Nachricht wirkt, wird gezeigt, wie ein Mann einen Stein nach einem Polizeiauto wirft, das in einer Entfernung von circa 30 Metern vorbeifährt und von dem Stein gar nicht getroffen wird. Bei dem Wurf hat man den Eindruck, daß sich in ihm eher ein Gefühl von Wut und Ohnmacht entlädt und es gar nicht darum geht, wirklich jemanden anzugreifen. Nach dem Wurf sieht man, wie derjenige, der geworfen hat, in geduckter Haltung im Schutze geparkter Autos in Richtung auf die Kamera läuft. In seiner Nähe sind andere, die ebenfalls laufen und dabei Deckung suchen. (Möglicherweise hat der Steinwurf dazu geführt, daß aus dem Polizeiauto geschossen wird. Der Ursprung der Bedrohung ist im Film nicht zu sehen.)
Die nächste Einstellung zeigt aus ziemlicher Nähe, wie ein Mann in Zivil seine Pistole durchlädt, zielt und schießt, wobei er eine Zigarette raucht.
Im folgenden Bild sieht man wieder die laufenden und Deckung suchenden Menschen, von denen sich einige zu Boden werfen. Nach der vorhergehenden Einstellung sieht man in ihnen das Ziel des Pistolenschützen. Die Szene wirkt auch noch dadurch bedrohlich, daß die Kamera die Vorgänge aus der Höhe der geduckten Menschen und aus großer Nähe gefilmt hat. Außerdem hört man, während für zwei Sekunden kein Kommentar gesprochen wird, Schreie und einen Schuß.
Macht man sich von dem Eindruck, den die Einstellung bewirkt, frei, dann stellt man fest, daß im Bild niemand zu sehen ist, der getroffen wird. Vergleicht man außerdem die Umgebung der Deckung suchenden Menschen und die Umgebung des Pistolenschützen, dann stellt man fest, daß es sich um ganz verschiedene Schauplätze handelt. Die Pistole ist in Wirklichkeit gar nicht auf die Menschen gerichtet, die der Film zeigt. Dafür spricht, daß die Fliehenden von links nach rechts fliehen, während der Pistolenschütze von rechts nach links schießt. Befänden die Fliehenden und der Schütze sich an ein und demselben Ort, dann würden die Fliehenden dem Schützen geradewegs in die Pistole laufen.
Die Untersuchung ergibt Widersprüche und die Verbindung von Dingen, die nichts miteinander zu tun haben. Zu Beginn der Nachricht sagt der Sprecher, ein Palästinenser sei erschossen worden, weil er einen israelischen Soldaten mit Steinen beworfen habe. Der Film zeigt, wie jemand nach einem Polizeiauto wirft. Der Film selber wird aus drei verschiedenartigen Elementen zusammengesetzt, nämlich:

Abb. 17 Standfoto aus
Einstellung 6. Trauerzug

Abb. 17

Abb. 18a/18b Standfoto aus
Einstellung 7. Der Steinwurf und
eine Szene danach

Abb. 18a

Abb. 18b

Abb. 19 Standfoto aus
Einstellung 8. Der
Pistolenschütze kommt von
rechts und schießt nach links

Abb. 20 Standfoto aus
Einstellung 9. Diese Einstellung
schließt räumlich und zeitlich an
Einstellung 7 an. (Einstellung 8
wurde dazwischengeschnitten.)
Beim Anschauen des Films hat
man den Eindruck, diejenigen zu
sehen, auf die geschossen wurde.
Wäre das der Fall, dann würden
die Fliehenden auf den sie
bedrohenden Schützen zulaufen

Abb. 19

Abb. 20

1. Trauerzug, der sich durch die Innenstadt bewegt (Abbildung 17);
2. Ereignisse in einem anderen Stadtteil von Nablus (es kann sich nicht um das Flüchtlingslager Balata handeln, in dem ein Palästinenser erschossen wurde) (Abbildungen 18 und 20) und
3. ein Pistolenschütze (von dem man nicht weiß, wo er sich befindet; Abbildung 19).

Die Wirklichkeit, die der Zuschauer erlebt, ist eine reine Medienwirklichkeit, die dadurch entsteht, daß er die Bruchstücke, die ihm angeboten werden, zusammenfügt. Diese Medienwirklichkeit läßt den Zuschauer erleben, wie ein Mann einen Stein wirft und deswegen erschossen wird. Zugleich erlebt der Zuschauer diese Tatsache als etwas, das in unserer Welt nun einmal vorkommt und woran nichts ist, woran man Anstoß nehmen müßte. Läßt die Art der Berichterstattung in der ersten Nachricht den Unsinn vernünftig erscheinen, so wird hier das Böse zu etwas Normalem und Alltäglichem. Dabei wird niemand erschossen. Der Mord geschieht einzig und allein in der Vorstellung des Zuschauers.

Das wird dem Zuschauer natürlich nicht bewußt. Für ihn bedeutet die Nachrichtensendung häufig den Beginn des Fernsehabends. Er hat sich vielleicht gerade seine Feierabendzigarette angezündet und freut sich darauf, nach einem Tag, den er oft als undurchschaubar erlebte, nun die wichtigsten Ereignisse dieses Tages wohlgeordnet und leicht verständlich geboten zu bekommen. Die Leistung, die das Fernsehen bietet, muß den Zuschauer mit Genugtuung erfüllen. Ob etwas in der eigenen Nachbarschaft oder auf der anderen Hälfte der Erdkugel geschah, das Fernsehen schafft es herbei und ordnet es so, daß eine in Bildern erzählte Rückschau auf den vergangenen Tag entsteht, eine Rückschau, bei der das Bedeutende herausgehoben und gedeutet wird und wo auch die Verursacher im Bild erscheinen. Der Zuschauer kann sich von den Beschränkungen, die ihm Raum und Zeit sonst auferlegen, befreit fühlen. Wenn er mit der Kamera bis dicht an Gegenstände oder Personen heranfliegt, die eine Rolle im Weltgeschehen gespielt haben, wenn er etwas von vorn und im nächsten Augenblick von oben sieht, dann sieht er so, als hätte er keinen Körper.

Tatsächlich lassen die Fernsehnachrichten in den Zuschauern das Gefühl entstehen, als würden sie in die Geheimnisse des Tages eingeweiht. In Wirklichkeit wird der Zuschauer jedoch an Bilder der materiellen Außenwelt gefesselt, die nichts über die dahinter liegenden Beweggründe verraten. Die Fernseh-Einweihung führt denn auch nicht dazu, daß der Mensch die Welt besser versteht und sinnvoller in ihr handeln kann. Im Gegenteil! Der Unsinn wird vernünftig und das Böse wird zum Normalen; außerdem drängt das Fernsehen

159

den Zuschauer, indem es ihn in Trance versetzt und dabei seine Willenskräfte schwächt, in die Rolle eines Zuschauers, der die Taten der Großen dieser Welt als Spektakel genießt.

Wirft man von hier noch einmal einen Blick auf den Programmauftrag und die Programmrichtlinien, dann wird deutlich, welche riesige Kluft zwischen Anspruch und Wirklichkeit liegt. Da soll der Norddeutsche Rundfunk die internationale Verständigung fördern, zum Frieden und zur sozialen Gerechtigkeit mahnen, die demokratischen Freiheiten verteidigen und nur der Wahrheit verpflichtet sein. Immer wieder ist die Rede davon, daß die Sendungen die eigene Urteilsbildung befördern sollen, wobei das Zweite Deutsche Fernsehen gerade im Hinblick auf Informationssendungen ausdrücklich alle Suggestivmethoden ablehnt.

In Wirklichkeit sind die Nachrichtensendungen des Fernsehens Veranstaltungen zur Verhinderung eigener Urteilsbildung, wie man sie sich wirksamer wohl kaum denken kann. Anders wäre doch auch gar nicht zu verstehen, wieso einfachste Überlegungen, die gleichwohl von existentieller Bedeutung sind, nicht angestellt werden. Da sind die Nachrichten seit Monaten voll von Meldungen über die Absicht der Amerikaner, im Weltraum Strahlenwaffen zu stationieren, um mit ihrer Hilfe russische Raketen abschießen zu können (SDI). Die Amerikaner behaupten, die Strahlenwaffen dienten dem Frieden, da sie alle anderen Waffen unwirksam machten. Wieso bricht die Welt nicht in ein Hohngelächter aus angesichts einer solchen Behauptung. Hat Herr Reagan etwa gesagt, er würde in dem Maße, wie die Strahlenwaffen installiert werden, eigene Angriffswaffen abbauen? Nein, das hat er nicht gesagt! Also strebt er doch an, selbst unverwundbar zu werden, ohne auf seine Fähigkeit zu verzichten, den Gegner vernichten zu können. Kann es da wundern, daß die geplanten Strahlenwaffen die Russen aufs äußerste reizen?

Daß die Amerikaner nach Überlegenheit streben, wurde von einem hohen Beamten des amerikanischen Verteidigungsministeriums auf der jährlich in München stattfindenden Wehrkundetagung ausdrücklich bestätigt. Der Amerikaner sagte, sie seien an einem Gleichgewicht der Kräfte gar nicht interessiert, ihr Ziel sei Überlegenheit. Dazu paßt, daß der amerikanische Verteidigungsminister seinen Nato-Verbündeten während der Konferenz der nuklearen Planungsgruppe in Würzburg mitteilte, bei den Abrüstungsverhandlungen stände die strategische Verteidigungsinitiative nicht zur Diskussion. Die entsprechende Zeitungsnotiz lautet:

Würzburg/Bonn (ap/dpa.) Washington beharrt darauf, daß das US-Programm zur Erforschung der Raketenabwehr im Weltraum bei Abrüstungsverhandlungen nicht zur Disposition steht. Zum Abschluß der zweitägigen Konferenz der nuklearen Planungsgruppe (NPG) in Würzburg teilte der amerikanische Verteidigungsminister Cas-

160

par Weinberger am Freitag vor Journalisten mit, er habe seine 13 Kollegen davon in Kenntnis gesetzt, daß die strategische Verteidigung für seine Regierung »höchste Priorität hat und kein Verhandlungsobjekt sein wird«. SDI werde auch im Zusammenhang mit Forderungen für Rüstungskontrollvereinbarungen nicht aufgegeben. (»Weser-Kurier« vom 22.3.1986)

Will jemand den Frieden, der mit aller Kraft nach Überlegenheit strebt und der von vornherein sagt, über gewisse Dinge, die den Gegner allerdings existentiell bedrohen, lasse er unter keinen Umständen mit sich reden?
Trotzdem tritt die Regierung der Bundesrepublik dafür ein, daß Deutschland an der Erforschung und Stationierung von Strahlenwaffen beteiligt wird. Drei Tage vor Ostern (27.März 1986) wurde in Washington ein Vertrag unterschrieben, der die Voraussetzungen für die Beteiligung deutscher Firmen an der Realisierung der strategischen Verteidigungsinitiative regelt. Der Vertrag trägt die Unterschriften des amerikanischen *Verteidigungs*ministers und des deutschen *Wirtschafts*ministers (Bangemann, FDP). Damit wird offen zugegeben, daß hinter dem Drängen nach einer Beteiligung an den Strahlenwaffen die Interessen der Wirtschaft stehen. Daß es bei dem Vertrag nicht allein um wirtschaftliche Fragen, geht sondern um politische von existentieller Wichtigkeit, läßt sich daran ablesen, daß der Vertrag geheim ist. So geheim, daß ihn nicht einmal die Parlamentarier kennen.
Wieso kann eine Regierung solch einen Vertrag schließen, ohne befürchten zu müssen, daß sie von einer Welle der Empörung aus dem Amt gejagt wird? Der Grund kann doch nur der sein, daß die Bürger davon abgehalten werden, zu den einfachsten Urteilen zu kommen. Daß Nachrichtensendungen nicht den Sinn haben, die Grundlage für eine selbständige Urteilsbildung zu legen, wird auch daran deutlich, daß tausende von Journalisten zu Tagungen, Konferenzen und Gipfel-Treffen anreisen, obwohl über diese Ereignisse am Ort des Geschehens so gut wie nichts zu erfahren ist. Das möge am 11.Weltwirtschaftsgipfel, der vom 2. bis 3.Mai 1985 in Bonn stattfand, verdeutlicht werden. Der Leser studiere zunächst die im folgenden wiedergegebenen Zeitungsberichte, die vor, während und nach dem Treffen in der Bremer Tageszeitung »Weser-Kurier« erschienen sind.

Schlußerklärung schon gespeichert   1./2.Mai 1985
Bonner Gipfelstürmer stützen sich bei Beratungen im NATO-Saal auf Computer-Sherpas.
Kein Sonnenstrahl wird die Staats- und Regierungschefs der sieben wichtigsten Industrienationen der westlichen Welt erhellen, wenn bei ihrer Bonner Vollkonferenz letzte Gipfelleistungen erwartet werden.
(...)
Die sogenannte Aktenlage können sich die Regierungschefs im NATO-Saal jederzeit auf elektronischem Weg vergegenwärtigen. In der zweiten Reihe hinter dem Konferenztisch

verfügt jede Delegation über einen, wie es im Tagungsjargon heißt, »Sherpa«, der über Bildtelefon und Fernkopierer als moderner Lastenträger der Gipfelstürmer sämtliche Unterlagen beschaffen kann – wenn alles klappt.

(...)

Vom hochtechnisierten »Katzentisch« aus, ist er mit seinem nationalen Delegationsbüro in einem anderen Gebäude des Kanzleramtes verbunden. Noch in den letzten Tagen sind unter dem grünen Rasen rund um die Bonner Regierungszentrale Glasfaserkabel verlegt worden.

Im Computer dieses Systems, das die Firma Siemens installiert hat, sind, ohne daß dies bestätigt wird – auch schon die Texte der beiden Schlußerklärungen gespeichert. Sie können in der Plenarsitzung bei Änderungswünschen in allen Konferenzsprachen zugleich korrigiert werden. Über 200 Geräte in den Pressezentren, größeren Hotels und auf den für die Konferenz vor Anker gegangenen Rheinschiffen vermitteln auch den Journalisten, die über den Gipfel berichten, per Bildschirmtext Presseamtsinformationen über den Tagungsverlauf sowie aus aller Welt.

Beim Bonner Gipfel geht Sicherheit über alles　　　　　　　　　3. Mai 1985

Gestern in Bonn: Das Regierungsviertel gleicht einem Heerlager. Polizeibeamte, wohin man blickt. Kontrollen, wo man geht und steht. Straßensperren, Ausweiskontrollen, Leibesvisitationen. Was die Sicherheitsorgane zum Schutz der Teilnehmer des Wirtschaftsgipfels in der Bundeshauptstadt aufgeboten haben, ist wirklich »Spitze«. Kriminalhauptkommissar Hans-Georg Classen zur »Einsatz-Stimmung« seiner Kollegen: »Der Auftrag Sicherheit wird äußerst ernst genommen«.

Daß der Polizeisprecher nicht übertreibt, davon kann manch einer der 3500 Journalisten aus 53 Ländern ein Lied singen.

(...)

Mehr als 10000 Polizeibeamte haben auffällig oder unauffällig »die Wacht am Rhein« übernommen. An dem mit Regenwolken verhangenen Himmel kreisen über dem Tagungsort Polizeihubschrauber, von der »Seeseite« her gibt die Wasserschutzpolizei Rückendeckung, die Polizei patrouilliert auch hoch zu Pferd und mit scharfen Hunden. Bei aller Angespanntheit zeigt sich doch hier und da noch ein wenig aufgelockerte Atmosphäre.

(...)

Reagan traf auf Widerstand　　　　　　　　　　　　　　　　　4. Mai 1985

Was die politische Erklärung der Sieben vom Bonner Gipfel verschweigt.

(...)

Die Staats- und Regierungschefs beschränken sich in ihrer Erklärung auf wohlklingende, aber unverbindliche Formulierungen, die die nicht erst in Bonn zutage getretenen Meinungsverschiedenheiten über die Verhandlungsführung der USA bei den Rüstungsbegrenzungsgesprächen in Genf einfach überdecken, so daß sich einer der im Bundespressekonferenzsaal versammelten Journalisten zu der treffenden ironischen Feststellung genötigt sah: »Das kommt uns allen so neu vor.«

(...)

Bonner Gipfelkonferenz beriet zügig.　　　　　　　　　　　　4. Mai 1985

Für die Pausen war nur wenig Zeit

Der Termin für das obligate »Familienfoto« wurde um eine Stunde verschoben. Die Gipfelteilnehmer, so hieß es gestern erklärend, berieten so zügig, daß sie ihre Arbeit nicht unterbrechen wollten. Als sie sich dann auf dem Rasen hinter dem Palais Schaumburg vor einer großen Pressetribüne aufstellten, drang sogar etwas Sonnenlicht durch den trüben Bonner Himmel. (Sieben Jahre zuvor war an genau derselben Stelle beim ersten Bonner Wirtschaftsgipfel schon ein solches Foto entstanden, das die Staats- und Regierungschefs mit ihren Außen- und Wirtschaftsministern vereinte. Die damals ausschließliche Herrenrunde wurde diesmal durch Maggie Thatcher aufgelockert.)

(...)

Der frühere Bundeswirtschaftsminister Otto Graf Lambsdorff, auf sieben früheren Gipfeln dabei, enthüllte kürzlich, wie es bei solchen Treffen zugeht. Die Entwürfe der Kommuniqués seien seit langem hin und her gewendet und durchgekaut worden, wenn der Gipfel beginne. Die Beratungsrunde der Staats- und Regierungschefs sei in den vergangenen Jahren deshalb immer mehr zu einem Redaktionskomitee zur Abfassung der Schlußerklärung geworden.

»Das ist ja wundervoll«, begeisterte sich übrigens Margaret Thatcher, als sie ihren persönlichen Ruheraum sah, den Bundeskanzler Kohl der britischen Premierministerin zur Verfügung stellen ließ.

(...)

Obwohl niemand darüber sprechen sollte, wurde bekannt, daß alle Staats- und Regierungschefs die Zimmer »wohlgeordnet« hinterließen. Offensichtlich war beim Weltwirtschaftsgipfel wenig Zeit zum Ruhen. »Es ist wie bei einer erlebnisreichen Urlaubsreise«, kommentierte ein Protokollbeamter einer ausländischen Delegation, »richtig ausruhen kann man sich erst wieder zu Hause im eigenen Bett.«

Liest man diese Berichte in Hinblick auf Sinn und Möglichkeiten der journalistischen Arbeit, dann ergibt sich folgendes. Die Ergebnisse des Treffens stehen vor seinem Beginn weitgehend fest. Punkte, die noch strittig sind, werden hinter verschlossenen Türen verhandelt. Die Hauptinformationsquelle der Journalisten sind die offiziellen Verlautbarungen der jeweiligen Presse- und Informationsämter. Darüber hinaus gelingt es einigen sogenannten Star-Journalisten, von einzelnen Politikern ein paar nichtssagende Worte zu erhaschen.

Wollen die Journalisten über das hinausgehen, was ihnen die offiziellen Informationsquellen zur Verfügung stellen, dann bleibt ihnen nichts anderes übrig, als sich auf die Ebene des Klatsches zu begeben. Sie beschreiben zum Beispiel die Ruheräume der erlauchten Konferenzteilnehmer.

Man stelle sich vor: dreitausendfünfhundert Journalisten kommen aus der ganzen Welt angereist, schleppen Kameras und Tonbandgeräte, lassen sich unzählige Male kontrollieren, um schließlich Erklärungen entgegenzunehmen, die im selben Augenblick auch in ihrer Heimat bekannt werden, um Fotos zu machen, auf denen nichts Wesentliches zu sehen ist und um schließlich, man möchte meinen, aus Verzweiflung, über die eigene Zunft und das Geschehen am Rande zu berichten.

Daß dies keineswegs eine Ausnahme ist, möge ein weiteres Beispiel zeigen. Einige Monate nach dem Weltwirtschafts-Treffen begegneten sich Ronald

Reagan und Michail Gorbatschow in Genf zu zweitägigen Gesprächen. Die Staatsmänner hatten eine strikte Nachrichtensperre vereinbart. Dennoch brachten die Medien ausführlich ›Berichte‹. Dem Weser-Kurier gelingt es, eine ganze Seite mit Trivialitäten zu füllen (21. November 1985). Überschrift und erster Absatz lauten folgendermaßen:

»Nachrichtensperre in Genf bringt die Medien in Nöte«
»Mit Nicken und Wackeln über die Durststrecke«
Die Nachrichtensperre beim Genfer Gipfel, die erste konkrete Übereinkunft zwischen US-Präsident Reagan und KPdSU-Generalsekretär Gorbatschow, trägt offensichtlich dazu bei, die mehr als 3000 in der schweizerischen Stadt versammelten Medienvertreter – von denen übrigens etwa die Hälfte der Technik zugerechnet werden muß – zur hektischen Suche nach Berichtenswertem ausschwärmen zu lassen. So rückt das »Bunte am Rande«, das Gipfel-Drum-und-Dran, in den Mittelpunkt.

Im weiteren Verlauf der Beiträge findet sich dann noch folgender Abschnitt:

Der US-Präsident pflegte sorgfältig das von ihm geschätzte Image jugendhafter Unbekümmertheit. »Habt ihr ein gutes Mittagessen gehabt?« fragte er die Journalisten. Dann klopfte er sich zufrieden und mit strahlendem Lachen auf seinen Bauch, so als wolle er damit aller Welt zeigen, wie großartig bisher alles lief.

Die gesamte Berichterstattung ist geprägt von einem krassen Mißverhältnis zwischen der Wichtigkeit der Angelegenheiten, um die es geht, und der Frivolität des Tones, in dem darüber berichtet wird. Dabei ist der »Weser-Kurier«, aus dem zitiert wurde, keineswegs eine Boulevard-Zeitung. Da aber auch die sogenannten seriösen Zeitungen in erster Linie eine möglichst hohe Auflage erzielen wollen, müssen sie sich nach den Erwartungen der Leser richten, und die sind eindeutig durch das Fernsehen geprägt.

Die Folge dieser Art von Nachrichten ist nicht allein der Verlust der Urteilsfähigkeit. Indem die Menschen nicht nur an der Urteilsbildung gehindert werden, sondern auch noch systematisch an der Zerstörung der Maßstäbe, die den Urteilen zugrunde liegen, gearbeitet wird, haben Nachrichten über Verbrechen und andere unmoralische Handlungen zur Folge, daß sich derartiges anschließend um so leichter wiederholt. Nach dem Finale um den Europapokal im Fußball, das in Brüssel ausgetragen wurde und bei dem 29 Menschen den Tod fanden (Mai 1985), glaubten viele, derartiges könne sich nicht wiederholen. Auf einer Tagung der Evangelischen Akademie Loccum, bei der es um Fairneß im Leistungssport ging (Januar 1986), wurde jedoch von verschiedenen Seiten berichtet, daß die Gewalttätigkeiten in den Fußballstadien nach den Vorgängen in Brüssel noch zugenommen haben, dies, obwohl Bilder und Berichte von unglaublichen Roheiten und schrecklichen Leiden der Opfer um die Welt gegangen waren.

Hält man sich auf der einen Seite die große Beliebtheit der Nachrichten vor Augen und bedenkt man auf der anderen Seite, wie sie tatsächlich wirken, nimmt man außerdem hinzu, daß doch wohl kaum jemand den Wunsch hat, seine Urteilsfähigkeit zu zerstören, dann fragt man sich, wieso die Nachrichten des Fernsehens, zu denen jetzt zurückgekehrt werden soll, so viele Zuschauer finden. Da muß zunächst darauf verwiesen werden, daß diese Sendungen, wie das Fernsehen insgesamt, in perfekter Weise ablenken und unterhalten und daß danach ein großes Verlangen besteht. Darüber hinaus befriedigen aber speziell die Nachrichtensendungen noch ein besonderes Bedürfnis. Sie ermöglichen dem Zuschauer, von Menschen, die an den verschiedensten Orten der Erde wohnen, etwas zu erfahren und sich mit ihnen verbunden zu fühlen. Das weltumspannende einer Sendung wie der »Tagesschau« kommt dem Wunsch der Menschen entgegen, die Begrenztheit des eigenen Lebens zu überschreiten und sich als Teil der gesamten Menschheit zu erleben. Verbunden damit ist das Streben, als mündiger Mensch handelnd und gestaltend einzugreifen in das allen gemeinsame Schicksal und Leben. Diesen letzteren Teil des Wunsches pervertiert das Fernsehen. Es macht aus Menschen, die eigentlich tätig sein wollen, aber zugleich bequem sind, Zuschauer, genauer gesagt, hypnotisierte Voyeure, die, statt ihren Mitmenschen beizustehen, ihre Leiden und Freuden, vor allem aber ihre Leiden, genießend betrachten.

Abschließend einige Bemerkungen zu dem zeitlichen Aufwand, der nötig war, um die hier als Beispiel angeführte »Tagesschau« so zu untersuchen, wie es geschehen ist. Die Erstellung der verschiedenen Übersichten hat insgesamt ungefähr zwanzig Stunden gedauert. Das heißt, nach zwanzig Stunden war klar:

1. Aus welchen Nachrichten besteht diese Sendung?
2. Welche Präsentationsformen werden jeweils gewählt?
3. Aus welchen Einstellungen bestehen die einzelnen Nachrichtenfilme?

Zu diesen zwanzig Stunden kommt dann noch einmal der zeitliche Aufwand für das gesonderte Hören des Tonteils der Sendung, der zur Vereinfachung der Arbeit auf Tonband aufgenommen wurde.

Außerdem ist der Film zur neunten Nachricht (Ermordung des Bürgermeisters von Nablus) von mir und einem Studenten, der mir bei der Untersuchung der ganzen Sendung geholfen hat, noch einmal eine Stunde lang betrachtet worden. Wir wollten vor allem wissen, was auf den Einstellungen, die den Steinwurf und den Pistolenschuß zeigen, zu sehen und zu hören ist und wie die Einstellungen zusammenhängen. Hätten wir mit dieser Gründlichkeit die ganze Sendung betrachtet, wären wir noch einige Tage beschäftigt gewesen, wobei auch nach dieser erneuten Betrachtung einige Unklarheiten bestehen blieben.

Der Schluß des Films zeigt eine Besonderheit, auf die hingewiesen werden soll. Während des gesamten Films hört man den Sprecher, der den Film kommentiert und, allerdings leiser, den Originalton des Schauplatzes. Während der letzten zwei Sekunden des Films hört der Kommentar auf. Man sieht Menschen, die Deckung suchen und sich zu Boden werfen (man stellt sie sich als diejenigen vor, auf die der Pistolenschütze schießt) und man hört in der Stille, die durch das Ausbleiben des Kommentars entsteht, entsetzte Schreie und einen Schuß. Unmittelbar danach setzt die nächste Nachricht ein (harter Schnitt) und der Sprecher im Studio, dessen Stimme eben noch den Kommentar zum Film sprach, sagt:

Die im vergangenen Jahr vereinbarte deutsch-chinesische Zusammenarbeit bei der Kernenergie hat einen Rückschlag erlitten.

Nimmt man den Schluß des Films bewußt wahr, dann gerinnt einem das Blut in den Adern, denn man bekommt den Eindruck, Zeuge zu sein, wie ein Mensch erschossen wird. Die Sendung geht darüber mit völliger Gleichgültigkeit hinweg. Es entsteht auf diese Weise so etwas wie eine geheime Maschinerie, die die Mitleidsfähigkeit des Menschen zerstört.

Der Hinweis auf den Aufwand, der nötig ist, um auch nur einigermaßen bewußt aufzunehmen, was in der Sendung zu sehen und zu hören ist, soll deutlich machen, wieviel bei dem üblichen Anschauen, wie es alltäglich geschieht, alles unbewußt bleibt. Auch die geschulteste und angespannteste Aufmerksamkeit kann daran nur graduell etwas ändern. Wer sich dem Fernsehen aussetzt, kann sich nicht davor schützen, Eindrücke zu empfangen, die ihm nicht bewußt werden.

Nachtrag

Nach Fertigstellung dieses Kapitels erschien in der Zeitschrift »Erziehungskunst« (März 1986) ein Beitrag mit der Überschrift »Neue Angriffe auf das Unbewußte. Das › Subliminal Cassette Program‹«. In dem Beitrag wurde über Ton-Kassetten berichtet, die denjenigen, der sie hört, von Hemmungen, schlechtem Gewissen, Ängsten und dergleichen befreien sollen, um statt dessen ein Verhalten zu bewirken, das zu Geld, Anerkennung, Erfolg und ähnlichem führt. Die Kassetten bewirken so etwas wie Selbstsuggestion, wobei allerdings nur Musik zu hören ist. Die Suggestionen selbst können bewußt gar nicht wahrgenommen werden.

Einem Prospekt, der solche Kassetten in Deutschland anpreist, ist folgendes zu entnehmen:

166

Das Geheimnis der unbewußten Wahrnehmung

Das Bewußtsein gleicht einem Computer, seine Datenbank ist das Unterbewußte. Hier werden sämtliche Eindrücke von Geburt an gespeichert und prägen in ihrer Gesamtheit die Lebenseinstellung des Menschen. Selbst Reize, die nie bewußt registriert werden, zum Beispiel im Schlaf oder in Narkose, sitzen hier fest und strahlen Wirkungen aus. Das Unterbewußtsein nimmt alles ohne Wertung und Logik auf. In der Fülle der Informationen bleibt vieles unverarbeitet hängen oder wird einfach verdrängt.

So entstehen tief verwurzelte Vorstellungen und Grundhaltungen, deren Ursachen im Verborgenen bleiben

Kindheitserlebnisse können den Erwachsenen so stark beeinflussen, daß er immer wieder gegen den eigenen Willen handelt, sich vor Dingen fürchtet, die sein Bewußtsein als ungefährlich erkannt hat, oder sich zurückzieht, wo Offenheit viel einleuchtender wäre.

Die Fesseln des Unterbewußtseins durch positive Suggestionen lösen

Um das Bild des Computers und seiner Datenbank aufzugreifen: Es gilt, die negative »Codierung« zu löschen und den Computer mit Positivem zu »füttern«, sozusagen unterbewußt umzulernen. Indem Sie sich ein positives Lebensmuster schaffen, können Sie sich die Macht des Unterbewußten bewußt zunutze machen.

Dem Text ist weiterhin zu entnehmen, daß die sprachlich formulierten Suggestionen einer eingängigen Melodie aufgeprägt sind. »Je weniger Sie tun, um so besser funktioniert es«, heißt es triumphierend.

In dem Beitrag der »Erziehungskunst« wird auf der Grundlage der anthroposophischen Sinneslehre deutlich gemacht, wie es eigentlich möglich ist, daß man etwas hört, ohne daß das Gehörte zum Bewußtsein kommt. An dieser Stelle soll lediglich darauf aufmerksam gemacht werden, daß unbewußt bleibendes Hören auch ohne die komplizierte Technik der Subliminal-Kassetten täglich millionenfach beim Fernsehen, insbesondere bei den Nachrichtensendungen, geschieht. Das so Aufgenommene hat die Tendenz, den Menschen zum Automaten zu machen.

X. Film und Fernsehen in Hinblick auf die Kinder

Es versteht sich von selbst, daß etwas, das die Erwachsenen schädigt, auf Kinder noch schlimmer wirken muß. Gäbe es keine Kinderfilme und keine Kindersendungen im Fernsehen, so würde sich ein Kapitel, in dem eigens auf die Kinder eingegangen wird, erübrigen. Leider gibt es aber Angebote, die für Kinder bestimmt sind.

Das war nicht immer so. Bis zur Verabschiedung des »Gesetzes zur Neuregelung des Jugendschutzes in der Öffentlichkeit«, das am 1. April 1985 in Kraft getreten ist, gab es keine Filme, die für Kinder unter sechs Jahren zugelassen waren. Und bis zum Beginn der siebziger Jahre vertraten die Programmverantwortlichen des Fernsehens die Auffassung, das Fernsehen sei für Kinder ungeeignet. So äußerte der damalige Fernsehdirektor des Bayrischen Rundfunks, Dr. Clemens Münster, 1960 auf einer Tagung der Aktion Jugendschutz in München:

»Es ist ein pädagogischer Irrsinn, Kinder unter acht oder auch zehn Jahren vor den Bildschirm zu setzen.«

Prof. Holzamer erklärte 1966 als Intendant des Zweiten Deutschen Fernsehens, daß der Bildschirm kein Babysitter werden dürfe und daß Kinder unter sechs Jahren überhaupt nicht fernsehen sollten.

Diese Auffassung, die in den Fernsehanstalten vorherrschte, führte dazu, daß keine Programme für Vorschulkinder gesendet wurden. Das Fernsehen entsprach damit auch dem Jugendschutzgesetz vom 27.7.1957, dessen Paragraph 6 lautete: »Die Anwesenheit bei öffentlichen Filmveranstaltungen darf Kindern unter sechs Jahren nicht gestattet werden.« (Dieser Paragraph gehört zu denen, die mit Wirkung ab 1. April 1985 geändert wurden.)

1973 begann dann das Fernsehen, die Vorschulserie »Sesamstraße« zu senden. Da die »Sesamstraße« bei vielen Menschen in dem Ruf steht, kindgemäß und pädagogisch wertvoll zu sein, soll ein Blick auf die Entstehung dieser Sendung und ihre Einführung in Deutschland geworfen werden.

Das Vorbild der deutschen »Sesamstraße« ist die amerikanische Vorschulserie »Sesame Street«. Sie geht auf die Initiative der Pädagogin und Fernsehjournalistin Joan Cooney zurück. Joan Cooney ging bei ihren Überlegungen davon aus, daß amerikanische Kinder zwischen zwei und fünf Jahren täglich im Durchschnitt viereinhalb Stunden fernsehen. Dabei ist es so, daß die Kinder vor allem von den sogenannten »Commercials« angezogen werden, kurzen Werbespots, die das Programm in Abständen von drei bis fünf Minuten unterbrechen und die 20 Prozent des Programms ausmachen. Die Werbespots sind einerseits beliebt, andererseits aber auch wirksam, insofern sie nämlich die Wünsche der Kinder lenken, so daß sie nach bestimmten Waren, etwa einer bestimmten Schokolade, verlangen.

Joan Conney stellte fest, daß es offensichtlich möglich sei, die Kinder mit Hilfe des Fernsehens zu beeinflussen. Ihr mißfiel, daß dies lediglich im Interesse der Wirtschaft geschah. Sie nahm sich vor, ein Programm zu entwickeln, das den Kindern diente, was für Joan Cooney in erster Linie hieß, daß die Kinder etwas lernen sollten.

Als Joan Cooney ihre Überlegungen der amerikanischen Bildungsbehörde vortrug, fand sie offene Ohren. Das hatte folgenden Grund. Die amerikanische Regierung hatte ab 1964 Milliardenbeträge für Vorschulprogramme und das, was man kompensatorische Erziehung nannte, ausgegeben. Der Anlaß für diese Maßnahme waren heftige soziale Unruhen, die Anfang der sechziger Jahre die Vereinigten Staaten erschütterten. Zentrum der Unruhe waren die Slums und die Ghettos der schwarzen Amerikaner. Jahrelang lieferten sich Gruppen zumeist arbeitsloser Jugendlicher Straßenkämpfe mit der Polizei, in deren Verlauf oft ganze Straßenzüge in Flammen standen.

Die amerikanische Regierung sah den Ursprung der Unruhen ganz richtig in sozialen Mißständen und Ungleichheiten. Da aber niemand echte Reformen wollte, kam man auf die Idee, die Kluft zwischen Reich und Arm, Privilegierten und Unterprivilegierten durch zusätzliche Bildungsangebote zu überbrücken. »Chancengleichheit durch kompensatorische Erziehung« war das Schlagwort, mit dessen Hilfe man die Probleme lösen wollte.

So einfältig wie dieses Schlagwort, so einfältig waren die Inhalte, die den Kindern vermittelt wurden. Im wesentlichen beschränkte man sich darauf, in die Anfänge des Buchstabierens und Zählens einzuführen, wobei die entsprechenden Fähigkeiten regelrecht antrainiert wurden. Man hoffte, den Kindern auf diese Weise zu helfen, den Anforderungen der Schule besser gerecht werden zu können.

Nach einigen Jahren geriet die kompensatorische Erziehung ins Stocken. Zum einen lag das daran, daß die finanziellen Mittel knapp wurden, zum anderen hatte eine Begleituntersuchung ergeben, daß der Vorsprung, den die kompensatorische Erziehung den Teilnehmern verschaffte, spätestens am Ende des zweiten Schuljahres verschwunden war, das heißt, die Schüler, die aufgrund ihrer Lebensbedingungen benachteiligt waren, gehörten vom Ende der zweiten Klasse ab wie eh und je zu den schlechteren Schülern. (Zu dieser Einsicht hätte man durch schlichtes Nachdenken auch vorher kommen können.)

In dieser Situation kam für die Bildungspolitiker der Vorschlag, das Medium Fernsehen für die Vorschulerziehung einzusetzen, wie gerufen. Sie übernahmen auf der Stelle die Hälfte der Kosten (was nur ein Bruchteil dessen war, was man vorher ausgegeben hatte) und nachdem die andere Hälfte von verschiedenen Stiftungen übernommen worden war, wurde 1968 der »Children's Television Workshop« gegründet mit dem Auftrag, eine Vorschulserie zu entwickeln und herzustellen.

Dem »Children's Television Workshop« gehörten als Mitarbeiter Pädagogen, Schriftsteller, bildende Künstler und vor allem Werbefachleute des Fernsehens an. Die Inhalte der Sendungen übernahm man aus der kompensatorischen Erziehung, die Form der Vermittlung wurde vom Werbefernsehen entlehnt. Man sagte sich, da die »Sesame-Street« mit dem übrigen Fernsehprogramm konkurrieren müsse, müsse sie mindestens so attraktiv sein wie das Werbefernsehen. Auf diese Weise entstand eine Kindersendung, die die raffiniertesten Mittel einsetzte, die das Fernsehen bis dahin entwickelt hatte.

Die ersten Sendungen wurden 1969 ausgestrahlt. Eine Begleituntersuchung, von der Redaktion der »Sesame-Street« in Auftrag gegeben, fand heraus, daß die Sendung bei den Zuschauern einen Wissenszuwachs bewirkte. Außerdem wurde die »Sesame-Street« bei den Kindern tatsächlich so beliebt wie die Werbespots. Pädagogen und Politiker feierten die Serie als pädagogische Revolution und überschlugen sich in Lobeshymnen.

Der Erfolg der »Sesame-Street« führte dazu, daß sie auf der ganzen Welt zum Vorbild von Vorschulsendungen wurde. Inzwischen gibt es 64 Länder, in denen, auf der Basis von Verträgen mit »Children's Television Workshop«, nationale Sesamstraßen, die den Bedingungen in den jeweiligen Ländern mehr oder weniger angepaßt sind, gesendet werden.

Eine deutsche Sesamstraße existiert seit 1973. Die Entscheidung zur Übernahme der Sendung hängt eng mit den bildungspolitischen Auffassungen Anfang der siebziger Jahre zusammen. Die sozialliberale Koalition, die 1969 die CDU-Regierung ablöste, hatte in ihrer Regierungserklärung die Reform des Bildungswesens als einen ihrer Schwerpunkte bezeichnet. Ein Jahr später wurde dann im Bildungsbericht ausdrücklich gefordert, den Elementarschulbereich (Vorschulerziehung) so zu organisieren, daß kompensatorische Erziehung angeboten werden kann. Dem entspricht, daß der Deutsche Bildungsrat kognitives Frühtraining und ebenfalls kompensatorische Erziehung empfahl. Im Strukturplan des Deutschen Bildungsrates (1970) liest man:

»Die Bundesregierung hält einen Ausbau der Elementarerziehung für besonders wichtig und vordringlich und sieht darin den entscheidenden Ansatz für den systematischen Abbau von Milieusperren. Damit wird die Elementarerziehung zum ersten und wichtigen Schritt der Schulreform.« (Strukturplan, Seite 107).

Da den Politikern eine Vorschulerziehung, bei der die Kinder in kleinen Gruppen von Lehrern betreut wurden, zu teuer war, fiel ihnen das Fernsehen und die amerikanische »Sesame-Street« ein, von der sie gehört hatten, daß sie ein großer Erfolg sei. Es wurde eine Arbeitsgruppe »Sesamstraße« gegründet, die bald zu der Überzeugung kam, das amerikanische Vorbild müsse unbedingt für Deutschland übernommen werden. Allerdings sollte das Vorbild durch eine eigene Leistung ergänzt werden, die darin bestand, nicht nur kognitive Lernziele zu verfolgen, sondern die Kinder auch noch zu sozialem Lernen anzuregen. In dem entsprechenden Abschnitt des Lernzielkataloges heißt es:

II. Soziales Lernen

Als allgemeine Zielsetzungen gelten:
- Die Kinder sollen Interaktionsmuster, Handlungsmodelle und Handlungsstrategien kennenlernen, die zur Bewältigung realer sozialer Situationen geeignet sind.
- Den Kindern sollen solche Einstellungen vermittelt werden, die ihnen das Begreifen und Erfassen der angebotenen sozialen Interaktionsmuster, Handlungsmodelle und Handlungsstrategien erleichtern und sie zur Umsetzung der Muster, Strategien usw. in reales Verhalten ermuntern.
- Bei den Kindern bereits vorhandene prosoziale Verhaltensweisen sollen gefördert und verstärkt werden.
- Bei den Kindern vorhandenen unerwünschten sozialen Verhaltensweisen soll tendentiell entgegengewirkt werden.

Wohlgemerkt, diese Lernziele sind in Hinblick auf zwei- bis sechsjährige Kinder formuliert worden. Ein kinderfeindliches Medium und eine kinderfeindliche Pädagogik reichen sich hier die Hand.

Während der Vorbereitung der deutschen Sesamstraße wurde einem ausgewählten Kreis von Pädagogen und Medienfachleuten zum ersten Mal eine Folge der »Sesame-Street« vorgeführt. Eine Teilnehmerin des damaligen Ereignisses berichtete mir, die Anwesenden hätten sich entsetzt an den Kopf gefaßt und sich gefragt, wie man überhaupt auf die Idee kommen könne, Kindern solch einen heillosen Unsinn vorzusetzen.

Die so reagierten, waren in ihrem Urteil noch nicht beeinflußt durch jahrelange Gewöhnung an das amerikanische Fernsehen. Daß die Sesamstraße dann doch eingeführt wurde, liegt wohl daran, daß zur Rechtfertigung der ablehnenden Empfindung nicht auf eine entsprechende Pädagogik zurückgegriffen werden konnte. Mit bloßen Empfindungen ließ sich jedoch nicht argumentieren. Außerdem gilt ganz allgemein, daß man sich an das Fernsehen schnell gewöhnt und seine Maßstäbe übernimmt, wenn man nicht über eine feste gedankliche Gegenposition verfügt.

Zu Beginn des Jahres 1973 wurden die ersten Folgen der deutschen Sesamstraße ausgestrahlt. Dem Sendebeginn ging eine intensive Pressekampagne voraus, in der die Vorzüge der Sendung angepriesen wurden. Das hatte unter anderem zur Folge, daß sich einige Kindergärten, noch bevor eine einzige Sendung gelaufen war, Fernsehgeräte kauften, damit die Kinder in den Genuß der neuen Sendung kommen konnten.

Seitdem sind fast tausend Folgen der »Sesamstraße« produziert und ausgestrahlt worden. Die Sendung ist vormittags und am frühen Abend (18.00 Uhr) zu sehen. Es gibt nur wenige Kinder, die die »Sesamstraße« nicht über einen Zeitraum von mehreren Jahren mehrmals in der Woche sehen, wobei die Zuschauer sowohl bei den Zweijährigen als auch noch bei den Zehnjährigen zu finden sind. In Hinblick auf Beliebtheit und Selbstverständlichkeit des Anschauens kann man sagen, daß die »Sesamstraße« für die Kinder das ist, was die Nachrichtensendungen für die Erwachsenen sind.

Die Auffassung, Film und Fernsehen seien für Kinder unter sechs Jahren ungeeignet, gehört, was die Verantwortlichen des Fernsehens betrifft, der Vergangenheit an. Merkwürdigerweise änderten auch namhafte Professoren, die die ursprüngliche Auffassung des Fernsehens entschieden unterstützt und begründet hatten, Ende der sechziger Jahre ihre Meinung. Bleibt die Frage, wie man mit dem Paragraphen 6 des Jugendschutzgesetzes zurechtkam, der, wie bereits zitiert, lautet: »Die Anwesenheit bei öffentlichen Filmveranstaltungen darf Kindern unter sechs Jahren nicht gestattet werden.«

Die Rettung brachte das Wörtchen »öffentlich«. Filme, die das Fernsehen sendet, werden zu Hause empfangen und sind somit nicht öffentlich, sagte man und war damit in der Tat juristisch unangreifbar. (Theoretisch hätte man die Eltern eines dreijährigen Kindes, das die »Sesamstraße« in einer Gaststätte sah, verklagen können.)

Schaut man sich die Begründungen an, die zur Formulierung des Paragraphen 6 führten, dann wird deutlich, daß die Tatsache, ob ein Film öffentlich sei oder nicht, bei den Überlegungen kaum eine Rolle spielte. In Kommentaren zum Jugendschutzgesetz heißt es, wobei die Kommentatoren sich auf die Protokolle des 15. Bundestagsausschusses für Jugendfragen stützen, der Ausschuß habe den Paragraphen 6 einmütig befürwortet, »weil die zahlreichen optischen und akustischen Reizwirkungen eines Bildstreifens nach dem Gutachten maßgebender Ärzte, Pädagogen und Psychologen auf Kinder in diesem Alter stets einen negativen Einfluß, wenigstens im Unterbewußtsein und indirekt ausüben. Selbst Märchenfilme sind hiernach für diese Altersgruppe ungeeignet.« Weiter ist in den Protokollen von einer »verständigen Eindämmung der neuropathisierenden Reizüberflutung unserer heutigen Kindergeneration« die Rede. Ausdrücklich weist der Kommentar darauf hin, daß der Kinobesuch

172

durch Kinder unter sechs Jahren auch nicht in Begleitung eines Erziehungsberechtigten gestattet ist. Begründend heißt es dazu:»Der Gesetzgeber will ein für allemal sicherstellen, daß kein Kind unter sechs Jahren einer heute eindeutig als nachteilig erkannten Kinoeinwirkung ausgesetzt wird.«

Nun wäre ja denkbar, daß sich diejenigen, die für die Einführung der»Sesamstraße«eintraten, auf neuere Erkenntnisse stützen konnten, die bei der Verabschiedung des Jugendschutzgesetzes noch nicht zur Verfügung standen. Welche Rolle spielte zum Beispiel der wissenschaftliche Beirat der»Sesamstraße«, dem namhafte Pädagogen, Mediziner, Psychologen und Medienfachleute angehören und der nicht wenig zur Anerkennung der»Sesamstraße«beigetragen hat? Was den wissenschaftlichen Beirat betrifft, so wurden seine Mitglieder vom ersten Leiter der deutschen»Sesamstraßen«-Redaktion ausgesucht. Das geschah zu einem Zeitpunkt, als die Entscheidung, ob das Vorschulfernsehen eingeführt werden sollte oder nicht, bereits gefallen war. Die Grundsatzfrage, ob das Fernsehen für Kinder geeignet sei, ist von den Mitgliedern des Beirates nie diskutiert worden.

Fragt man Mitarbeiter der»Sesamstraßen«-Redaktion nach der Kompetenz und dem Einfluß des Beirates, dann kann man wörtlich hören,»die Mitglieder entscheiden aus dem hohlen Bauch«. Tatsächlich beschränkt sich der Beirat darauf, Nebensächlichkeiten zu besprechen und Vorschläge zu machen, die ohne Einfluß auf den Charakter der Sendung sind.

Fragt man, wie es zur Einführung der»Sesamstraße«gekommen ist, dann stößt man auf die verschiedensten Gründe, vor allem solche, die politischer und finanzieller Art sind. Einsichten, die mit den Kindern und ihrer Wesensart zu tun haben, spielten keine Rolle.

Betrachtet man die Entstehungsbedingungen der»Sesame-Street«und der »Sesam-Straße«, so ergibt sich folgender Unterschied. Die amerikanische Sendung stellt eine, wenn auch unangemessene Reaktion auf die Tatsache dar, daß amerikanische Kinder bereits in den sechziger Jahren mehrere Stunden täglich vor dem Fernsehschirm verbrachten. Außerdem ging die»Sesame-Street«davon aus, daß Millionen von Kindern in Slums und Ghettos unter Lebensbedingungen aufwachsen, die die Ausbildung auch der einfachsten Fähigkeiten, die sich bei jeder auch nur einigermaßen gesunden Entwicklung von selbst einstellen, verhinderten. Die»Sesamstraße«hat das, was die»Sesame-Street«vorfand und worauf sie zu reagieren versuchte, in Deutschland überhaupt erst herbeigeführt. Die»Sesamstraße«hat das Fernsehen für Kinder akzeptabel gemacht. Das bedeutet inzwischen für viele Kinder, daß sie einen großen Teil ihres Lebens in der Medienwelt verbringen. Diese Welt schädigt die Kinder aber mindestens ebenso wie Slums und Ghettos.

Mit der Änderung des Paragraphen 6 des Jugendschutzgesetzes wird die Situa-

173

tion, die längst eingetreten ist, auch juristisch bereinigt. Dabei mutet es wie ein Hohn an, daß der Verzicht auf jede Altersbeschränkung in einem Gesetz enthalten ist, dessen Absicht im übrigen darin besteht, Kinder und Jugendliche vor Videofilmen mit extremem Inhalt besser schützen zu können. Hoffen wir, daß dies Gesetz, was diese Absicht betrifft, nicht vergeblich erlassen wurde, denn der Schaden, den es andererseits anrichten wird, ist gewiß.

Im folgenden soll die 956. Folge der »Sesamstraße« besprochen werden. Sie besteht aus 13 Beiträgen und dauert, wie jede »Sesamstraße«, dreißig Minuten. Zunächst sollen die einzelnen Beiträge der Reihe nach durchgegangen werden.

I.   Bei dem ersten Vorspann handelt es sich um einen Zeichentrickfilm. Er nennt Namen und Nummer der Sendung.

II. Der zweite Vorspann dauert 43 Sekunden und besteht aus 18 Einstellungen. Nur drei Einstellungen beziehen sich aufeinander, ansonsten werden ständig neue Personen, neue Situationen, neue Örtlichkeiten, neue Gegenstände gezeigt (vgl. Übersicht Seite 176). Man erinnere sich an das, was über die Wirkung solcher räumlich und zeitlich diskontinuierlichen Bildfolgen gesagt wurde. Dabei ist über die Hälfte der Einstellungen nur ein oder zwei Sekunden lang. Bei den etwas längeren Einstellungen sorgen verschiedene Bewegungen der ansonsten starren Kamera für zusätzliche Unruhe. Der Vorspann soll natürlich die Aufmerksamkeit der Kinder wecken und sie auf die nachfolgende Sendung einstimmen. Das ist von der Absicht her durchaus berechtigt und man kennt so etwas ja auch von anderen Darbietungen. Der Vorspann der »Sesamstraße« gibt sich jedoch mit der Aufmerksamkeit, die üblicherweise erwartet werden kann, nicht zufrieden. Er reißt die Kinder mit unerhörter Gewaltsamkeit in einen Bilderstrudel hinein, daß ihnen Hören und Sehen vergeht und sie sich mit Sicherheit am Ende der 43 Sekunden in Trance befinden. Das wird um so mehr der Fall sein, als der jeweilige Vorspann den Kindern bekannt ist. (Es gibt nur drei oder vier Vorspanne, die ständig wiederholt werden. Die Musik ist immer identisch.) Aus der Hypnoseforschung weiß man, daß Wiederholungen den Eintritt der Trance beschleunigen. (Die »Tagesschau« und überhaupt alle Serien bedienen sich grundsätzlich immer derselben Vorspanne.) Zu den Bildern klingt das »Sesamstraßen«-Lied. Es lautet:

Der, die, das.
Wer, wie, was?
Wieso, weshalb, warum?
Wer nicht fragt bleibt dumm.

Tausend neue Sachen,
Die gibt es überall zu sehen.
Manchmal muß man fragen,
Um sie zu verstehen.

Der, die, das.
Wer, wie, was?
Wieso, weshalb, warum?
Wer nicht fragt bleibt dumm.

Man könnte geradezu meinen, das Lied wolle sich über die Kinder lustig machen. Im Zustand der Trance vor dem Apparat festgebannt, sind sie doch gerade in einer Situation, die jedes eigenständige Fragen verhindert. Aber man muß sich klarmachen: dieses Lied hören viele Kinder über Jahre zu Beginn und am Ende einer jeden Sendung der »Sesamstraße«. Da ist es durchaus möglich, daß sich in ihrem Unterbewußtsein die Überzeugung festsetzt: Situationen, in denen ich Anwort auf meine Fragen finde, sind so wie diese hier vor dem Bildschirm.

Bei der Untersuchung der folgenden Beiträge wird auch auf die Lernziele verwiesen, die die »Sesamstraße« verfolgt. Der vollständige Katalog dieser Lernziele ist im Anhang abgedruckt (siehe Seite 276). Die im folgenden angegebenen Ziffern beziehen sich auf diesen Katalog.

III. Auf den Vorspann folgt der erste Teil der Rahmenhandlung. (Weitere Teile befinden sich in der Mitte und am Schluß der Sendung.) In der Rahmenhandlung treten auf: Tiffi (eine entenartige Puppe), Samson (ein riesiger Bär in Turnschuhen) und ein erwachsener Mann. Zum Inhalt: Samson ist zu dick geworden; Tiffy entwickelt für ihn ein »Rundumsuperuniversalschlankmacherkomplettprogramm«. Dieses Wortungetüm taucht unzählige Male auf, gesungen und gesprochen, verbunden mit den verschiedensten Vorschlägen (Diät, Gymnastik, Jogging), die Samson und der erwachsene Mann, der sich aus Solidarität anschließt (soziales Lernziel!), unter Stöhnen und Schwitzen in die Tat umsetzen (hierzu und zu den folgenden Beiträgen siehe die Abbildungen 21 bis 28).
Neben den sozialen Lernzielen geht es in dem Beitrag in der Terminologie der »Sesamstraße« um »Umwelt und Sachbegegnung« (I; F, 1., 4.).

IV. In dem Beitrag treten zwei Puppen auf. Ernie hält der Schlange Schlingelschlange einen Vortrag darüber, daß man seine Gefühle nicht verbergen, sondern ruhig zum Ausdruck bringen soll. Dabei geht es um Freude, Trauer, Wut. Ernie macht (singend und sprechend) Vorschläge, wie man diese Gefühle mitteilen soll. Dabei kommt er immer auf Vorschläge, die die Schlange nicht aufgreifen kann, weil sie zum Beispiel keine Hände und keine Füße hat. Die Schlange wird darüber wütend und bedroht Ernie (wodurch eine komische Wirkung erzielt werden soll). Lernziel: Kennenlernen von Gefühlen; fähig sein, den eigenen Gefühlen Ausdruck zu geben (II; C, 1 + 3).

V. Trickfilm mit Knetfiguren, die Zirkus spielen. Die Figuren verständigen sich durch Grunzen und unverständliche Laute. Der Beitrag dürfte wohl zur Unterhaltung und Entspannung gedacht sein.

2. Vorspann

Nr. der Einstellung	Zeitdauer	Einstellungsgröße/ Kamerabewegung	Bild-Inhalt
1	1 sec	halbnah/Kamera starr (wenig Zoom)	Kinder hüpfen auf der Straße
2	2 sec	halbnah/Kamera starr (wenig Zoom)	Kinder laufen gemeinsam Ball nach
3	2 sec	halbnah/Kamera starr	Junge läuft zum Ball und schießt ihn mit dem Fuß
4	1 sec	halbnah/Kamera starr	Ball fliegt durch Fensterscheibe
5	1 sec	halbnah/Kamera starr	Kinder laufen weg
6	2 sec	halbnah/Kamera starr	Kind kommt hinter Gebüsch hervor
7	2 sec	halbnah/Kamera- schwenk nach rechts (wenig Zoom)	Hirsch läuft hinter Gehölz
8	4 sec	halbnah/Kamera- schwenk nach links	Kind springt von einem Beton- klotz zum nächsten (vor Hoch- hauskulisse)
9	2 sec	nah/Kamera starr	Mädchen – inmitten anderer Kinder – lutscht am Daumen und sieht sich um
10	2 sec	halbnah/Kamera starr	Junge untersucht seine Fahr- radlampe
11	3 sec	nah/Kamera starr	2 Kinder unterm Regenschirm
12	4 sec	halbnah-nah/Kamera starr	Walze fährt vor Kindergruppe vorbei durchs Bild
13	3 sec	halbnah/Kamera starr	Kinder klettern Sandberg hin- auf
14	3 sec	halbnah/Kamera- schwenk rechts	Kinder purzeln am Strand
15	2½ sec	nah/Kameraschwenk rechts	Kinder spielen Streichholz- schachtelnasenspiel
16	1½ sec	halbnah/Kamera starr	Mädchen steht in Autoreifen und fällt um
17	3 sec	nah/Kamera starr	Kinder von hinten/fahren an Hafen vorbei
18	4 sec	halbnah/Zoom ran	Kinder spielen auf einer Wiese mit einem Meerschweinchen

176

VI. Der Koch »Tell« (eine Puppe) hat ein Brötchen und einen Teller und steht vor dem Problem, einem Gast das Brötchen zu servieren. Gehört der Teller *auf, zwischen* oder *unter* das Brötchen. Als Tell schließlich das Richtige gefunden hat und er das Brötchen servieren will, fällt es ihm vom Teller (Komik). Lernziel: Kennenlernen von räumlichen Beziehungen (I.; 13, 3).

VII. Zeichentrickfilm, der ein kleines Mädchen zeigt, das eine Tafel Schokolade verspeist und das Papier einfach fortwirft. Das Papier verwandelt sich in ein Männchen, das das Mädchen so lange verfolgt und erschreckt, bis es das Mädchen nicht mehr einfach fortschleudert, sondern in einen Papierkorb wirft. Lernziel: Verständnis dafür entwickeln, daß es für das Zusammenleben Regeln geben muß (II.; F, 1).

VIII. Der Beitrag ist im Stil einer öffentlichen Fernsehsendung (Quiz) gehalten. Es geht um ein ›Zusammenzählspiel‹, in dem zwei Puppen, Robert (Spielleiter) und Lulatsch (Kandidat), auftreten. Robert fragt nach

$1 + 1 =$
$2 + 1 =$
$3 + 1 =$

Bei der dritten Frage versagt Lulatsch, was einen entsetzlichen Tumult auslöst, der als Komik gedacht ist (Lernziel siehe I., E, 2).

IX. Eine Szene der Rahmenhandlung. Samson und der Mann sind dabei, ihre »Trimmtrabkniebeugetrampelmannübungen« zu machen.

X. Zeichentrickfilm, der ein kleines Mädchen zeigt, dem ein Hund begegnet, der entsetzlich heult. Das Mädchen überlegt, weshalb der Hund wohl heulen könnte, findet den Grund aber nicht heraus. Trotzdem tröstet es den Hund. Lernziel: Verständnis entwickeln für die Gefühle anderer (II.; C, 3).

XI. Kermit der Frosch (Puppe) erklärt Krümelmonster (Puppe) anhand eines Kochbuches »Anfang«, »Mitte« und »Ende«. Krümelmonster frißt schließlich die Seiten, auf denen Nachtische beschrieben sind, auf (Komik). Lernziel wie Beitrag VI.

XII. Zum Schluß erscheint noch einmal die Rahmenhandlung. Samson und der Erwachsene betätigen Hanteln und Trimmräder. Dann machen sie sich Würstchen heiß, was in Tiffys Diätplan keineswegs vorgesehen ist. Bevor sie die Würstchen jedoch essen können, schlafen sie vor Müdigkeit ein.

XIII. Der zweite Vorspann erscheint als Nachspann. Dabei ertönt wieder das »Sesamstraßen«-Lied.

Abb. 21   Abb. 22

Abb. 23   Abb. 24

Abb. 25   Abb. 26

Wie erleben die Kinder diese Sendung und welchen Einfluß übt sie aus? Zunächst einige Bemerkungen zur Rahmenhandlung. Als ich einmal mit einer Gruppe von Studenten bei den Dreharbeiten zu einer Szene der Rahmenhandlung anwesend war, hörte ich, wie einer der Mitarbeiter sagte: »Heute drehen wir *anchor segments*«. Auf meine Nachfrage erfuhr ich folgendes. Die Kinder sollen sich mit einer oder mehreren Personen der Rahmenhandlung, die im-

Abb. 27 a

Abb. 27 b

Abb. 28

Abb. 21 Standfoto aus der Rahmenhandlung der »Sesamstraße«: Samson, Tiffy und der »Vater«

Abb. 22 Puppe »Ernie«

Abb. 23 Ernie und die Schlange (Beitrag IV)

Abb. 24 Knetfiguren (Beitrag V)

Abb. 25 Der Koch »Tell« (Beitrag VI)

Abb. 26 Mädchen, das achtlos Papier wegwirft. Zeichentrickfilm. (Beitrag VII)

Abb. 27 a/27 b Quizmaster mit Kandidaten (Beitrag VIII)

Abb. 28 Kermit der Frosch und Krümelmonster

mer wieder auftauchen, gefühlsmäßig verbinden. Die Rahmenhandlung, zu der auch noch eine Frau gehört, ist so aufgebaut, daß die Kinder den Eindruck einer Familie, bestehend aus den Eltern und zwei Kindern, bekommen. In einem Gespräch, das einer meiner Studenten, der eine Examensarbeit über die »Sesamstraße« schrieb, mit dem Leiter der Redaktion und seinem Stellvertreter führte, sagte der Leiter, die Rahmenhandlung solle den Kindern Heimat

179

bieten, und der Stellvertreter ergänzte, da viele Kinder zu Hause eine gestörte Familie erlebten, oft zum Beispiel der Vater fehle, sei es für die Kinder wichtig, daß sie die Möglichkeit hätten, sich als einer freundlichen und vollständigen Familie zugehörig empfinden zu können.

Tatsächlich werden die Kinder zu Beginn der Rahmenhandlung von den in ihr auftretenden Personen immer begrüßt, so als wäre man in einem gemeinsamen Raum. Die Kinder entwickeln dadurch wirklich ein Gefühl der Zugehörigkeit zu der Fernsehfamilie. Mit anderen Worten: es entsteht Abhängigkeit. Diese Abhängigkeit kommt zum Beispiel dann heraus, wenn es einmal nicht möglich ist, die »Sesamstraße« zu sehen. Manche Kinder reagieren dann äußerst heftig und verzweifelt.

Wie groß die Neigung der Kinder ist, Beziehungen zu den Personen der Medienwelt aufzubauen, wurde an folgendem Vorfall während der Dreharbeiten deutlich. Während einer Aufnahme geriet der Requisiteur ins Bild. Normalerweise hätte man eine solche Aufnahme wiederholt. Das geschah jedoch nicht. Als Begründung wurde mir gesagt: »Der hat auch schon seine Fans.« Das heißt, es gibt Kinder, die darauf warten, daß dieser Requisiteur erscheint. Sie fühlen sich mit ihm verbunden, was zum Beispiel darin zum Ausdruck kommt, daß sie ihm Briefe schreiben.

Welchen Einfluß üben die übrigen Beiträge aus? Was ist zum Beispiel von den Lernzielen zu halten? Zum einen versucht man, den Kindern etwas beizubringen, was sie ganz von selbst lernen. Wenn nicht krankheitsbedingte Entwicklungsstörungen vorliegen und das Kind auch nicht unter völlig unzulänglichen Lebensbedingungen aufwächst, dann lernt es räumliche Beziehungen in dem Maße kennen, wie es Sprechen lernt. Geschieht das, weil die genannten Gründe vorliegen, nicht, so kann das Fernsehen die Dinge natürlich nur noch verschlimmern.

Mit dem Zählen und Rechnen wird den Kindern andererseits etwas beigebracht, was sie vor der Schulreife noch gar nicht lernen sollten, weil die Kräfte, die ihnen dabei abverlangt werden, an anderer Stelle der kindlichen Entwicklung benötigt werden. Darauf soll später noch eingegangen werden.

Bei den sozialen Lernzielen ist es so, daß den Kindern das Gegenteil dessen beigebracht wird, was sie lernen müßten. Ein Vorschulkind neigt doch zu heftigsten Gefühlsschwankungen. Das eine Ereignis ruft Freudenjauchzer hervor und gleich das nächste löst bittere Tränen aus. Die Idee, ein Kind zu ermuntern, seine Gefühle zu zeigen, kann wirklich nur im Kopf eines Erwachsenen entstehen, der in einer Welt lebt, wo er gezwungen ist, ständig sein Innenleben zu verbergen.

Erheblich wirksamer als die Lernziele selber ist jedoch die Art und Weise, wie sie verfolgt werden. So mechanisch wie der Film ist, so mechanisch sieht er auch die Kinder, an die er sich wendet. So ist die Pädagogik der »Sesamstraße« auf das Schema von Reiz und Reaktion gegründet. Man will eine bestimmte Reaktion, zum Beispiel, daß Kinder Papier in den Papierkorb werfen, und man sucht nach einem Reiz, der diese Reaktion hervorruft. Bei diesem Verfahren spielt es überhaupt keine Rolle, ob das Kind versteht und einsieht, was es lernt oder wozu es gebracht werden soll. Die Folge davon ist, daß in dem Kind die Neigung verstärkt wird, wie ein Mechanismus zu funktionieren.

Wie einschneidend die Wirkung der »Sesamstraße« für die Kinder sein kann, wird erst ganz deutlich, wenn man sie mit einigen Gedanken der Waldorfpädagogik konfrontiert. Da ist man zum Beispiel der Meinung, daß die Art und Weise, wie ein Kind zum ersten Mal lernt, für das ganze weitere Leben prägend ist. Aus diesem Grunde wird viel Aufmerksamkeit auf das Schreiben- und Lesenlernen verwendet. Im folgenden seien einige Gedanken zu diesem Thema wiedergegeben.

»Das Denken entwickelt sich, wenn der Mensch lernt, die Zusammenhänge zwischen den verschiedenen Tatsachen beziehungsweise Erscheinungen zu erfassen; ebenso entfaltet sich die Intelligenz nur insoweit, als solche Zusammenhänge im Bewußtsein aufleuchten. Die Pädagogik fördert deshalb die geistige Entwicklung des Kindes in dem Maße, in dem sie das Kind dazu führt, die inneren, gesetzmäßigen Beziehungen in einem immer weiteren Umfang zu verstehen. Sie wirkt dieser Entwicklung entgegen, je mehr sie das Kind Verknüpfungen ohne solche Einsicht vollziehen läßt. Dabei sind die positiven wie negativen Wirkungen um so folgenreicher, je früher sie liegen, d. h. je stärker sie sich als Gewohnheiten auf alles weitere Lernen und geistige Bemühen auswirken können.
Wenn das Kind die Verknüpfung von Laut und Buchstabe ziemlich zu Beginn seiner Schulzeit in der konventionellen Weise lernt, so kann es damit keine Einsicht verbinden. Für das Lesenlernen als solches mag das unter Umständen ziemlich gleichgültig sein, keinesfalls aber die Wirkungen, die von diesem Lernen auf die geistigen Entwicklungen des Kindes ausgehen. Der hier im Lernen sich abspielende Prozeß der bloßen Zuordnung von Zeichen und Laut bedeutet nämlich, daß das Kind Verknüpfungen ohne inneres Verständnis ausführen lernt. Wären die verschiedenen seelischen und geistigen Prozesse im Menschen streng voneinander abgesondert, so könnte man darüber ziemlich unbeschwert hinweggehen. Es ist aber derselbe Mensch, der diese Verknüpfungen ohne einen Ansatz des Verstehens üben muß und dadurch zu einer entsprechenden Ausrichtung seines geistigen Verhaltens geführt wird.«

In dem zitierten Abschnitt wird davon ausgegangen, daß man einem Kind in dem Maße bei der Entwicklung eines eigenständigen Denkens hilft, wie man es dazu anregt, Zusammenhänge zu sehen und Verknüpfungen nur dann herzustellen, wenn es sie einsehen kann. Um dieses Ziel auch beim Schreiben und Lesenlernen zu erreichen, geht man von folgenden Überlegungen aus. Bei der Schrift, die die Kinder lernen sollen, handelt es sich um eine phonetische Schrift, das heißt, die Schrift bildet mit Hilfe der Buchstaben die einzelnen

Laute der Sprache ab. (Die älteren Bilderschriften verweisen im Gegensatz dazu auf die Bedeutung dessen, was sie bezeichnen.) Damit den Kindern bewußt wird, worauf sich die Buchstaben eigentlich beziehen, geht dem ersten Lesen und Schreiben ein Unterricht voraus, der das Sprachgefühl der Kinder stärkt.

»Die Elemente der Lautgestalt, die einzelnen Laute, haben selbst einen bestimmten qualitativ-individuellen Charakter. So ist es erforderlich, daß man die Kinder beim Übergang zum Schreibenlernen zu einem differenzierten Erleben der Lautqualitäten führt. Gerade dadurch lernen die Kinder, die Lautgestalt der Wörter und damit die Sprache intensiver und bewußter zu durchdringen. So sollte der Schreib-Lese-Unterricht von vornherein mit einer Entwicklung künstlerischen Sprachempfindens verbunden sein, das den Kindern eine neue und tiefere Dimension des Spracherlebens erschließt. Dieses Sprachempfinden fördert man am besten, wenn man noch vor dem Beginn des Schreibenlernens mit einer künstlerischen Sprachpflege durch ein dem Alter angemessenes Rezitieren einsetzt. – Versäumt man diese Entwicklung eines qualitativen Laut- und Spracherlebens, so bleibt man beim Schreibenlernen in der Bewußtmachung der Sprache auf halbem Wege stehen; man verpaßt zugleich einen wesentlichen Prozeß der seelischen Differenzierung.«

Als weitere Vorbereitung des Schreibens und Lesens werden Formenzeichen und Malen geübt. Die Formen, aus denen sich alle Buchstaben zusammensetzen (zum Beispiel die Gerade, die Krumme, die Wellenlinie, die Zickzacklinie) werden zunächst im Raum gelaufen, dann mit Arm und Hand in der Luft nachgezeichnet und schließlich auf das Papier gebracht. Dabei sollten die Kinder auch die Ausdrucksqualitäten der verschiedenen Formen erleben. Wenn dann schließlich beim ersten Schreiben ein bestimmter Laut, etwa das A, durch die entsprechende Form ausgedrückt wird, dann kommen zwei Elemente zusammen, mit denen sich das Kind vorher intensiv verbunden hat und die es daher ganz bewußt zusammenfügen kann. Wenn das Kind am Ende Schreiben und Lesen kann, hat es zugleich ein vertieftes Verständnis von Sprache, Formen und Farben gewonnen und es hat seelische und geistige Fähigkeiten geübt. Das ist aber die Voraussetzung dafür, Lesen und Schreiben nicht nur irgendwie zu beherrschen, sondern auch sinnvoll zu nutzen.

Die Kinder lernen durch die »Sesamstraße« Buchstaben, Zahlen und andere Dinge, aber in Wirklichkeit lernen sie eine bestimmte Art zu lernen. Indem die »Sesamstraße« das, was sie beibringen will, den Kindern im Zustand der Trance einhämmert, veranlagt sie in ihnen die Neigung, sich unbesehen mit allerlei Wissen vollzustopfen. Dieses Wissen verhilft aber keineswegs zu einsichtsvollem und selbständigem Handeln. Wer aber dazu nicht in der Lage ist, der ist der ideale Befehlsempfänger.

Die Wirkung der »Sesamstraße« wird noch dadurch erhöht, daß sie sich keineswegs auf die Vermittlung elementarer Kenntnisse beschränkt. Tatsächlich taucht die gesamte Lebenswelt der Kinder in den Beiträgen der Serie auf. Als Beispiel möge ein Beitrag aus der 737. Folge dienen. Da wird den Kindern mit Hilfe eines Zeichentrickfilms, der eine Minute und 36 Sekunden dauert, beigebracht, daß es Frühling, Sommer, Herbst und Winter gibt. Die Bilder werden von einem Lied begleitet, das bestimmte Merkmale der verschiedenen Jahreszeiten nennt. Die Bilder zeigen diese Merkmale in karikaturhafter Weise. Das Ganze geht rasend schnell, wobei ständig die Bezeichnungen der Jahreszeiten wiederholt werden. Am Ende weiß das Kind möglicherweise: Es gibt Frühling, Sommer, Herbst und Winter. Aber es verbindet nichts damit. Die Jahreszeiten sind zur Information geworden.

Ein weiterer Einfluß der »Sesamstraße« wird deutlich, wenn bedacht wird, daß sie nicht nur auf das Kind einwirkt, bevor es eine eigene Art zu Lernen entwickelt hat, sondern auch, bevor es sich ein eigenes Weltbild geformt hat. Der Einfluß auf das Weltbild gelingt um so leichter, als die Kinder, an die sich die »Sesamstraße« wendet, noch nicht in der Lage sind, zwischen Wirklichkeit und Fiktion zu unterscheiden. Wesen und Gegenstände auf dem Bild sind für das Kind so wirklich wie das, was es unmittelbar erlebt.

Daß dies tatsächlich so ist, mag an einem extremen Beispiel verdeutlicht werden. Im November 1982 ging folgende Meldung durch die Presse: »Stockholm (dpa) Vierzig von hundert aller schwedischen Kinder im Alter von sechs bis zehn Jahren glauben, daß der Mensch nur durch Mord oder Totschlag stirbt. Beim Tod von Großeltern zum Beispiel fragen viele Kinder zuerst: ›Wer hat Großvater erschossen?‹ Schwedische Kinderschutzorganisationen führen die nahezu automatische Verknüpfung von Tod und Gewalt in der Vorstellung der Kinder auf den Einfluß des Fernsehens und der Videoprogramme zurück. Zehn von hundert der 8,3 Millionen Schweden haben ein Videogerät im Haus. Damit liegt Schweden hinter Japan an zweiter Stelle.«

Amerikanische Forscher haben festgestellt, daß auch die Erwachsenen in der Art und Weise, wie sie diese Welt sehen und beurteilen, durch das Fernsehen beeinflußt werden. Eine Gruppe von Wissenschaftlern um George Gerbner, der an der Annenberg School of Communications (Universtity of Pennsylvania) lehrt, untersucht seit Jahren, welche Unterschiede zwischen den Vorstellungen der sozialen Wirklichkeit, die sich Vielseher bilden, und denjenigen von Wenigsehern, bestehen. Man geht dabei folgendermaßen vor:

»Unsere Untersuchung der Beziehungen zwischen dem Fernsehen und der Vorstellung von der sozialen Wirklichkeit bei den Zuschauern beginnt mit einer systematischen Analyse der Welt der Fernsehspiele.
Eine Systemanalyse zeigt auf, in welcher Weise bestimmte ›Tatsachen‹ und Aspekte der sozialen Wirklichkeit im Fernsehspiel dargestellt werden; diese ›Tatsachen‹ werden

dann mit Vorstellungen von denselben ›Tatsachen‹ und Aspekten verglichen, die aus direkten und unabhängigen Quellen stammen, z. B. aus bevölkerungsstatistischen Erhebungen in den USA. In den zwischen 1969 und 1977 zur Hauptsendezeit ausgestrahlten Fernsehspielen hatten z. B. 64 % der Hauptdarsteller und 30 % aller Darsteller (Haupt- und Nebenrollen) mit Gewalt zu tun, entweder als Täter, als Opfer oder auch als beides. Nach der Statistik von 1970 kamen nur 0,32 Gewaltverbrechen auf 100 Personen. In der Welt des Fernsehens besteht folglich eine Wahrscheinlichkeit von 30 bis 64 %, in Gewalttätigkeiten verwickelt zu werden, während dieses Verhältnis in Wirklichkeit nur 0,32 % beträgt.

Als nächstes befragen wir Viel- und Wenigseher (Kinder und Erwachsene) über ihre Vorstellungen von den gleichen Tatsachen. In dem Maße, wie Lebenssituationen, die in Fernsehspielen dargestellt werden, zur Entwicklung unterschiedlicher Vorstellungen von der sozialen Wirklichkeit beitragen, ist zu erwarten, daß Vielseher in ihren Antworten eher die Sichtweisen des Fernsehens wiedergeben als Wenigseher. Unser Forschungsansatz, das benutzte Instrumentarium und die Stichproben waren darauf ausgerichtet, herauszufinden, in welchem Umfang und auf welche Weise das Fernsehen solche Antwortmuster fördert.«

Die Untersuchungen führten zu folgendem Ergebnis:

»Analysen über die vom Fernsehen geförderten Vorstellungsmuster von der sozialen Wirklichkeit (›cultivation analyses‹), die in den vergangenen fünf Jahren durchgeführt wurden, haben ergeben, daß eine gleichbleibende und signifikante Beziehung zwischen dem Fernsehkonsum und vielen Aspekten der sozialen Wirklichkeit besteht. Zwei solche Aspekte scheinen bei dem Gewalt-Profil besonders aufzufallen: vorgestellte Gefahr sowie Mißtrauen und Alienation.

Aus früheren Gewalt-Profilen ging hervor, daß die Antworten von Vielsehern eher die Welt des Fernsehens widerspiegeln als die Antworten der Wenigseher in der gleichen demographischen Gruppe. Auf Fragen nach der Wahrscheinlichkeit, in Gewalttätigkeiten hineinzugeraten, nach dem Prozentsatz der in Justiz und Polizei beschäftigten Personen und nach dem Prozentsatz von Gewaltverbrechen, sind die Antworten der Vielseher wesentlich stärker von der Fernseh-Welt und weniger von der Wirklichkeit geprägt als die der Wenigseher. Auch das in den Antworten zum Ausdruck kommende Mißtrauen läßt darauf schließen, daß Vielseher der Meinung sind, die meisten Menschen dächten nur an sich selbst, übervorteilten andere und seien nicht vertrauenswürdig. Diese Beziehungen lassen sich normalerweise nicht mit sozialen oder persönlichen Merkmalen erklären, obwohl diese im Prinzip zur Ausprägung der Kriteriumsvariablen beitragen sowie zu den Unterschieden in Stärke und Intensität der Rolle, die das Fernsehen offensichtlich bei der Herausbildung bestimmter Annahmen spielt.«

In einer Untersuchung von Schulkindern wurde gefragt: »Wie oft ist es richtig, daß du jemanden schlägst, wenn du auf ihn wütend bist? Ist es fast immer richtig oder fast nie?« Es stellte sich heraus, daß die Vielseher öfter als die Wenigseher antworteten, es sei »fast immer richtig«, jemanden zu schlagen.

Betrachtet man die »Sesamstraße« unter dem Gesichtspunkt, daß sie das Bild, das sich die Kinder von der Welt machen, beeinflußt, dann ergibt sich folgendes. Der einzige Mensch, der in der untersuchten Sendung auftritt, ist der Mann (»Vater«) der Rahmenhandlung. Ansonsten agieren Puppen und Zeichentrick-Figuren. Wenn man die »Sesamstraße« von Anfang an verfolgt hat, muß man feststellen, daß der Anteil der Realfilme, in denen Ausschnitte der Lebenswirklichkeit abgefilmt sind, ständig zurückgegangen ist. Es zeigt sich hier eine ähnliche Entwicklung, wie sie auch bei den Bemühungen des Regisseurs Coppola um das »electronic cinema« beobachtet wurde: Die Wesen und Gegenstände der Medienwelt sind zunehmend solche, die eigens für die Medienwelt hergestellt wurden.

Fragt man die Redakteure der »Sesamstraße«, warum vor allem die Puppen vorherrschen, dann wird einem gesagt, sie erleichtern den Kindern die Identifikation und die Abstraktion. Beides schadet den Kindern. Als ich einmal vor Eltern und Kindergärtnerinnen einen Vortrag über die »Sesamstraße« hielt und dabei ein Beispiel zeigte, sagte mir eine Kindergärtnerin, die die »Sesamstraße« noch nie gesehen hatte: »Jetzt weiß ich endlich, woher einige Kinder bestimmte Bewegungen haben.« Über den Schaden, der entsteht, wenn das Abstraktionsvermögen vor der Schulreife angeregt wird, soll noch gesprochen werden.

Die pädagogischen Gründe, die man zu hören bekommt, wenn man nach den Puppen fragt, sind meines Erachtens nach nicht die eigentlichen. In Wirklichkeit entspringen die Puppen einem Drang nach monströsen Zwitterwesen (siehe Abbildungen). Ihnen allen ist gemeinsam, daß sie von einer kaum zu übertreffenden Häßlichkeit sind. Und diese Wesen sind die ersten Lehrer der Kinder, die sie in die Welt einführen.

Dazu noch ein Beispiel aus einer anderen Folge (452), in deren Mittelpunkt die Zahlen 3 und 4 stehen. Das Krümelmonster zeigt den Kindern ein Nest mit *drei* Eiern, aus denen gerade die jungen Vögel schlüpfen. Die Vogelmutter kommt dazu und beginnt, ihre Jungen zu füttern. Sie hält auch das Krümelmonster für eines ihrer Kinder, bietet ihm Würmer an und will ihm schließlich auch noch das Fliegen beibringen. Das Krümelmonster ist darüber so entsetzt, daß es mit großem Getöse vom Baum fällt.

Statt staunend eines der Wunder der Natur zu erleben, erfahren die Kinder etwas, was die Natur lächerlich macht. Fragt man die Redakteure nach dem Sinn solcher Szenen, dann fragen sie zurück, ob man denn keinen Sinn für Komik habe. Tatsächlich soll die Komik eine der großen Errungenschaften der »Sesamstraße« sein. Sie taucht am Schluß fast aller Beiträge mit einem kognitiven Lernziel auf und soll »die Aufdringlichkeit der direkten Belehrung mildern«. In Wirklichkeit entspringt diese Komik einem Bedürfnis der Erwachsenen. Sie überzieht fast alles, was in der »Sesamstraße« gezeigt wird, mit einer Art von Albernheit, die dem, der daran nicht gewöhnt ist, die Haare zu Berge steigen lassen.

Inzwischen gibt es neben der »Sesamstraße« andere Kindersendungen, von denen einige ganz bewußt die Hektik der »Sesamstraße« meiden. Da werden den Kindern zum Beispiel Filme angeboten, die dem Leben der Tiere nachspüren. In Diskussionen, in denen es um das Kinderfernsehen geht, ist häufig die Meinung zu hören, gegen solche Filme sei doch wohl nichts einzuwenden. Gehen wir einmal von einem Beispiel aus, das zeigt, wie die Frösche in einem Teich leben. Solch ein Film wird natürlich die ihm zur Verfügung stehenden Mittel nutzen, um die Frösche den Kindern möglichst nahe zu bringen. Außerdem wird er bemüht sein, möglichst viel von dem, was für die Frösche charakteristisch ist, im Bild zu zeigen. Großaufnahmen werden zum Beispiel zeigen, wie ein Frosch mit seiner langen Zunge verschiedene Insekten fängt. Die Kinder werden ganz genau, von einer Unterwasserkamera aufgenommen, die Schwimmbewegungen der Frösche sehen. Es wird auch gezeigt werden, wie eine Kröte Eier ablegt, wie daraus Kaulquappen schlüpfen, die sich schließlich in Frösche verwandeln. Am Schluß wird der Film den Teich vermutlich im Winter zeigen. Das Wasser ist von einer dicken Eisschicht bedeckt und die Frösche haben sich zum Winterschlaf in dem Schlamm vergraben. Man kann sich noch viel einfallen lassen, was der Film zeigt: Frösche, die ihre Backen aufblasen und quaken, Frösche, die von einer Ringelnatter gefressen werden. Immer wird der Film einen Eindruck machen, der mit der Art und Weise, wie Kinder Frösche sehen und erleben können, nichts zu tun hat.

Wenn ein Kind Frösche beobachtet, sieht es meistens nicht viel mehr als ihr Maul, das sie aus dem Wasser schieben, um zu atmen. Hat das Kind Geduld, kann es vielleicht auch sehen, wie ein Frosch schwimmt und springt. Mehr wird kaum zu erhaschen sein. Trotzdem kann ein Kind, das solche Beobachtungen macht, tief befriedigt sein, weil es nämlich zugleich etwas von dem geheimnisvollen Leben eines Teiches erspürt.

Der Film reiht Sensation an Sensation, die er den Kindern bietet, ohne auch nur eine Spur von Ausdauer und Geduld zu verlangen. Dadurch macht der Film sich beliebt, dadurch lenkt er auch davon ab, daß er das Kind um die Möglichkeit betrügt, erlebend in das Wesen der Natur einzudringen. Dabei können solche Filme obendrein noch die Folge haben, daß die Natur langweilig wird.

Da bei den meisten Tierfilmen die Großaufnahme eine wichtige Rolle spielt, soll darauf noch besonders eingegangen werden. Als Beispiel diene eine Folge der Vorschulserie »Löwenzahn« (ZDF, 14.4.1985). Die Sendung handelt von einem Mann, der leidenschaftlich Schmetterlinge sammelt. Eines Tages wird er bei seiner Jagd auf Schmetterlinge von einer Gruppe Kinder beobachtet. (Die Kindergruppe wird von Peter, einem Erwachsenen, geführt. Peter tritt in allen Folgen der Serie als Leitfigur auf. Er begrüßt die zuschauenden Kinder, wie das die Personen der Rahmenhandlung der »Sesamstraße« tun. Durch

Abb. 29 *Abb. 30*

Abb. 31 *Abb. 32*

Abb. 33 *Abb. 34*

Abb. 29–34 Standfotos aus der Kindersendung »Löwenzahn«

Peter soll, ganz wie in der »Sesamstraße«, so etwas wie eine »Verankerung« bewirkt werden.) Der Schmetterlingssammler lädt die Kinder schließlich zu sich nach Hause ein, zeigt ihnen seine Sammlung und erzählt ihnen vom Leben der Schmetterlinge. Diese Erzählung wird von zahlreichen Großaufnahmen begleitet. Besonders ausführlich wird eine Schmetterlingsmetamorphose demonstriert, wobei Großaufnahme und Zeitraffer kombiniert werden. Dabei entstehen ganz merkwürdige Bilder. Die Eier, die das Schmetterlingsweibchen (Kohlweißling) an die Unterseite eines Blattes heftet, sehen zum Beispiel aus wie Raketenbatterien (Abbildung 29). Der Rüssel, aus dem die Eier austreten, wirkt in der Vergrößerung primitiv wie jene Spritzen, die man zum Dekorieren von Torten benutzt (Abbildung 30). Zeitraffer und Großaufnahmen zeigen dann, wie aus den Eiern Raupen schlüpfen. Anschließend sieht man Unmengen von Raupen, die sich in Blätter hineinfressen. Dabei werden dann auch Bilder gezeigt, die nur den Kopf und die Freßwerkzeuge zeigen. In dieser riesenhaften Vergrößerung wirken die Raupen wie groteske Ungeheuer (Abbildung 31). Schließlich spinnt sich die Raupe einen »Sicherheitsgurt«, wie es im Kommentar heißt, damit sie nicht vom Baum fällt, und beginnt mit dem Verpuppen. Sekunden später platzt die Puppe auf und der Schmetterling kommt heraus (Abbildung 32–34). Die Großaufnahme läßt ihn spinnenartig und vollkommen sklerotisch aussehen. Dazu erklingt einschmeichelnde Gitarrenmusik – sie begleitet die gesamte Metamorphose – und der Kommentator sagt: »Zieh, Junge, zieh!«

Die Großaufnahmen zeigen etwas, das das Kind aus eigener Kraft nie sehen könnte. Damit vermitteln die Bilder zugleich eine bestimmte Erlebnisweise. Das Geheimnisvolle, das das Kind erleben würde, wenn es Gelegenheit hätte, die sich über Wochen hinziehende Metamorphose zu beobachten, wird radikal zerstört. Der Film löst den organischen Zusammenhang der Natur auf und setzt an seine Stelle etwas Mechanisches. Die Bilder werden im Kind eine gewisse Neugierde anstacheln und auch befriedigen, im Grunde seines Herzens muß das Kind aber tief enttäuscht sein.

Allgemein gilt für jede Großaufnahme, daß sie das Kind aus seinem noch mehr träumenden Erleben herausreißt und vor die Frage stellt: Was ist denn das? Eine Raupe insgesamt wird ohne weiteres erkannt, zeigt man nur ihren Kopf, muß das Kind darüber *nachdenken,* was es denn da sieht. Es kommt hinzu, daß die Großaufnahme eigentlich immer eine Antwort gibt auf die Frage: Wie funktioniert das? Der Zwang zur begrifflichen Einordnung und das einseitige Vorscheinenlassen des Mechanischen befördern das abstrakte Denken zu einer Zeit, wo es dem Kind schadet.

Abschließend noch folgender Hinweis. Rudolf Steiner hat gerade die Schmetterlingsmetamorphose zum Anlaß genommen, den Lehrern und Eltern einen Hinweis zu geben, wie sie Fragen der Kinder beantworten können, ohne sie durch abstrakte Begriffe zu überfordern. Wenn zum Beispiel ein Kind erlebt hat, daß jemand gestorben ist und es nun fragt, was der Tod sei, so empfiehlt Rudolf Steiner, bei geeigneter Gelegenheit zu schildern, wie ein Schmetterling entsteht. Diese Schilderung sollte so sein, daß für das Kind ein »kleiner Mythos« geschaffen wird, der in *bildhafter* Form von Tod und Auferstehung spricht und der so die Frage nach dem Tod beantwortet, ohne daß ausdrücklich darüber gesprochen werden muß. Kinder, die eine gefilmte Schmetterlingsmetamorphose gesehen haben, dürften für solch einen »kleinen Mythos« unempfänglich geworden sein.

Zusammenfassend läßt sich im Hinblick auf das durch die Vorschulsendungen bewirkte Lernen sagen, daß das Kind daran gewöhnt wird, totes Wissen in sich anzuhäufen, das ohne Beziehung zu seinen eigenen Erfahrungen ist und das ihm nicht hilft, einen verstehenden Zugang zur Welt zu finden.

Wirkliches Verstehen hat immer auch zur Folge, daß dem Verstandenen mit Wertschätzung begegnet wird. Die Kenntnisse, die das Vorschulfernsehen vermittelt, sind eher so, daß das Kind dazu gebracht wird, die behandelten Gegenstände zu verachten. Diese Verachtung wird später in die Arbeit einfließen, die das Kind als Erwachsener leistet und um deren Willen das Lernen geschah. Förderlich kann aber doch offenbar nur solche Arbeit sein, der ein liebevolles Verstehen der Menschen und der Natur zugrunde liegt.

Weitere Nachteile des Vorschulfernsehens werden deutlich,wenn man sich folgendes klar macht. Alle sind sich einig, daß ein Schulkind der ersten Klasse über ein gewisses Maß an Konzentrations- und Lernfähigkeit verfügen sollte und daß es außerdem in der Lage sein sollte, einfache Gedanken denken zu können. Die Befürworter des Vorschulfernsehens sind der Auffassung, beide Ziele ließen sich am ehesten erreichen, wenn das Kind möglichst früh beginnt, Denken und Konzentrationsfähigkeit zu üben. Geht man von dem Menschenbild aus, das der Waldorfpädagogik zugrunde liegt, dann muß gerade dieser Weg zu nachhaltigen Schäden führen.

In dem Abschnitt über die Wirkung der Video-Filme wurde bereits darauf hingewiesen, daß die kindliche Entwicklung bis zur Schulreife in erster Linie im inneren Ausbilden der leiblichen Organe besteht. Die Kräfte, die das bewirken, nennt die Anthroposophie »Bildekräfte« (es wird in diesem Zusammenhang auch von »Ätherleib« gesprochen).

Die Aufgabe der Bildekräfte besteht aber nicht allein darin, den menschlichen Leib zu formen. Dieselben Kräfte sind es auch, deren wir uns bedienen, wenn wir denken. Für das Denken dürfen die Bildekräfte allerdings erst in Anspruch genommen werden, wenn sie dem Leib zu seiner endgültigen Form verholfen haben, die dann nur noch zu wachsen braucht. Das ist in der Regel der Fall, wenn die zweiten Zähne (sie sind der härteste Teil unseres Körpers) fertig sind.

Eine Pädagogik, die von der Existenz der Bildekräfte ausgeht, wird bemüht sein, diese Kräfte möglichst zu beleben und zu stärken. Das geschieht am besten auf die Weise, daß dem Kind die Möglichkeit gegeben wird, seiner Neigung, phantasievoll zu spielen, nachgehen zu können. Alles, was die Phantasie anregt, belebt auch die Bildekräfte.

Geht man von solchen Gesichtspunkten aus, ergeben sich schädliche Wirkungen des Vorschulfernsehens, die in der bisherigen Untersuchung noch nicht sichtbar geworden sind. Indem das Vorschulfernsehen das Denken anregt, was vor allem durch die Abstraktheit der Großaufnahme geschieht, werden Kräfte in Anspruch genommen, die dem Kind bei der Bildung seiner Organe fehlen. Da nach dem siebten Lebensjahr nur noch Wachstum der Organe und keine Ausdifferenzierung mehr stattfindet, entsteht ein Schaden, der nicht wieder auszugleichen ist. Es kommt hinzu, daß die fertigen Fernsehbilder die Betätigung der kindlichen Phantasie überflüssig machen, was natürlich zur Folge hat, daß die Phantasiekräfte geschwächt statt gestärkt werden.

Ein Schulkind der ersten Klasse, das die »Sesamstraße« gesehen hat, mag einige Zahlen und Buchstaben beherrschen. Dafür fällt ihm dann aber das Weiterlernen doppelt schwer. Ein Kind, dem vergönnt war, ungestört zu spielen und dabei seiner Phantasie zu folgen, hat gerade dadurch etwas veranlagt, das sich in der Schule in die Fähigkeit der Konzentration und des anfänglichen Denkens verwandelt. Wie beim Schmetterling, so begegnen wir auch hier der Metamorphose als einem Merkmal des Lebendigen.

Eine weitere Wirkung des Fernsehens besteht darin, daß es die kleinen Kinder daran hindert, in der richtigen Weise Sprechen zu lernen. In den Kindergärten des Landes Bremen sind eine ganze Reihe von Sprachheilpädagogen tätig, um den ständig zunehmenden Sprachstörungen entgegenzuwirken. Als ich vor einiger Zeit für die Eltern eines dieser Kindergärten einen Vortrag über das Fernsehen halten sollte, baten mich die Kindergärtnerinnen, vorher einmal in den Kindergarten zu kommen, um die Kinder zu erleben. Ich kam dieser Aufforderung nach und besuchte an einem Vormittag drei verschiedene Gruppen. Die Kindergärtnerinnen berichteten übereinstimmend, daß die Kinder verlernt hätten, phantasievoll und in sich versunken zu spielen. Statt dessen würden unentwegt dieselben stereotypen Situationen nachgespielt. Die Kindergärtnerinnen sagten, sie sähen zwar selbst kaum fern, sie wüßten aber durch die Kinder genau, welche Sendungen bei ihnen gerade beliebt seien. Die Namen der jeweiligen Helden und die Höhepunkte ihrer Aktionen, die aber alle auf ein paar Grundmuster hinausliefen, tauchten im Spiel der Kinder immer wieder auf.

In der Pause kann ich mich selbst davon überzeugen. Auf dem Freigelände steht ein aus Beton gegossener, quadratischer Brunnen. Als die Kinder nach dem Frühstück zum Spielen nach draußen gehen, wird dieser Brunnen, der bei den Kindern in Anlehnung an eine Fernsehserie nur »Das Raumschiff« heißt, sofort bestiegen. Es geschieht dann aber weiter nichts, als daß die Kinder sich

190

mit Laser-Kanonen beschießen und sich zu einigen versuchen, wer der »Commander« ist.

Was mich noch mehr erschütterte ist das, was für die Kindergärtnerinnen der Grund war, mich herzubitten: Viele Kinder können gar nicht richtig sprechen! Ein Sechsjähriger, von der körperlichen Statur her ein richtiges Schulkind, kommt, nachdem ich eine Weile zwischen den Kindern gesessen habe, auf mich zu und fragt mich: »Wil tu mit mir pielen?« Ein Drittel der Kinder bleibt nach Aussagen der Kindergärtnerinnen hinter der normalen sprachlichen Entwicklung weit zurück. Kinder aus Familien, bei denen zum Fernsehen noch ein Videorecorder kommt, seien besonders auffällig. Inzwischen habe man sich genötigt gesehen, einen Sprachtherapeuten einzustellen.

Eine Katze, die unter Krähen aufwächst, lernt möglicherweise nie, eine Maus zu fangen, ansonsten wird sie aber alle jene Merkmale und Eigenschaften entwickeln, die für Katzen typisch sind. Ein kleines Kind, das unter Wölfen aufwächst, lernt nicht einmal den aufrechten Gang, vom Reden und Denken ganz zu schweigen. Die »wilden Kinder«, auch »Wolfskinder« genannt, über die es viele Berichte gibt, belegen eindrücklich, daß sich der Mensch das, was ihn zum Menschen macht, nur erwerben kann, wenn ihm vergönnt ist, menschliche Vorbilder nachzuahmen. Auf der Mattscheibe erscheinen zwar immerzu Menschen und es wird auch ständig gesprochen. Die Sprachstörungen der Kinder entlarven jedoch, daß es sich dabei nicht wirklich um Menschen und nicht wirklich um Sprechen handelt. (Der Schauspieler, der vor der Kamera steht, möge das nicht als Beleidigung empfinden. Ihm soll nicht abgesprochen werden, ein Mensch zu sein. Er kommt jedoch nicht an in der Wohnstube.)

Daß die Beobachtungen der Bremer Kindergärtnerinnen nicht allein stehen, soll mit einem Bericht verdeutlicht werden, der am 15.11.1985 in der Wochenzeitung »Die Zeit« erschien (Seite 81). Der Autor Mathias Wais ist in der pädagogischen Beratung tätig und berichtet, daß er täglich mit Kindern zu tun hat, die an den Folgen von Fernsehkonsum leiden. Der Beitrag beginnt mit folgendem Beispiel:

»Anja ist fünf Jahre alt. Sie stottert seit einem Jahr. Ohne erkennbaren Anlaß schlägt sie im Kindergarten immer öfter andere Kinder. Sie kann nicht spielen, kann keine Szene gestalten, kein Haus, keinen Baum malen, sagen die Eltern. Anja ist ein sehr verspanntes Kind. Sie kann im Spiel auf andere Kinder nicht eingehen, keiner mag sie so recht. Eine körperliche und leistungspsychologische Untersuchung ergibt keine Befunde. Das Elternhaus ist nach heutigen Maßstäben normal intakt.

Anja sieht seit einem Jahr fern. Natürlich ›höchstens eine Stunde am Tag‹, Kindersendungen oder mal eine schöne Sendung über Tiere. Im Beratungsgespräch mit den Eltern wird ein Experiment vereinbart: Zwei Wochen lang kein Fernsehen. Nach einer Woche stottert Anja nicht mehr. Sie wirkt gelöster. Zum Erstaunen der Eltern kann sie doch Bäume malen, auf diese aber zucken Blitze nieder. Rückschauend klärt sich manches für

die Eltern. Anja hat früher immer wieder ein und dasselbe Bilderbuch angeschaut, immer neue Einzelheiten entdeckt, lebte mit ein und demselben Baum, der da im Bilderbuch war, erfand immer neue Geschichten um ein und denselben Vogel. Ihr Verständnis der Wirklichkeit konnte langsam und in Ruhe wachsen.
Dann wollte sie fernsehen, weil das Nachbarkind auch fernsehen durfte. Und nun blitzte und prasselte etwas auf sie ein, auf das sie sich nicht mehr mit langsam wachsendem Verständnis einlassen konnte, weil das so schnell vorbeischwirrte und nicht festzuhalten war. Bilder zogen Anja mit in fremde Welten, es war so schön für sie und so einfach. Sie brauchte nicht mehr darüber zu grübeln, warum der Milchmann im Bilderbuch andere Milchflaschen brachte, als Mutti im Kühlschrank hatte. Jetzt ergab sich alles von selbst. Ein Rausch. Keine Fragen mehr. Anja verlor die Lust, Bilderbücher anzuschauen, zu spielen. Sie wurde aggressiv. Ruhig und gelöst schien sie nur noch, wenn sie vor dem Fernseher saß, also durfte sie noch mehr fernsehen.«

Nach der Schilderung weiterer Beispiele heißt es ganz im Sinne der bisher in diesem Kapitel angestellten Überlegungen allgemein zum Fernsehen:

»Dem großen und natürlichen Bedürfnis des Kindes nach Bildern kommt das Fernsehen entgegen. Aber für ein Kind ist ein Bild immer Wirklichkeit. Es kann die visuell dargebotene Fiktion nicht erkennen. Deshalb ist Fernsehen, von Kindern konsumiert, immer Lüge. Fernsehen kann nur den materiellen, sinnlich wahrnehmbaren Teil der Wirklichkeit abbilden. Die schönsten Landschaftsaufnahmen, im Fernsehen gezeigt, sind Lüge. Denn sie vermitteln nicht das, was ein Kind erleben kann, wenn es sich in einer Landschaft selbst bewegt, sie selbst-tätig aufnimmt.«

Am Schluß des bemerkenswerten Artikels heißt es:

»Beim Kind das Schöpferische zu fördern, das ist das Schwierigste, weil es ohne innere Ruhe nicht geht. Eltern sollten in ihrem Wohnblock für die Nachmittage Kinderbetreuungsinitiativen gründen, damit keiner mehr den Fernseher als Babysitter benutzen muß, sollten mit ihren Kindern Quatsch machen, anstatt sie vor Clown-Sendungen zu setzen. Entscheidend aber wird am Ende sein, daß Eltern ihren Kindern eine eigene innere Unabhängigkeit vom Fernsehen vorleben.«

Seit Jahren wird auch von den etablierten Wissenschaften immer wieder festgestellt, daß Fernsehen den Kindern schadet. Im folgenden werden Auszüge aus einem Artikel wiedergegeben, der einige der bisher vorliegenden Ergebnisse zusammenfaßt.

Wahrnehmung

Wie muß es einem Vorschulkinde gehen, das viel ferngesehen hat? Es fällt ihm schwer, lange bei demselben Gegenstand zu bleiben. Vom Fernsehen ist es ja den ständigen Wechsel gewöhnt. Den Untersuchungen von Singer (Singer und Singer, 1982) ist die große motorische Unruhe solcher Kinder aufgefallen, und sie lasten diese der Kurzfristigkeit des Mediums an, die zur Ungeduld nahezu konditioniert.
Salomon (1979) spricht von der »Zerhackung der Aufmerksamkeit«. Es ist nicht verwunderlich, daß solchen Kindern die Anpassung an die Schule schwerfällt (Singer und Singer, 1982).

Schwerer wiegt noch der Sachverhalt, daß solche Kinder, wenn sie allein fernsehen, zu falschen Vorstellungen kommen. Daher ist es wichtig, daß Eltern und Erzieher darauf aufpassen, daß Vorschulkinder nicht allein fernsehen. Möglichst sollte stets ein Erwachsener an der Rezeptionssituation beteiligt sein.

Die von Hertha Sturm mehrfach mit ihren Folgen beschriebene Schnelligkeit des Mediums Fernsehen führt zu einem Problem, das auch der Erwachsene hat, jedoch ist das Vorschulkind in stärkstem Maße davon betroffen: Der Zuschauer hat kaum Zeit, sich eigene Vorstellungen zu bilden. Auch das ist ein Grund, warum die Gegenwart von Eltern oder Erziehern beim Fernsehen so wichtig ist. Sie sollten wissen, was ihre Kinder sehen; dann sind sie in der Lage, bei der Bildung richtiger Vorstellungen zu helfen.

Verstehen und Behalten

Vorschulkinder haben Schwierigkeiten, im Fernseher Realität und Fiktion zu unterscheiden. Oft sind sie nicht fähig zu begreifen, wann eine Geschichte zu Ende ist. Salomon (1979) – obwohl von verschiedenen Ausgangspunkten herkommend – betonen beide, daß Vorschulkinder noch nicht in der Lage sind, an den vom Fernsehen induzierten Kultivierungsprozessen teilzunehmen.

Wenn Hertha Sturm bei der Behandlung der Wahrnehmung davon spricht, daß der Rezipient bei zu großem Tempo des Mediums Fernsehen keine Zeit hat, sich eigene Vorstellungen zu bilden, so erwähnen Jerome und Dorothy Singer das gleiche Phänomen in ihrem Kapitel »Cognition« unter dem Stichwort »Mangel an Reflektionsmöglichkeit« (Singer und Singer, 1982). Sturm geht hier stärker von den formalen Angebotsweisen des Mediums aus, während J. und D. Singer den Ansatz der kognitiven Psychologie zum Ausgangspunkt wählen. Aber im Grunde stimmen ihre Ergebnisse überein.

In diesem Zusammenhang gehört auch die Beobachtung von Collins (1981), daß Vorschulkinder wegen der Schnelligkeit des Mediums bei der Darstellung von Gewalt nur den Gewaltakt selbst erinnern, sich jedoch über die Ursachen, die im Rahmen der Handlung zu Aggressionen führen, überhaupt nicht bewußt sind.

Emotionen

Fernsehen hat sich als das Medium erwiesen, das vor allem Emotionen vermittelt. Hertha Sturm hat gefordert, dem durch das Fernsehen hervorgerufenen emotionalen Streß mehr Beachtung zu schenken. Es seien insbesondere Kinder, so meinte sie, die von diesem Streß – sie hat auch von Gefühlskonfusionen gesprochen – betroffen seien (Sturm, 1978).

Als Gegenmittel nannte sie: emotionale Stabilität. Das bezog sich zunächst auf die Rezeptionssituation: emotionale Stabilität zu vermitteln durch die Gegenwart eines Erwachsenen. Diese Forderung galt für das Vorschulkind, das, stärker noch als kognitive Hilfe eines Erwachsenen, das Gefühl der Sicherheit braucht gegen den emotionalen Streß. Sicherheit braucht es aber auch gegenüber den Belastungen des Programms, das Angst und Aggression bewirken kann. Es ist nicht nur die Darstellung von Gewalt, also der Inhalt des Fernsehens, der Kinder aggressiv oder ängstlich macht. Man weiß inzwischen, daß aggressives und hyperaktives Verhalten im Kindergartenalter als Folge von Erregung auftritt, die durch die formalen Angebotsweisen von Action-Programmen wie durch Werbeprogramme hervorgerufen werden (Rice, Huston und Wright, 1981). In entsprechender Weise können Kinder durch laute Musik erregt werden. Sie setzen diese Erregung in eine der wenigen Antworten um, die einem Vorschulkind zu Gebote stehen, nämlich einen aggressiven Akt.

Vergegenwärtigt man sich, daß durch Einführung der neuen Medien das Angebot an Programmen steigt und damit auch die Versuchung für Kinder, noch mehr zu sehen als bisher, so wird deutlich, daß die Forderung nach seelischer Stabilität nicht nur für die Rezeptionssituation gelten kann, sondern darüber hinaus für das gesamte Erziehungsklima in der Familie. Denn alle Hinweise und Lehren, die eine moderne Medienpädagogik auf der Basis psychologischer Forschung geben kann, nützt nichts, wenn das Familienklima gestört ist.

Die Tatsache, daß man mit einem zunehmenden Wachstum des massenmedialen Einflusses rechnen muß, wird auch die Anforderung erhöhen, die man an die Erziehung in Elternhaus und Schule stellen muß. Das einzelne Kind wird eine gesteigerte emotionale Zuwendung brauchen, um mit der Situation fertig zu werden, in die es die neuen Medien stellen. Nur personal stabile Beziehungen können ein Gegengewicht bilden gegen den emotionalen Streß der vielfältigen Mediendarbietungen und gegen die Verlockung einer Flucht in unkontrollierten Fernsehkonsum.

Die gesteigerte Zuwendung im Emotionalen verlangt von den Eltern eine wache Aufmerksamkeit und ein ständiges inneres Engagement, eine Haltung, die sich nicht leicht aufrechterhalten läßt, wenn man durch Probleme der eigenen Berufs- oder Privatwelt absorbiert wird.

Literaturhinweise

Collins, W. A.: Cognitive processing and television viewing. In: Pearl, D. (Hrsg.); Bouthilety, L. (Hrsg.); Lazar, J. (Hrsg.): Television and behavior: Ten years of scientific process and implications for the eighties. Washington, D. C.: U. S. Government Printing Office 1981.

Gerbner, George; Gross, Larry: Living with television: The violence profile. In: Journal of communication, 26/1976/2, S. 173–199.

Rice, M. L.; Huston, Aletha C.; Wright, John C.: The forms and codes of television: Effects on children's attention, comprehension and social behavior. Im Druck.

Salomon, Gavriel; Cohen, Akiba A.: Television formats mastery of mental skills, and the acquisition of knowledge. In: Journal of educational psychology, 69/1977/6, S. 612–619.

Salomon, Gavriel: Shape, not only content: How media symbols partake in the development of thought, speech, understanding. Beverly Hills: Sage Publications 1979, S. 53–82.

Singer, Jerome; Singer, Dorothy S.: Implications of childhood television viewing for cognition, imagination and emotion. In: Anderson, D. (Hrsg.); Bryant, J. (Hrsg.): Watching TV, understanding TV. New York: Academic Press 1982.

Sturm, Hertha: Emotionale Wirkungen – das Medienspezifische von Hörfunk und Fernsehen. In: Fernsehen und Bildung, 12/1978/3, S. 162.

Sturm, Hertha; Jörg, Sabine: Informationsverarbeitung durch Kinder. Piagets Entwicklungstheorie auf Hörfunk und Fernsehen angewandt. München u. a.: Saur 1981, 95 S.

Sturm, Hertha: Der rezipientenorientierte Ansatz in der Medienforschung. In: Publizistik, 27/1982/1–2, S. 91.

Erschütternd an dem zitierten Beitrag ist, daß die Ausbreitung der Medien und die Zunahme des Fernsehkonsums der Kinder als eine unabänderliche Notwendigkeit hingenommen wird. Folglich bleibt der Autorin nichts anderes übrig, als Eltern und Schule aufzurufen, die Schäden, die das Fernsehen hervorruft, möglichst wieder auszugleichen. Wie unsinnig dieser Aufruf ist, zeigt sich unter anderem daran, daß die Erwachsenen vom Fernsehen ebenfalls angegriffen und geschwächt werden und folglich dem Kind gar nicht helfen können. Die Unfähigkeit, aus den Forschungsergebnissen die richtigen Folgerungen zu ziehen, hängt unter anderem damit zusammen, daß die Untersuchungen überwiegend von Wissenschaftlern stammen, die eng mit den Medien zusammenarbeiten. Die Autorin des zitierten Beitrages ist zum Beispiel unter anderem Miglied des wissenschaftlichen Beirats der »Sesamstraße«.

Außerdem spüren die Erwachsenen, daß sie, ohne ihre eigene Abhängigkeit vom Fernsehen zu überwinden, die Kinder nicht davon fernhalten können. Da der Verzicht auf das Fernsehen aber nicht gewollt wird oder nicht möglich ist, läßt man es zu, daß die Kinder in dieselbe Abhängigkeit geraten. Dabei spielt auch eine Rolle, daß viele Menschen heute der Auffassung sind, uns bliebe gegenüber den sich ausbreitenden Maschinen nichts anderes übrig, als sich ihnen anzupassen.

Aus diesen Überlegungen geht hervor, daß Eltern, die ihren Kindern das Fernsehen ersparen wollen, zunächst einmal ihr eigenes Verhältnis zu diesem Medium klären müssen, was schließlich nur zu einem Verzicht auf dieses Medium führen kann. Ist dieser Schritt vollzogen, sind natürlich längst nicht alle Probleme gelöst. Im Gegenteil! Nun beginnt der Kampf gegen Schule, Nachbarn, Verwandte und gute Freunde, die dem Kind das Fernsehen anbieten und damit auch attraktiv machen. Die Eltern werden in diesem Kampf nicht ohne Niederlage bleiben. Ist das aber ein Grund, nicht zu kämpfen? Jeder Augenblick, den das Kind ohne Fernsehen erleben kann, ist ein Gewinn.

Wer nach Anregungen sucht, wie er seinen Kindern Alternativen zum Fernsehen bieten kann, findet im Anhang entsprechende Literaturangaben.

XI. Neue Medien – Verkabelung – Bildschirmarbeitsplätze

Die alten Medien sind seit einigen Jahren voll von Berichten über die neuen Medien, denen so der Weg geebnet wird. Dabei ist bei vielen Menschen der Eindruck entstanden, man könne nicht auf der Höhe der Zeit sein, wenn man sich den neuen Medien verschließt. Dieser Eindruck verträgt sich durchaus mit der Tatsache, daß die meisten Menschen nur eine sehr vage Vorstellung davon haben, was mit der Bezeichnung »Neue Medien« gemeint ist.

In einem im Auftrage der Bundespost geschriebenen Buch über die neuen Medien, auf das noch zurückzukommen sein wird, sind im Inhaltsverzeichnis unter diesem Stichwort folgende Medien aufgezählt:

Neue Medien

Bildplatte
Bildschirmtexte (BTX)
Bildschirmzeitung (Videotext)
Bildtelefon
Bürofernschreiben (Teletex)
Fernkopieren (Telefax, Faksimile-System)
Fernschreiben (Telex)
Fernwirken (Fernsteuern, Fernmessen, Fernüberwachen)
Offener Kanal (Open Chanell, Public Access Channel, »öffentlich zugänglicher Kanal«)
Rückkanal
Satelliten – Fernsehtürme im Weltraum
Schmalbandkanal
Teletext
Videokonferenz
Videorecorder
Videotext

Tatsächlich ist die Bezeichnung »Neue Medien« durchaus irreführend. Beim Bildschirmtext (Btx) handelt es sich zum Beispiel darum, daß mit Hilfe des Telefons Computer angewählt werden, deren Informationen dann auf dem

Bildschirm des Fernsehgerätes erscheinen. Neu ist daran lediglich die Art und Weise, wie alte Medien kombiniert und benutzt werden.

Die Verkabelung (Kabelfernsehen) ist ebenfalls alles andere als neu. Als am 1. 1. 1984 die Anstalt für Kabelkommunikation (AKK) begann, die ersten Programme in die Kabel des Versuchsgebietes von Ludwigshafen einzuspeisen, sagten Medienfachleute, nun habe in Deutschland das Kabelfernsehen begonnen. Das ist jedoch nicht richtig. In Wirklichkeit begann das Kabelfernsehen bei uns 50 Jahre früher. Nachdem am 24. Dezember 1930 in Berlin das erste vollelektronische Fernsehbild der Öffentlichkeit vorgeführt worden war, begann die Reichs-Rundfunk-Gesellschaft mit beschränkter Haftung im Jahre 1934 damit, erste Versuchsprogramme herzustellen und zu verbreiten. Die Sendungen konnten nur von einem ausgewählten Personenkreis empfangen werden. Er bestand aus rund 500 hohen Regierungsbeamten und Funktionären der Nationalsozialistischen Deutschen Arbeiterpartei. Die Empfangsgeräte standen im ganzen Reichsgebiet, überwiegend jedoch in Berlin, München, Nürnberg, Köln und Hamburg. Jedes Gerät war durch Kabel mit der Sendezentrale in Berlin verbunden.

Spricht man heute von Verkabelung, dann ist damit die Verlegung sogenannter Breitbandkabel (Kupfercoaxial-Kabel oder Glasfaser-Kabel) gemeint. Diese Kabel ermöglichen es demjenigen, der daran angeschlossen ist, eine Vielzahl von Programmen zu empfangen. Zum Kabelfernsehen gehört auch, daß die Vermehrung des Programmangebots durch die Einbeziehung privater (kommerzieller) Unternehmen erreicht werden soll.

Bedenkt man den Auftrag, dem Rundfunk und Fernsehen ihre Freiheit und ihre Privilegien verdanken, dann stellt sich sogleich die Frage, ob denn von Wirtschaftsunternehmen, deren Ziel möglichst hoher Gewinn ist, erwartet werden darf, daß sie ihre Sendungen so einrichten, daß sie der Demokratiefähigkeit der Hörer und Zuschauer dienen.

Im sogenannten ersten Fernsehurteil (vom 28. Februar 1961) hat sich das Bundesverfassungsgericht zum ersten Mal mit der Frage beschäftigt, welche Bedingungen erfüllt sein müssen, damit die Gründung einer Rundfunkanstalt rechtlich zulässig ist. Damals klagten einige Bundesländer gegen die Gründung der »Deutschland-Fernsehen-GmbH« durch den Bund (man sprach vom »Adenauer-Fernsehen«). Das Gericht gab der Klage statt. In der Urteilsbegründung heißt es:

»Diese Sondersituation im Bereich des Rundfunkwesens erfordert besondere Vorkehrungen zur Verwirklichung und Aufrechterhaltung der in Artikel 5 Grundgesetz gewährleisteten Freiheit des Rundfunks. Eines der diesem Zweck dienlichen Mittel ist das Prinzip, nach dem die bestehenden Rundfunkanstalten aufgebaut sind: Für die Veranstaltung von Rundfunksendungen wird durch Gesetz eine juristische Person des öffentlichen Rechts geschaffen, die dem staatlichen Einfluß entzogen oder höchstens einer beschränkten staatlichen Rechtsaufsicht unterworfen ist; ihre kollegialen Organe sind faktisch in angemessenem Verhältnis aus Repräsentanten aller bedeutsamen politischen, weltanschaulichen und gesellschaftlichen Gruppen zusammengesetzt; sie haben die Macht, die für die Programmgestaltung maßgeblichen oder mitentscheidenden Kräfte darauf zu kontrollieren und dahin zu korrigieren, daß den im Gesetz genannten Grundsätzen für eine angemessene anteilige Heranziehung aller am Rundfunk Interessierten Genüge getan wird. Es steht mit Artikel 5 Grundgesetz nicht in Widerspruch, wenn einer mit solchen Sicherungen ausgestatteten Institution unter den gegenwärtigen technischen Gegebenheiten und auf Landesebene ein Monopol für die Veranstaltung von Rundfunkdarbietungen eingeräumt wird; aus Artikel 5 Grundgesetz folgt aber keinesfalls die Notwendigkeit, ein solches Monopol für eine Institution im Lande zu begründen.

Artikel 5 Grundgesetz fordert zur Sicherung der Freiheit auf dem Gebiet des Rundfunks allerdings nicht die in den Landesrundfunkgesetzen gefundene und für Rundfunkanstalten des Bundesrechts übernommene Form. Insbesondere ist es von der Bundesverfassung nicht gefordert, daß Veranstalter von Rundfunksendungen nur Anstalten des öffentlichen Rechts sein können. Auch eine rechtsfähige Gesellschaft des privaten Rechts könnte Träger von Veranstaltungen dieser Art sein, wenn sie nach ihrer Organisationsform hinreichende Gewähr bietet, daß in ihr in ähnlicher Weise wie in der öffentlichrechtlichen Anstalt alle gesellschaftlich relevanten Kräfte zu Wort kommen, und die Freiheit der Berichterstattung unangetastet bleibt. Gegen eine solche Gesellschaft besteht von Verfassungs wegen keine Bedenken, wenn beispielsweise durch Gesetz eine die spezifischen Zwecke des Rundfunks, insbesondere die Erhaltung seiner institutionellen Freiheit sichernde besondere Gesellschaftsform zur Verfügung gestellt und jede, den angegebenen Erfordernissen genügende Gesellschaft, die Rundfunksendungen veranstaltet, einer Staatsaufsicht ähnlich etwa der Banken- oder Versicherungsaufsicht unterworfen wird.

Artikel 5 Grundgesetz verlangt jedenfalls, daß dieses moderne Instrument der Meinungsbildung weder dem Staat noch *einer* gesellschaftlichen Gruppe ausgeliefert wird. Die Veranstalter von Rundfunkdarbietungen müssen also so organisiert werden, daß alle in Betracht kommenden Kräfte in ihren Organen Einfluß haben und im Gesamtprogramm zu Wort kommen können, und daß für den Inhalt des Gesamtprogramms Leitgrundsätze verbindlich sind, die ein Mindestmaß von inhaltlicher Ausgewogenheit, Sachlichkeit und gegenseitiger Achtung gewährleisten. Das läßt sich nur sicherstellen, wenn diese organisatorischen und sachlichen Grundsätze durch Gesetz allgemein verbindlich gemacht werden. Artikel 5 Grundgesetz fordert deshalb den Erlaß solcher Gesetze.

Die durch notariellen Vertrag vom 25.7.1960 gegründete ›Deutschland-Fernseh-GmbH‹, deren Zweck ›die Veranstaltung von Fernsehrundfunksendungen ist, die den Rundfunkteilnehmern in ganz Deutschland und im Ausland ein umfassendes Bild Deutschlands vermitteln soll‹, bestand ursprünglich aus der Bundesrepublik Deutschland und dem Bundesminister Schäffer als Gesellschaftern; seit dem Ausscheiden des Gesellschafters Schäffer, der ›für die Länder der Bundesrepublik Deutschland‹ seine Stammeinlage übernommen hatte, ist alleiniger Gesellschafter die Bundesrepublik Deutschland. Die Gesellschaft ist also völlig in der Hand des Staates. Sie ist ein Instrument des Bundes, sie wird kraft der verfassungsmäßigen Kompetenzen der Bundesregierung und des Bundeskanzlers von diesen beherrscht. Diese Feststellung kann nicht durch den Hinweis auf den Inhalt des Gründungsvertrags und der nur einen Bestandteil des Vertrags bildenden Satzung der Gesellschaft entkräftet werden. Selbst wenn man

198

unterstellt, daß die Gesellschaftsorgane, insbesondere der Aufsichtsrat und der Intendant, in relativer Unabhängigkeit arbeiten, und daß die satzungsgemäßen Grundsätze für die Programmgestaltung dem Gebot des Artikel 5 Grundgesetz, der institutionellen Freiheit des Rundfunks, zur Zeit Rechnung tragen, bleibt entscheidend, daß das Gesellschaftsrecht und die Gesellschaftssatzung keine Gewähr gegen eine Veränderung der gegenwärtigen Gestalt der Gesellschaft bieten. Ebenso wie aus Anlaß des Ausscheidens des Gesellschafters Schäffer die Satzung geändert worden ist, kann sie auch sonst jederzeit geändert werden. Die ›Gesellschafterversammlung‹ kann jede Änderung beschließen, kann schließlich auch die Auflösung und Neugründung der Gesellschaft mit neuen Organen (einschließlich der damit verbundenen personellen Veränderungen) beschließen. Es ist ein elementarer Unterschied, ob die oben angegebenen organisatorischen Vorkehrungen und sachlichen Leitgrundsätze zum Zwecke der Einhaltung der Freiheit des Rundfunks in einem Gesetz oder in einem Gesellschaftsvertrag enthalten sind.«

Das Urteil stellt die außerordentliche Bedeutung des Rundfunks (das Fernsehen gehört juristisch zum Rundfunk) heraus und verlangt, »daß dieses moderne Instrument der Meinungsbildung weder dem Staat noch *einer* gesellschaftlichen Gruppe ausgeliefert wird«. Genau das geschieht jetzt aber, wenn Warenhäuser, Versicherungen und andere Wirtschaftsunternehmen Programmgesellschaften gründen. Allerdings hat das Urteil den Weg vorgezeichnet, wie solche Gründungen juristisch unanfechtbar gemacht werden können, indem verlangt wird »eine die spezifische Zwecke des Rundfunks, insbesondere die Erhaltung seiner institutionellen Freiheit sichernde besondere Gesellschaftsform«. Außerdem verlangt das Urteil, daß die Verpflichtungen der Programmgesellschaften bezüglich der Pressefreiheit Gesetzeskraft haben.

Einige Bundesländer haben inzwischen Landesmediengesetze erlassen, die diesen Forderungen Genüge tun. Als Beispiel diene das »Gesetz über die Erprobung und Entwicklung neuer Rundfunkangebote und anderer Mediendienste in Bayern« (Gesetz vom 22. November 1984). Die ersten Artikel des Gesetzes lauten:

»Erster Abschnitt

Allgemeine Vorschriften

Artikel 1
Anwendungsbereich

(1) Dieses Gesetz ist Grundlage für die Erprobung, Entwicklung und Nutzung der durch neue Techniken eröffneten Möglichkeiten für die Veranstaltung von Hörfunk und Fernsehen (Rundfunk) und von anderen Diensten nach dem Fünften Abschnitt. Dazu dienen vor allem die Durchführung und die Auswertung des Kabelpilotprojekts.
(2) Das Gesetzt gilt nicht für die Nutzung des schmalbändigen Fernmeldenetzes mit Ausnahme der Artikel 32 und 33.

(3) Für den Bayerischen Rundfunk und das Zweite Deutsche Fernsehen gelten nur die Bestimmungen des Zweiten und des Fünften Abschnitts sowie Artikel 27.

Artikel 2
Öffentlich-rechtliche Trägerschaft, Organisation

(1) Rundfunk im Rahmen dieses Gesetzes wird in öffentlicher Verantwortung und in öffentlich-rechtlicher Trägerschaft der Bayerischen Landeszentrale für neue Medien (Landeszentrale) betrieben.
(2) Im Rahmen dieses Gesetzes ermöglicht die Landeszentrale örtlichen und überörtlichen Kabelgesellschaften die Organisation von Rundfunkprogrammen aus den von Anbietern gestalteten Beiträgen.
(3) Die Landeszentrale regelt die Weiterverbreitung von Rundfunkprogrammen durch Betreiber von Kabelanlagen (Betreiber).
(4) Die Landeszentrale führt auch die Aufsicht über die anderen Dienste nach Artikel 31 und 32 und regelt ihre Durchführung.

Artikel 3
Ausgewogenheit des Gesamtangebots, Meinungsvielfalt

Die in Bayern verbreiteten inländischen Rundfunkprogramme in ihrer Gesamtheit tragen zur Unterrichtung, Bildung und Unterhaltung bei und müssen die bedeutsamen politischen, weltanschaulichen und gesellschaftlichen Gruppen angemessen zu Wort kommen lassen. Die Gesamtheit dieser Rundfunkprogramme darf nicht einseitig eine Partei, eine Interessengruppe oder eine Weltanschauung begünstigen.

Artikel 4
Programmgrundsätze

(1) Die nach diesem Gesetz an der Veranstaltung von Rundfunk Beteiligten sind an die verfassungsmäßige Ordnung gebunden. Die Sendungen haben die Würde des Menschen, die sittlichen, religiösen und weltanschaulichen Überzeugungen anderer sowie Ehe und Familie zu achten. Sie dürfen sich nicht gegen die Völkerverständigung und die Herstellung der Einheit Deutschlands in Frieden und Freiheit richten.
(2) Die Menschenwürde verletzende, vor allem brutale, Gewalt verherrlichende oder verharmlosende, sowie pornographische Darbietungen sind unzulässig.

Dritter Abschnitt

Bayerische Landeszentrale für neue Medien

Artikel 9
Rechtsform, Organe

(1) Die Bayerische Landeszentrale für neue Medien ist eine rechtsfähige Anstalt des öffentlichen Rechts mit dem Sitz in München. Sie hat das Recht der Selbstverwaltung.
(2) Organe der Landeszentrale sind
1. der Medienrat,
2. der Verwaltungsrat
4. der Präsident.
(3) Medienrat und Verwaltungsrat geben sich je eine Geschäftsordnung. Diese müssen Bestimmungen über die Frist und Form der Einladung zu den Sitzungen sowie über den Geschäftsgang enthalten.«

200

Der entscheidende Kunstgriff dieses Gesetzes besteht in der Gründung der »Bayerischen Landeszentrale für neue Medien«, die vor dem Gesetz als verantwortlich für die neuen Programmangebote auftritt. Die Landeszentrale unterliegt einerseits dem Gebot der Ausgewogenheit und den »Programmgrundsätzen«, die so anspruchsvoll formuliert sind, daß sie juristisch nichts zu wünschen übriglassen, andererseits ist der Medienrat als oberstes Organ der Landeszentrale so zusammengesetzt, daß in ihm alle gesellschaftlichen Gruppen vertreten sind.

In der Praxis wird die Landeszentrale in erster Linie organisatorische Aufgaben erfüllen. Der Einfluß auf die Programme dürfte sich wohl darauf beschränken, gelegentlich irgend welche Exzesse zu rügen. Mehr ist schon deshalb nicht möglich, weil die Programmgrundsätze bereits seit Jahren von den bestehenden Programmen täglich mißachtet werden.

Was Verkabelung und Kabelfernsehen bedeuten, soll an dem »Kabelpilotprojekt« Ludwigshafen verdeutlicht werden. Der Vorschlag, dieses Projekt durchzuführen, stammt von der »Kommission für den Ausbau des technischen Kommunikationssystems«, die Mitte der siebziger Jahre zwei Jahre lang tagte und ihre Empfehlungen in einem vielbändigen Abschlußbericht vorlegte. Auf der Grundlage dieses Berichtes verabredeten die Ministerpräsidenten der Länder am 11. Mai 1978, daß in vier Pilotprojekten (Ludwigshafen-Vorderpfalz, Berlin, Dortmund, München) untersucht werden solle, ob in der Bundesrepublik überhaupt ein Bedarf an zusätzlichen Programmangeboten bestehe, wie solch ein Angebot, falls es gewünscht werde, technisch-organisatorisch zu bewerkstelligen sei und welche Auswirkungen zu erwarten wären.

Am 4. Dezember 1980 verabschiedete das Land Rheinland-Pfalz ein »Landesgesetz über einen Versuch mit Breitbandkabel«, das die rechtlichen Voraussetzungen für das Projekt lieferte. Das Gesetz sah die Gründung einer »Anstalt für Kabelkommunikation« vor, der die Durchführung des Projektes übertragen wurde.

Pünktlich zum Beginn des Orwell-Jahres, am 1. 1. 1984, begann der Sendebetrieb. Die Verantwortlichen und die Presse feierten das Ereignis immer wieder als »Medienpolitischen Urknall«. (Daß das erste Kabelfernsehen von den Nationalsozialisten betrieben wurde, wurde natürlich verschwiegen.)

In einer Neujahrsansprache, die von dem Privatsender »Radio-Weinstraße« übertragen wurde, sagte der Ministerpräsident von Rheinland-Pfalz, Bernhard Vogel: »Ab heute gibt es bei Ihnen nicht nur, wie bisher, das Angebot der öffentlich-rechtlichen Rundfunkanstalten, sondern in Konkurrenz dazu erstmals auch private Veranstalter.« Der Ministerpräsident beteuerte dann sogleich, das geschehe nicht, »um Sie zu mehr Fernsehkonsum zu verführen, sondern es geschieht, damit Sie mehr Wahlfreiheit, mehr Meinungsfreiheit und mehr Meinungsvielfalt haben«.

Diese Vielfalt sieht so aus, daß den Teilnehmern an dem Versuchsprojekt 19 Fernsehprogramme und 23 Hörfunkprogramme angeboten werden. Bei 11 der angebotenen Fernsehprogrammen handelt es sich um bereits existierende Programme (ARD; ZDF; 3. Programme; Fernsehprogramme der Nachbarländer). Auf 8 Kanälen werden neue Programme angeboten.

1. *Satellite Television*
Ein englischsprachiges Programm, das über den europäischen Kommunikations-Satelliten ECS kommt und in Ludwigshafen ins Kabelnetz eingespeist wird.

2. *Programmgesellschaft für Kabel und Satellitenrundfunk* (Tochtergesellschaft des Deutschen Genossenschafts- und Raiffeisenverbandes)
Es werden vor allem Spielfilme gesendet. Außerdem werden Nachrichten gesendet, die von der Redaktion der »Frankfurter Allgemeinen Zeitung« stammen.

3. *Erste Private Fernsehgesellschaft* (Tochtergesellschaft der Regionalzeitung »Rheinpfalz« unter Beteiligung weiterer Zeitungsverlage)
Neben einem Regionalmagazin wird in Kooperation mit dem Zweiten Deutschen Fernsehen ein zeitversetztes »ZDF 2«-Programm angeboten.

4. *Kooperationsgemeinschaft Bürgerservice* (bestehend aus 25 einzelnen Programmgestaltern wie zum Beispiel der »Landesverkehrswacht Rheinland-Pfalz e. V.«, der »Deutschen Lesegesellschaft« in Mainz oder der katholischen Kirche. Die Gruppen bieten Informationen an und stellen sich selbst vor.

5. *Mischkanal*
Hier treten verschiedene Anbieter auf, denen gemeinsam ist, daß sie nicht in der Lage sind, einen Kanal allein zu füllen.

6. *Schlauer Kanal*
Der Südwestfunk bietet hier Bildungsprogramme an.

7. *Musikkanal*
Das »Zweite Deutsche Fernsehen« sendet auf diesem Kanal überwiegend Rock- und Popmusik.

8. *Offener Kanal*
Hier kann jeder, der will und kann, senden, was ihm Spaß macht oder wichtig ist.

Die Kosten für das Versuchsprojekt sind beträchtlich. Die Sendeanlagen der Anstalt für Kabelkommunikation haben 40 Millionen Mark gekostet. Die Post investierte 100 Millionen Mark in Sendemasten und andere technische Anlagen. Außerdem kostet die Post jeder Kabelanschluß knapp DM 2000,–. Die Teilnehmer des Projekts zahlen eine monatliche Gebühr von DM 13,50 und eine einmalige Anschlußgebühr von DM 625,–.

Die Mittel, die die Post aufgewendet hat, stammen aus Steuermitteln. Die Anstalt für Kabelkommunikation wird mit Hilfe des sogenannten Kabelgroschens finanziert. Seit der Erhöhung der Rundfunkgebühr (Mitte 1983) werden monatlich zwanzig Pfennige für die Finanzierung der Kabel-Pilotprojekte abgezweigt. (Viele Juristen halten diese Verwendung der Rundfunkgebühren für rechtlich fragwürdig.)

Die privaten Anbieter müssen zunächst investieren, rechnen aber natürlich damit, daß sie früher oder später Gewinne erzielen. Da für private Programme keine Gebühren bezahlt werden müssen, sind die kommerziellen Unternehmen ganz auf ihre Werbeeinnahmen angewiesen. Laut Gesetz dürfen pro Stunde bis zu zwölf Minuten Werbung gesendet werden.

Die Einnahmen aus der Werbung hängen davon ab, wie viele Zuschauer ein Programm erreicht. Die kommerziellen Sender werden folglich alles tun, um möglichst attraktiv zu sein. Der Geschäftsführer der »Programmgesellschaft für Kabel- und Satellitenrundfunk« drückte das so aus: »Ein privater Veranstalter ist gezwungen, ein Programm anzubieten, das auf hohe Akzeptanz bei den Zuschauern angelegt ist, und dies bedeutet konkret für die Programmplanung ein Maximum an Unterhaltung, verbunden mit dem notwendigen Maß an Information.«

Trotz intensiver Bemühungen der beteiligten Sender und trotz eines riesigen Werbeaufwandes bleibt die »Akzeptanz« des Kabelfernsehens weit hinter den Erwartungen zurück. Bis zum Ende des Jahres 1985 waren 12000 Apparate an das Kabel angeschlossen (es bestehen 45000 Anschlußmöglichkeiten).

Bei dieser geringen Beteiligung ist eine aussagekräftige Begleitforschung unmöglich. Der Gesetzgeber hat ausdrücklich festgelegt, daß mindestens 30000 Anschlüsse bestehen müssen, damit »die Auswirkungen auf den einzelnen und das gesellschaftliche Leben, vor allem auf die Familie und die örtliche Gemeinschaft«, untersucht werden könne. Außerdem soll natürlich festgestellt werden, ob die Bürger das Kabelfernsehen wollen. Wenn die Beteiligung an dem Versuch so gering ist, daß letztere Frage gar nicht untersucht werden kann, dann ist sie, so sollte man wenigstens annehmen, negativ entschieden. Die Verantwortlichen sehen das anders. Am 28. Dezember waren in der »Frankfurter Rundschau« unter der Überschrift »Vorzeitiges Ende für den Versuch?« folgende Äußerungen des Geschäftsführers der »Anstalt für Kabel-

203

kommunikation« zu lesen:»»Die Pilotprojekte waren einmal der kleinste gemeinsame Nenner, auf den sich die Ministerpräsidenten einigen konnten. Inzwischen hat sich aber die Welt auch faktisch geändert.‹ Und wer dennoch den Glauben hegen sollte, daß die multimediale Zukunft noch nicht endgültig angebrochen ist, wird von Detjen auf den Boden der Tatsachen zurückgeholt. Das ›Stichwort von der Rückholbarkeit des Versuchs‹, so der Anstalt für Kabelkommunikation-Geschäftsführer, ›ist doch für alle tot und muß als politische Leiche halt noch irgendwo begraben werden.‹«
Die Unverfrorenheit, mit der der Geschäftsführer auftrat, hatte gute Gründe. Am 30. Dezember 1984 trat in Rheinland-Pfalz das »Landesgesetz über eine Änderung des Landesgesetzes über einen Versuch mit Breitbandkabel« in Kraft. Das Gesetz legt folgendes fest:

1. Die Laufzeit des bis Ende 1986 geplanten Projektes wird auf ein Jahr verkürzt (die Versuchs-Projekte von Dortmund und Berlin hatten Ende 1984 noch nicht einmal begonnen);
2. das Kabelfernsehen wird auf Rheinland-Pfalz insgesamt ausgedehnt;
3. die »Anstalt für Kabelkommunikation« wird in eine private Rundfunkanstalt umgewandelt.

Damit war folgendes geschehen. Unter dem Vorzeichen »Versuch« wurden die gesetzlichen Voraussetzungen für die Zulassung privater Programmanbieter geschaffen. Unter dem Vorzeichen »Versuch« wurden die technischen Anlagen für das Kabelfernsehen aus öffentlichen Mitteln bezahlt, Anlagen, die jetzt privat-wirtschaftlichen Unternehmen für Gebühren, die bei weitem nicht kostendeckend sind, zur Verfügung stehen.
Kritikern wird entgegengehalten, das beruhe alles auf gesetzlichen Grundlagen. Formaljuristisch ist das natürlich richtig. Allerdings drängt sich doch die Frage auf, ob hier nicht der Gesetzgeber selber zum Betrüger wird.
Ähnliche Zweifel sind angebracht angesichts der von der Bundespost außerhalb der Versuchsprojekte betriebenen Verkabelung. Der Bundespostminister Christian Schwarz-Schilling hat seit seinem Amtsantritt im Herbst 1982 die Verkabelung der Bundesrepublik zu seinem Hauptanliegen gemacht. Inzwischen ist klar, daß die Zahlen, mit denen er dieses Unternehmen begründet hat, falsch sind. Die Kosten sind fast drei mal so hoch, wie der Minister behauptet hat. Sie dürften bei ungefähr 50 Milliarden liegen. Die Zahl der Menschen, die sich tatsächlich an das Kabel anschließen lassen, beträgt hingegen nur einen Bruchteil dessen, wovon der Minister ausgegangen ist. Das eklatante Mißverhältnis zwischen Nutzung und Kosten und damit verbunden zwischen Einnahmen und Ausgaben veranlaßte den Haushaltsausschuß des Bundestages, den Bundesrechnungshof um eine Überprüfung der Angelegenheit zu bit-

ten. Das Ergebnis war für Schwarz-Schilling niederschmetternd. Unter anderem heißt es in dem Prüfungsbericht sinngemäß, der Minister sei erhebliche betriebswirtschaftliche Risiken eingegangen, da er Unternehmensentscheidungen ohne ausreichende Marktanalysen getroffen habe. Dabei habe er sich auch noch um Milliardenbeträge verkalkuliert. Nach Bekanntwerden des Gutachtens konnte die »Süddeutsche Zeitung« den Minister ungestraft zu einem Abenteurer mit einem gestörten Verhältnis zur Wahrheit erklären. Im Hinblick darauf, wie Schwarz-Schilling auf das Gutachten reagierte, schreibt dieselbe Zeitung: Das Maß an »Tatsachenverdrehung, an Verschleierung von entscheidenden Daten und an persönlicher Arroganz ist kaum noch zu überbieten« (20. 8. 1984, Seite 4).

Außerdem muß sich der Postminister den Vorwurf gefallen lassen, er kümmere sich nur um seine Kabel-Pläne, was zur Folge habe, daß es in den anderen Bereichen der Post drunter und drüber gehe. Schwarz-Schilling hatte versucht, diesen Vorwurf mit der Behauptung zu widerlegen, bei der Briefpost erreichten 91 Prozent der Briefe einen Tag nach Absendung ihre Empfänger. Eine Überprüfung durch die nordrheinwestfälische Verbraucherzentrale, die insgesamt 866 Briefsendungen untersuchte, ergab: Jeder vierte Brief war zwischen vier und neun Tagen unterwegs. Der Verband der Postbenutzer sah sich daraufhin veranlaßt, beim Bundeskanzler eine Dienstaufsichtsbeschwerde gegen dessen Postminister einzureichen.

Wie reagierte die CDU? Einzelne Parteimitglieder stimmen der Kritik an dem Minister durchaus zu. So wurde die Überprüfung durch den Bundesrechnungshof durch ein CDU-Mitglied veranlaßt. Die Partei insgesamt und die Regierung stützen Schwarz-Schilling jedoch. Im Haushaltsausschuß des Bundestages wurde mit der Mehrheit der Koalitionsparteien einerseits der Bericht des Rechnungshofes als wertvolle Hilfestellung begrüßt, andererseits aber dennoch das Kabelprogramm Schwarz-Schillings gutgeheißen.

An diesem Beschluß wird deutlich, daß die Regierung mit der Verkabelung andere Ziele verfolgt als diejenigen, die man den Bürgern mitteilt. Die Post wirbt mit dem Slogan »Mehr Programme. Bestes Bild. Bester Ton.« Daß es aber nicht nur darum geht, die fernsehenden Bundesbürger besser zu bedienen, wird deutlich, wenn man sich offizielle Äußerungen zur Medienpolitik anschaut.

In der ersten Regierungserklärung von Bundeskanzler Kohl (13. Oktober 1982) heißt es:

»Wir wollen den Weg freigeben für die Anwendung moderner Techniken und die Entwicklung neuer Technologien, vor allem im Kommunikationswesen.
Eine besondere Verantwortung liegt hierbei bei der Deutschen Bundespost, die zur Stärkung der Wettbewerbsfähigkeit unserer Wirtschaft und zur Überwindung der gegenwär-

tigen Wachstumsschwäche beitragen muß. Von dem geplanten Ausbau der Kabelnetze, der Einführung neuer Dienste sowie der Einbeziehung der Satellitentechnik in ein modernes Kommunikationsnetz werden wirkungsvolle Anstöße für Investitionen und neue Technologien ausgehen.

Eine freie Gesellschaft setzt voraus, daß sich in ihr die Vielfalt der Meinungen Gehör verschafft. Die Massenmedien tragen so eine hohe Verantwortung für die Erhaltung und Stärkung der freiheitlichen Ordnung.

Die Vielfalt der Meinungen verlangt Vielfalt der Organisationsformen. Die politische Blockade des Ausbaus moderner Kommunikationstechnologien wird beendet.

Die Bundesregierung wird im Zusammenwirken mit den Bundesländern die Medienordnung erneuern. So sollen die Meinungsvielfalt erhöht, die Urteilskraft des Bürgers herausgefordert und der Informations- und Meinungsaustausch über nationale Grenzen hinaus gestärkt werden.«

Hier werden zwei Gründe für die Einführung neuer Technologien auf dem Gebiet der Nachrichtentechnik genannt, wobei es bezeichnend ist, daß die wirtschaftlichen Gründe zuerst genannt werden. Diese Rangfolge wird in allen folgenden Verlautbarungen beibehalten. In den »Vorstellungen des Bundes für eine Medienordnung der Zukunft« (13. März 1985) heißt es in Kapitel drei in bezug auf den Ausbau der Kabelnetze:

»Dabei wird der Ausbau nachfrage- und rentabilitätsorientiert erfolgen mit dem Ziel, möglichst bald eine Teilnehmerzahl zu erreichen, die notwendige Voraussetzung für ein wirtschaftlich tragfähiges und vielfältiges Programmangebot ist.«

Hier wird unverhohlen ausgesprochen, daß man eine hohe Teilnehmerzahl braucht, damit sich die Programme wirtschaftlich lohnen. Einige Absätze weiter heißt es dann auch noch:

»Mit den neuen Informations- und Kommunikationstechniken eröffnen sich neue Chancen, Kultur an breite Bevölkerungsschichten heranzutragen, das Interesse für die Nutzung kultureller Angebote verstärkt zu wecken und vermehrt zu eigenschöpferischem Tun anzuregen.«

Nach den vorangehenden Kapiteln dürfte klar sein, daß die technischen Medien das genaue Gegenteil dessen erreichen, was hier behauptet wird.

In einer Rede zum Thema »Medienordnung der Zukunft«, die der Bundesminister des Innern am 23. April 1985 gehalten hat, stehen ebenfalls wirtschaftliche Gesichtspunkte im Vordergrund. Zugleich wird dabei eingeräumt, daß man über die Auswirkungen der neuen Technologien im Grunde noch gar nichts weiß. Es heißt:

»Auf längere Sicht gibt es durch die Verbindung von Computern mit leistungsfähigen Fernmeldenetzen bestimmte Auswirkungen auf die Gesellschaft. Ich denke hier an die Veränderung der unmittelbaren Beziehungen zwischen dem Menschen und seiner Lebensweise, an die kulturellen Aspekte, Auswirkungen auf die Familie, auf die Arbeitswelt mit ihren neuen beruflichen Anforderungen und auf die Entwicklung der Siedlungsstruktur, um nur einige Beispiele zu nennen. Eine engere Zusammenarbeit von Bund und Ländern zur Klärung gesellschaftlicher und wirtschaftlicher Auswirkungen, die im Zusammenhang mit der Entwicklung der neuen Medien auftreten könnten, wäre sehr nützlich.«

Die Bundesregierung betreibt auf der einen Seite die Einführung der Informationstechnologie und die Ausweitung der Medienangebote, muß aber andererseits zugeben, daß die Erforschung der Auswirkungen dieser Neuerungen noch nicht einmal begonnen hat.

Dieser Widerspruch wird übersehen, weil man sonst der Industrie Steine in den Weg legen würde. Daß die Regierung tatsächlich bereit ist, den Interessen der Wirtschaft alles übrige unterzuordnen, wird in dem »Regierungsbericht Informationstechnik« vom 14. März 1984 mit aller Deutlichkeit angesprochen:

»Die Fähigkeit, moderne Informations- und Kommunikationstechniken und ihre Basistechnologie, die Mikroelektronik, rechtzeitig entwickeln und marktgerecht anwenden zu können, ist ein ganz wesentlicher Faktor für die Wettbewerbsfähigkeit hochentwickelter Industriegesellschaften.
Eine wichtige Voraussetzung hierfür ist eine leistungsfähige informationstechnische Industrie. Aber nicht nur deshalb verschärft sich der internationale Wettbewerb in diesen Märkten, sondern auch aufgrund der Erkenntnis, daß die Informationstechnik weltweit ein Wachstumsbereich ist, der mehr als viele andere auf lange Sicht hohe Zuwachsraten verspricht.
Das Wohlergehen unserer Gesellschaft ist wesentlich von einer konkurrenzfähigen Wirtschaft abhängig. Dazu muß die Herausforderung der Informationstechnik angenommen werden. Die Perspektiven der Informationstechnik müssen nüchtern unter dem Aspekt der wirtschaftlichen Zukunftssicherung betrachtet werden, ohne dabei gesellschaftliche Probleme aus den Augen zu verlieren.«

Den Satz »Das Wohlergehen unserer Gesellschaft ist wesentlich von einer konkurrenzfähigen Wirtschaft abhängig« kann man geradezu als Leitmotiv der Regierung bezeichnen. Dabei geht man davon aus, daß die Industrie international nur konkurrenzfähig sein kann, wenn sie ihre Produkte auch auf dem Binnenmarkt verkauft. Wir werden also unter anderem deshalb verkabelt, damit die Industrie ihre Kabel und was sonst dazu gehört auch ins Ausland verkaufen kann. Daß das Konkurrenzprinzip nicht nur hier schlimme Auswirkungen hat, wird im folgenden deutlich werden.

Was sind die tatsächlichen Folgen der Verkabelung? Innerhalb der Medienwissenschaft dürfte es kaum eine Frage geben, auf die eine so einhellige und leicht zu begründende Antwort existiert: Die Verkabelung und die damit bezweckte Vermehrung der Programme führt dazu, daß innerhalb des Gesamtprogramms der Anteil der Unterhaltung zunimmt, daß innerhalb der Unterhaltung selber die simplen oder reißerischen Angebote vermehrt auftreten und daß die Zuschauer schließlich den Medien mehr Zeit widmen.

207

Diese Prognose, die in einigen Ländern bereits Wirklichkeit geworden ist, beruht unter anderem auf der einfachen Tatsache, daß die große Mehrzahl der Zuschauer das Fernsehen zur Unterhaltung benutzt. Stellt man das in Rechnung, dann wird klar, daß hinter dem Wunsch nach mehr Programmen auf Seiten der Zuschauer immer der Wunsch nach mehr und perfekterer Unterhaltung steht. Tatsächlich sind bisher alle Versuche, per Kabel anspruchsvolle Programme zu verbreiten, kläglich gescheitert. Bei den wenigen Gesellschaften, die hohe Einschaltquoten erzielen, handelt es sich um sogenannte »Pay-TV-Firmen«, die Spielfilme und Serien anbieten, die je nach Einschaltdauer bezahlt werden müssen.

Entsprechende Tendenzen sind in den Kabelpilot-Projekten bereits beobachtet worden. Sie gehen auf Untersuchungen zurück, die von den öffentlich-rechtlichen Anstalten (erstes Programm, zweites Programm und dritte Programme) durchgeführt wurden, die verständlicherweise sorgfältig beobachten, wie sich die Sehbeteiligung in Hinblick auf die öffentlich-rechtlichen Programme in den Kabelhaushalten verändern. Dabei hat man festgestellt, daß die Einschaltquoten bei unterhaltenden Sendungen konstant geblieben sind. Bei den Informationssendungen liegt der Rückgang der Sehbeteiligung zwischen einem Drittel und einem Sechstel. Die stärksten Verluste wurden bei anspruchsvollen Sendungen verzeichnet. Wörtlich heißt es in der entsprechenden Untersuchung:

»Gravierend werden die Verluste mit zum Teil mehr als 50 Prozent bei anspruchsvolleren Sendungen aus den Programmsparten Kunst, Kultur, Wirtschaft und Politik, und zwar zu allen Tages- beziehungsweise Abendzeiten. Viele Zuschauer machen einen täglichen Slalom von einer unterhaltenden Sendung zur anderen. Je mehr Programme im Kabel angeboten werden, desto schneller dreht sich das Unterhaltungskarussell.«

Wenn die öffentlich-rechtlichen Anstalten sich nicht damit abfinden wollen, Zuschauer an die kommerziellen Anbieter zu verlieren, dann bleibt ihnen nichts anderes übrig, als auf die Konkurrenz der Privaten mit einer Vergrößerung des Unterhaltungsangebotes zu reagieren. Dieser Weg ist bereits mit aller Deutlichkeit eingeschlagen worden. So hat zum Beispiel das erste Programm einen neuen Programmblock »VOR 8 IM ERSTEN« eingeführt. Dazu heißt es in der ersten Nummer des seit Beginn des Jahres 1986 erscheinenden »ARD-Magazin« (dessen Gründung ebenfalls in Zusammenhang mit Bemühungen um die Gunst der Zuschauer steht):

»Von nichts läßt sich der Zuschauer lieber unterhalten als von der Serie. Dem haben wir in unserer neuen Programmstruktur von Montag bis Freitag Rechnung getragen: Um 18.00 Uhr mit der kleinen Serie (25 Minuten) und um 19.00 Uhr mit der großen Serie (50 Minuten).«

Vor Beginn der Tagesschau um 20.00 Uhr werden nun bereits zwei Serien geboten. Die erste Serie besteht bis zum Herbst aus einem sogenannten Lachprogramm (»Dummes Zeug und starke Stücke«), bei der zweiten Serie handelt es sich um eine Folge von Kriminalfilmen.
Insgesamt läßt sich eine Zunahme der Serien beobachten. Für die Serien gilt, daß sie für das Fernsehen dasselbe sind, was der Kultfilm für das Kino ist. Jede einzelne Folge einer Serie hat denselben Vorspann und denselben Nachspann. Es tauchen immer dieselben Personen und dieselben Handlungsmuster auf. Die Zuschauer entwickeln allmählich ein Gefühl der Zugehörigkeit. Auf diese Weise bilden sich »Dallas-Gemeinden« und »Denver-Gemeinden« mit den entsprechenden, bereits vorher geschilderten Folgen für die Ziel- und Wertvorstellungen der Beteiligten.
Welche Auswirkung hat die Verkabelung für den Zuschauer? Zunächst einmal muß man sagen, daß die von der Staatsmacht geschaffenen Tatsachen die Tendenz haben, zunehmend akzeptiert zu werden. Ende März 1986 gingen die Ergebnisse einer Umfrage des Instituts für Demoskopie in Allensbach durch die Presse, bei denen es darum ging, wie sich die Einstellung zum Kabelfernsehen während des Versuchs in Ludwigshafen verändert haben. Im folgenden zitieren wir die Ergebnisse aus dem »postmagazin« (2/1986), das in der Entwicklung eine Bestätigung der Verkabelungspläne sieht:

- Die Gruppe der positiv zum Kabelfernsehen eingestellten Personen (Haushaltsvorstände) im Versuchsgebiet hat sich von 26 Prozent vor Beginn des Sendebetriebs auf 55 Prozent Ende 1985 erhöht.
  Betrachtet man nur diejenigen, die tatsächlich einen Antrag auf Anschluß an das Kabelfernsehen gestellt haben oder angeschlossen sind, so hat sich die Zahl von 14 Prozent auf 51 Prozent erhöht.
- Von denjenigen Personen, die vor Beginn des Pilotprojektes ablehnend eingestellt waren, hatten sich zwei Jahre später 25 Prozent an das Kabel angeschlossen oder einen Antrag gestellt.
- Von denen, die vor Beginn des Sendebetriebs unentschieden waren, hatten Ende 1985 bereits 54 Prozent einen Antrag gestellt oder waren schon angeschlossen, während 23 Prozent der Unentschlossenen zu einer ablehnenden Haltung gekommen sind.

Das Institut für Demoskopie sieht in diesen Ergebnissen eine Bestätigung seiner Prognose, wonach die Einführung des Kabelfernsehens wie die Einführung des Fernsehens in den fünfziger Jahren verlaufen werde, nämlich so, daß nach anfänglichen Widerständen das Neue akzeptiert wird.
Zu dieser Prognose ist zu sagen, daß im Unterschied zu den fünfziger Jahren inzwischen Erfahrungen mit dem Fernsehen vorliegen, an die bei dem Wider-

209

stand gegen die Verkabelung angeknüpft werden kann. Bei den Befragungen in Ludwigshafen sollte man auch bedenken, daß trotz zunehmender Zustimmung die Zahl derer, die an dem Versuch teilnehmen, verschwindend gering ist. Wenn auch die in der Umfrage festgestellte Tendenz, begünstigt durch die Macht des Faktischen, besteht, so ist trotzdem noch längst nicht entschieden, ob die Verkabelung, wie von den Medienpolitikern beschlossen, durchgeführt werden kann.

Über die Auswirkungen eines vermehrten Programmangebotes auf die Sehdauer läßt sich bezüglich der Erwachsenen aufgrund der bis jetzt vorliegenden Zahlen wenig sagen. Bei den Kindern ist jedoch ganz eindeutig eine beträchtliche Zunahme des Fernsehkonsums beobachtet worden. So hat eine im Oktober 1985 durchgeführte Untersuchung ergeben, daß die sechs- bis dreizehnjährigen Kinder in den verkabelten Haushalten des Versuchsgebietes im Durchschnitt 65 Prozent mehr ferngesehen haben (von 93 auf 153 Minuten täglich).

Was die Erwachsenen betrifft, so seien im folgenden zwei Indizien genannt, die dafür sprechen, daß bei ihnen längerfristig eine ähnliche Entwicklung eintreten könnte. Eine von der Hochschule der Künste in Berlin durchgeführte Untersuchung ist zu dem Ergebnis gekommen, daß die meisten Zuschauer bestimmte Sendungen bevorzugen und andere am liebsten gar nicht sehen. Die Studie unterscheidet fünf verschiedene Arten von Fernsehzuschauern:

1. der Unterhaltungs- und Filmseher;
2. der Informationsseher;
3. der Sportseher;
4. der Alles-Seher;
5. der Wenig-Seher;

Aufgrund dieser Vorlieben wird in der Studie die Vermutung geäußert, daß der Fernsehkonsum steigen könnte, wenn den Zuschauern ihr jeweiliges Lieblingsprogramm häufiger angeboten wird.

Daß diese Vermutung begründet ist, dafür spricht das zweite Indiz, auf das hier hingewiesen werden sollte. In Haushalten, die noch nicht verkabelt sind, aber über einen Videorecorder verfügen (zwanzig Prozent der Haushalte), steigt der Fernsehkonsum der Erwachsenen im Durchschnitt täglich um zwanzig Minuten. (Die Kinder sehen täglich 24 Minuten länger fern.) Bei den Sendungen, die aufgezeichnet werden, handelt es sich fast ausschließlich um Spielfilme und um einzelne Folgen einer Serie. Der Videorecorder dient also deutlich einer bestimmten Programmvorliebe.

Es sei noch auf eine weitere, wenig beachtete Folge der Vermehrung der Unterhaltungsangebote hingewiesen. Die hauptsächlich an Genuß und Ablenkung interessierte Haltung des Zuschauers einerseits und die Dürftigkeit des

Gebotenen andererseits lassen die Neigung entstehen, mehrere Programme gleichzeitig zu sehen. Immer wieder höre ich, wie jemand seinen Fernsehabend damit verbracht hat, von einem Kanal zum anderen zu springen, um auf diese Weise mehrere Programme gleichzeitig zu verfolgen. Erleichtert wird das natürlich durch die Fernbedienung, die es ermöglicht, vom Sessel aus umzuschalten. Das Gefühl, im Besitz von Macht und unerhörten Fähigkeiten zu sein, das das Fernsehen sowieso schon suggeriert, wird auf diese Weise noch gesteigert. Inzwischen werden Fernsehgräte angeboten, die es ermöglichen, weitere Programme in die Ecken des Bildschirms einzublenden. Die Unverbindlichkeit, die der Zuschauer beim Fernsehen einübt, beginnt, sich auch auf den Umgang mit dem Fernsehen selber auszuwirken.

Bisher ist von den Folgen der Verkabelung nur in Hinblick auf die Veränderung der Programme und des Zuschauerverhaltens die Rede gewesen. Bei beiden handelt es sich, faßt man die Absichten derjenigen, die die Verkabelung wollen, ins Auge, lediglich um Nebenwirkungen. Ginge es tatsächlich nur um die Vermehrung der Programme und die Zulassung privater Anbieter, dann käme man mit Hilfe des Satelliten-Fernsehens schneller und billiger zum Ziel.

Das Fernsehen ist lediglich der Lockvogel, mit dessen Hilfe den Bürgern die Verkabelung schmackhaft gemacht werden soll. Fragt man, wozu das Kabel wirklich gebraucht wird, dann trifft man auf *wirtschaftliche* Interessen. Zunächst einmal erfordert die Verkabelung ungeheure Investitionen, was den ausführenden Firmen hohe Gewinne beschert. Darüber hinaus läßt sich mit Hilfe des Kabels ein Rückkanal schaffen. Die Möglichkeiten, die sich damit eröffnen, sollen am Beispiel des Bildschirmtextes verdeutlicht werden.

Die Einführung von Bildschirmtext (Btx) begann ebenfalls im Laufe des Jahres 1984. Als letzter Landtag verabschiedete die Bremer Bürgerschaft im Juli 1984 mit den Stimmen von SPD und CDU den von den Ministerpräsidenten ausgehandelten Staatsvertrag. In der Debatte, die der Abstimmung vorausging, konnten die meisten Redner nur negative Auswirkungen von Bildschirmtext nennen (Abbau von Arbeitsplätzen, Zunahme der Heimarbeit, Zunahme von Bildschirm-Arbeitsplätzen, Erschwerung des Datenschutzes, Begünstigung totaler Kontrolle). Die Grünen, die den Vertrag ablehnten, fanden es denn auch skandalös, daß der Senat trotz einer eindeutig negativen Einschätzung von Bildschirmtext der Einführung zustimmte. Als Sprecher der Mehrheit gab der Bremer Bürgermeister hierfür folgende Begründung: Ein »Ausklinken« aus der technologischen Entwicklung hätte den Verlust der Wettbewerbsfähigkeit zur Folge, wodurch Schäden entstünden, die größer seien als die durch Bildschirmtext angerichteten.

Diese Denkweise, bei der man, weil man unfähig ist, Alternativen zu entwerfen, von der Meinung ausgeht, nur zwischen zwei Übeln wählen zu können, beschleunigt derzeit die Einführung neuer Techniken gewaltig.

Bei Bildschirmtext handelt es sich um eine Kombinationstechnik, bei der Fernsehgerät, Telefon und Computer zu einer Einheit zusammengefaßt werden. Zwischen Telefon und Fernsehgerät vermittelt ein sogenannter Decoder, der die Telefonsignale in Zahlen und Gaphiken umsetzt, die auf dem Bildschirm erscheinen. Außerdem wird ein verkleinertes Computer-Eingabegerät – eine Art erweiterter Schreibmaschine-Tastatur – benötigt.

Der Teilnehmer von Bildschirmtext wählt mit Hilfe des Telefons eine regionale Computer-Zentrale an. Nach Eingabe eines Zahlen-Codes erscheint auf dem Bildschirm ein Inhaltsverzeichnis, in dem der Teilnehmer mit Hilfe des Eingabegerätes so lange »blättern« kann, bis er den Service oder den Anbieter gefunden hat, für den er sich interessiert.

Zu den Anbietern gehören Versicherungen, Banken, Reisebüros, Kaufhäuser, Zeitungsverlage und verschiedene Institutionen, die Auskünfte und Informationen anbieten. Die Leistungen oder Angebote werden in regionalen Computern, eigenen Computern der angeschlossenen Firmen oder in einem zentralen Computer, der sich in Ulm befindet, gespeichert. In Sichtweite des Ulmer Münsters, des höchsten Kirchturms der Welt, hat die Post den größten Computer der Welt eingerichtet. Von den Postmitarbeitern »die Mutter« genannt, dient er als Zentrum des größten Datenverbundnetzes, das gegenwärtig auf der Welt existiert.

Den Teilnehmern bietet Bildschirmtext die Möglichkeit, Bankangelegenheiten zu regeln, Ware zu bestellen und zu bezahlen, Reisen zu buchen und so fort. Welche Folgen hat das? Zunächst einmal muß gesagt werden, daß die Benutzung von Bildschirmtext in den meisten Fällen eine menschliche Begegnung überflüssig macht. Die ohnehin bestehende Tendenz, menschliche Kommunikation durch die Hinwendung zur Maschine zu ersetzen, wird auf diese Weise gesteigert.

Auf Seiten der Arbeitnehmer hat das natürlich einen Verlust von Arbeitsplätzen zur Folge. Die Schätzungen schwanken je nach dem, wie hoch man die Zahl der Bildschirmtext-Teilnehmer annimmt. Die Bremer Angestelltenkammer legte anläßlich der Debatte über die Einführung von Bildschirmtext Berechnungen vor, nach denen bis zu zwei Millionen Arbeitsplätze verloren gehen könnten.

Eine weitere Folge auf Seiten der Arbeitnehmer besteht darin, daß sich bei den verbleibenden Arbeitsplätzen der Anteil der Bildschirmarbeitsplätze weiter erhöhen wird.

Der Datenschutz wird durch Bildschirmtext vor unlösbare Probleme gestellt, weil niemand sagen kann, wo die Daten der Teilnehmer gespeichert sind (regionale Computer, Zentralcomputer, Firmencomputer). Der hessische Datenschutzbeauftragte, Professor Simitis, hat darauf hingewiesen, daß den bestehenden Datenschutzgesetzen ein Modell von überschaubaren und abgrenzbaren Datenströmen zugrunde liegt, das durch Bildschirmtext technisch überholt ist. Mit Bildschirmtext, so Professor Simitis, verlieren die Begriffe des Datenschutzes ihre Bedeutung. Da der Ort der Speicherung beliebig verändert werden kann, kann der Bürger auch sein Recht auf Auskunft oder Löschung nicht mehr verwirklichen.

Was die Verbreitung von Bildschirmtext betrifft, so läßt sich eine ähnliche Entwicklung beobachten wie bei der Verkabelung. Anfänglich haben sich die Erwartungen der Post nicht im entferntesten erfüllt, was unter anderem dazu geführt hat, daß verschiedene Anbieter sich wieder zurückgezogen haben. Das gilt etwa für die »Frankfurter Allgemeine«. Von den fünfzig bis hundert täglich produzierten Nachrichtenseiten wurde Anfang 1985 nur jede zehnte ein einziges Mal abgerufen.

Inzwischen hat sich die Situation etwas verändert. So hat sich die Zahl der Anrufe im Jahr 1986 gegenüber dem Vorjahr fast verdoppelt. Auch die Zahl der Anschlüsse lag im Mai 1986 mit 46000 erheblich über dem Vorjahr (26400). Trotz dieser Tendenz ist Bildschirmtext weiterhin eine Randerscheinung. Die weitere Entwicklung ist offen und hängt von den Bürgern ab.

Die Post versucht durch riesigen Werbeaufwand die Entwicklung in ihrem Sinne zu beeinflussen. Dazu gehört, neben der Durchführung von Informationsveranstaltungen (»Btx-Schnupperwochen«), daß über zweihundert Bildschirmtext-Stationen in öffentlichen Gebäuden (Rathäuser, Universitäten, Fachhochschulen, Postgiroämtern und so fort) installiert werden. Zu den Maßnahmen des Staates gehört auch, daß die Firma »Loewe« kurzerhand fünf Millionen Mark an Forschungssubventionen für die Entwicklung eines billigeren Decoders bekam. (Bis Ende 1985 waren es bereits siebenhundert Millionen Mark, die die Bundespost in Bildschirmtext investiert hat.).

Nach den bisherigen Erörterungen stellt sich die Frage, was Bildschirmtext eigentlich mit der Verkabelung zu tun hat, denn er funktioniert mit Hilfe des Telefons. Dazu ist zu sagen, daß die Post in der Nutzung des Telefons einen Notbehelf sieht, der möglichst bald überwunden werden soll. Allerdings ist das jetzt verlegte Kupferkoaxialkabel – und das gehört zum Aberwitz der Verkabelungspolitik – noch nicht in der Lage, das Telefon zu ersetzen. Dazu bedarf es eines leistungsfähigeren Kabels, der Glasfaser nämlich.

Bereits zu Beginn der Verkabelung stand fest, daß das verlegte Kupfer in einigen Jahren durch Glasfaser ersetzt werden soll. Im Vergleich zum Kupferkabel kann die Glasfaser bei geringerem Durchmesser eine größere Menge an Informationen in besserer Qualität übermitteln. So ist es mit Hilfe der Glasfaser möglich, für Telefon, Bildschirmtext und unzählige Hör- und Fernsehprogramme nur ein einziges Kabel zu benutzen. Darüber hinaus reicht die Kapazität der Glasfaser für das Bildtelefon und für Video-Konferenzen. Für die Wirtschaft ist außerdem interessant – darauf soll dann noch eingegangen werden –, daß die Glasfaser neben der Verbindung der Teilnehmer zu irgendwelchen Sendern oder Computerzentren in beiden Richtungen (Rückkanal) auch eine Verbindung der Teilnehmer untereinander zuläßt.

Anfang des Jahres 1986 teilte das Postministerium mit, in den nächsten fünf Jahren zunächst einmal zwei Milliarden Mark für die Verlegung von Glasfaserkabeln auszugeben. Bevorzugt sollen solche Gebiete werden, bei denen ein Bedarf an neuen Fernmeldediensten, insbesondere der Verbindung Teilnehmer zu Teilnehmer, erwartet werden kann. Bei dieser Gelegenheit verkündete das Ministerium auch seine Absicht, im Interesse der Wirtschaftlichkeit den Bedarf für neue Fernmeldedienste nicht nur zu ermitteln, sondern auch zu wecken. Damit wird unverhohlen gesagt: Die Leute sollen ans Kabel, damit sich die Sache rentiert.

Fachleute der verschiedensten Richtungen haben dem Postminister vorgeworfen, durch die zweimalige Verkabelung riesige Geldsummen zu verschleudern. Fragt man nach Erklärungen dafür, warum die Post mit der Verkabelung nicht warten wollte, bis das Glasfaserkabel technisch ausgereift war, so lassen sich folgende Gründe vermuten. Zum einen wird es wohl so sein, daß einige Firmen in Hinblick auf die zu erwartende Verkabelung mit Kupfer Investitionen getätigt hatten, die vergeblich gewesen wären, hätte man auf die überraschend als neue Möglichkeit aufgetauchte Glasfaser gewartet. Unabhängig davon kann man natürlich mit einer doppelten Verkabelung doppelt verdienen. Es kommt hinzu, daß die Bundesregierung ein großes Interesse daran hatte, die Kabel möglichst schnell unter die Erde zu bekommen. Ist die Verkabelung erst einmal durchgeführt, dann kann sie, auch von einer anderen Bundesregierung, nicht mehr rückgängig gemacht werden. Es kommt hinzu, daß das Kupferkabel, ist es erst einmal verlegt, durch die Glasfaser ersetzt werden kann, ohne daß die Post bei den jeweiligen Gemeinden neuerlich um das Recht, ein Kabel verlegen zu dürfen, nachsuchen muß. Das Kupferkabel ist so etwas wie ein Vorreiter für das in seinen Auswirkungen noch gefährlichere Glasfaser-Kabel.

Wahrscheinlich spielen bei der Einführung der Glasfaser auch militärische Gründe eine Rolle. Die NATO drängt alle ihre Mitgliedsstaaten, ihre elektronischen Anlagen gegen den bei einem atomaren Angriff zu befürchtenden elektromagnetischen Puls (der zu einem Durchschmelzen der Elektronik, insbesondere der empfindlichen Chips, führt) zu »härten«. Die Glasfaser erfüllt die entsprechenden Anforderungen.

Welches Interesse hat die Wirtschaft an einer Verkabelung, die eine Verbindung der Teilnehmer untereinander ermöglicht? Die Antwort ist eindeutig: die Vernetzung der Firmen untereinander erleichtert den Einsatz von Computern und die Schaffung von Bildschirm-Arbeitsplätzen. Das hat zunächst einmal einen von der Wirtschaft erstrebten Rationalisierungseffekt mit dem entsprechenden Abbau von Arbeitsplätzen zur Folge.

Was bedeutet es für die Arbeitnehmer, wenn die verbleibenden Arbeitsplätze sich zunehmend in solche verwandeln, bei denen vor einem Bildschirm gearbeitet wird? Wie bereits in Hinblick auf Bildschirmtext festgestellt, führt die Verbindung von Informatik (Computer) und Telekommunikation (Nachrichtentechnik; für die Verbindung von beiden hat man das Kunstwort »Telematik« geschaffen) dazu, daß die Gelegenheiten für zwischenmenschliche Begegnungen abnehmen. Andererseits werden die Menschen zunehmend gezwungen, ihre Anliegen, mit denen sie sich an Behörden oder Firmen wenden, der elektronischen Bearbeitungsweise anzupassen.

Für den Arbeitnehmer bedeuten Computer und Bildschirm außerdem, daß die Arbeit zerstückelt und standardisiert wird. Die in ein Computer-Programm investierte Intelligenz macht die Intelligenz vieler Mitarbeiter überflüssig. Für den einzelnen bedeutet das Disqualifizierung mit der entsprechenden gehaltlichen Herabstufung.

Gleichzeitig muß der Mitarbeiter eine verstärkte Überwachung seiner Arbeit in Kauf nehmen. Auf Knopfdruck kann die Firmenleitung sich einen Überblick darüber verschaffen, wer wie oft fehlt, wer wie lange arbeitet und wer mit der Zahl der Arbeitsgänge pro Tag über oder unter dem Durchschnitt liegt. Die Standardisierung schafft Langeweile, die Kontrolle schafft obendrein Zeitdruck und Stress.

Nun wären die Firmen, was die Vernetzung untereinander betrifft, nicht unbedingt auf die Verkabelung durch die Post angewiesen. Diese ist jedoch notwendig für die Verbindung zu den Kunden und für die Verbindung zu solchen Mitarbeitern, die ihre Arbeit zu Hause erledigen. Tatsächlich haben die Firmen die Einführung der Heimarbeit im Blick, von der sie sich verschiedene Vorteile versprechen. So trägt ein Heimarbeiter die Kosten seines Arbeitsplatzes weitgehend selbst. Noch wichtiger dürfte sein, daß verstreut und isoliert arbeitende Mitarbeiter, die sich untereinander gar nicht kennen, nicht in der Lage sind, solidarisch zu handeln. Arbeitskämpfe dürften unter solchen Umständen kaum möglich sein.

Die folgenden Belege machen deutlich, daß die Schaffung von Heimarbeitsplätzen in Überlegungen und Planungen bereits eine Rolle spielt. Am 25. Februar 1984 erschien in der Zeitung »Die Welt« ein längerer Artikel, der von der in der Überschrift gestellten Frage ausging »Werden die neuen Medien die

Architektur unserer Städte verändern?« Der Anfang des Artikels lautet folgendermaßen:

»Ist die Endzeit der Städte angebrochen? Werden sie ganz ohne Atomkrieg und Chemieverseuchung auf die friedlichste Art der Welt verschwinden? Steht das Zeitalter der Dezentralisation, der Entflechtung, der Heimarbeit vor der Tür? Es ist noch nicht ein Jahr her, daß der Verein Deutscher Ingenieure auf seiner Jahrestagung in Frankfurt diese Fragen ernsthaft diskutiert hat. Vor allem der Präsident des Hauptverbandes der Deutschen Bauindustrie, Günther Herion, sagte damals voraus: Die Mikroelektronik mit den neuen Techniken der Telekommunikation und Büroautomation werden die Städte tiefgreifend verändern. So würden die Arbeitsplätze aus den Büro- und Verwaltungszentren in die Wohnungen der Mitarbeiter wandern. Auto und U-Bahn hätten als Pendlerfahrzeuge ausgedient, weil Informationen und Arbeitsbeziehungen über den Bildschirm ins Haus kommen würden. Die Folge: Wo sich heute noch die Polypenarme von Autobahnen und Nahverkehrsnetzen in das Weichbild der Städte schlingen, wird › Verkehrsbrache‹ entstehen. Und auf das Wäldersterben in der Natur wird das Sterben der Hochhausdschungel in den Städten folgen.«

Diese Vorstellungen mögen utopisch sein, sie belegen jedoch, daß mit der Einführung der Heimarbeit gerechnet wird. Letzteres gilt auch für einen seit 1984 in Baden-Württemberg laufenden Modellversuch, der vom Wirtschaftsministerium veranlaßt wurde und vom Frauenhofer-Institut für Arbeitswissenschaft und Organisation wissenschaftlich begleitet wird. Nach den Worten des Wirtschaftsministers soll in dem Versuch auch sorgfältig geprüft werden, ob die Befürchtungen der Gewerkschaft hinsichtlich der Heimarbeitsplätze (Abbau von arbeits- und sozialrechtlichen Schutzbestimmungen; Vereinsamung am Arbeitsplatz; physisch und psychische Belastungen) berechtigt sind.

Ebenfalls im Jahre 1984 hat der Bundesminister für Arbeit und Sozialordnung ein Forschungsvorhaben im Zusammenhang mit der Heimarbeit vergeben. Unter der Rubrik »Lehre und Forschung« erschien in der Wochenzeitung »Die Zeit« (1. Juni 1984) folgende Anzeige:

Der Bundesminister für Arbeit und Sozialordnung beabsichtigt, das folgende Forschungsvorhaben zu vergeben:

TELEARBEIT UND ARBEITSRECHT

– Arbeitsrechtliche Auswirkungen einer Verlagerung von Arbeitsplätzen aus dem Betrieb in die Wohnung mittels neuer Techniken – Kennzeichen: 84/03/02
Zeitbedarf: einundhalb bis zwei Jahre.
Interessenten, die über Erfahrungen in der empirischen Sozialforschung sowie über weitreichende Kenntnisse im Arbeitsrecht und hinsichtlich der neuen Techniken, insbesondere der Informations- und Kommunikationstechniken, verfügen, werden gebeten, ihre Bewerbungen bis zum 29. Juni 1984 beim Bundesminister für Arbeit und Sozialordnung, Referat III a 7, Postfach, 5300 Bonn 1, einzureichen. Eine ausführliche Projektskizze über die Problemstellung kann vorab angefordert werden.

Unabhängig davon, ob der Bildschirm zu Hause oder im Büro steht, schafft er ein Problem, das viel zu wenig beachtet wird: die Strahlenbelastung. Seit Jahren wird in den verschiedensten Ländern von den Gewerkschaften darauf aufmerksam gemacht, daß Bildschirmarbeitsplätze besondere gesundheitliche Risiken mit sich bringen. Außerdem ist immer wieder beobachtet worden, daß es bei überdurchschnittlich vielen Neugeborenen, deren Mütter an Bildschirmgeräten gearbeitet haben, zu Mißbildungen kommt. Die Arbeitgeber haben darauf bis jetzt geantwortet, es lägen noch keine wissenschaftlich überzeugenden Untersuchungen vor. (Mit anderen Worten: die Zahl der Mißbildungen ist noch nicht groß genug.)

Inzwischen kann die Behauptung, für Schädigungen gebe es keinen wissenschaftlichen Nachweis, von Leuten, die gewillt sind, sich sachkundig zu machen, nicht mehr erhoben werden. Das »Karolinska Institut« in Stockholm (dieses Institut vergibt den Nobel-Preis für Medizin) hat eine große Zahl von Angestellten, die an Bildschirmen arbeiten, beobachtet, und ist zu dem Ergebnis gekommen, daß das Risiko für schwangere Frauen, eine Fehlgeburt zu haben oder ein Kind mit Mißbildungen zur Welt zu bringen, doppelt so hoch ist als im Bevölkerungsdurchschnitt. In Tierversuchen, die parallel durchgeführt wurden, ist man zu demselben Ergebnis gekommen.

Gleichzeitig mit den schwedischen Forschungen wurden Untersuchungen bekannt, die in Polen durchgeführt wurden und die zu denselben Ergebnissen kamen. Die Polen fanden zudem heraus, daß die mit Schwangerschaft und Geburt zusammenhängenden Risiken noch weiter zunehmen, wenn die Arbeit an den Bildschirmen so ist, daß sie bei den arbeitenden Frauen Streß hervorruft. Die Untersuchungen fanden ebenfalls einen eindeutigen Zusammenhang zwischen Hauterkrankungen und der Arbeit am Bildschirm. Allein im Karolinska Krankenhaus in Stockholm wurden im Mai 1986 fünfzig Patienten wegen zum Teil schwerer Hauterkrankungen, die auf Bildschirmarbeit zurückzuführen sind, behandelt.

Der Nachweis von Schäden, die durch Bildschirmarbeitsplätze hervorgerufen werden, hat in Schweden (dem Land mit der größten Computerdichte) erhebliche Unruhe ausgelöst. Die staatlichen Behörden reagierten unter anderem in der Weise, daß der Ankauf von achttausend Bildschirmgeräten, die bereits bestellt waren, gestoppt wurde. Außerdem sollen fünfundzwanzigtausend Geräte mit zusätzlichen Abschirmungen ausgestattet werden.

Die Arbeitsministerin Anna-Greta Leijon gab die Empfehlung, Schwangere möglichst überhaupt nicht, höchstens aber zwei Stunden täglich an Bildschirmen arbeiten zu lassen. Die Arbeitsschutzbehörden von Norwegen und Dänemark haben sich diesen Empfehlungen angeschlossen. Inzwischen ist es in Skandinavien allgemeine Praxis, daß Schwangere, deren Arbeitgeber auf der

Arbeit an Bildschirmgeräten bestehen, von ihren Ärzten arbeitsunfähig geschrieben werden.

Worauf beruhen die Schäden? Ein kurzer Blick auf die Funktionsweise eines Bildschirmes genügt, um die Antwort auf diese Frage zu finden. Den Mittelpunkt eines jeden Bildschirms bildet eine Vakuum-Röhre. An der Rückseite dieser Röhre wird ein Kathodenstrahl erzeugt, der mittels starker Magnete über die Vorderseite (den Bildschirm) gelenkt wird. Der Bildschirm ist auf der Innenseite punktweise mit einer bestimmten Metallegierung beschichtet, die fluoresziert, wenn der Kathodenstrahl sie trifft. Auf diese Weise entsteht Helligkeit, und durch das Variieren und Wandern dieser Helligkeit können Buchstaben, Zahlen und Bilder hervorgerufen werden.

Die Elektronen des Kathodenstrahls begnügen sich aber nicht damit, allerlei Erscheinungen auf den Bildschirm zu zaubern. Der Schirm kann die Elektronen, die auf ihn aufprallen, nur abbremsen, jedoch nicht daran hindern, das Gerät zu verlassen. Bei der Bremsstrahlung, die auf diese Weise entsteht, handelt es sich um nichts anderes als um Röntgenstrahlung.

Die Hersteller und die zuständigen Behörden wissen das natürlich. Für jeden Gerätetyp benötigt der Hersteller einen Zulassungsschein, der von den Gewerbeaufsichtsämtern entsprechend den Vorschriften der Röntgenverordnung vom 1. März 1973 erteilt wird. Die Zulassung ist an die Auflage geknüpft, jedes einzelne Gerät daraufhin zu überprüfen, ob es den Bestimmungen des Strahlenschutzes entspricht. Laut Röntgenverordnung sind die Hersteller auch verpflichtet, auf jedem Bildschirmgerät deutlich sichtbar den Hinweis anzubringen: »Die in diesem Gerät entstehende Röntgenstrahlung ist ausreichend abgeschirmt. Beschleunigungsspannung maximal 28,0 kV.«

Prüfungs- und Zulassungsgenehmigung erwecken zunächst den Eindruck von Sorgfalt und Verantwortungsbewußtsein. Befaßt man sich jedoch eingehender mit der Angelegenheit, dann ergibt sich folgendes. Die Hersteller sprechen lediglich von einer »ausreichenden« Abschirmung. Wirklichen Schutz würde jedoch nur eine »vollständige« Absicherung gewähren. Davon ist jedoch nicht die Rede. Folglich ist man bei der Feststellung der Unschädlichkeit der Geräte von bestimmten Grenzwerten ausgegangen. Was von solchen Grenzwerten zu halten ist, wissen wir inzwischen.

Man könnte auch sagen: wissen wir inzwischen *wieder*, denn in den fünfziger Jahren war allgemein bekannt, daß es keine unschädliche Dosis gibt. Man schaue sich daraufhin das »Strahlenschutzheft Nr. 2« der »Schriftenreihe des Bundesministers für Atomfragen« an. Dort steht:

»Im wesentlichen muß also jede zusätzliche Bestrahlung vom genetischen Standpunkt aus als schädlich für den Menschen betrachtet werden. – Es gibt sehr gute Gründe für die Auffassung, daß die meisten genetischen Effekte sich sehr genau addieren, so daß ein kleiner Strahlenbetrag, welcher von jedem einzelnen einer großen Zahl von Individuen empfangen wird, der Gesamtbevölkerung beachtlichen Schaden zufügen kann. – Quellen ionisierender Strahlen, die bei der Behandlung von Problemen genetischer Wirkungen beim Menschen eine Rolle spielen, sind unter anderem Röntgenröhren, radioaktive Leuchtfarben auf Zifferblättern von Uhren und anderen Gegenständen für den allgemeinen Gebrauch, Fernsehempfänger und so weiter. Wenn auch solche Quellen von geringer Bedeutung sind, ist es jedoch wichtig, daß wir ihr Vorhandensein berücksichtigen.«

Durch diese um eine gewisse Harmlosigkeit bemühten Feststellungen hindurch läßt sich doch erkennen, daß die Verfasser davon ausgehen, daß es im genetischen Bereich, das heißt in Hinblick auf Erbschäden wie Mißbildungen und dergleichen, keine unschädliche Strahlenmenge gibt. Und nun bedenke man, in welch ungeheurem Ausmaß die allgemeine Strahlenbelastung – etwa durch zahllose Atombomben-Tests – seit den fünfziger Jahren zugenommen hat. Kein Wunder, daß sich die Belastungen bei einzelnen Individuen immer häufiger bis zu dem Punkt addieren, wo Schäden auftreten – natürlich nicht nur genetische Schäden, sondern auch somatische Schäden wie zum Beispiel Krebs.

Inzwischen ist durch Untersuchungen im Kernforschungszentrum Karlsruhe festgestellt worden, daß jedes Bildschirmgerät neben Röntgenstrahlen auch radioaktive Strahlung abgibt. Die Strahlung wird auf Zerfallsprodukte des radioaktiven Edelgases Radon zurückgeführt, das in der Metall-Legierung enthalten ist, die auf den Beschuß mit Elektronen mit Fluoreszenz reagiert. Man war dem Radon auf die Spur gekommen, weil festgestellt wurde, daß einige Geräte *nach* dem Abschalten um fünfundzwanzig Prozent stärker radioaktiv strahlten als während des Betriebs. Als Grund fand man schließlich, daß sich das Radon während des Betriebs im hinteren Teil der Bildröhre sammelt und nach dem Abschalten verstärkt abgegeben wird.

Die Gesundheit der Menschen, die an Bildschirmen arbeiten, wird aber nicht nur durch Röntgenstrahlen und Radioaktivität bedroht. Der in der Bildröhre wirkende Kathodenstrahl kann nur mit Hilfe außerordentlich hoher elektrischer Spannungen erzeugt und dirigiert werden. Diese Spannungen lassen um das Gerät ein elektrostatisches Feld (Magnetfeld) entstehen, in das man sich hineinbegeben muß, wenn man an dem Gerät arbeiten will. Inzwischen sind sich die Mediziner einig, daß die Hauterkrankungen durch diese Magnetfelder hervorgerufen werden.

Die Existenz der Magnetfelder wurde den an diesen Geräten Arbeitenden übrigens erst dadurch klar, daß Gerätehersteller mit entsprechenden Schutzvorrichtungen warben. Damit wurde indirekt zugegeben, daß die Magnetfelder Schäden verursachen. Die nachträgliche Ausstattung der in den schwedischen

Behörden benutzten Geräte mit Schutzvorrichtungen gilt ebenfalls der Abschirmung der Magnetfelder.

Gegen Radioaktivität und Röntgenstrahlen gibt es keinen Schutz, es sei denn, man umhüllt die Geräte vollständig mit Blei. Blei ist aber bekanntlich nicht durchsichtig.

Macht man sich klar, was man über Bildschirmgeräte immer schon hat wissen können, dann wird wieder einmal deutlich: nachdem zigtausend dieser Geräte installiert sind, nachdem sie unsägliches Leiden verursacht haben, kommen Untersuchungen in Gang, die umständlich beweisen, was man sich vorher bereits hätte denken können und was die Verantwortlichen auch gewußt haben oder hätten wissen können.

Bedenkt man, welche Strahlen von einem Bildschirm ausgehen, dann ist es ungeheuerlich, daß bis heute in vielen Betrieben darum gekämpft werden muß, daß Schwangere nicht an Bildschirmgeräten arbeiten müssen. Man erinnere sich, daß Schwangere nicht geröntgt werden sollen. Dabei beträgt die beim Röntgen entstehende Belastung nur einen Bruchteil der Belastung, die von einem Bildschirmarbeitsplatz ausgeht. Berechnungen des Betriebsrats der Universität Bremen haben ergeben, daß bei einer täglichen Arbeitszeit von acht Stunden am Bildschirm (bei Annahme von fünfzig Arbeitswochen mit jeweils vierzig Arbeitsstunden) eine Belastung mit Röntgenstrahlen entsteht, die zwanzig Ganzkörper-Röntgenreihenuntersuchungen entspricht.

Was kann der einzelne tun? Für denjenigen, der vor der Frage steht, wie er sich dem Fernsehen gegenüber verhalten soll, ergeben sich meines Erachtens unabhängig von der Einschätzung der Wirkung der Fernsehbilder und der Programme mindestens zwei Gründe, die für ein Abmelden des Fernsehgerätes sprechen. Bedenkt man, daß das Fernsehen als ›Zugpferd‹ für die Verkabelung wirkt, dann sollte man wegen der politischen und sozialen Folgen alles unterlassen, was einen Anreiz für die Verkabelung schafft. Zu den politischen und sozialen Gründen kommen solche medizinischer und ökologischer Art. Nach der Katastrophe von Tschernobyl sollten wir alles, was in unserer Macht steht, tun, um Umweltbelastungen zu vermeiden. Das Abschalten und Abmelden des Fernsehers steht in unserer Macht.

Man könnte einwenden, die Verkabelung sei doch schon zu einem guten Teil durchgeführt und der Rest lasse sich gar nicht mehr aufhalten. Selbst wenn das stimmen sollte, dann macht es noch einen gewaltigen Unterschied, ob einige, viele oder alle angeschlossen sind. So sprechen die Medienwissenschaftler in Hinblick auf Bildschirmtext von einer Akzeptanzschwelle, die sie zwischen fünfzehn und achtzehn Prozent Anschlußdichte vermuten. Jenseits dieser Schwelle könnte sich eine Eigendynamik entwickeln, die schließlich einen Zustand herbeiführt, der so ist, daß man Bildschirmtext haben *muß*.

220

Etwas Ähnliches ist vor einigen Jahren mit den Konten passiert. In den fünfziger Jahren bekamen die meisten Menschen ihren Verdienst bar in der Lohntüte ausgezahlt. Dann begannen Unternehmer und Banken den Arbeitnehmern die Einrichtung von Konten nahezulegen. Die Banken lockten mit der kostenlosen Führung von Gehaltskonten. Als die meisten Arbeitnehmer dem Drängen nachgegeben hatten, stellten die Betriebe die Auszahlung von Bargeld ein. Nun war auch der Rest gezwungen, ein Konto einzurichten. Als dieser Zustand erreicht war, sagten die Banken, sie könnten die Konten nicht länger kostenlos führen. Sie begannen, Kontoführungsgebühren zu erheben, die seitdem kontinuierlich steigen. Selbst ein Sozialhilfeempfänger, auf dessen Konto nichts weiter geschieht, als daß die Sozialhilfe überwiesen und wieder abgehoben wird, zahlt heute monatlich um die fünf Mark an die Bank (beziehungsweise die Sparkasse).

Dabei müßten die Kontoinhaber Geld von der Bank bekommen, denn sie überlassen ihr ständig die Hälfte ihrer Einnahmen. Wer zu Beginn eines Monats DM 2000,– überwiesen bekommt und dieses Geld bis zum Ende des Monats allmählich verbraucht, der hat durchschnittlich DM 1000,– auf seinem Konto, über die die Bank verfügen kann. Der ungeheure Machtzuwachs der Banken beruht nicht zuletzt auf den riesigen Summen, die ihnen auf diese Weise zufließen.

Im Hinblick auf den Zahlungsverkehr ist der Zustand, daß man ein Konto haben muß, erreicht. Im Hinblick auf Bildschirmtext droht dieser Zustand. Aus diesem Grunde kommt es, trotz fortschreitender Verkabelung, auf jeden an, der sein Fernsehgerät abmeldet. Solange eine hinreichend große Zahl von Menschen nicht am Kabel hängt, ist es schwer, Maßnahmen zu ergreifen, die den einzelnen zum Anschluß zwingen. Sollte der Zustand erreicht werden, daß jeder Haushalt angeschlossen sein muß, dann dürfte das Folgen haben, die weit einschneidender sind als diejenigen, die sich daraus ergeben haben, daß heute praktisch jeder ein Konto hat.

Zu dem Widerstand, den der einzelne leisten kann, gehört auch, daß die Art und Weise durchschaut wird, wie die Politiker, vor allem aber die Post, für die neuen Fernmeldedienste werben. Das wirksamste Mittel bei dieser Werbung ist das Mittel der Begriffsverwirrung, wobei die Begriffe »Freiheit« und »Kommunikation« im Mittelpunkt stehen. In der ersten Nummer der bereits erwähnten Zeitschrift der Bundespost »postmagazin« (1/1984; die Zeitschrift wird bei einer Auflagenhöhe von 750 000 Exemplaren kostenlos verteilt) äußert sich Minister Schwarz-Schilling zu Sinn und Zweck der Verkabelung folgendermaßen: »Auf die Frage, zu welchem Nutzen dies alles ist, gibt es eine ganz klare Antwort: ein freier Bürger in einem freien Land möchte für sich selbst aussuchen dürfen, welches Programm er zu welcher Zeit gerne sieht und welches Pro-

221

gramm er nicht sehen möchte. In einem freien Land ist deswegen selbstverständlich – wenn die technischen Voraussetzungen es erlauben –, daß mehr Programme auch mehr Freiheit für den einzelnen Bürger bedeuten. Man sollte dies getrost der Entscheidung des einzelnen Bürgers überlassen und nicht anmaßend von Staats wegen darüber entscheiden.«

Die Untersuchungen dieses Kapitels haben gezeigt, daß die »Freiheit«, von der Schwarz-Schilling hier spricht, lediglich darin besteht, zwischen einer ständig wachsenden Zahl von Unterhaltungsangeboten wählen zu können.

Wenn es nicht darum geht, die Verkabelung gegenüber möglichen Einwänden zu verteidigen, sondern möglichst viele Menschen zum Anschluß an das Kabel zu bewegen, dann wird das auch deutlich ausgesprochen. So lag im Juni 1986 den millionenfach verschickten Telefonabrechnungen der im folgenden wiedergegebene Hinweis der Post bei. Da ist ganz unverblümt von »Wunschprogramm« die Rede und davon, daß der einzelne seine »Rosinen« rauspicken kann, womit auf die Programmvorlieben, von denen weiter oben die Rede war, angespielt wird. Mit der grundgesetzlich garantierten Meinungs- und Informationsfreiheit, auf die sich die Medienpolitiker gern berufen, hat das nichts zu tun. Man fragt sich in Hinblick auf das hier angeführte Beispiel auch, wieso es heißt: »Die Post *informiert*.« Es handelt sich um handfeste Werbung:

»Die Post informiert:
Mit Kabelanschluß mehr erleben:
Die meisten Kabelanschluß-Teilnehmer haben jetzt auch schon mehrere Satelliten-Programme zur Wahl.
Aus der Fülle des Angebotes an Spielfilmen, Unterhaltungs- und Kultursendungen, Sport-Reportagen und aktuellen Informationen, die die neuen Programmanbieter SAT 1, RTL-plus, 3 SAT, TV 5, Sky Channel ausstrahlen, können Sie ganz gezielt Ihr individuelles Wunschprogramm auswählen. Und die Musikliebhaber unter den ›Kabelangeschlossenen‹ hören nicht nur Musik in hervorragender Stereo-Qualität, sondern können sie auch sehen: zum Beispiel in der deutschen ›musicbox‹ und in der englischen ›Music Box‹.
Damit auch Sie sich Ihre ›Rosinen‹ schon bald ›rauspicken‹ können, bauen die Post und ihre Partner aus der Privatwirtschaft die Kabelnetze zügig aus.
Wie Sie zum Kabelanschluß kommen, erfahren Sie bei Ihrem Fernmeldeamt, im Telefonladen oder im Kabelmobil.
Wenn Sie sich einen neuen Fernseher oder ein Videogerät kaufen möchten, fragen Sie Ihren Fachhändler nach voll kabeltauglichen Geräten.
Schon heute sind über 1,5 Millionen Haushalte an das Kabel angeschlossen. Schließen auch Sie sich an!
Denn mit Kabelanschluß können Sie mehr erleben.«

Im Leitartikel der ersten Nummer des »postmagazins« geht Petru Dumitriu auf den amerikanischen Bestseller »Megatrends« von John Naisbitt ein. In diesem Buch wird behauptet, einer der zehn großen Trends unserer Zeit sei, daß wir im Zeitalter der Kommunikation lebten. Dumitriu stimmt dem natürlich zu und fügt hinzu: »Daran ist nicht zu rütteln, und daraus ist nicht auszusteigen.«

Als Beleg für diese These wird ein Historiker der Technik angeführt, der die Behauptung aufgestellt hat: »Was erfunden wurde, kann nicht unerfunden gemacht werden.« Die technologische Entwicklung läßt sich demnach nicht aufhalten, die Technik kann jedoch, so meint Dumitriu, humanisiert werden. Dazu sei vor allem eines nötig: Wissen über die Technik. Der Schluß des Artikels lautet: »Angst ist lähmend. Wir müssen die neue technische Wirklichkeit kennenlernen, erkennen, beherrschen, sie uns dienstbar machen; denn so ist sie gedacht. (...) Die neuen Techniken brauchen wir nicht zu fürchten. Sie sind unsere Schöpfungen. Wir müssen und können sie beherrschen. Eines aber können wir nicht: sie ungeschehen machen. Sie sind *der* Großtrend unserer Zeit.«

Ein Jahr nach diesem Artikel hat Petru Dumitriu das Buch »Die neuen Medien« vorgelegt, das jenes Wissen enthalten soll, das uns hilft, die Medien zu beherrschen und sie uns dienstbar zu machen. Im folgenden werden zwei Abschnitte wiedergegeben, die eine Erläuterung von »Information« und »Kommunikation« geben:

1.5 Was heißt »Information«?

»Information« nennen wir die Übertragung von Wissen von einem Sender zu einem Empfänger, durch Signale im weitesten Sinne des Wortes. Es kann sich dabei auch um die Übertragung von Willensäußerungen (Anweisungen, Befehlen, »Programmieren«) oder von Emotionen, Gefühlen (Musiksendungen, Alarmzeichen und vieles andere mehr) handeln. Letzteres allerdings fast immer mit einem Bestandteil an »Wissen« – auch dieses Wort in seinem weitesten Sinne aufgefaßt!
Man spricht von »Information« auch bei der Übertragung von bewußtseinsunabhängigen Steuerungsbefehlen und -programmen. So zum Beispiel von »genetischer Information« durch die DNS-Doppelhelix in den Chromosomen lebendiger Organismen.
»Information« wird oft im erweiterten Sinn von »Kommunikation«, also von wechselseitiger Information, von Informationsaustausch verwendet.

1.6 Was heißt »Kommunikation«?

K. Merten zählt in seinem Werk »Kommunikation, eine Begriffs- und Prozeßanalyse« hundertsechzig verschiedene Definitionen des Begriffes »Kommunikation« auf. Für unsere Zwecke genügt es, wenn wir »Kommunikation« als Austausch von Informationen auffassen.
Sowohl beim Vorgang der Information als auch bei dem der Kommunikation unterscheidet man fünf Faktoren: erstens einen Kommunikator (Sender), zweitens einen Rezipienten (Empfänger, vom lat. recipio, »ich empfange«), drittens einen Vermittlungsmodus (Träger, Kanal, »Medium«), viertens eine Botschaft und fünftens die Wirkung (das Ergebnis).
Im Falle der Kommunikation ist der Sender auch zugleich Empfänger, es findet ein

223

Dialog statt. Kommunikation ist Dialog, Interaktion (Wechselwirkung), soziales Miteinander.

Die Arbeit, die gemeinsam verbrachte Freizeit einschließlich des Spiels, der Markt, der Staat, die Justiz, überhaupt das menschliche Zusammenleben beruht auf Kommunikation – ist Kommunikation, ist Austausch von Wissen, Willen, Gefühl.

Das Wort kommt aus dem Lateinischen: cum, »mit«, »miteinander« und munis, »dienstbereit« sowie munus, »Pflicht, Dienst, Gabe, Geschenk« – »Freigebigkeit« heißt munificentia, von munus und facio, »ich tue, ich mache«. Der Begriff der Kommunikation wurzelt in den tiefsten psychischen, existentiellen und ethischen Schichten des Menschlichen. Kommunikation stiftet menschliche Gesellschaft. Sie ist vom Inbegriff, vom Wesen und vom Dasein des Menschen nicht zu trennen.

Ohne uns von diesem tiefsten Wesensgrund der Kommunikation zu entfernen, betrachten wir hier die Kommunikation in einem engeren Sinn als Technik im Dienste der zwischenmenschlichen Kommunikation. Aber – was heißt das: »Technik«?

Bei den Erläuterungen fällt zunächst auf, daß die Wortbedeutungen sehr weit gefaßt sind. Charakteristisch ist dabei vor allem, daß ein und derselbe Begriff sowohl für menschliche als auch für technische Phänomene verwendet wird. So heißt es: »Kommunikation stiftet menschliche Gesellschaft. Sie ist vom Inbegriff, vom Wesen und vom Dasein des Menschen nicht zu trennen.« Gleich im nächsten Absatz sagt dann der Autor, er wolle, ohne sich »vom tiefsten Wesensgrund der Kommunikation zu entfernen«, in diesem Buch Kommunikation im engeren Sinn als Technik auffassen. Im ganzen folgenden Buch ist dann tatsächlich von Kommunikation nur noch im Sinne von Nachrichtentechnik die Rede. Natürlich ist es unsinnig zu sagen, man werde sich im weiteren mit nachrichtentechnischen Dingen befassen, ohne sich vom Wesen der menschlichen Kommunikation zu entfernen. Allerdings ist solch eine Feststellung sinnvoll, wenn man keinen prinzipiellen Unterschied zwischen Mensch und Maschine macht. Und in der Tat ist genau das die Konsequenz, wenn der Begriff »Kommunikation« unterschiedslos für menschliche Kommunikation und für die nachrichtentechnische Übertragung von Signalen verwendet wird. Eine weitere Konsequenz ist die, daß die Post jedes Kabel, das sie verlegt, als Beitrag zur Verbesserung der »Kommunikation« anpreisen kann. So heißt es denn auch in einer Beilage zu den Telefonabrechnungen (März 1985), mit der für die Digitalisierung des Fernmeldenetzes geworben wird:

»Wer den Aufgaben der Zukunft gewachsen sein will, der muß heute bereits an morgen und übermorgen denken. Das gilt besonders für die Fernmeldetechnik. Denn seit Philipp Reis im Jahr 1861 das Telefon erfand, hat sich die Telekommunikation mit atemberaubender Schnelligkeit entwickelt. Und diese Entwicklung ist noch längst nicht abgeschlossen. Wir stehen heute an der Schwelle eines neuen Zeitalters, des Kommunikationszeitalters. Der Austausch von Informationen wird in unserer modernen Industriegesellschaft immer wichtiger.«

Die von Petru Dumitriu und seinen Helfern betriebene Sprachverwirrung steht hier im Dienst der Post und der Wirtschaft. Das Wissen über die Technik, mit dessen Hilfe es angeblich möglich sein soll, die Technik dem Menschen dienstbar zu machen, entpuppt sich als ein Wissen, das denen, die darüber verfügen, dazu dient, die Bürger zu täuschen und zu beherrschen.

In den Wochen, in denen dieses Kapitel entstand, ist Petru Dumitriu noch auf eine andere Weise als durch seine Schriften bekannt geworden. Der Bundesrechnungshof sah sich erneut veranlaßt, des Postministers zweifelhaften Umgang mit Geld zu untersuchen. Dabei stieß er auch auf folgendes. Schwarz-Schilling hat, unter Mißachtung sämtlicher Verwaltungsvorschriften, an Petru Dumitriu drei Werkverträge über jeweils hunderttausend Mark vergeben mit dem Auftrag, publizistisch gegen die Technologiefeindlichkeit der Deutschen zu wirken. Petru Dumitriu hat seinen Auftrag erfüllt, indem er Reden für den Minister, Aufsätze und Bücher geschrieben hat. Die Bücher sind dann von der Bundespost aufgekauft worden, wofür sie eine halbe Million Mark ausgegeben hat. Tatsächlich habe ich das Buch »Die neuen Medien« von einem Postbeamten bekommen, der mir sagte, das Buch sei in seiner Dienststelle kostenlos verteilt worden.

So unerfreulich das alles ist, so sollte man andererseits aber auch nicht übersehen, daß Petru Dumitriu die von ihm verwendeten Argumente und Wortbedeutungen nicht erfunden hat. Seit Jahrzehnten ist in den verschiedenen Wissenschaften vom Menschen als von einem Sender oder einem Empfänger die Rede, wird unsere Sprache als ein Repertoire von Signalen aufgefaßt. Wir treffen hier auf die Fortentwicklung jenes Menschenbildes, das bereits der »Sprechmaschine« und ihrer Art der Verwendung zugrunde liegt. Sieht man diesen Zusammenhang, dann wird deutlich, daß, so unverzichtbar praktische Schritte wie das Abmelden der Geräte sind, längerfristig nur etwas zu erreichen ist, wenn es gelingt, politische und soziale Entscheidungen auf der Grundlage eines unserem Wesen gerecht werdenden Menschenbildes zu treffen.

Der Leser könnte den Eindruck gewonnen haben, meine Ablehnung der elektronischen Datenverarbeitung sei ebenso kategorisch wie die Ablehnung des Fernsehens. Das ist jedoch nicht der Fall. Was in dem vorliegenden Kapitel kritisiert wurde, waren bestimmte Anwendungen der elektronischen Datenverarbeitung unter den gegebenen Bedingungen. Während ich für eine sinnvolle Anwendung des Fernsehers keine Möglichkeit sehe (wenn man einmal die Überwachung von Produktionsprozessen mittels Video-Kamera und ähnlichem beiseite läßt), halte ich den Einsatz des Computers für die Lösung einiger Aufgaben für vertretbar, unter der Voraussetzung allerdings, daß bestimmte politische, soziale, ökonomische und geistige Bedingungen erfüllt sind. Zur Verdeutlichung dieser Bedingungen kurz das folgende. In einer Gesellschaft, die dem einzelnen einen Anspruch auf ein Einkommen zubilligt, das ihm ein menschenwürdiges Dasein ermöglicht, unabhängig davon, ob er arbeitet oder nicht, in einer solchen Gesellschaft würde einer der Gründe, die gegenwärtig dazu führen, daß der Computer Schaden stiftet, wegfallen. Zu den geistigen Bedingungen würde gehören, daß jeder, der mit einem Computer umgeht, Klarheit darüber gewonnen hat, wie sich die Arbeitsweise des Computers vom Denken des Menschen unterscheidet. Daraus würde dann auch folgen, daß man weiß, welche Probleme mit Hilfe des Computers gelöst werden können und welche nicht.

Es dürfte wohl klar sein, daß die gegenwärtigen Bedingungen von der Art sind, daß fast alle Anwendungen des Computers negative Auswirkungen haben. Dazu paßt durchaus, daß Politiker und Wirtschaftsleute geradezu besessen sind von der Meinung, einige der Probleme, vor denen wir gegenwärtig stehen, ließen sich durch den vermehrten Einsatz von Computern lösen.

Nachtrag

Inzwischen liegen für 1985 und für das erste Quartal 1986 die Zahlen zur Fernsehnutzung vor. Danach ergibt sich folgendes. Beginnend mit dem Jahr 1979 war bezüglich des Fernsehens eine rückläufige Tendenz zu beobachten, die 1983 ihren Höhepunkt erreichte und im Verlauf des Jahres 1984 zum Stillstand kam. Im Jahre 1985 hat die Zeit, die vor den Fernsehgeräten verbracht wurde, erstmals wieder zugenommen, und zwar um 21 Minuten (von 116 Minuten täglichem Fernsehen im Jahre 1984 auf 137 Minuten im Jahre 1985, jeweils bezogen auf Personen über vierzehn Jahre). Diese Zunahme kann zum Teil darauf beruhen, daß vom 1. Januar 1985 an ein anderes Meßverfahren verwendet wurde. Im Jahre 1986 hat sich dann aber eine weitere Steigerung der gemessenen Werte ergeben, so daß man annehmen muß, daß die Sehbeteiligung beim Fernsehen tatsächlich – und zwar beträchtlich – zugenommen hat. Für das erste Quartal 1986 ergab sich gegenüber dem Vorjahre eine Steigerung um zwanzig Minuten auf 157 Minuten tägliches Fernsehen.

Eine besondere Situation herrscht in Haushalten, die mit einem Videorecorder ausgestattet sind (15–20% aller Haushalte). In solchen Haushalten wird bereits dem regulären Fernsehprogramm zehn Prozent mehr Zeit gewidmet als in den übrigen Haushalten. Dazu kommen dann noch einmal täglich zwanzig Minuten, die mit dem Anschauen von Video-Kassetten verbracht werden (bei den Kindern sind es 25 Minuten).

Insgesamt muß man von einer Explosion der Sehbeteiligung sprechen. In der Öffentlichkeit ist davon erstaunlicherweise kaum die Rede. Es dürfte wohl kein Zufall sein, daß das Jahr 1984 den Wendepunkt der Entwicklung darstellt. (Quelle: Media Perspektiven, Heft 4, 1986, Seiten 207–222).

XII. Schluß

In den abschließenden Betrachtungen soll zunächst noch einmal der Frage nachgegangen werden, wieso die technischen Bildmedien eine so große Verbreitung gefunden haben und wieso sie einen so außerordentlichen Einfluß ausüben können. Die Gründe müssen mit tiefsten Sehnsüchten und Bestrebungen des Menschen zusammenhängen.

Um diese Gründe in den Blick zu bekommen, soll im folgenden zunächst noch einmal in die Vergangenheit zurückgegangen werden. Was so tief mit uns verbunden ist, muß eine Vorgeschichte haben und die Aufdeckung dieser Vorgeschichte wird helfen, die gegenwärtige Situation besser zu verstehen.

Ein besonders aufschlußreicher Einstieg in die Vergangenheit ergibt sich durch die Betrachtung des Schattenspiels oder Schattentheaters. Da gibt es tatsächlich auch einen Bildschirm, auf dem bewegte Bilder erscheinen. Was zeigen diese Bilder und was bedeuten die Schattenspiele im Leben derjenigen Menschen, die sie anschauen?

Schattenspiele gibt es oder gab es zumindest in Indonesien, Indien, Thailand, China, in der Türkei und in Ägypten. Das Alter der Spiele ist nicht eindeutig zu ermitteln, die ersten urkundlich belegten Hinweise stammen aus dem elften Jahrhundert und beziehen sich auf Java (Indonesien). In anderen Ländern werden die Spiele zum ersten Mal im dreizehnten oder vierzehnten Jahrhundert erwähnt.

Am ausgeprägtesten hat sich das Schattenspiel auf Java entwickelt. Es spricht vieles dafür, daß die javanesischen Spiele auf Java selbst entstanden sind, also nicht von anderen Ländern übernommen wurden. Alle Ausdrücke, die heute in Zusammenhang mit dem Schattenspiel gebräuchlich sind, entstammen der javanischen Sprache (wayang, dalang, gamelan). Java spielt auch insofern eine besondere Rolle, als die Schattenspiele dort bis heute einen festen Platz im religiösen Leben einnehmen. Zu Tempelfesten, aber auch zu allen wichtigen Familienfesten gehört die Aufführung eines Schattenspiels. Im folgenden soll das Schattenspiel am Beispiel der auf Java gepflegten Form verdeutlicht werden.

Der Bildschirm, auf dem die Schatten erscheinen, ist in der Regel zwischen vier und fünf Meter breit und gut ein Meter hoch. Die Spielfiguren sind überwiegend flach und bewegen sich in der Größe zwischen fünfundzwanzig Zentimetern und einem Meter.

Als Spielthemen dienen vor allem die Hindu-Epen Mahabharara und Ramayana. Es handelt sich dabei um mythische Erzählungen von dem Kampf der guten Götter gegen die Dämonen, von der Erschaffung der Welt und von den Leiden und Taten der Heroen. Spielanlässe sind, wie bereits erwähnt, Tempelfeste und religiöse Familienfeiern, wie zum Beispiel Hochzeit, Geburt und Beschneidung. Ein Schattenspiel kann aber auch aus Anlaß eines Gelübdes, einer Reinigungszeremonie oder zur Abwendung drohender Gefahren bestellt werden.

Die Spielorte ergeben sich meistens aus den Anlässen. Neben Tempel und Privathaus können aber auch Gemeindehaus oder Marktplatz zum Spielort werden. Findet das Schattenspiel in einem Privathaus statt, dann wird der Bildschirm meistens so angebracht, daß er das Innere des Hauses von der nach außen offenen Veranda abtrennt. Die Bewohner des Hauses und die geladenen Gäste verfolgen das Spiel von der Seite aus, auf der der *dalang* agiert. Die ungeladenen ›Zaungäste‹ können nur die Schatten sehen.

Was bedeutet das Schattenspiel den Zuschauern? Anlaß und Thema machen bereits deutlich, daß die Spiele in einem kultischen Zusammenhang stehen. Die Eigenart des Wayang ist damit aber noch nicht erfaßt. sie kann vielleicht an dem Eröffnungstanz verdeutlicht werden, mit dem alle Aufführungen beginnen. Nach dem Aufleuchten des Öllämpchens (neuerdings wohl auch einer Glühbirne) beginnt zunächst die Musik zu spielen. Der Dalang vollzieht währenddessen ein Opfer, wobei er unablässig Mantras murmelt. Dann schlägt er drei Mal auf die Kiste, in der die Figuren liegen, die damit aufgeweckt werden sollen. Dieses Anklopfen wird von einem Mantra begleitet, mit dem der Windgott gebeten wird, das Spiel zu beleben. Als erste Figur entnimmt dann der Dalang der Kiste den Kayonan (Bali) oder Gunungan (Java). Die Figur ist Götterberg und Weltenbaum zugleich (siehe Abbildungen 35, 36). Der Dalang läßt die Figur kurz tanzen und pflanzt sie dann so auf, daß sie sichtbar bleibt. Die Figur soll die Ahnen und Götter herbeibitten und sie dazu veranlassen, von den Spielfiguren Besitz zu ergreifen und in die Schatten zu schlüpfen. Am Schluß endet das Spiel auch mit einem Tanz von Weltenbaum und Götterberg, um den Ahnen und Göttern Gelegenheit zu geben, die Erde wieder zu verlassen.

Für die Zuschauer des Schattenspiels besteht die Wirklichkeit ganz selbstverständlich aus einer sichtbaren und einer unsichtbaren Welt. Letztere wird von den Göttern und den Ahnen bewohnt; aus ihr stammen die Einflüsse, die das Leben in der sichtbaren Welt bestimmen. Das Schattenspiel soll eine Brücke zu Göttern und Ahnen bilden und es soll diese Geister den Menschen gewogen machen.

Bildet das Schattenspiel somit den Kern des Kultus? Davon kann keine Rede sein. Der Dalang ist kein Priester. Bei den Tempelfesten wird das Schatten-

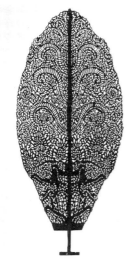 

Abb. 35　　　　　　　　Abb. 36

spiel irgendwo in einem Innenhof oder auch draußen unter einem Vordach improvisiert, während die Priester den Kultus im Tempelinneren zelebrieren. Während der religiösen Familienfeiern ist ebenfalls, sofern es sich die Familie finanziell leisten kann, neben dem Dalang ein Brahmanen-Priester anwesend, der die rituellen Handlungen vollzieht und der auch das Schattenspiel mit Gebeten begleitet.

Wie steht das Schattenspiel zu dem, was von den Priestern ausgeht? Zur Beantwortung dieser Frage sollte man sich daran erinnern, daß es sich bei dem Inhalt der Spiele um Mythen handelt. Mythen sind bildhafte Erzählungen von den Taten der Götter und Heroen, die zugleich Antworten geben auf Fragen, die die irdische Existenz stellt.

Der nordische Mythos von Thor, der mit seinem Hammer auf den Amboß schläg und lacht, wenn sich die Menschen über die Funken erschrecken, erklärte den Germanen – auf der Ebene der sichtbaren Dinge – das Phänomen von Blitz und Donner. Das Beispiel verdeutlicht zugleich, was mit »*bildhafte* Erzählung« gemeint ist: natürlich geht es dabei um innere Bilder.

Mythen zum Inhalt von Schattenspielen zu machen deutet auf ein Nachlassen der Fähigkeit, innere Bilder zu schauen. Tatsächlich ist das Schwachwerden der Imagination, von dem Goethe, wie zu Beginn dieses Buches erwähnt, spricht, ein allgemeines Phänomen. Es steht im Zusammenhang mit der Hinwendung zum Irdischen, dem Erwachen des Ichs und der Entwicklung des illum in pauimento doctam vinculis sis, quibus ligatur, apprehendat. Experimentum hoc sæpius non sine astantium admiratione exhibui; non dubito quin idem in aliis animalibus locum habeat. Verùm de his videat Lector curiosior.

CAPVT XI.

De radiatione animæ ad extra.

INVENERVNT hisce vltimis temporibus quidam, qui damnatum olim opinionem de radijs animæ extra corpus transmissis, ab inferis reuocatum, publicis libris in lucem editis defendendam suscipere conati sunt. Opinantur autem animam radios quosdam ex se in res intensè desideratas vibrare, quibus amici, & cognati consimilis naturæ in quavis etiam distantia affecti, magnam sentiant alterationem; ita (aiunt) experientia docet mortem filiorum in remotissimis regionibus constitutorum præsentiri à parentibus, narrantque varias historias, seu potiùs fabulas de egressu animæ extra corpus dormientis, quæ omnia fieri nequaquam posse asserunt sine radiatione animæ in loca distantia. Nos verò hanc opinionem tanquam à Fide Orthodoxa absonam damnamus; neque enim illam præsensionem parentum filijs in magnis calamitatibus, vitæque periculis constitutis, si quandoque contingat, ab anima parentum; sed à Genio bono, vel inspiratione diuina immediatè proficisci, cum omnibus Orthodoxis sentimus; neque assipulamur ijs, qui phantasiam in extrinseca obiecta agere, illa immutare, & quouis modo illa sui iuris facere posse autumant: quæ omnia hoc loco fusiùs ostenderemus, nisi vtrumque partim in Mundo nostro Magnetico, capitibus de phantasia, amoris, & fascini Magnetismis, partim in nostra Theologia Hieroglyphica ex professo, & fusè tractauissemus; Vnde ne tractata tractemus, Lectorem curiosum eò remittimus.

V 2 CAPVT

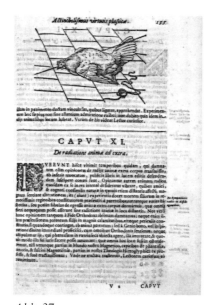

Abb. 37

Abb. 38

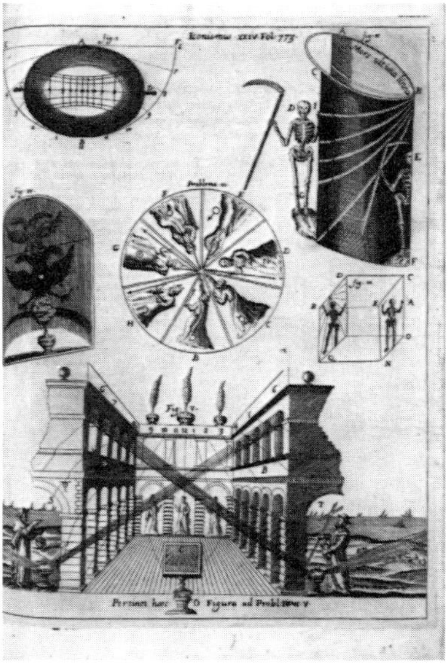

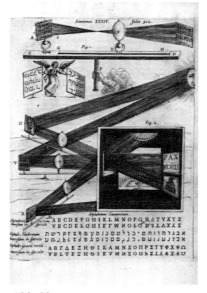

Abb. 39

Abb. 37 Ein hypnotisiertes Huhn aus Ars magna lucis et umbrae (1646). Athanasius Kircher beschäftigte sich als einer der ersten mit Tierhypnose.

Abb. 38–40 Darstellungen von Projektionsverfahren aus Ars magna lucis et umbrae

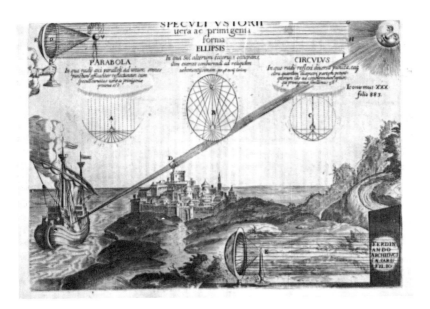

Abb. 40

Denkens. Als Folge dieser Entwicklung läßt sich auf der ganzen Welt beobachten, daß die Menschen beginnen, sich von der Herrschaft des religiösen Kultus zu befreien.

Die Schattenspiele könnten der Versuch sein, diesen Tendenzen entgegenzuwirken. Dafür spricht, daß sie verhältnismäßig jung sind. Dafür sprechen auch die Entstehungslegenden, die in den verschiedenen Ländern erzählt werden und denen allen gemeinsam ist, daß die Erfindung der Schattenspiele darauf zurückgeführt wird, daß sich jemand zunächst vergeblich bemüht, die Verbindung zu einem Verstorbenen herzustellen, es ihm dann aber schließlich gelingt, und zwar durch die Vermittlung eines Schattens, den der Suchende hergestellt hat. Die Entstehung der Schattenspiele wird somit auf den Verlust übersinnlicher Fähigkeiten zurückgeführt. Schließlich ist auch zu bedenken, daß die Tempel nirgends einen Platz für die Schattenspiele vorsehen, was doch wohl der Fall wäre, wenn sie ursprünglich zum Kultus gehörten.

Nach dieser Betrachtung der Schattenspiele soll der Blick wieder nach Europa gelenkt werden. Die Entwicklung neuer Fähigkeiten und der Verlust alter Fähigkeiten hat sich hier viel tiefgreifender vollzogen als in Asien. Als äußere Folge hat sich eine Umwälzung der gesamten Lebensverhältnisse ergeben. Auf der geistig-seelischen Ebene ist es dahin gekommen, daß die Menschen die göttlich-geistige Welt, aber auch das Seelenleben ihrer Mitmenschen nicht mehr als eigenständige Wirklichkeit erleben können.

Die neuen Fähigkeiten und das neue Wissen befriedigen aber längst nicht alle Bedürfnisse und beantworten längst nicht alle Fragen. Es entsteht ein spirituelles Vakuum, in das, wie erwähnt, die Zerstreuungs- und Unterhaltungskünste eindringen. Darunter sind einige, die sich darauf spezialisiert haben, eine Verbindung zur geistigen Welt vorzutäuschen. Sie bedienen sich wie die Schattenspiele der Projektion und können als die Vorläufer von Film und Fernsehen betrachtet werden. Darauf soll im folgenden eingegangen werden.

Im Jahre 1646 erschien in Rom das Buch »Ars magna lucis et umbrae« (»Die große Kunst der Lichter und Schatten«), in dem der Jesuitenpater Athanasius Kircher Forschungen, Versuchsanordnungen und Geräte beschreibt, die auf Arbeiten zurückgehen, die er im Auftrag des Vatikan und als Lehrer am dortigen »Collegium Romanum« durchgeführt hat. Den größten Raum nehmen die verschiedensten Verfahren zur Projektion von Bildern ein. Kircher unterscheidet zwischen einer Projektionsvorrichtung für Sonnenlicht und einer für Kerzenlicht. Die Projektion mit Sonnenlicht besteht aus einem Spiegel – einem ebenen oder Hohlspiegel –, einer Sammellinse und einem Halter, der Spiegel und Linse gegeneinander verschiebbar macht. Die zu projizierende Schrift oder Figur wird kopfstehend und seitenverkehrt auf den Spiegel gemalt. Zur Projektion wird der Apparat so gerichtet, daß die Sonnenstrahlen, die auf den Spiegel treffen, durch die Linse (die als Objektiv wirkt) auf eine im Dunkeln liegende Wand gelenkt werden. In dem Lichtkegel, der dort entsteht, erscheinen die auf den Spiegel geklebten Buchstaben und Figuren als Schattenbilder (Abbildungen 37–40).Um die Wirkung, die auf diese Weise zu erzielen war, zu steigern, experimentierte Kircher auch mit beweglichen Figuren. So befestigte er auf dem Spiegel einen aus Korken geschnittenen Hampelmann, dessen Beine und Arme sich bewegen ließen. Dazu heißt es in der deutschen Ausgabe von »Ars magna lucis et umbrae«: »Siehe, da werden die Schattungen allerley Bewegungen (ein förchterliches Gesicht) an der Wand nicht ohne der Anschauenden Zittern vorstellen«. Noch schauerlicher dürfte es gewirkt haben, wenn Kircher eine lebende Fliege mit Honig auf den Spiegel klebte. Die an Vergrößerungen nicht gewohnten Zuschauer müssen in ihr ein furchtbares Monstrum gesehen haben.

Der Projektion am hellen Tage mit Hilfe der Sonne zog Kircher die nächtliche Projektion vor, wobei eine Kerze genügte. So warf er aus seinem Fenster Bilder auf die Papierfenster des gegenüberliegenden Hauses. Darüber sagt er dann: »Es ist aber diese Vorstellung der Bilder und Schatten in finstern Gemächern viel förchterlicher als die so durch die Sonne gemacht wird. Durch diese Kunst könten gotlose Leute leichtlich von Begehung vieler Laster abgehalten werden/wenn man auff den Spiegel des Teufels Bild entwürffe und an einen finstern Ort hinschlüge.«

Hier wird die Sehnsucht nach dem Übersinnlichen zum Anlaß genommen, übersinnliche Wesen als sinnlich gegenwärtig erscheinen zu lassen. Das geht natürlich nur auf dem Wege der Täuschung. Kircher geht dabei mit den Opfern dieser Täuschung so um, wie es unvernünftige Eltern mit ihren Kindern tun: Sie werden in Angst und Schrecken versetzt, um bestimmte Handlungen zu erzwingen. Was in Hinblick auf Kinder bereits schlimm ist, bringt Erwachsene vollends in eine unwürdige Lage, da auf ihren Willen in einer Weise eingewirkt wird, daß die Möglichkeit der Freiheit verlorengeht. Wie ernst es Kircher damit war, die Menschen durch das Erregen von Angst zum Guten zu zwingen, zeigen die Beispiele, die er in »Ars magna lucis et umbrae« verwendet. Die Bilder, mit deren Hilfe das Projektionsverfahren erläutert wird, zeigen den Tod als Sensenmann mit einer Sanduhr in der Hand und eine Seele im Fegefeuer. Man mag einwenden, derartiges sei im siebzehnten Jahrhundert, in dem das »Memento mori« (»Gedenke des Todes«) eine große Rolle spielte, ganz geläufig gewesen. Es macht aber einen großen Unterschied, ob ich vom Tod als Sensenmann in einer Predigt höre oder in einem Traktat lese, oder ob mir sein leibhaftiges Erscheinen vorgetäuscht wird, wobei der Betrachter, und das ist ganz entscheidend, durch das bereits beschriebene Starren, zumal es sich aus einem dunklen Raum heraus auf eine helle Fläche richtet, in einen tranceartigen Zustand gerät.

Bevor wir uns damit beschäftigen, wie das von Kircher verwendete Projektionsverfahren aufgegriffen und weiterentwickelt wurde, soll ein Blick auf Zusammenhänge und Vorläufer geworfen werden, die bei Kirchers Versuchen eine Rolle gespielt haben.

Erste Berichte über die Erzeugung von Bildern mittels Licht und Spiegel gehen bis ins Mittelalter zurück. Johannes Trithemius, ein Benediktiner, soll Kaiser Maximilian antike Heroen, den König David oder auch seine Braut vorgeführt haben. Als Beleg dafür, daß dabei Spiegel verwendet wurden, führen neuere Autoren Agrippa von Nettesheim an, bei dem es heißt: »Es gibt gewisse Spiegel, durch die man in der Luft, auch ziemlich entfernt von den Spiegeln, beliebige Bilder hervorbringen kann, welche von unerfahrenen Leuten für Geister oder die Schatten Verstorbener gehalten werden, während sie doch nichts anderes sind als leere, von Menschen hervorgebrachte, alles Lebens entbehrende Spiegelbilder«.

Die Abbildung 41 zeigt eine Darstellung aus dem Jahre 1420, auf der zum ersten Mal die Herstellung eines Bildes mittels Projektion zu sehen ist. Welches Verfahren dabei verwendet wurde, ist nicht zu erkennen. Der Zweck, dem die Projektion diente, ist jedoch deutlich und entspricht genau den Ab-

233

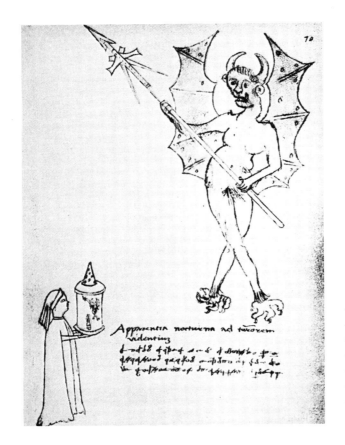

Abb. 41 Frühe Darstellung einer Lichtbildprojektion. Aus einer Handschrift des Giovanni da Fontana (1420)

sichten Kirchers. Unter der Zeichnung ist vermerkt: »apparentia nocturna ad terrorem videntium« (»nächtliche Erscheinung des Teufels zum Zwecke des Erschreckens«).
Detlef Hoffmann und Almut Junker, auf deren erste umfassende Darstellung der Laterna Magica und ihrer Vorformen ich mich hier stütze, bemerken zu dem Bild, daß diejenigen, die solche Erscheinungen hervorbrachten, in ihrer Zeit als Magier galten, und sie fügen hinzu: »Zwar ist nicht genau zu ersehen, wie diese Projektion technisch ermöglicht wurde, doch unzweifelhaft scheint, daß man eine Gestalt der Finsternis zum Gegenstand des frühen Lichtbildes wählte.« Es wird sich zeigen, daß solche Gestalten auch weiterhin das bevorzugte Thema der Projektionen bleiben.
Einer, der vor Kircher erwähnt werden muß, ist der Neapolitaner Giovan Bat-

tista Porta. Sein 1558 erstmals erschienenes Werk »Magiae naturalis sive de miraculis rerum naturarum libri IV« wurde in alle europäischen Sprachen übersetzt und gehörte, mehrfach aufgelegt und ergänzt, zu den verbreitetsten Büchern der Zeit. Porta bietet seinen Lesern eine Art Enzyklopädie des damaligen Wissens über Naturphänomene, wobei die Optik im Mittelpunkt steht. Dabei ist das Buch so angelegt, daß der Leser angeregt wird, die vom Autor durchgeführten Experimente nachzumachen.

Besonders ausführlich beschäftigt sich Porta mit der Camera obscura. In dem entsprechenden Abschnitt erklärt Porta zunächst einmal, wie man mit Hilfe von Spiegeln ein aufrechtes und seitenrichtiges Bild erhalten kann. Das von Porta beschriebene Verfahren entspricht im Prinzip den heutigen Spiegelreflexkameras.

In Hinblick auf die Anwendung der Camera obscura hebt Porta besonders hervor, daß man mit ihrer Hilfe korrekt zeichnen könne, ohne es gelernt zu haben. Dann rät Porta, neben dem Abzeichnen von Naturansichten, die Camera obscura auch zum Porträtieren von Personen und zum Kopieren von Gemälden zu benutzen.

Außerdem empfiehlt Porta ein Experiment zur Nachahmung, von dem es heißt, er habe es selbst mit großem Erfolg ausgeführt. Das Experiment bestand in folgendem. Vor der Öffnung einer Camera obscura (das heißt vor dem Loch, das in den Fensterladen eines im übrigen abgedunkelten Zimmers gebohrt war) ließ Porta eine Bühne errichten, auf der er dann eine kleine Vorstellung in Szene setzte, bei der Schauspieler in bunten Kostümen und Attrappen wilder Tiere, in deren Innern kleine Kinder steckten, auftraten. Die Zuschauer, die auf Einladung Portas in dem verdunkelten Zimmer vor dem transparenten Schirm, auf dem die Bilder erschienen, Platz genommen hatten, wußten von den Vorkehrungen Portas nichts. Als plötzlich Menschen und wilde Tiere vor ihnen erschienen, waren sie so verblüfft und bestürzt, daß sie Porta, der nach der Vorstellung Erklärungen geben wollte, Zauberei vorwarfen.

Für das von Porta in Szene gesetzte Spektakel ist charakteristisch, daß es einerseits auf dem Wirken leicht zu durchschauender Naturgesetze beruht, andererseits aber auf diejenigen, die diese Gesetze nicht kennen, wie Zauberei wirkt. Damit ist der Versuch exemplarisch für einen Bereich, der im Titel des Buches ausdrücklich genannt wird und der im Leben der Zeit eine bedeutende Rolle spielte: »Magia naturalis« – »Natürliche Magie«.

Die Beachtung, die Kircher fand, beruht auf der Vorliebe seiner Zeitgenossen für das Magische. So ist auch zu erklären, daß das von Kircher entwickelte Projektionsverfahren von anderen sofort aufgegriffen und verbessert wurde. Bereits in der zweiten Auflage von »Ars magna lucis et umbrae« (1671) ist aus

235

dem ursprünglichen Verfahren die – von anderen in der Zwischenzeit entwikkelte – Laterna magica geworden. Es ist höchst aufschlußreich, einen Blick auf die Laterna magica und ihre Verwendung zu werfen. Innerhalb weniger Jahre findet sie in ganz Europa Verbreitung. Die technische Beschreibung lautet in dem Buch von Hoffmann und Junker:»Die Laterna magica besteht im Prinzip aus einer Lichtquelle, deren Strahlen durch einen Hohlspiegel gerichtet werden, sowie aus einem mit zwei bikonvexen Linsen bestückten, justierbaren Objektiv, das die hindurchfallenden Strahlen umkehrt und die vergrößernde Projektion eines zwischen Lichtquelle und Objektiv eingeschobenen Transparentbildes ermöglicht.« Was den Namen betrifft, so heißt die Laterne bei Kircher »lucerna magica seu thaumaturga« (»magische oder wundertätige Laterne«). Einige Autoren versuchen, dem neuen Gerät einen nüchternen Namen zu geben: »optische Laterne«, »Bilder-Laterne«, »Vergrößerungslaterne«. Diese Bezeichnungen können sich jedoch nicht durchsetzen. Man zieht es vor, von »Zauberlaterne«, »Schreckenslaterne« oder eben »Laterna magica« zu sprechen (englisch: »magic latern«; französisch: »laterne magique«). Hoffmann / Junker bemerken dazu: »Wo Sinn und Zweck jener Projektions- und Vergrößerungsmaschinen nicht durch betörendes Brimborium und magische Praxis selbst bestimmt wurden, da war offenbar doch an vielen Orten und in vielen Köpfen Bereitschaft vorhanden, den Augen nur insoweit zu trauen, als sie die wundersam projizierten Lichtbilder für das erkannten, was sie der Überlieferung nach nur sein konnten: durch Magie herbeigerufene Erscheinungen des Übersinnlichen.« Da die Erscheinungen nur vorgetäuscht waren, steht die Laterna magica, wie die in ihrer Nachfolge stehenden Massenmedien, von Anfang an unter dem Zwang, ihre Mittel ständig zu steigern. Das geschieht zunächst auf die Weise, daß Bewegung in die Bilder gebracht wird, was bereits zu Anfang des 18. Jahrhunderts gelingt. Der Abbé Nollet berichtet folgendes über solch eine Vorführung:

»Als ich aber 1736 nach Holland reisete, verschafte mir Herr Muschenbroek andere, die in der That sehr wohl ausgedacht waren, indem die Figuren sich also bewegen, als ob sie lebeten. Also siehet man, zum Beyspiele, eine Windmühle mit umlaufenden Flügeln, ein Frauenzimmer, das sich im Vorbeygehen neiget, einen Bauer, der Käse frisset, und die Kinnbacken beweget, einen Reiter, der den Hut abziehet, und wieder aufsetzet, u. s. w. Wer Belieben träget, der findet in Muschenbroeks Essais de Physique, die Weise, wie man alles dieses zuwege bringen solle, beschrieben. Vorjetzt melde ich nur überhaupt so viel, es geschehe vermittelst zweyer Gläser. Eines davon ist in ein durchgebohretes Bretgen eingefasset, und ein Theil des Bilder darauf gemahlet, auf dem anderen über jenem befindlichen Glase, ist der bewegliche Theil vom Gemählde, und wird durch eine Schnur oder ein Stäbgen, das man durch die Dicke des Bretgens gehen lässet, in Bewegung gebracht.«

Das Mittel, mit dem hier Bewegung erzeugt wird, ist denkbar einfach. Sogleich stellt sich die Frage, warum eine Bewegung, die man in der Natur tausendfach und obendrein vollkommener beobachten kann, solches Erstaunen hervorruft, wenn man sie *auf der Fläche* wiederholt. Wie später in bezug auf den Film, heißt es bei dem Abbé Nollet bereits, die Figuren bewegten sich, »als ob sie lebeten«. Die Bewegung wirkt als Garant des Lebens. Aber welches Leben ist hier gemeint? Warum bewundert man die ungelenken Bewegungen eines Bauern, »der Käse frisset«? Der Grund kann doch nur der sein, daß man hinter ihnen mehr vermutet – ein höheres Leben – als alltäglich zu beobachten ist. Nach der Beweglichkeit der Bilder entdeckt man, daß sich eine weitere Steigerung ergibt, wenn die Bilder nicht auf eine ebene Fläche, sondern in einer Rauchwolke projiziert werden. Die erste Beschreibung einer Geisterprojektion auf Rauch befindet sich in den 1770 in Paris erschienenen »Nouvelles récréations physiques et mathématiques« von M. Guyots (Abbildung 42). Es dauert nicht lange und es finden sich Leute, die versuchen, mit diesem Verfahren reich und berühmt zu werden. Einer der erfolgreichsten von ihnen war der Leipziger Kaffeehausbesitzer Georg Schröpfer. In einem zeitgenössischen Bericht heißt es über ihn:

»...er schwatzte den Leuten (vor), er könne die Geister ihrer verstorbenen Angehörigen heraufbeschwören. Er führte seine Opfer, die er in raffinierter Weise durch langes Fasten und den Genuß berauschender Getränke gefügig gemacht hatte, in ein ganz schwarz gehaltenes Zimmer, worin ... ein Altar mit einem Totenkopf und ein Licht standen. Der Magus macht im Sande auf dem Boden einen Kreis, den beileibe niemand überschreiten darf – damit nämlich der Schwindel nicht bemerkt wird. Nun geht die Beschwörung und Räucherung los.
Auf einmal verlöscht das Licht und unter furchtbarem Gepolter erscheint der vorgeladene Geist über dem Altar, ständig hin und her wallend. Natürlich ist es nichts anderes als ein Laterna magica-Bild, das von rückwärts gegen den aufsteigenden Rauch geworfen wird. Der Magus haut mit dem Degen auf den Geist los, um ihn zum Reden zu zwingen. Dieser stimmt ein jämmerliches Geheul an – das macht der Gehilfe nebenan, indem er durch ein bis zum Altar verlaufendes Rohr schreit – und beantwortet dann die Fragen mit einer fürchterlichen, rauhen Stimme. Endlich verschwindet der Geist wieder unter schrecklichem Gepolter, wobei die Anwesenden zum Abschiede einen Denkzettel erhielten, indem sie an allen Gliedern heftig erschüttert wurden – was wiederum der Gehilfe nebenan durch Antreiben einer Elektrisiermaschine besorgte, von der aus ein Draht über den Boden lief.

Man sieht an diesem Bericht, daß, je vollkommener die Kenntnisse auf dem Gebiet von Naturwissenschaft und Technik werden, um so ärger sind die Täuschungen, die einige wenige den übrigen Menschen bereiten. Daß derlei Veranstaltungen durchaus verbreitet waren und ihre Wirkung taten, läßt sich daran ablesen, daß ein Leipziger Professor für Naturlehre sich genötigt sah, eine aufklärende Schrift zu verfassen, der er, der Zeit entsprechend, den Namen »Natürliche Magie« gab.

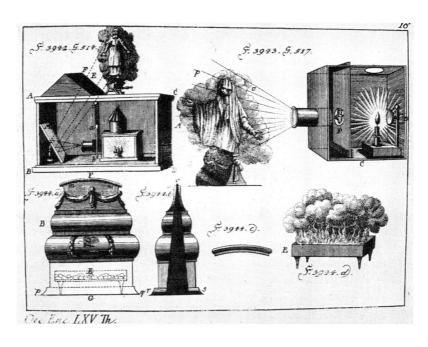

Abb. 42 *Geräte zur Geisterprojektion auf Rauch (1794)*

Solche Schriften konnten aber nicht viel ausrichten, solange es Menschen gab, die skrupellos genug waren, zu täuschen und andere, die getäuscht werden wollten. Einen gewissen Höhepunkt erreichten diese Dinge in Frankreich nach der Französischen Revolution. Besonders eindrucksvoll und zugleich in besonderem Maße symptomatisch war es, wenn die Geisterbeschwörungen in Kirchen stattfanden, die durch die Revolution ihre Bestimmung verloren hatten. Der folgende Bericht beschreibt ein Spektakel, das E. G. Robertson im Kapuziner-Kloster an der Place-Vendôme in Paris veranstaltete:

»Die Wände waren mit schwarzen Tapeten und daran haftenden Menschenknochen, Totenkäuzchen und dergleichen mehr versehen. Eine düster brennende Hängelampe diente eher dazu diesen Ort schauerlich zu machen als ihn zu erhellen. Plötzlich erlosch auch dieses Zweifellicht und unter Regen, Blitz, Donner, Totengeläute, Tam-Tam-Lärm, Uhu-Gekrächze, schauerlichem Pfeifen, einem wüsten Luftzug usw. erschien eine kleine, kaum merkliche Figur. Diese schwoll, allmählich sich nähernd, zu einem Gespenst heran und kolossal geworden, schien es, als ob sie sich in den Zuschauerraum stürzen wollte. Sie verschwand dann aber unerwartet. Darauf kam unversehens ein anderer Geist, der rasch bis ins Unmerkliche abnahm, um bald darauf zu einer anderen Erscheinung anzuwachsen.«

Robertson benutzte eine Laterna magica, die auf Räder montiert war und lautlos vor und zurückgefahren werden konnte. Durch diese Bewegung wurde das An- und Abschwellen der Figuren erreicht, ein Effekt, den heute moderne Filmkameras durch Veränderung der Brennweite (Zoom) erzielen. Außerdem waren die Laternen mit einer Verschlußvorrichtung ausgestattet, die wie eine Irisblende arbeitete und ein allmähliches Auf- und Abblenden gestatteten. Schließlich benutzte Robertson auch zwei Projektoren. Mit dem zweiten konnte er in das Bild des ersten Projektors ein »Erscheinungsbild« hineinprojizieren (Abbildung 43).
Fontane schreibt über Geisterbeschwörer wie Robertson und andere: »Es waren Spekulanten und Komödianten. Geister erscheinen lassen war ihr Geschäft und nur ihr Geschäft. (...) Die Welt hatte vielfach die Aufklärung satt. Man sehnte sich wieder nach dem Dunkel, dem Rätselhaften, dem Wunder.« Indem das naturwissenschaftlich orientierte Denken behauptet, für alle Erscheinungen zwischen Himmel und Erde gebe es eine rationale Erklärung, entsteht eine Seelenstimmung, die allem Irrationalen Tür und Tor öffnet. Dabei ist die »Magia naturalis« besonders geeignet, diesen Hang zum Irrationalen zu befriedigen, da sie zugleich die Meinung derjenigen bestätigt, die glauben, es gäbe für alle Erscheinungen eine natürliche Erklärung.
Bevor die Verwendung der Laterna magica im 19. Jahrhundert, vor allem in seiner zweiten Hälfte, betrachtet wird, soll noch einmal auf das Schattenspiel geschaut werden. Das asiatische Schattenspiel stellt den Versuch dar, den Kul-

Abb. 43 Robertsons Phantasmagorien

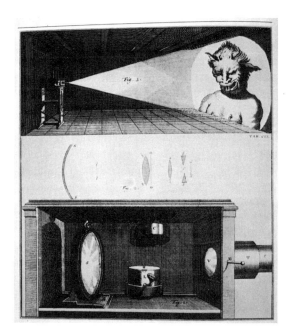

Abb. 44

tus so zu erweitern, daß ein Ausgleich geschaffen wird für das Schwinden übersinnlicher Fähigkeiten. In Europa ist solch ein Ausgleich nicht möglich. Bei der Laterna magica und ihren Vorformen geht es darum, mit dem Mittel der Täuschung Gewalt über die Seelen zu bekommen. Dabei werden dann notwendigerweise andere Geister angezogen als beim Schattenspiel. Während dieses unter der Herrschaft jener Mächte steht, denen im Kultus gedient wird, erscheinen in den Bildern der Laterna magica, und zwar unangefochten und unbesiegt, die Gestalten der Finsternis (siehe Abbildung 44).

So gelungen der Versuch des Schattenspiels, die Herrschaft des Kultus zu verlängern, erscheinen mag, so sicher ist andererseits doch, daß auch dieser Versuch schließlich scheitern muß. Anzeichen dafür lassen sich bereits erkennen. So verschwinden die Öllampen allmählich und werden durch Glühbirnen ersetzt, die der Dalang, um den Eindruck eines flackernden Lichts zu erzeugen, immer wieder anstoßen muß. Weit schlimmer ist, daß manche Dalangs dazu übergehen, Mikrophon und Lautsprecher zu benutzen. Dazu paßt, daß es zunehmend Aufführungen gibt, die in keinem kultischen Zusammenhang stehen. Sie finden etwa in eigens dazu vorgesehenen Häusern zu festgelegten Zeiten statt. Die Aufführung dauert dann auch nur zwei oder drei Stunden, während sie sonst vom Abend bis zum Morgen geht. Es kann auch durchaus vorkommen, daß das Schattenspiel benutzt wird, um für irgend etwas Werbung zu machen. So haben die Regierungen begonnen, mit seiner Hilfe Teile des Regierungsprogramms, wie die Elektrifizierung oder die Geburtenkontrolle, durchzusetzen.

In Europa ging die Phase der Geisterbeschwörungen nach den ersten Jahrzehnten des neunzehnten Jahrhunderts allmählich zu Ende. Die naturwissenschaftlichen Auffassungen, die das ganze Leben durchsetzten, vertrugen sich nicht einmal mehr mit der natürlichen Magie. Im Jahre 1843 heißt es in einem Lexikon, nachdem bis dahin das Stichwort »Magia naturalis« immer noch gebührend behandelt worden war: »Nur in neuerer Zeit begann man den Glauben an Magie zu verwerfen, nachdem durch Gassendi, Descartes, Baco, Hobbes, Thomasius und andere der Naturkunde und Philosophie eine neue und lichte Bahn gebrochen worden war.«

Die Laterna magica kam mit dieser Entwicklung aber keineswegs außer Gebrauch. Indem sie eine neue Funktion übernahm, erreichte sie überhaupt erst den Höhepunkt ihrer Bedeutung. Diese Funktion hing damit zusammen, daß im Verlauf des neunzehnten Jahrhunderts einerseits die Ereignisse der Naturwissenschaft unerhört anwuchsen, andererseits aber auch das Bedürfnis entstand, diese Ergebnisse in einer popularisierten Form an eine möglichst große Zahl von Menschen heranzutragen. In diesem Zusammenhang traten »Projektionskünstler«, wie sie sich nannten, auf, die mit ihren Programmen in großen Sälen, vor allem in den Theatern auftraten und die es den interessierten Laien ermöglichten, auf angenehme Weise das, was man Bildung nannte, zu erweitern.

Im folgenden soll der Projektionskünstler Paul Hoffmann, dessen Nachlaß vor einigen Jahren vom »Historischen Museum Frankfurt« gekauft worden ist, als Beispiel angeführt werden. Die vermutlich ersten Vorstellungen, die Hoffmann gab, fanden im Sommer des Jahres 1858 im Wiener Theater in der Josefstadt statt. Hoffmann gab im Verlauf von zwei Monaten fünfzig Vorstellungen zur Geologie und sechzehn zur Astrologie. Alle Veranstaltungen fanden vor gut besuchten Häusern statt.

Hoffmann begann mit der Geologie. Glücklicherweise haben sich im Nachlaß alle Bilder dieser Serie gefunden. Außerdem existiert der Theaterzettel der ersten Vorstellung (Abbildung 45). Dieser Ankündigung ist zu entnehmen, daß Hoffmann unter der Überschrift »Die Bildung der Erdoberfläche« einen Überblick »vom Uranfang bis zum Auftreten des Menschengeschlechtes« gibt. Das erste der insgesamt 44 Bilder zeigt »Die Bildung der Sonnen, der Planeten und der Monde. (Nach der Hypothese von Laplace.)« (Abbildung 46) Das letzte Bild zeigt »Die Erscheinung des Menschen.« (Abbildung 47) Die »sorgfältige Berücksichtigung der neuesten Forschung im Gebiet der Geo-

241

Abb. 45

logie«, deren sich Hoffmann auf dem Theaterzettel rühmt, führt zu einer Geschichtsschreibung, in der der Mensch als höchstes der Tiere den Endpunkt einer allein durch Naturgesetze determinierten Entwicklung bildet. Alle geistigen Impulse werden konsequent geleugnet.

Bevor der Frage nachgegangen wird, wie es auf die Menschen wirken muß, wenn ihnen materialistische Auffassungen mit Hilfe einer Laterna *magica* nahegebracht werden, soll ein Blick auf die Quellen geworfen werden, die Hoffmann benutzt hat. Dabei wird deutlich, daß hier zwei Entwicklungen zusammen kommen. Zum einen sind die verschiedenen Zweige der Naturwissenschaft (wie etwa die Geologie, zu der damals auch die Lehre von den Pflanzen und Tieren gehörte) um die Mitte des neunzehnten Jahrhunderts so weit, daß sie geschlossene Erklärungssysteme auf materialistischer Grundlage anbieten können. Zum anderen entsteht im Zusammenhang mit der industriellen und massenweisen Herstellung von Zeitungen und Büchern die Tendenz, Wissen zu popularisieren, wobei die Popularisierung in erster Linie mit Hilfe von Bildern geschieht.

Diese Entwicklung ist von zwei Verlegern, nämlich Johann Jacob Weber und Johann Gottlieb Spamer, entschieden vorangetrieben worden. Weber gab zu-

Abb. 46 und 47 Aus »Erste große geologische Vorstellung« von Paul Hoffmann (1858)

Abb. 48 Aus »Unendlichkeit und Ewigkeit im Weltraum« (1858). Laternenbild des kopernikanischen Sonnensystems

nächst in den dreißiger Jahren das »Pfennig-Magazin« heraus, wobei er sich das englische »Penny Magazine« zum Vorbild nahm. Nach der Aufhebung der Zensur für Bilder in Preußen gründete Weber 1843 in Leipzig die »Illustrierte Zeitung«, mit der, fast gleichzeitig mit ähnlichen Publikationen in Paris und London, ein völlig neuer Zeitungstyp erscheint.

In dem Geleitwort zur ersten Ausgabe schreibt Weber, es gehe ihm darum, Bild und Text zu einer Einheit zu verschmelzen, um auf diese Weise Lesen und Betrachten zu einer untrennbaren, genußvollen Aneignung von Wissen und Bildung werden zu lassen. Viele der Themen, die in der »Illustrierten Zeitung« behandelt wurden, sind in den Laterna magica-Vorführungen aufgegriffen worden, wobei die Illustrierten-Bilder oft als Vorlage für die Glasbilder dienten.

Gottlieb Spamer war zunächst Mitarbeiter bei Jacob Weber. Als er dort sein Handwerk gelernt hatte, machte er sich selbständig und gründete den Otto Spamer-Verlag, mit dem er dieselben Ziele verfolgte wie Weber. Da es eine Illustrierte bereits gab, verlegte sich Spamer auf Buchreihen. So gründete er die Reihe »Malerische Feierstunden. Illustrierte Familien- und Volksbibliothek zur Verbreitung nützlicher Kenntnisse«. In dieser Reihe erschien unter anderen »Das Buch der Geologie oder die Wunder der Erdrinde und der Urwelt. Naturgeschichte der Erde in allgemein verständlicher Darstellung für alle Freunde dieser Wissenschaft mit Berücksichtigung der Jugend, unter Benutzung von ›Jukes' popular Geology‹«. 1861 erschien das Buch bereits in zweiter Auflage. Die Reihe hieß nun: »Malerische Feierstunden. Zweite Serie. Populäre Belehrungsschriften aus dem Gebiete der Naturwissenschaften«. Die erste Auflage von »Das Buch der Geologie« ist die Quelle, aus der Hoffmann die Vorlagen für den größten Teil seiner Bilder und wahrscheinlich auch den Text für die zu den Bildern gesprochenen Erläuterungen schöpfte.

Den Presseberichten, die über die Vorstellungen Hoffmanns erhalten sind, ist zu entnehmen, daß er dem Bedürfnis, auf angenehme Weise Wissen zu erwerben, voll und ganz gerecht wurde. So lobt der Rezensent, der die erste geologische Vorstellung bespricht, mehrfach die gelungene Verbindung von Belehrung und »schönstem Genuß«. Die Vorführung könne »unbedingt Laien wie Sachverständigen als eine interessante und lehrreiche Augenweide empfohlen werden.« »Die Bilder«, so heißt es weiter, »versetzen uns mitten in eine höchst interessante, ungeahnte Schöpfung, die uns mit Staunen erfüllt und unsere Phantasie auf das lebhafteste beschäftigt«.

Wie später das Fernsehen, so vereint die Laterna magica bereits die Angehörigen der verschiedenen Schichten. So war am 22. Juni 1858 »die samstägige 9. geologische Vorstellung des Herrn Paul Hoffmann . . . vom Direktor der kaiserlich königlichen Theresianischen Ritterakademie bis herab zum jüngsten

Zögling von allen Professoren und Schülern dieses Instituts besucht«. Etwas später wurde die Vorstellung Eltern und Lehrern als »ebenso anziehend als belehrend« für ihre »respective Sprößlinge und Zöglinge« empfohlen.

Um die ganze Bedeutung der Laterna magica zu erfassen, muß noch einmal ins Auge gefaßt werden, welcher Art die Inhalte sind, die dem Betrachter »schönsten Genuß« bereiten. Da wird zum Beispiel bei der geologischen Vorstellung gleich zu Beginn die Bildung der Sonnen, der Planeten und der Monde »nach der Hypothese von Laplace« gezeigt. Laplace hatte bereits im achtzehnten Jahrhundert seine Abschleuderungstheorie entwickelt. Danach hat den Planeten ein glühender Gasball zugrunde gelegen, der sich allmählich abkühlte und zusammenzog. Die Verkleinerung hatte eine Erhöhung der Umdrehungsgeschwindigkeit zur Folge, was wiederum bewirkte, daß Teile aus der Kugel herausgeschleudert wurden, eben die Planeten. Im Zusammenhang mit dieser Theorie wurde von dem Laplaceschen Dämon gesprochen, der das Vakuum bewohnte, das durch die Schrumpfung des Gaskörpers entstanden war. Der »horror vacui«, das Entsetzen angesichts des Nichts, das die Menschheit seit der Antike kannte und beschäftigte, erfaßte alle jene, die tiefer über die Theorie des Laplace nachdachten.

Und das wurde nun zum Inhalt genußvoller Abende im Theater. Die Menschen wurden dahin gebracht, sich an Vorstellungen zu erfreuen, die ihnen den Boden unter den Füßen wegzogen. War das Entsetzen gegenüber jenen Theorien, die Leben und Geist aus einer Art Urknall, wie heute gesagt wird, ableiteten, nicht berechtigt? Ist es nicht entsetzlich, wenn es keinen höheren Sinn, keine sich aus geistigen Gesetzen ergebende Notwendigkeit gibt? Ist es nicht entsetzlich, wenn es sinnlos ist, dem Bösen mit dem Guten zu begegnen, wenn es kein Schicksal gibt, zu dessen Gestaltung ich selbst beitrage, wenn es letzlich vom Zufall abhängt, ob mich morgen der Blitz trifft, mein Freund mich ersticht oder mein mich Kind betrügt?

So betrachtet, entsteht die Frage, wie es eigentlich möglich war, mit dergleichen die Theatersäle zu füllen und den Menschen einen schönen Abend zu bereiten. Zu den Gründen gehört einmal, daß die Konsequenzen der materialistischen Weltsicht nicht angesprochen wurden. Außerdem spielen natürlich die Bilder eine entscheidende Rolle.

Man könnte fragen, warum der Laterna magica in dieser Untersuchung solche Bedeutung beigemessen wird, da die materialistische Weltsicht zur gleichen Zeit doch auch durch populärwissenschaftliche Buchreihen Verbreitung fand. Zwischen beiden besteht jedoch ein wichtiger Unterschied, auf den im folgenden durch die genauere Betrachtung einer Laterna magica-Aufführung hingewiesen werden soll.

Hoffmann benutzte für seine Laterna magica Gaslicht, mit dessen Hilfe es

245

möglich war, in den verdunkelten Räumen ein strahlend helles Bild von mindestens drei mal drei Metern zu erzeugen. Zu Helligkeit, Größe und dem ständigen Wechsel der Bilder, was für den Zuschauer schon ungewöhnlich genug war, kamen noch andere Effekte. So wurde überall, wo sich ein Anlaß dazu bot, Bewegung gezeigt. In den ersten Bildern der geologischen Vorstellung wurde zum Beispiel die Bewegung der Himmelskörper vorgeführt. Außerdem gehörte zu jeder Vorstellung etwas, das man »Nebelbilder« oder, mit einem englischen Ausdruck, »dissolving views« nannte. Es handelte sich dabei um weiche Überblendungen, wie man heute sagen würde, bei denen sich ein Bild aus dem anderen entwickelte. In der geologischen Vorstellung zum Beispiel werden die verschiedenen Phasen der Erdentwicklung auf diese Weise dargestellt worden sein. In der astronomischen Vorstellung gab es am Schluß, was häufig war, eine eigene Abteilung »Dissolving views«. Sie begannen, laut Theaterzettel, folgendermaßen: »Die Empfangsfeierlichkeiten des Kaisers von Rußland am Alsterbassin in Hamburg; es wird allmählich Nacht, die Fenster beleuchten sich, und es beginnen die Illuminationen.«

In einem zeitgenössischen Bericht ist folgendes über die Nebelbilder zu erfahren:

»Der Nebelbilder-Apparat besteht aus zwei (oder auch mehr) Projektions-Laternen, die so aufgestellt sind, daß ihre Lichtkreise auf der Wand sich decken, und dem Dissolver, eine Vorrichtung, welche abwechselnd die eine oder andere Laterne außer Wirksamkeit setzt oder auch beide zugleich arbeiten läßt. Der Effect beruht darin, daß das Bild der ersten Laterne (z. B. eine Landschaft bei Tag) ganz allmählich in das Bild der zweiten Laterne (dieselbe Landschaft bei Nacht) übergeht. Das Bild der ersten Laterne muß dazu ganz langsam verdunkelt werden, und gleichzeitig muß das Bild der zweiten Laterne in demselben Maße immer stärker aufgeworfen werden, bis das erste Bild ganz verschwunden ist und die zweite Laterne mit voller Kraft arbeitet. Die Helligkeit auf der Wand darf während des Wechsels weder zu- noch abnehmen, wenn anders die Wirkung eine gute sein soll. Außerdem ist es unerläßlich, daß das zweite Bild, in welches das erstere übergehen soll, richtig eingestellt ist, damit während des Wechselns die Contouren der Bilder sich genau decken. Ein zweiter ebenfalls wunderbarer Effect wird durch das Einprojiciren erzielt. Die erste Laterne zeigt ein Bild, z. B. Jacob auf dem Felde schlafend. Nun steckt man in die zweite Laterne ein Bild, welches die Himmelsleiter mit der Schar der Engel darstellt, wovon Jacob träumt. Man läßt dann die zweite Laterne langsam immer stärker werdend, in Wirksamkeit treten und erhält so auf der Wand eine prachtvolle Wirkung; die Himmelsleiter mit den Engeln kommt allmählich, wie aus dem Nebel sich bildend, zur Erscheinung – ebenso löst sie sich wieder in Nebel auf, wenn die zweite Laterne wieder langsam abgestellt wird.«

Mit Hilfe der Nebelbilder konnten richtige kleine Dramen in Szene gesetzt werden. So endete die astronomische Vorstellung, deren dritte Abteilung, wie erwähnt, aus Nebelbildern bestand, mit folgender Bildserie: »Ein Schiff bei gutem Wetter, das Wetter wird stürmisch und das Schiff scheitert an einer

Klippe, nachdem es wiederholt geblitzt hat, der Himmel klärt sich auf, die Mannschaft wird gerettet, im Hintergrund erblickt man das Wrack, und ein Regenbogen wird am Horizonte sichtbar.«

Bei allen Themen spielten die Veränderungen, die sich aus dem Wechsel des Wetters und dem Auf- und Untergehen von Sonne und Mond ergaben, eine große Rolle. Beliebt waren auch Bildfolgen, die zeigten, wie sich an einem bestimmten Ort der Übergang von einer Jahreszeit zur anderen vollzog.

Die Höhepunkte wurden jedoch immer durch die Darstellung von Katastrophen gebildet. Das folgende Beispiel aus dem Jahre 1883 ist bereits sehr ausgefeilt. Es stammt von den Skladanowskys (Vater Carl und Söhne), die Jahre später (1.11.1895) im Berliner Variété ›Wintergarten‹ mit einem von ihnen selbst erfundenen Projektor die ersten Filme in Deutschland vorführten:

»Zu meinem großen Bild ›Der Brand der Sennhütte zu Brienz‹ waren allein vier Einzelbilder nötig: Zuerst erschien die Schweizerlandschaft mit der Hütte bei Sonnenuntergang. Langsam verfinsterte sich das Bild durch heranziehende Gewitterwolken. Im zweiten Apparat war inzwischen die Blitzplatte eingesetzt worden. Durch schnelles Öffnen und Schließen des Objektivverschlusses war die Täuschung des Blitzes vollkommen. An Stelle des Blitzbildes wurde nun das dritte Bild, die Brandplatte eingesetzt, die langsam auf dem Schirtingvorhang erschien. Eine runde Glasplatte mit rot gemalten Flammenbündeln wurde in Drehung versetzt und zeigt die Sennhütte von Flammen eingehüllt. Langsam erschien dann das dritte Bild. Der Mond stieg herauf und beleuchtete eine Ruine. ... Stets war das damals noch anspruchslose Publikum mit solchen Darbietungen außerordentlich zufrieden, die Schulen wurden von ihren Lehrern geschlossen hingeführt, oft befanden sich Mitglieder der Königshäuser unter meinen Besuchern.«

Größe und Strahlkraft der Bilder, Bildwechsel, Bewegung, Bildverwandlungen und Einblendungen, all das bereitete einen Augenschmaus, der über den Inhalt hinwegtäuschte. Dieser Inhalt mußte, anders als bei einem Buch, aber ganz wie bei Film und Fernsehen, gleichzeitig mit den Bildern aufgenommen werden, wie der folgende Bericht verdeutlicht:

»Eine schöne Abwechslung läßt sich zuweilen dadurch erzielen, daß man an geeigneter Stelle ein Musikinstrument einsetzen läßt. Beispielsweise mag uns der Vortrag die Sehenswürdigkeiten einer Stadt vorführen: wir gelangen zum Dom. Der Redner beschreibt das mächtige, imposante Gebäude. Nun treten wir ein: ein herrliches Bild des Innern wird auf den Schirm gezaubert – plastisch, daß wir wähnen hinzuschauen. Der Redner hält inne, die Orgel setzt ein, und ein stimmungsvolles Kirchenlied tönt durch den Saal. Die Wirkung ist unbeschreiblich ergreifend, und dabei, wie in vielen Fällen, so leicht zu erreichen. Auch durch die Einschaltung von Deklamationen und Gesängen läßt sich mancher Lichtbilder-Vortrag verschönen, namentlich, wenn die Veranstaltung volkstümlicher, patriotischer oder religiöser Art ist.«

Die Zuschauer lebten ganz im Fühlen und nahmen die Gedanken, die geäußert wurden, im Zustand der Trance auf. Sofern der Vorführung materialistische Gedanken zugrunde lagen, wurden sie den Zuschauern geradezu einhypnotisiert, wobei alle Fragezeichen und alle Zweifel, die die Forscher ursprünglich mit ihren Thesen verbunden hatten, wegfielen. Aus der *Hypothese* von Laplace wurde eine unbezweifelbare Tatsache.

Die ganze Tragweite dieses Vorgangs wird deutlich, wenn die Hypnose nicht nur psychologisch, sondern auch bewußtseinsgeschichtlich betrachtet wird. Dann muß man sagen: die Laterna magica führte die Zuschauer in einen Zustand zurück, den man als mythisches Bewußtsein bezeichnen könnte. Man muß sich vorstellen, daß die Menschen früherer Zeiten, wenn sie sich der göttlich – geistigen Welt näherten, dies im Zustand eines herabgedämpften Ichbewußtseins taten. In diesem Zustand befanden und befinden sich auch die Menschen, die den Schattenspielen beiwohnen. Wie wären sie sonst auch in der Lage, vom Abend bis zum Morgen hingegeben einem Spiel zu folgen, das sie schon unzählige Male gesehen haben.

Die neuzeitliche Entwicklung, die in Europa einschneidender als anderswo eingesetzt hat, ist gerade dadurch gekennzeichnet, daß die Menschen zu einem ganz neuen Ichbewußtsein erwachen. Aus individueller Erkenntnisbemühung heraus, die sich in der Helle des Bewußtseins vollzieht, sollen künftig Überzeugungen, Entscheidungen und Handlungsimpulse gefunden werden.

Da sich das Erkenntnisstreben der neuen Bewußtseinshaltung zunächst auf die Außenwelt richtet – sie allein läßt sich zunächst aus eigener Kraft erforschen –, ist die materialistische Weltsicht die erste Frucht der neuen Entwicklung. Weitere, vertiefende Schritte müssen folgen. Die durch Kircher eingeleitete Entwicklung führt dazu, daß die Menschen sich mit dem ersten Schritt begnügen, da er ihnen angenehm gemacht und sie gegenüber seinen Folgen eingeschläfert werden.

Daß die Menschen bereit sind, sich einschläfern zu lassen, hat verschiedene Gründe. Zum einen lebt in dem hypnotischen Zustand, den die Laterna magica hervorruft, die Erinnerung an das mythische Bewußtsein auf, das den Menschen ohne individuelle Anstrengung in Verbindung zur göttlichen Welt brachte. Zum anderen führt die Laterna magica Leistungen vor, die, wenn der Zuschauer sie selber erbrächte, geeignet wären, ihn der göttlichen Welt wieder näherzubringen. Damit sind vor allem die Bildverwandlungen gemeint, die man als technisch herbeigeführte Metamorphosen bezeichnen könnte.

In dem Abschnitt, der die Einzelbilder eines Filmstreifens den Entwicklungsstufen einer Blattmetamorphose gegenüberstellte (vergleiche Seite 27), war gesagt worden, letztere würden hervorgerufen durch die aus dem Übersinnlichen heraus wirkende Urpflanze. Goethe fand exemplarisch den Weg zur Erkenntnis dieser Urpflanze, indem er *innerlich* die außen in der Natur zu beobachtenden Verwandlungen immer wieder nachvollzog. Dieser innere Nachvollzug geschieht mit denselben Kräften, die draußen die Pflanzen wachsen lassen, weshalb ihre Stärkung dem einzelnen Menschen dazu verhilft, ihr Wirken in der äußeren Natur wahrzunehmen. Goethe gelang auf diese Weise als erstem, den Schritt über die Wahrnehmung der materiellen Außenseite der Dinge hinaus zu tun, womit zugleich der Nachweis erbracht war, daß die materialistische Sicht die Wirklichkeit unzulässig beschränkte.

Die Zuschauer der Laterna magica spürten in sich den Impuls, den Weg, den Goethe gegangen war, ebenfalls zu gehen, um auf zeitgemäße Weise in übersinnliche Bereiche vordringen zu können. Da sie aber die Anstrengung scheuten, die damit verbunden war und da sie außerdem einsuggeriert bekamen, es gäbe nur eine materielle Welt, genossen sie es, daß ihnen das, was sie selbst hätten tun sollen, von einer Maschine abgenommen wurde.

Neben der Vergangenheit und der Zukunft spielte natürlich auch die Gegenwart eine Rolle, und zwar insofern, als die von ihr ausgelösten Gefühle der Angst und Bedrängnis durch angenehme Gefühle verdrängt wurden.

Die verschiedenen Wirkungen der Projektionsbilder führten dazu, daß die Menschen sich mit den Kenntnissen, die ihnen die anerkannten Wissenschaften boten, zufrieden gaben. Das Leiden daran hörte zwar nicht auf, da seine Ursachen aber nicht bewußt wurden, konnte es nicht zum Ansporn für eine Vertiefung des Wissens werden.

Eine andere Folge wird deutlich, wenn man sich klar macht, daß es niemals möglich ist, eine abgeschlossene Entwicklungsphase einfach zu wiederholen. Die Menschen sollten aus dem mythischen Bewußtsein erwachen. Unternehmen sie den unzeitgemäßen Versuch, das mythische Bewußtsein aufrechtzuerhalten, weil sie die neue Situation nicht bewältigen, dann mag das zwar gelingen, es bedeutet aber keineswegs, daß wirklich der alte Zustand wieder erreicht wird. Ursprünglich brachte das mythische Bewußtsein die Menschen mit der göttlich-geistigen Welt in Berührung. Wird es unzeitgemäß herbeigeführt, dann wird diese Gelegenheit von den Geistern der Finsternis genutzt, um Macht über die Menschen zu gewinnen.

In der ersten Entwicklungsphase der Laterna magica treten die Gespenster, Teufel und Dämonen als Bildinhalt deutlich in Erscheinung. In der zweiten Phase, die im Laufe des neunzehnten Jahrhunderts beginnt, treten sie nicht mehr direkt auf. Statt dessen sind die Vorstellungen der Projektionskünstler von den *Gedanken* der Widersacher geprägt.

Bevor wir ins zwanzigste Jahrhundert zurückkehren, soll kurz ein dritter Entwicklungsschritt betrachtet werden, der sich innerhalb der Geschichte der Laterna magica vollzog und mit der Erfindung der Fotografie zusammenhing. Ursprünglich wurden alle Laterna magica-Bilder von Hand gemalt. Nach der Entwicklung der Fotografie und der Begeisterung, die sie weckte, lag es nahe, den handwerklichen Prozeß der Bildherstellung durch einen fotografischen zu ersetzen. Dies geschah zum ersten Mal Ende der vierziger Jahre in Amerika. Die Brüder Langenheim, die sich auf die Herstellung von Laterna magica-Bilder spezialisiert hatten, die sie per Katalog anboten (es gab viele solcher Unternehmen, die Kataloge nannten oft tausende von Bildtiteln), schreiben über ihre Neuerung:

»Die neuen Laterna magica-Bilder auf Glas, welche einzig und allein durch die Wirkung des Lichtes auf die präparierte Glasplatte mittels der Camera obscura hergestellt werden, müssen die Laterna magica-Bilder alter Art in den Schatten stellen und alsbald verdrängen, und zwar dank der genaueren Wiedergabe der feinsten Einzelheiten, die durch den natürlichen Vorgang mit Hilfe der Camera obscura in einer solch geradezu erstaunlichen Treue auf Glas gezeichnet und fixiert werden. Indem man diese neuen Bilder durch die Magische Laterne vergrößert, erhält man eine Darstellung, welche die Natur selbst wiedergibt und welche alle Fehler und Ungenauigkeiten des Zeichners vermeidet, die bei der Herstellung handgemalter Bilder in dem für die alten Bilder erforderlichen kleinen Maßstabe niemals vermieden werden können...
Außer Naturaufnahmen und Porträts, deren Sammlung von Zeit zu Zeit vermehrt wird, befinden sich sehr scharfe Nachbildungen klassischer Kupferstiche in Arbeit. Ferner sollen Gegenstände aus der Naturgeschichte und Anatomie sowie Ansichten interessanter Maschinen, die Erzeugnisse der Kunst und Industrie mit aufgenommen werden. Wer Bildnisse nach dem Leben auf Glasplatten für die Laterna magica übertragen haben will, um die verschiedenen Familienangehörigen mit diesem Apparat zu zeigen, kann dies gemacht bekommen; solche, die auswärts wohnen, mögen dazu ein Daguerreotyp-Porträt einsenden, das wir dann mit der größten Genauigkeit auf der transparenten Unterlage wiedergeben.«

Das Zitat macht deutlich, daß mit der fotografischen Herstellung der Glasbilder zwei ganz verschiedenartige Projektionsverfahren zusammenkommen. In der Laterna magica werden handwerklich hergestellte Bilder von innen nach außen projiziert. Diese Bilder sind immer »gebildet«, das heißt Phantasie und Hand eines Menschen haben sie hervorgebracht. Sie künden von einer menschlichen Sichtweise der Welt – wie auch immer sie geartet ist – und wenden sich an Menschen.
In der zum Fotoapparat weiterentwickelten Camera obscura wird das Bild von außen nach innen projiziert. Es entsteht ohne Zutun des Menschen im Dunkeln der Camera obscura und ist nichts weiter als ein Reflex der Außenwelt. Man kann sich fragen, ob es sich dabei überhaupt noch um ein Bild handelt. Jedenfalls ist es etwas ganz anderes als das, was man bisher darunter verstand. Die Begeisterung über die Erzeugnisse der Camera obscura beruht auf dem wachsenden Mißtrauen der Neuzeit gegenüber dem Erkenntnisvermögen des Menschen, insbesondere seiner Phantasie. Man identifiziert die Dinge und Wesen mit ihrer Außenseite und hofft, um so mehr über sie zu erfahren, je genauer man sie festhält.
Nun ist es aber so, daß die fotografische Wiederholung der Welt keineswegs

lediglich nüchterne und trockene Modelle hervorbringt, etwa nach der Art von ausgestopften Vögeln, die man in Ruhe studieren kann, weil sie stillhalten. Die in der Camera obscura entstehenden Reflexe haben, wie in dem Abschnitt über die Fotografie gezeigt, ihre eigenen Qualitäten, für die die Menschen auch äußerst empfänglich sind.

Der folgende Text gibt eine überschwengliche Schilderung davon, wie die neuen Qualitäten auf die Menschen wirken. Der Text ist Teil einer Aufsatzfolge, die Jules Janin, der bekannteste Feuilletonist seiner Zeit, 1839 für die Zeitschrift »L'Artiste« schrieb. Zum Verständnis sei angemerkt, daß es sich bei den ersten Fotografien, den sogenannten Daguerreotypen, um Metallplatten handelt, die durch einen Überzug mit Silbernitrat lichtempfindlich gemacht wurden. Sie mußten nach der Aufnahme (die zwischen fünfzehn und dreißig Minuten dauerte) sofort entwickelt werden. Das geschah auf die Weise, daß die belichteten Platten in einen Kasten gelegt wurden und man dann Quecksilberdampf darüber leitete. Der Quecksilberdampf ließ allmählich das latente Bild sichtbar werden.

»... in dem Maße, wie der Dampf sich entwickelt ... sehen Sie endlich – und wie durch Zauberei – die Landschaft, die Sie sich erträumt hatten. Oft sind Ihnen, in Ihren Sommerträumen, in einer leuchtenden Ferne, einige dieser heiteren Szenen erschienen, ganz angefüllt mit jungen Frauen, mit Wiesen und mit weißen Schwänen auf den Wellen, jene Szenen des Tasso in den Gärten des Armides; wenn Sie in diesem Augenblick der Operation mit einem aufmerksamen Auge diesen glücklichen Dampf betrachten, dann stellt sich derselbe Effekt ein, die Platte erstrahlt in einer sanften Helligkeit; Tag und Nacht werden geschieden; das Leben zeigt sich in diesen noch ungewissen Linien; alle Tiefen des Lichts enthüllen sich eine nach der anderen. Sie wohnen in der Tat einer wahrhaftigen Schöpfung bei, eine Welt erhebt sich aus dem Chaos, eine zauberhafte, vollkommene, kultivierte Welt, die mit Häusern und Blumen bedeckt ist. Ja, es handelt sich um einen feierlichen Augenblick voll Poesie und Magie, mit dem man in den Künsten nichts vergleichen kann.«

Man kann den Text als Schwärmerei auffassen, die ihren Ursprung in Stolz und Begeisterung hat. Man kann ihn aber auch ernst nehmen. Tut man das – und ähnliche Äußerungen von Zeitgenossen sprechen dafür –, dann wird an ihm etwas deutlich, das später, nachdem die Fotografie zur Alltäglichkeit geworden ist, nie mehr so klar heraustritt. Tatsächlich beginnt mit der Fotografie die Schaffung medialer Gegenwelten. Mit aller Deutlichkeit erleben die Zeitgenossen die Fotografien als eine zweite Schöpfung. Die Anklänge an die Genesis, die das Zitat enthält, finden sich auch in anderen Texten.

Die maschinell erzeugte Schöpfung fasziniert, weil sie neu und überraschend ist, weil sie Mühe erspart und Genuß verspricht. Außerdem bestätigt sie, was man über die Welt denkt. Auf den Fotografien wird die materielle Oberfläche zum einzigen Inhalt der Wirklichkeit.

Wo von einer Schöpfung die Rede ist, darf nach dem Schöpfer gefragt werden. Vordergründig erlebten sich die Fotografen so. Vor allem Daguerre, der das Verfahren praktikabel gemacht hat, wird als genialer Übermensch gefeiert. Jules Janin nennt ihn einen Sonnenbändiger. Er habe die Sonne zum Sklaven gemacht und sie gezwungen, Abbilder hervorzubringen, die alles, was von Menschen bisher auf diesem Gebiet geleistet worden sei, in den Schatten stelle. Das Diorama, das Daguerre vorher erfunden hatte und in dem er sich ein Laboratorium einrichtete, in dem die entscheidenden Verbesserungen des fotografischen Verfahrens gelangen, wird »Heiligtum« genannt.

Wer gewohnt ist, in geschichtlichen Ereignissen nicht nur die Gedanken und Taten von Menschen, sondern auch die Impulse geistiger Wesen zu sehen, dem springt bei der Lektüre der vielen Dokumente, in denen sich die Anfänge der Fotografie spiegeln, unübersehbar ins Auge, daß hier dieselben Wesen mitsprechen, die sich bereits der Laterna magica bedient hatten, um die Menschen in ihrem Sinne zu beeinflussen. Die Anthroposophie nennt sie ahrimanische und luziferische Wesen, wobei der Anteil der ersteren überwiegt. Besonders enthüllend ist, daß die Sonne zum Sklaven gemacht werden soll. Die Sonne ist zu allen Zeiten als sichtbares Bild eines Sonnengeistes verehrt worden, in dem man die Quelle alles Guten und den Ursprung der Schöpfung gesehen hat. Diesen Geist zum Sklaven zu machen, kann nicht menschlicher Absicht entspringen.

Die Hoffnung der Brüder Langenheim, die fotografisch hergestellten Laterna magica-Bilder würden die gemalten Bilder verdrängen, haben sich nicht erfüllt. Die fotografischen Bilder wurden zwar benutzt, bildeten wohl auch den Höhepunkt einer Vorstellung, blieben aber in der Minderzahl. Die Projektion der maschinell hergestellten Bilder begann in großem Umfang erst in dem Augenblick, als sie mechanisch möglich war. Mit der Erfindung des Films hörte die öffentliche Verwendung der Laterna magica dann sofort auf.

Vom zwanzigsten Jahrhundert aus betrachtet wirken die verschiedenen Projektionsverfahren des neunzehnten Jahrhunderts (neben der Laterna magica gab es eine Reihe weiterer Vorläufer des Films, auf die hier nicht weiter eingegangen wurde) wie Vorübungen. Die Untersuchung dieser Vorübungen hat den Vorteil, daß bei ihnen die Funktionen der neuen Medien viel deutlicher hervortreten, als das später der Fall ist. Von ihnen aus gesehen, erkennt man auch für Film und Fernsehen: Sie erzeugen einen Bewußtseinszustand, den der Zuschauer als ein Zurücktauchen in Zeiten erlebt, in denen er ohne eigenes Zutun mit der göttlich-geistigen Welt verbunden war. Sie führen dem Zuschauer außerdem Tätigkeiten vor, die er selbst ausführen sollte und gaukeln ihm Fähigkeiten vor, die er sich zukünftig aufgrund dieser Tätigkeiten erwerben sollte. Schließlich stellen die Medien im Zuschauer angenehme Gefühle

her und helfen ihm damit, die sich aus der nicht oder nur unvollkommen ge-
lungenen Bewältigung der Gegenwart ergebenden Sorgen und Ängste zu verdrängen.

Diese Sicht der Dinge könnte den Eindruck erwecken, als seien die Medien des
zwanzigsten Jahrhunderts lediglich eine Fortsetzung und Ausweitung der Medien des neunzehnten Jahrhunderts. Das ist jedoch nicht der Fall. Mehr äußerlich betrachtet, ergibt sich zunächst der grundlegende Unterschied, daß die
Medien des neunzehnten Jahrhunderts, bei aller Einbeziehung neuer Kenntnisse, eine handwerkliche Grundlage haben. Die Medien des zwanzigsten
Jahrhunderts sind Kinder der industriellen Revolution. Damit hängen ganz
neuartige Organisations- und Produktionsformen zusammen. Zunächst einmal werden die Medien zu Produktionsmitteln in der Hand von Unternehmern, die mit ihrer Hilfe Gewinne erzielen und Herrschaft ausüben wollen.
Ein Projektionskünstler wie Paul Hoffmann hatte den Ehrgeiz, seinem Publikum eine möglichst gute Vorstellung zu bieten. Dabei verfolgt er, bei allem
Erfolgsstreben, ein didaktisch-aufklärerisches Konzept, für das er persönlich
einstand.

Die Direktoren der großen, meist als Aktiengesellschaften organisierten
Film- und Fernsehunternehmen können nicht einmal alles anschauen, was
sie produzieren. Dafür kennen sie ihre Bilanzen. An den Zahlen, die dort
erscheinen, orientieren sich alle übrigen Entscheidungen. Natürlich gibt es
die Schauspieler und Regisseure, die unmittelbar mit ihren Produktionen
und dem Publikum zu tun haben. Hinter ihnen stehen aber immer andere,
die Entscheidungen treffen. Das fertige Produkt ist das Ergebnis einer öko-
nomisch-industriellen Maschinerie, für das letztlich niemand persönlich verantwortlich ist.

Ein weiteres Ergebnis der industriellen Produktionsweise besteht darin, daß es
zu Konzentrationen und Verflechtungen kommt. Die Medien haben heute die
Tendenz, einen einheitlich wirkenden Verbund zu bilden, der die Menschen
vom Aufwachen bis zum Einschlafen begleitet.

In Hinblick auf die Medien selber ergibt sich folgender Unterschied zum vorigen Jahrhundert. Bei der Erfindung der Fotografie kündigte sich zum ersten
Mal die Entstehung einer medialen Gegenwelt an. Was damals mehr eine Vi-
sion war, ist zunehmend Wirklichkeit geworden. Die Mehrzahl der Menschen
macht in der Medienwelt ihre wichtigsten Erfahrungen, gewinnt hier ihre
Orientierungen und ihre Lebensziele und erlebt in der Medienwelt die Befriedigung ihrer Wünsche.

Wie weit diese Entwicklung gediehen ist, soll an einigen Beispielen verdeutlicht werden. Zu Beginn des Jahres 1986 sagten hunderttausende von Amerikanern ihre geplante Europareise aus Furcht vor Terrorakten ab. In Italien,

das davon besonders betroffen war, rechnete eine Zeitung den Amerikanern vor, daß im Jahr 1985 auf der ganzen Welt 23 Amerikaner durch Terrorakte ihr Leben verloren hatten. Im gleichen Zeitraum wurden allein in New York 1384 Menschen ermordet.

Daß die Amerikaner Europa für gefährlicher hielten als New York, lag an dem Bild, das die Medien von Europa gezeichnet hatten. Besonders einflußreich sind dabei, wie bei uns, die Nachrichtensendungen. Ihre Sprecher, denen ein großer Einfluß auf die Auswahl und Präsentation der Nachrichten zugebilligt wird, nennt man bezeichnenderweise »Anchor-Men«. Wie die Helden der Serien und Kindersendungen »verankern« sie den Zuschauer. Die berühmtesten unter ihnen verdienen zehntausend Dollar pro Abend. Sie kommen, was ihre Popularität betrifft, gleich nach dem Präsidenten. Falls der Präsident nicht gleichzeitig selbst ein guter Schauspieler ist, kann ein »Anchor-Man« ihn sogar an Popularität übertreffen. Das war bei Jimmy Carter der Fall. Während seiner Regierungszeit wünschten sich viele Amerikaner den damals berühmtesten Nachrichtensprecher zum Präsidenten. Eben jene »Anchor-Men« erzeugten die Angst ihrer Landsleute vor Europa, indem sie monatelang von dort nur dann berichteten, wenn Unglücke und Terrorakte stattgefunden hatten.

Welche Rolle die Medienwelt für die Politik Reagans und seiner Regierung spielt, verdeutlicht David Kaiser, ein amerikanischer Geschichtsprofessor, am Fall Nicaraguas. Anläßlich der Auseinandersetzungen wegen der Finanzhilfe für die »Contras« wirft Kaiser die Frage auf, wieso es Reagan nicht leid sei, sich jedes Jahr aufs neue mit den Abgeordneten wegen dieser Angelegenheit herumzuschlagen. Kaiser kommt zu dem Schluß, der amerikanische Präsident sei an einer Lösung des Nicaragua-Konfliktes nicht im geringsten interessiert. Die jährlich sich wiederholenden Auseinandersetzungen wegen dieses Konfliktes, das sei es, worum es ihm gehe. Kaiser schreibt: »Herr Reagan benutzt Nicaragua, um die Nachrichten zu beherrschen und um eine seiner beliebtesten Rollen zu spielen, die des Verteidigers der Freiheit. Wie David A. Stockmann in seinem Buch ›The Triumph of Politics‹ feststellt, kommt Wirklichkeit für die Reagan-Regierung nur einmal am Tag vor: in den Abendnachrichten. Es wird zunehmand klar, daß Reagan und seine Mannschaft Auseinandersetzungen mit kleineren ausländischen Mächten benutzt, um die Abendnachrichten zu füllen, sei es auch nur, um die Aufmerksamkeit des Landes von dem Hickhack um den Haushaltsplan und die ins Stocken geratene Wirtschaft abzulenken. Aus diesem Grunde macht es der Regierung nichts aus, daß es jedes Jahr Diskussionen wegen der Unterstützung der ›Contras‹ gibt; im Gegenteil, ihr ist das gerade recht.«

Einen Höhepunkt erreicht der Einfluß der Medien, insbesondere wieder das

254

Fernsehen, bei den Wahlen (von denen man schon aus diesem Grunde sagen kann, daß sie nichts mit Demokratie zu tun haben können). Im folgenden werden zu diesem Thema einige Passagen aus einem Aufsatz von Peter Radunski wiedergegeben. Peter Radunski ist Bundesgeschäftsführer der Christlich Demokratischen Union. Er war bereits 1976 für den Wahlkampf seiner Partei verantwortlich und dürfte das wohl auch 1987 sein.

»Im Vergleich zu den Wahlkämpfen in Europa ist das eigentlich neue und die Wahlkampforganisation kennzeichnende Element der Computer...
Alle Wahlkampforganisationen in den Vereinigten Staaten sind darauf ausgerichtet, einen optimalen Fernsehwahlkampf zu führen. Dafür, daß das Fernsehen in der Planung aller Wahlkämpfer Priorität hat, gibt es eine Reihe von Gründen: [es werden insgesamt 9 Gründe genannt]
7) Das Fernsehen hat eine »Agenda-setting-function«, das heißt, was es auf die Tagesordnung setzt, ist bedeutend. Genau so geht es den Personen: was immer ein Kandidat tut, seine Aktivitäten werden erst dann bedeutend, wenn im Fernsehen darüber berichtet wird beziehungsweise wenn der Kandidat dort auftritt.
Welche Bedeutung das Fernsehen in der amerikanischen Wahlkampfführung hat, kann man sich daran ersehen, daß von den rund 46 Millionen Dollar, die Reagans Wahlkampforganisation im Hauptwahlkampf von Ende September bis Anfang November ausgegeben hat, etwa 26 Millionen Dollar allein für den Kauf von Sendezeiten und die Produktion von Fernsehspots ausgegeben wurden. Darüber hinaus war die gesamte Reiseplanung und Veranstaltungsplanung des Kandidaten darauf ausgerichtet, fernsehwirksame Ereignisse zu schaffen, damit der Kandidat in den Abendnachrichten oder Magazinen auftauchte. Wie sehr dabei Parteikonvente Medienereignisse sind, dafür gibt der demokratische Konvent in San Francisco 1984 ein gutes Beispiel: 4000 Delegierte waren geladen und 14000 Journalisten kamen dazu (nicht die gleichen Proportionen, aber eine ähnliche Tendenz zeigt sich in Deutschland: Beim CDU-Parteitag 1985 in Essen kamen auf 800 Parteitagsdelegierte 2000 Journalisten). Bemerkenswert bei den amerikanischen Parteikonventen ist auch, daß sich wegen der abendlichen ausgewählten Berichterstattung in der besten Sendezeit der Ablauf dieser Parteikonvente ganz nach dem Fernsehen zu richten hat.«

Hier wird von den herrschenden Parteien etwas eingeübt, wovon zu fürchten ist, daß es sich noch steigert. Geht die Entwicklung weiter wie bisher, dann läßt sich leicht vorstellen, daß Politik zu einer vollständigen Manipulation der Menschen mittels des Fernsehens entartet. Es wäre dann sogar eine Art Weltdiktator möglich, der über das Fernsehen herrscht und dem über das Fernsehen gehuldigt wird.
Historisch betrachtet kommt die Nutzung der neuen Medien als Mittel der Politik aus Rußland. Dort hat man nach der Oktoberrevolution unter anderem den Film benutzt, um die Auffassungen der Kommunistischen Partei durchzusetzen. Die Voraussetzungen dafür wurden von russischen Filmregisseuren theoretisch und experimentell erarbeitet (vgl. S. 45).
Sergej Eisenstein sagt darüber 1930 in einem Vortrag in Paris:

»Wir haben entdeckt, wie wir den Zuschauer zwingen können, in einer bestimmten Richtung zu denken. Wir bauen unsere Filme in einer wissenschaftlich bezeichneten Weise auf, um einen bestimmten Eindruck auf die Zuschauer zu bewirken.«

Wsewolod Pudowkin schreibt 1928, ebenfalls auf eine lange Praxis zurückblickend, am Ende eines Vorwortes: »Der Wille, von der Leinwand aus Gedanke und Erregung dem Publikum durch Montage zu suggerieren, ist von entscheidender Bedeutung... Ich bin fest überzeugt, daß dies der Weg ist, auf dem diese große internationale Kunst des Films weiterschreiten wird.« Im Buch selbst heißt es dann über die Montage unter anderem:

In der Psychologie gibt es ein Gesetz: Wenn eine Gemütserregung eine gewisse Bewegung hervorruft, kann umgekehrt die Nachahmung der Bewegung das entsprechende Gefühl hervorrufen. Wenn es dem Filmautor gelingt, die Aufmerksamkeit des Zuschauers in einem bestimmten Rhythmus von einer Wahrnehmung auf die andere zu lenken, wenn er die Steigerungsmomente so aufbaut, daß die Frage: »Was geschieht am anderen Ort?« auftaucht und der Zuschauer im gleichen Moment an den gewünschten Ort versetzt wird, dann kann die Montage den Zuschauer tatsächlich erregen und mitreißen. Montage bedeutet im Grunde genommen die zielbewußte, zwangsläufige Führung der Gedanken und Assoziationen des Zuschauers.

Bei denen, die die neuen Mittel entdeckten und anwendeten, tauchten nicht die leisesten Bedenken auf, ob die neue Art der Beeinflussung moralisch zu rechtfertigen sei. Wenn man dem einzelnen Menschen Individualität und damit die Möglichkeit der persönlichen Freiheit und Verantwortung abspricht, dann ist das auch konsequent.

Neben der politischen Beeinflussung führt das Leben in der Medienwelt, und das ist vor allem im Westen der Fall, zu einem Zerfall moralischer Werte. Dafür noch einmal folgendes Beispiel. Im April 1986 hatte der Hamburger Werner Pinzner gestanden, fünf Menschen erschossen zu haben. Noch während der Untersuchungshaft verkaufte die Rechtsanwältin des Mörders die »Story« ihres Mandanten an die Illustrierte »Stern«. Am 30. April brachte der »Stern« ein Titelbild (Fotomontage), das im Vordergrund Werner Pinzner gut gelaunt und über das ganze Gesicht strahlend zeigte, während im Hintergrund die Särge seiner Opfer zu sehen waren. In das Bild eingedruckt war zu lesen: »Mucki Pinzner und die Särge seiner letzten Opfer.« Unter dem Titelbild stand, auf einer großen roten Banderole: »Der Killer vom Strich packt aus. So wird zwischen Kiel und München um Mädchen, Rauschgift und Reviere gekämpft.«

Der Bericht im Inneren des Heftes ist bemüht, eine Schilderung zu geben, die den Erwartungen, die in der Medienwelt bestehen, gerecht wird. Dabei nennt der Schreiber gleich zu Beginn seines Artikels das Vorbild, das ihm in solchen Fällen vorschwebt:

256

Diese Geste, wer wird diese Geste vergessen aus dem Film »Der eiskalte Engel«: Alain Delon streicht mit zwei Fingern über die Krempe seines Hutes, wenn er zu einem Mord auf Bestellung startet. Das Stereotyp aus dem Kultfilm über eine Killer-Karriere signalisierte: Der einsame Wolf Jeff Costello nähert sich seinem Ziel, erfüllt seinen Auftrag akkurat und unbeteiligt. Das Motto des Melville-Werks, das in Paris spielt: »Niemand ist einsamer als der Samurai, es sei denn der Tiger im Dschungel.«

Die Vorbereitung, das Ausspähen des Opfers, die Erkundung des Milieus und des Tatortes war alles, die Tat nichts. Vollzug: die Waffe in weißen Zwirnhandschuhen abgedrückt, mit langsamer, klarer Bewegung eingesteckt, ohne Hast der Rückzug auf kalkulierter Bahn. Zu Hause dann die Wiederbegegnung mit dem einzigen Freund, der einsam wie der Killer lebt: ein Sittich im Käfig.

Die unverhohlene Verehrung, die hier dem *Kultfilm* »Der eiskalte Engel« entgegengebracht wird, macht verständlich, wieso der Schreiber des Berichts über Werner Pinzner enttäuscht ist. »Ihm fehlt ganz und gar das Mystische des Alain Delon.«

Was fehlt, wird einfach hinzugefügt. Harmlose Fotos werden durch Bilduntershrift und Aufmachung zu Belegen für ein wildes, sündiges Leben. Der Bericht selber, im Ton ironisch und zynisch, ist durchzogen von hämischer Freude über das Geschehene. Vor der Ausführung eines neuen Mordes etwa liest man: »Pinzner, nicht faul, arbeitete auch Ostern.«

Nebenbei erfährt man, daß Werner Pinzner zeitlebens aneckte, weil er sich nicht anpassen wollte, weil er offen und ungefragt seine Meinung sagte und weil ihn Ungerechtigkeiten störten. Als er auf die schiefe Bahn gerät, fühlt er sich bei einer Verurteilung zu einer zehnjährigen Haftstrafe selbst ungerecht behandelt. Er hatte an einem Raubüberfall teilgenommen, bei dem das Opfer erschossen wurde. Werner Pinzner hatte keine Pistole bei sich gehabt und behauptete, nicht gewußt zu haben, daß seine Mittäter bewaffnet waren. »Sie haben mich wie einen Mörder behandelt, nun werde ich auch einer«, sagte er nach seiner Verurteilung.

Während der Haftzeit wurde Werner Pinzner kokainsüchtig. Einige der Morde führte er noch während der Haftzeit, als Freigänger, aus. Er benötigte das Geld für Kokain.

Eine Tragödie. Der Bericht deckt sie zu und setzt an ihre Stelle eine Mördergeschichte. An keiner Stelle ist auch nur ein Hauch von Mitleid zu spüren. Am Ende des Berichtes steht die Schilderung der Schlußsequenz von »Der eiskalte Engel«. So endet der Bericht, wie er begonnen hat: mit dem Hinweis auf einen Kultfilm. Er ist das Vorbild, das der Schreiber in der Wirklichkeit wiederzufinden hoffte.

Werner Pinzner scheint die Erwartungen der Medien gespürt zu haben. Eine Woche nach dem Erscheinen der Reportage nutzte er eine Vernehmung, um seine Frau, den Staatsanwalt und sich selbst zu erschießen. Kurz darauf wurde seine Anwältin unter dem Verdacht verhaftet, von der Tötungsabsicht gewußt und bei der Beschaffung der Waffe geholfen zu haben. Ob der Schreiber der Reportage nun zufrieden ist?

Die Nummer des »Stern«, in der Werner Pinzner und seine Opfer für eine Titelgeschichte herhalten mußten, hatte eine Auflage von 1,7 Millionen Exemplaren. Dem entsprechen etwa 6,5 Millionen Leser. Insgesamt erreichen die Illustrierten in Deutschland eine Auflage von 118,3 Millionen Exemplaren pro Woche. Dazu kommen täglich erscheinende Zeitungen ähnlichen Inhalts wie etwa die »Bild«-Zeitung mit einer Auflage von 6,3 Millionen Exemplaren.

Die Medienwelt ist, in moralischer Hinsicht, das genaue Gegenteil der Lebenswirklichkeit. Der Unsinn wird vernünftig gemacht, das Böse wird verehrt und diejenigen, die Triviales oder Schädliches tun, werden am höchsten belohnt. Das geht soweit, daß die Medienwelt nicht nur ihre eigenen Helden, sondern auch ihre eigenen Götter hat. Am Tag vor Weihnachten (23. 12. 1985) verkündete die »Bild«-Zeitung auf der ersten Seite, einen englischen Fernsehreporter zitierend: »Boris ist wie ein Gott«. Daneben zeigte ein Foto das völlig verzerrte, nach einem anfliegenden Ball starrende Gesicht des bekannten Tennisspielers.

Es gibt heute kaum Menschen, deren Moralvorstellungen durch das Leben in der Medienwelt nicht täglich pervertiert werden. Das geschieht unabhängig von Alter, Geschlecht und Bildungsstand. So befindet sich in meiner Nachbarschaft ein Altersheim. Da gehen morgens würdige Greise gemessenen Schrittes zum nächsten Kiosk und kaufen sich eine »Bild«-Zeitung. Danach vertiefen sie sich, so muß ich annehmen, in unzählige Vergewaltigungen, Lustmorde und Betrügereien, die mit unverhohlenem Behagen ausgebreitet werden.

Das volle Ausmaß der Folgen, die sich für den Menschen aus dem Leben in der Medienwelt ergeben, läßt sich erst erfassen, wenn ein weiterer Unterschied betrachtet wird, der zwischen dem neunzehnten und dem zwanzigsten Jahrhundert besteht. In den Jahrhunderten nach dem Ende des Mittelalters hatten sich die Menschen die Fähigkeit erworben, durch klares Denken und genaues Beobachten die physische Welt zu erforschen. Gleichzeitig ging die Möglichkeit, rein geistige Tatsachen wahrzunehmen, zunehmend verloren. Nach Auffassung der Anthroposophie muß die Menschheit diese Phase der geschichtlichen Entwicklung durchlaufen, um, von aller geistigen Führung abgeschnitten und zurückgeworfen auf das eigene Denken und Beobachten, zu individueller Freiheit zu kommen.

So notwendig der Durchgang durch den Materialismus ist, so notwendig ist es aber auch, daß diese Phase wieder zu Ende geht. Die Möglichkeit dazu besteht seit dem zwanzigsten Jahrhundert, genauer gesagt, seit dem Ende des Finsteren Zeitalters (Kali Yuga) im Jahre 1899. Seit dieser Zeit können sich die Menschen neue Seelenfähigkeiten erwerben, die zu hellseherischen Kräften führen, die es den Menschen ermöglichen, vollbewußt Einblicke in bestimmte Bereiche der geistigen Welt zu tun. Rudolf Steiner bezeichnet die neuen Fähigkeiten auch als Äthersehen oder Ätherhellsehen. Manchen Menschen wird es gehen wie einem Blindgeborenen, der nach gelungener Operation plötzlich eine Welt wahrnimmt, die ihm vorher verborgen war. Diese Welt tritt zunächst nur schattenhaft auf, und sie teilt sich den Menschen *in Bildern* mit (die von Goethe gesehene Urpflanze ist solch ein Bild ätherischer Kräfte).

Es ist für die gesamte Menschheitsentwicklung von entscheidender Bedeutung, daß die seit dem Ende des Kali Yuga bestehenden höheren Erkenntnismöglichkeiten ergriffen werden. Geht man davon aus, daß in die menschliche Geschichte immer auch der Kampf geistiger Mächte hineinspielt, dann ist sicher, daß die Widersacher versuchen werden, die Menschen in der Phase des Materialismus festzuhalten. Dazu muß die Entwicklung der neuen Seelenfähigkeiten verhindert werden.

Zu diesem Zweck sind in der Vergangenheit verschiedene Mittel eingesetzt worden. Eines davon, und wahrscheinlich das wirksamste, sind die Massenmedien, vor allem die Bildmedien. Sie gaukeln den Menschen den Besitz jener Fähigkeiten vor, die sie sich erwerben sollten, und verhindern sie damit.

Die Aussagen der letzten Abschnitte, die der anthroposophischen Geisteswissenschaft entstammen oder sie zum Ausgangspunkt haben, müssen für diejenigen außerordentlich unbefriedigend sein, die die Anthroposophie nicht kennen. Im folgenden soll auf einige Tatsachen hingewiesen werden, die für die Richtigkeit der anthroposophischen Auffassung sprechen und sie nachvollziehbar machen können. Gibt es zum Beispiel allgemein beobachtbare Hinweise auf neue Seelenfähigkeiten? Dafür spricht einmal das außerordentliche Interesse, das seit einigen Jahrzehnten allem Okkulten, Esoterischen, Jenseitigen entgegengebracht wird. Veröffentlichungen auf diesem Gebiet erzielen hohe Auflagen. Es gibt kaum eine Buchhandlung, die nicht eine entsprechende Abteilung eingerichtet hat.

Noch deutlicher spricht die Tatsache, daß immer mehr Menschen geistige Erfahrungen machen. In Gesprächen, vor allem mit jungen Menschen, bin ich immer wieder überrascht, was da alles zu Tage kommt, wenn die Gesprächssituation so ist, daß solche Dinge berührt werden können.

Meistens begünstigt die Gesprächssituation genau das Gegenteil. In den Bildungseinrichtungen ist es zum Beispiel ein weitgehend akzeptierter Grundsatz, daß über alle Themen nur im Sinne des Materialismus gesprochen wird. Als Hochschullehrer kann es mir zum Beispiel geschehen, daß einer Aussage, die von der Existenz geistiger Wirkungen ausgeht, von denen, die sich äußern, nur widersprochen wird, obwohl ich genau weiß, daß unter den Teilnehmern einige sind, die Erfahrungen gemacht haben, die meine Aussage bestätigen.

259

Es ist eine ganz unselige Trennung eingetreten. In Schule und Universität ist man Materialist, danach liest man die gewagtesten Spekulationen über okkulte Dinge, läßt sich von indischen Gurus zu Meditationen anleiten und befolgt möglicherweise in seiner Lebenspraxis Regeln, die irgendeinen magischen Hintergrund haben. Durch diese Trennung nimmt das Denken eine kalte, unmenschliche Richtung, während andererseits in religiösen Gefühlen geschwelgt wird, bei denen man auf jede vernünftige Fundierung verzichtet.

Daß die neuen Seelenfähigkeiten, von denen die Anthroposophie spricht, so wenig in Erscheinung treten, liegt an der Kultur, in der wir leben und in der sie keine Anerkennung finden können. Die mangelnde Anerkennung hat auch zur Folge, daß die neuen Fähigkeiten da, wo sie trotz allem auftauchen, Mühe haben, sich in der richtigen Weise zu entwickeln.

Lassen sich an den Medien Beobachtungen machen, die darauf hindeuten, daß sie, neben all den anderen Funktionen, die sie natürlich erfüllen, letztlich Mittel in einem Kampf sind, der kosmische Dimensionen hat? Dafür sprechen zum einen die Inhalte. Es gibt eine deutliche Tendenz, das Gegenteil dessen, was bisher als menschlich und menschengemäß galt, zum Ideal zu erheben. An die Stelle des »Liebe deinen Nächsten!« treten Egoismus, Haß und Zerstörungswille. Das Mitleid, die christlichste aller Tugenden, ist in der Medienwelt radikal ausgemerzt. Und die Häßlichkeit triumphiert, wie gezeigt wurde, bereits in den Kindersendungen. Außerdem dürfte bedeutsam sein, daß fast alle Filme, die in den letzten Jahren zu Welterfolgen wurden, okkulte Inhalte haben, wobei diese Inhalte in völlig verzerrter Form auftreten.

Einen weiteren Hinweis gibt die Art und Weise, wie mit den Medien umgegangen wird. Das tägliche oder wöchentliche Anschauen einer bestimmten Sendung im Fernsehen hat zum Beispiel bei vielen Menschen den Charakter einer rituellen Handlung. Dazu paßt, daß der Fernsehapparat in vielen Wohnungen so aufgestellt ist, daß sich der Eindruck eines Altars aufdrängt. Die Tatsache, daß es so etwas wie Kultfilme gibt, spricht ebenfalls eine deutliche Sprache.

Die ungeheure Anziehungskraft der Medien ist im Grunde ein einziger Beweis für ihre über das Irdische hinausgehende Funktion. Sie können diese Anziehungskraft nur entfalten, weil sie in der Lage sind, die neuen, auf das Übersinnliche gerichteten Seelenfähigkeiten, auf sich zu lenken.

Man muß sich vorstellen, daß der Impuls zur Entwicklung des Äthersehens seit dem Ende des finsteren Zeitalters als geistige Kraft vorhanden ist. Diese Kraft wirkt sich in jedem Fall aus. Kann der Mensch sie in der rechten Weise aufnehmen, dann wirkt sie ihm zum Heile. Kann er nichts damit anfangen, weil er etwa die göttlich-geistige Welt leugnet, dann können die neuen Kräfte von den Gegenmächten mißbraucht werden. Die Medien dienen diesem Mißbrauch.

Abschließend soll gefragt werden, welche Konsequenzen aus der hier vorgelegten Untersuchung der Medien zu ziehen sind. Was kann der einzelne tun? Zunächst einmal geht es darum, die Wirkung der Medien an sich zu erkennen. Es gibt viele kritische Untersuchungen der Medien, die bei der Untersuchung der Inhalte stehenbleiben und der Frage ausweichen, ob die Medien, bei anderen Organisationsformen oder anderen gesellschaftlichen Bedingungen, sinnvoll zu verwenden sind. Diese Frage muß heute jedoch gestellt werden. Die Antwort, die in diesem Buch entwickelt wurde, lautet: jede Hoffnung, über die Verwendung von Foto, Film, Fernsehen als Massenmedien bildend, aufklärend oder künstlerisch wirken zu können, muß aufgegeben werden.

Außerdem ist es nötig, nicht nur die durch die Medien bewirkten Schäden zu beschreiben, sondern auch festzustellen, worauf die Anfälligkeit gegenüber den Medien beruht. Ein Zurückdrängen der Medien ist nur möglich, wenn wir sie zum Anlaß einer gründlichen Selbstbesinnung nehmen.

Diese Selbstbesinnung muß so weit getrieben werden, daß der Ersatzcharakter der Medien erkannt wird. Und dann kommt es darauf an, Anstrengungen zu unternehmen, das, wofür die Medien Ersatz bieten, durch eigene Arbeit zu erwerben. Ob sich jemand vom Fernsehen befreit, hängt folglich nicht allein davon ab, ob er seine Wirkung richtig erkennt. So wenig, wie jemand das Rauchen läßt, weil man ihn auf die gesundheitlichen Folgen aufmerksam gemacht hat, so wenig wird jemand in der Lage sein, sich von den Medien abzuwenden, wenn er nicht einen Weg der inneren Arbeit beschreitet, der ihm Erfahrungen und Lebensziele eröffnet, die die Medien überflüssig und schließlich hinderlich werden lassen.

Einige Schritte, die auf diesem Weg gegangen werden können, haben bei den Untersuchungen dieses Buches bereits eine Rolle gespielt. So ist das Foto eines herbstlichen Waldes (Abbildung 8) mit einer Naturbetrachtung konfrontiert worden, die meditativ so verstärkt wurde, daß sie zu den hinter der Oberfläche wirkenden Kräften vorstößt. Allgemein läßt sich sagen, daß eine Vertiefung der Wahrnehmung, vor allem auch der gegenüber Menschen, bald dazu führt, daß die bei den Medien im buchstäblichen Sinne bestehende Oberflächlichkeit kaum zu ertragen ist.

Darüber hinaus müssen die alten Fragen, die die Menschen schon immer bewegt haben, neu gestellt werden. Woher komme ich, wenn ich in diese Welt geboren werde? Wohin gehe ich, wenn ich sie wieder verlasse? Was soll ich in diesem Leben tun? Der ganze Bereich des Religiösen muß so gestaltet werden, daß ein tragender Grund entsteht. Dabei können die Antworten, wenn sie befriedigen sollen, nicht allein Büchern entnommen werden. Die neuen Seelenfähigkeiten und die durch sie ermöglichten Erfahrungen müssen ebenfalls eine Rolle spielen. Die Medien stellen uns so vor die überraschende Tatsache:

das Trivialste und Niedrigste, das unsere Zeit hervorgebracht hat, kann nur besiegt werden, wenn ihm mit dem Höchsten und Schwersten begegnet wird. Die Zeit drängt. Die Medien schädigen den einzelnen und verhindern seine Entwicklung. Sie schaffen außerdem gesellschaftliche Probleme, indem sie Überwachung und Machtkonzentration begünstigen. Ebenso bedrohlich ist, daß die Medien die Lösung aller übrigen Weltprobleme verhindern. Wettrüsten, Umweltzerstörung, soziale Konflikte, all das kann nicht von einer Menschheit bewältigt werden, die täglich stundenlang in die Medienwelt flüchtet.

Die Situation, in der sich die Menschheit heute befindet, wurde bereits in der ersten Hälfte des neunzehnten Jahrhunderts von jenem Menschen durchlebt und durchlitten, der am Pfingstmontag des Jahres 1828 unversehens in Nürnberg erschien und dann unter dem Namen Kaspar Hauser bekannt wurde. Augenzeugen, die Kaspar Hauser bei seinem ersten Auftauchen sahen, berichteten, er habe nur schwankend gehen können, habe einen Brief in der Hand gehalten und habe immer wieder dieselben Sätze gestammelt, von denen diejenigen, die ihn anzusprechen versuchten, bald einsehen mußten, daß er ihren Sinn nicht verstand.

Nach allem, was bisher über Kaspar Hauser in Erfahrung gebracht werden konnte, wobei erstaunlicherweise bis in die jüngste Zeit noch immer neue Dokumente entdeckt werden, kann als sicher gelten, daß in ihm der am 29. September 1812 in Karlsruhe geborene Thronerbe des badischen Fürstenhauses zu sehen ist, der beseitigt wurde, um für eine Nebenlinie Platz zu schaffen.

Unter den Gegnern Kaspar Hausers waren auch solche, die weit mehr als ein dynastisches Verbrechen im Sinn hatten. Diese Gegner bereiteten ihm ein einzigartiges Martyrium. Mit zwei oder drei Jahren wird Kaspar Hauser in ein kellerartiges Verlies gesperrt, wo er bis zu seinem Erscheinen in Nürnberg, also für etwa vierzehn Jahre, verbleibt. Das Gefängnis ist so geartet, daß es keinen Ausblick ins Freie ermöglicht. Nur von ferne dämmert tagsüber etwas Licht hinein. Das Kellergewölbe ist außerdem so niedrig, daß Kaspar Hauser sich nicht erheben kann. Er verbringt die Jahre seiner Gefangenschaft im Sitzen oder im Liegen.

Täglich bringt jemand Wasser und Brot. Gelegentlich wird Kaspar Hauser, wenn er tief schläft, wobei man wohl mit einem Betäubungsmittel nachhilft, gewaschen. Niemals sieht er einen Menschen. Niemals kann er mit irgend jemandem sprechen. Nur kurz vor seiner Befreiung kommt mehrmals ein Mann, der ihm, allerdings auch, ohne sich sehen zu lassen, jene Sätze beibringt, die er dann stammelnd von sich gibt.

Woher weiß man von dieser Art der Gefangenschaft? Zum einen konnte Kaspar Hauser sich an einiges erinnern. Beinah noch eindrucksvoller sind die Spuren, die sich in die Anatomie, das Verhalten und die ganze Seelenverfassung Kaspar Hausers eingegraben haben. Anselm von Feuerbach, der mit der Untersuchung des Falles beauftragte Präsident des zuständigen Appellationsgerichtes, schreibt darüber:

»Auch über die Geschichte der Tat haben wir vorderhand keine andere Kunde als die Erzählung desjenigen, an dem sie begangen worden ist. Aber die Wahrheit der Erzählung ist uns verbürgt durch die Persönlichkeit des Erzählenden, an dessen Leib, Geist und Gemüt die Tat selbst in sichtbaren Zügen deutlich geschrieben steht. Nur wer das, was Kaspar erfahren und gelitten hat, kann wie Kaspar sein. Und wer sich so zeigt wie Kaspar, muß in dem Zustande gelebt haben, wie ihn Kaspar von sich erzählt hat. So ruht zugleich die Würdigung der Glaubwürdigkeit des eine fast unglaubliche Begebenheit Erzählenden ebenfalls zum allergrößten Teil nur auf psychologischem Grund. Es gewähren aber die auf diesem Boden gefundenen Ergebnisse eine Beglaubigung, die jeden anderen Beweis an Stärke überwiegt. Zeugen können lügen. Urkunden können verfälscht sein. Aber kein anderer Mensch, er müsse dann mindestens ein mit etwas Allmacht und Allwissenheit ausgerüsteter Zauberer seien, vermöchte eine Lüge dieser Art so zu lügen, daß sie, wo man sie auch beleuchtete, wie die lauterste, reinste Wahrheit, wie die in Person erscheinende Wahrheit selbst aussähe. Wer an Kaspars Erzählung zweifelt, müßte an Kaspars Person zweifeln.«

Welches sind die Spuren der Gefangenschaft, die an Kaspar Hauser selbst abzulesen sind? Da ist zum einen der schwankende, unsichere Gang. Außerdem bereitete das Gehen Kaspar Hauser unsägliche Schmerzen, weil seine Fußsohlen so weich wie die übrige Haut waren. Schmerzen bereitete auch das Licht. Wochenlang empfand Kaspar Hauser das normale Tageslicht als unerträglich grell. Dazu kamen Empfindlichkeiten den Geräuschen und Gerüchen gegenüber.

All dies könnte noch lange fortgeführt werden. Statt dessen soll der Zustand betrachtet werden, in dem sich Kaspar Hauser während seiner Gefangenschaft befand. Sie begann vorsätzlich in dem Augenblick, als Kaspar Hauser zu Gehen und Sprechen angefangen hatte. Die Entwicklung, die damit begonnen hatte, wurde durch den dämmrigen und drückend niedrigen Kerker aufgehalten und sogar wieder zurückgedrängt. Die Absicht, die damit verfolgt wurde, zielte auf das Ich. Das Ich sollte daran gehindert werden, sich zu inkarnieren und in dem Leibe Kaspar Hausers wirksam zu werden.

Kaspar Hauser kam dadurch in einen Zustand, in dem sich, zumindest für so lange Zeit, vorher wahrscheinlich noch kein Mensch befunden hatte. Das Ich muß, um sich in einem Leibe entfalten zu können, die Möglichkeit haben, diesen Leib im Stehen und Gehen aufzurichten und es muß der Welt durch das Tor der Sinne begegnen können, um zum Bewußtsein seiner selbst zu erwachen.

Kaspar Hauser kam, wie er selbst beschreibt, in einen Dämmerzustand, der zwischen Wachen und Schlafen lag. Zugleich war das aber auch ein Zustand,

263

der Kaspar Hauser in der Schwebe hielt zwischen Leben und Tod. Es war ihm unmöglich, sich auf der Erde zu entwickeln, zugleich wurde er daran gehindert, durch den Tod in die geistige Welt zurückzukehren. Peter Tradowsky schreibt dazu in dem im Anhang genannten Buch: »Es ist nicht nur eine leibliche, sondern auch eine Art innerer geistiger Gefangenschaft. Es geht darum, eine Individualität in einem Schwebezustand festzuhalten und dadurch auszuschalten.«

Nach Monaten schlimmster Leiden in der ihm unvertrauten Welt kam Kaspar Hauser für etwa zwei Jahre in das Haus des Gymnasiallehrers Georg Friedrich Daumer, wo er Lebensumstände fand, die es ihm ermöglichten, einen Teil der zurückgehaltenen Entwicklung nachzuholen. Dabei bezauberte und erstaunte er alle, die ihm unbefangen begegneten, durch die Reinheit seines Wesens und die Fülle seiner Gaben.

Die Gegner hatten gehofft, einen zerbrochenen und in seinen Möglichkeiten ruinierten Menschen in die Freiheit gestoßen zu haben. Als sie ihren Irrtum bemerkten, begann die zweite Verfolgung. Nach einem mißglückten Mordanschlag (17. 10. 1829) wurde Kaspar Hauser in Lord Stanhope ein raffinierter Betrüger und Verführer auf den Hals gehetzt, dem es gelang, die wohlwollenden Menschen um Kaspar Hauser zu vertreiben und sich selbst zum Vormund ernennen zu lassen. Aber all das genügte nicht. Als trotz aller Behinderungen Züge der Individualität Kaspar Hausers aufzuleuchten begannen, was vor allem in der Begegnung mit dem Christentum zu bemerken war, als auch die Gerüchte nicht verstummen wollten, »das Kind Europas«, wie man Kaspar Hauser nannte, sei der legitime Thronerbe des badischen Großherzogtums, da wurde er, wenige Monate nach seinem einundzwanzigsten Geburtstag, in Ansbach ermordet (17. 12. 1833).

Wie für Kaspar Hauser die Gefangenschaft, so beginnt heute für die meisten Menschen mit zwei oder drei Jahren das Leben in der Medienwelt. Dabei entsteht ein ähnlicher Schwebezustand wie der, der Kaspar Hauser aufgezwungen wurde. Wenn wir schlafen, verlieren wir das Bewußtsein. Dabei schließen sich die Tore der Sinne. Wir sind von allen Einwirkungen der äußeren Welt abgeschnitten. Morgens erwachen wir an den Sinneseindrücken. Sogleich treten auch Bewußtsein und Denken auf, um diese Eindrücke zu ordnen und zu beurteilen.

Film und Fernsehen bewirken eine Vermischung dieser Zustände. Bewußtsein und Denken treten zurück wie im Schlaf. Zugleich sind Augen und Ohren weit geöffnet wie am Tage. Etwas ganz widernatürliches wird erreicht: wir sind passiv und willenlos und zugleich gegenüber der Sinnenwelt weit geöffnet.

Und woraus besteht diese Sinnenwelt? Sie besteht aus maschinell erzeugten Bildern. Tatsächlich werden wir im Zustand zwischen Wachen und Schlafen von Maschinen traktiert und dabei in eine künstliche Welt gerissen, die eine Verkehrung unserer Lebenswirklichkeit darstellt.

Die Eigenart dieser Medienwelt tritt vollends heraus, wenn man sie den Schöpfungen der Kunst gegenüberstellt. Ein Kunstwerk unternimmt den Versuch, einen Gegenstand oder ein Wesen so darzustellen, daß das in ihnen angelegte Ideal deutlicher hervortritt. Ein gelungenes Porträt zeigt einen Menschen, wie er ist, aber auch, wie er sein könnte und sein sollte.

Rudolf Steiner bemerkt dazu, daß der Mensch heute nicht stehenbleiben kann bei der Betrachtung der äußeren Verhältnisse. Das Erkenntnisstreben ist erst befriedigt, wenn gesehen werden kann, wie das Einzelne und Besondere mit dem Allgemeinen zusammenhängt. Für eine solche, den Gegensatz zwischen Wirklichkeit und Idee versöhnende Wahrnehmung, bedarf es, wie Steiner in einem Vortrag über »Goethe als Vater einer neuen Ästhetik« (9. 11. 1888) ausführt:

»eines Reiches, in dem das Einzelne schon und nicht erst das Ganze die Idee darstellt, eines Reiches, in dem das Individuum schon so auftritt, daß ihm der Charakter der Allgemeinheit und Notwendigkeit innewohnt. Eine solche Welt ist aber in der Wirklichkeit nicht vorhanden, eine solche Welt muß sich der Mensch erst selbst erschaffen, und diese Welt ist die Welt der Kunst: ein notwendiges drittes Reich neben dem der Sinne und dem der Vernunft.«

Die Medienwelt bildet auch so etwas wie ein drittes Reich, aber es handelt sich um ein genaues Gegenbild dessen, was die Kunst anstrebt. Wird hier das Einzelne erhöht, so wird es dort auf das Materielle reduziert und damit erniedrigt. Und wird der Mensch durch die Kunst geläutert, so wird er in der Medienwelt noch stärker an Begierden und Leidenschaften gefesselt.

Die Gefangenschaft Kaspar Hausers ging schließlich zu Ende. Wäre er nicht ermordet worden, hätte er wenigstens einen Teil seiner Möglichkeiten entfalten können. Die Gefangenschaft in der Medienwelt ist heute für die meisten Menschen eine lebenslängliche. Aber es gibt keinen Kerkermeister. Wir können uns befreien!

Dank und Bitte

Dem vorliegenden Buch sind viele Vorträge und Seminare zum Thema der Massenmedien vorangegangen. Die Teilnehmer dieser Veranstaltungen haben durch ihre Fragen, ihre Einwände und ihre Ergänzungen wesentlich zum Entstehen des Buches beigetragen.

Eine weitere Bereicherung hat sich durch die vielen Zeitungsausschnitte und Textstellen ergeben, die mir von den verschiedensten Menschen gegeben wurden. Hätte ich alle diese Stellen selber finden müssen, wäre ich vor lauter Lesen nicht zum Schreiben gekommen.

Zu diesen Hilfen kommt die enge, sich über viele Jahre erstreckende Zusammenarbeit mit einigen Menschen. Mit Anton Kimpfler veranstalte ich seit 1980 Seminare und Arbeitswochen zur Medienproblematik. Viele seiner Gedanken sind in das Buch eingegangen, ohne daß dies im einzelnen angemerkt worden ist.

Eine weitere Zusammenarbeit besteht mit der Arbeitsgruppe Philosophie und Psychologie am Goetheanum. Ihr Leiter, Oskar Borgman Hansen, hat Wesentliches zur Klärung methodischer Fragen beigetragen. Außerdem ist er nicht müde geworden, die Wichtigkeit der Erforschung der Medien zu betonen und mich zu der Arbeit an dieser Aufgabe zu ermuntern.

Schließlich möchte ich Karlheinz Flau erwähnen. In seinem »Atelierhaus« und in vielen gemeinsamen Veranstaltungen an der Universität Bremen sind die Massenmedien unter immer neuen Aspekten untersucht worden, wobei die von Karlheinz Flau vertretene Kunst dazu beitrug, die Eigenart der Medien um so deutlicher hervortreten zu lassen.

Von den vielen Helfern, die ich an der Universität Bremen hatte, sei Sigrid Wenzel erwähnt, der es immer wieder gelang, meine Handschrift in einen mit der Maschine geschriebenen Text zu verwandeln. Die Fotos vom laufenden Fernseher machten Hans Rose und Reinhard Dohr; soweit Fotos von Büchern gemacht wurden, stammen sie von Christel Hermes. Erläuterungen zu medientechnischen Fragen bekam ich von Dr. Jürgen Strube, der auch einige technische Zeichnungen beisteuerte.

Als ich mit dem Schreiben dieses Buches begann, war ich noch unentschieden, an welchen Verlag ich mich wenden sollte. Der entschlossene Johannes Mayer vom Verlag Urachhaus, den ich dadurch kennenlernte, daß er auf einer Tagung an einer von mir geleiteten Arbeitsgruppe zur Medienfrage teilnahm, machte dieser Unentschiedenheit ein Ende. Dabei spielte eine wichtige Rolle, daß er meinen Wunsch, das Buch ohne den Einsatz eines Bildschirmes hergestellt zu bekommen, verstand und so lange bei den Druckereien nachfragte, bis eine entsprechende Möglichkeit gefunden war.

Dem Dank sei eine Bitte angefügt. Die Probleme, die die Medien verursachen, werden in Zukunft eher noch zunehmen. Ein wirksames Gegengewicht könnte dadurch entstehen, daß sich an vielen Orten Arbeitsgruppen bilden, die sich ein Verständnis der Medien erarbeiten und die die weitere Entwicklung im Auge behalten. Solche Arbeitsgruppen könnten aufklärend und ratend tätig werden. Wenn das vorliegende Buch dazu beigetragen hat, der Frage der Medien solches Gewicht zu geben, daß sich Menschen zur Bildung solcher Arbeitsgruppen entschließen, dann hat es eine wichtige Aufgabe erfüllt.

Bremen, Frühjahr 1987   Heinz Buddemeier

Quellenangaben, Lektüreempfehlungen, Ergänzungen

Seite 7

Mit 116 Minuten liegt die Sehbeteiligung um 5 Minuten über dem Jahr 1983. Damit wurde der in den vorausgehenden Jahren zu beobachtende Abwärtstrend im Jahre 1984 zum ersten Mal durchbrochen.
Quelle: Zeitschrift *Media Perspektiven* 4/1985, Seite 245 ff. (die neuesten Zahlen zur Fernsehnutzung siehe Seite 226)

Seite 8

Zum Problem »Freizeit« siehe etwa: Ernst M. Wallner/Margret Pohler-Funke (Hrsg.): Soziologie der Freizeit, Heidelberg 1978. (Mit Ausführungen zu Wort und Begriff »Freizeit«).
Der Widerspruch zwischen Wunsch und Wirklichkeit in Hinblick auf die Nutzung der Freizeit wird direkt angesprochen in: Wolfgang Neumann-Bechstein, Freizeittrends und Fernsehnutzung, in: Rundfunk und Fernsehen, Heft 2, 1982. Seite 164–177.

Seite 8

Auf die Vorgeschichte des Films, die mit der des Fernsehens engverknüpft ist, wird in Kapitel VIII eingegangen.

Seite 9

Zur Geschichte des Fernsehens siehe: Claus Eurich/Gerd Würzberg, Dreißig Jahre Fernsehalltag. Wie das Fernsehen unser Leben verändert hat, Hamburg 1984.

Seite 10

Filmbesuche (Angaben in Millionen)

1956:	818	1967:	243	1979:	142
1959:	671	1973:	144	1983:	125
1963:	377	1976:	115	1984:	112

Quelle: Filmstatistische Taschenbücher.

Seite 11

Zum Panorama und Diorama vergleiche: Heinz Buddemeier, Panorama, Diorama, Photographie. Entstehung und Wirkung neuer Medien im neunzehnten Jahrhundert, München 1970.

Seite 13

Zum Paris des neunzehnten Jahrhunderts und den hier angeschnittenen Fragen siehe: Walter Benjamin, Paris, die Hauptstadt des neunzehnten Jahrhunderts, in: Gesammelte Schriften, Frankfurt am Main 1982, Band 5; Siegfried Kracauer, Jacques Offenbach und das Paris seiner Zeit, Amsterdam 1937; Georg Maag, Kunst und Industrie im Zeitalter der ersten Weltausstellungen. Synchrone Analyse einer Epochenschwelle, Konstanz (Dissertation) 1982. In dieser Arbeit findet sich auf Seite 235 folgendes Zitat von Friedrich Schlegel. In einer Rezension von »Goethes Werken« (1808) schreibt Schlegel, der Roman »diente besonders im achtzehnten Jahrhundert der gesellschaftlichen Mode, und ward endlich durch die Verhältnisse des Buchhandels zur literarischen Manufaktur, in welcher letzten Rücksicht er besonders in England wohl den höchsten Grad der mechanischen Vollkommenheit erreicht hat«. (Friedrich Schlegel, Kritische Schriften, herausgegeben von Wolfdietrich Rasch, München 1971, Seite 318).

Seite 22

Die Projektion von 24 Bildern pro Sekunde reicht aus, um den Eindruck einer fließenden Bewegung zu erzeugen. Allerdings bleibt der Wechsel von Hell und Dunkel bei dieser Geschwindigkeit noch wahrnehmbar (Flimmern). Aus diesem Grunde wird die Projektion des einzelnen Bildes noch einmal durch eine Dunkelphase unterbrochen. Der Betrachter sieht daher jedes Einzelbild in Wirklichkeit zwei Mal. Der auf diese Weise erzielte raschere Wechsel von Hell und Dunkel bringt das Flimmern zum Verschwinden und läßt an seiner Stelle den Eindruck einer durchgehenden Helligkeit treten.

Seite 24

Auf die Technik des farbigen Fernsehbildes wird nicht eingegangen. Sie unterscheidet sich nur durch ihre Kompliziertheit, nicht aber im Prinzip von der Technik des Schwarzweiß-Fernsehens.

Seite 29

Die Ausführungen zur Pflanzenmetamorphose stützen sich auf einen Aufsatz von Jochen Bockemühl: Die Bildebewegungen der Pflanzen, in: Jochen Bockemühl (Herausgeber): Erscheinungsformen des Ätherischen. Wege zum Erfahren des Ätherischen in Natur und Mensch, Stuttgart 1977, Seite 107 folgende.

Seite 35

Das Zitat zur Aufmerksamkeitsforschung ist entnommen dem lesenswerten Buch von Aldous Huxley, Die Kunst des Sehens, München, Zürich 1984, Seite 43 folgende. Huxley zitiert hier seinerseits aus dem Stichwort »Attention« der Encyclopaedia Britannica, 14. Ausgabe von 1929, Band 2, Seite 658. In neueren Ausgaben dieser Enzyklopädie ist der entsprechende Absatz leider nicht mehr enthalten.

Seite 35

Milton H. Erickson, Ernest L. Rossi, Sheila L. Rossi, Hypnose, München 1978, Seite 42.

Seite 45

Zu den Experimenten von Kuleschow siehe etwa: Kurt Dieter Solf, Filmen, Frankfurt am Main, 1976 oder Hans C. Blumenberg, Film positiv, Düsseldorf 1968, Seite 83. Sehr materialreich und ausführlich: Walter Dadek, Das Filmmedium. Zur Begründung einer allgemeinen Filmtheorie, München und Basel 1968.

Seite 51

Jerry Mander hat eine Reihe von Psychologen und Medizinern, die sich bei ihrer Arbeit der Hypnose bedienen, gefragt, ob sie einen Zusammenhang zwischen der Hypnose und dem Fernsehen sähen. Übereinstimmend antworteten die Befragten, die Situation vor dem Fernseher entspreche genau derjenigen, die sie bei der Hypnoseeinleitung herzustellen versuchten. Die Psychologin Freda Morris machte dabei noch auf folgenden Aspekt aufmerksam.

»Morris sagte, daß man den Fernsehbildern, weil sie sich schneller bewegen, als der Zuschauer reagieren könne, geistig hinterherrennen müsse. Daher sei die Möglichkeit, den Kontakt abzubrechen, nicht gegeben und damit auch keine Möglichkeit, die Informationen kritisch zu sortieren und zu kommentieren, während sie in einen eindringen. Die Kritikfähigkeit wird ausgeschaltet. Frau Morris sagte mir, es gebe eine Hypnoseeinleitungstechnik, genannt ›Herstellung von Konfusion‹, die von einem Pionier der Hypnoseforschung, Dr. Milton Erickson, erfunden worden sei. ›Sie geben der Person so viel zu tun, daß sie überhaupt keine Chance mehr hat, etwas Eigenes zu tun. Die Aufgabe muß so beschaffen sein, daß der Patient gezwungen ist, sich ständig mit etwas anderem auseinanderzusetzen, von einem Punkt der Aufmerksamkeit zum anderen zu springen. Der Hypnotiseur kann die Aufmerksamkeit des Patienten auf alles mögliche lenken, worauf, darauf kommt es gar nicht so sehr an. Schließlich wird so etwas wie Überlastung erreicht, der Patient zeigt Symptome des nahenden Zusammenbruchs – dann greift der Hypnotiseur mit einer eindeutigen Erleichterung ein, irgendeiner simplen Anweisung, und der Patient fällt sofort in Trance.‹«

Jerry Mander, Schafft das Fernsehen ab! Eine Streitschrift gegen das Leben aus zweiter Hand, Reinbek 1979, Seite 188. Beim Fernsehen wirkt in dem hier gemeinten Sinn als Erleichterung, daß niemand da ist, der Forderungen an den Zuschauer stellt.

Seite 54

Die Art, wie Film und Fernsehen schädigen, ist charakteristisch für die meisten Zivilisationsschäden: sie ergeben sich aus der Summierung vieler kleiner Belastungen. Würden die Räume, an denen ich mit dem Auto vorbeifahre, sogleich eingehen, würde ich das Auto wohl kaum noch benutzen. Die *allmähliche* Zerstörung der Wälder durch Autoabgase und andere Belastungen wird jedoch hingenommen.

Seite 54

Wolf Bauer, Elke Bauer, Bernd Kugel (Herausgeber), Vier Wochen ohne Fernsehen. Eine Studie zum Fernsehkonsum, Berlin 1976.

Seite 62

Wilhelm Furtwängler, Ton und Wort. Aufsätze und Vorträge 1918 bis 1945, Wiesbaden 1954, Seite 34 ff.

Seite 64

Das Interview mit Miha Pogacnik ist erschienen in der Beilage zur Wochenschrift »Das Goetheanum«, Nr. 43 vom 23. Oktober 1983, Seite 181. Es handelt sich dabei um eine Übersetzung aus: John and Susan Marvith (Herausgeber), Edison, Musicians and Phonograph, University of Michigan Press.

Seite 71

Zu Johannes Müller vergleiche: Ernst Lehrs, Vom Geist der Sinne. Zur Diätetik des Wahrnehmens, Frankfurt am Main 1973, Seite 28 ff.

Seite 72

Stichwort »Wahrnehmungstheorie« aus: Peter R. Hofstätter, Psychologie, Frankfurt am Main 1957 (Das Fischer Lexikon, Band 6, Seite 322).

Seite 74

Ein Beleg dafür, daß es bald ein Schreibpapier geben werde, das alles wiedergibt, was es hört, findet sich in: Ronald W. Clark, Edison. Der Erfinder, der die Welt veränderte, Frankfurt am Main 1981, Seite 70.

Seite 76

Das Edison-Zitat stammt aus G. P. Latkrop, Talks with Edison, in: *Harpers's Magazine,* Februar 1919, Seite 428.

Seite 77

Edisons Aufzeichnungen sind entnommen: Matthew Josephson, Thomas Alva Edison, Icking und München 1969, Seite 180. Diese Biographie gilt heute als maßgeblich. Sie ist vollkommen unkritisch.

Seite 78

Der Artikel Edisons wird zitiert nach: Josephson (siehe oben), Seite 188 ff.

Seite 79

Edisons Schilderung in: Clark (siehe oben), Seite 76.

Seite 79

Zu den Plänen bezüglich der Fotografie siehe vom Verfasser: Panorama, Diorama, Photographie, München 1970, Seite 154.

Seite 85

Helmholtz wird zitiert nach: Ernst Kapp, Grundlinien einer Philosophie der Technik. Zur Entstehungsgeschichte der Cultur aus neuen Gesichtspunkten, Braunschweig 1877, Seite 129. Es finden sich in diesem Buch weitere Belege dieser Art.

Seite 98

Josephson, Seite 406

Seite 101

Josephson, Seite 415

Seite 104

Zu den ersten Fotos war bemerkt worden, auf ihnen sei alles gleich bedeutsam, da vor der Sonne alles gleich sei. Die Fotografie wurde daher auch ein demokratisches Verfahren genannt. Bei den ersten Filmen wird aus dieser Eigenschaft der technischen Medien etwas zutiefst Unmoralisches.

Seite 108

Zu welcher Rücksichtslosigkeit in der Verwendung der Großaufnahme es inzwischen gekommen ist, führen die Nachrichtensendungen des Fernsehens täglich vor. Ein besonders krasses Beispiel, das im Zusammenhang mit der Berichterstattung über die Explosion der Raumfähre »Challenger« stand, berichtete die Frankfurter Allgemeine Zeitung (1. Februar 1986, Seite 25):

Miterlebt wurde diese Katastrophe, die keine Geschichte hat, dagegen durch Direktübertragung oder Aufzeichnung von Millionen Menschen in der ganzen Welt, denen die Explosion wieder und wieder auf ihren Bildschirmen vorgeführt wurde. Die Technik zwang den Zuschauer, Zeuge ihres eigenen Versagens zu werden. Viel war dabei nicht zu sehen: ein startendes Raumschiff, ein Lichtblitz, eine Rauchwolke und dann nichts mehr. Dafür hatten die Kameras aber noch eine andere Perspektive anzubieten, aus der sie das Unglück verfolgten. Gnadenlos richteten sie sich auf die zum Himmel gewendeten Gesichter der Angehörigen und benutzten sie als Spiegel für das, was in sechzehntausend Meter Höhe geschah. Hier konnte man nun den Verlauf und das Ende dieses Fluges ablesen und wurde zum Zuschauer der Zuschauer eines Ereignisses, das sich selbst trotz laufender Kameras der Vorstellungskraft entzog.

Seite 109

Bodo Fründt/Wolfgang Jacobsen/Peter W. Jansen/Christa Maerker, Francis Ford Coppola, München 1985, Seite 102.

Seite 110

Wie oben, Seite 104

Seite 110

Marlon Brando und der Produzent zitiert nach »Filmkritik«, München 1972, Seite 557.

Seite 111

Siehe das Buch über Coppola, Seite 100

Seite 112

Wie oben, Seite 143

Seite 112

Das Zitat zum »Electronic Cinema«, wie oben, Seite 28.

Seite 113

Ronald M. Hahn/Volker Jansen, Kultfilme. Von »Metropolis« bis »Rocky Horror Picture Show«, München 1985.

Seite 113

Cordelia Böttchers Beschreibung ist veröffentlicht in der Zeitschrift »Die Christengemeinschaft« Heft 2, 1980, Seite 59 ff.

Seite 118

Wie oben (Buch über Kultfilme), Seite 8.

Seite 122

Zum Vergleich des Kinos mit anderen Angeboten siehe Werner Grassmann, Das zweite Kinosterben, in: »Die Zeit«, Nr. 48 vom 22. 11. 1985.

Seite 125

Der Brief ist entnommen:

Inge Jens (Herausgeberin): Hans Scholl, Sophie Scholl. Briefe und Aufzeichnungen, Frankfurt am Main 1984, Seite 116.

Seite 125

Das Flugblatt ist abgedruckt in: Richard Hauser: Deutschland zuliebe. Leben und Sterben der Geschwister Scholl. Die Geschichte der weißen Rose, München 1980, Seite 338.

Seite 131

Literaturangaben siehe Seite 282.

Seite 132

Rudolf Steiner, Die Erziehung des Kindes vom Gesichtspunkte der Geisteswissenschaft, Dornach (Einzelausgabe) 1973, Seite 22 ff.

Seite 140

Die Rundfunkgesetze werden zitiert nach: Günter Herrmann: Rundfunkgesetze. Fernsehen und Hörfunk, Köln, Berlin, Bonn, München [2]1977.

Seite 143

Als Beleg dafür, daß die Fernseh-Nachrichten nicht behalten werden, führte der Medienwissenschaftler Neil Postman in einer in Mainz gehaltenen Rede (Juni 1986) die Berichterstattung über die in Teheran festgehaltenen amerikanischen Geiseln an. Nach täglicher, sich über ein Jahr erstreckender Fernsehinformation hätten bei einer anschließenden Untersuchung neunzig Prozent der Amerikaner nicht gewußt, wo Iran liegt, was der Schah war und Khomeini ist. Die restlichen zehn Prozent wußten die Antworten aus der Zeitungslektüre. (Vergleiche »Weser-Kurier« vom 16. Juni 1986).

Seite 153

Die Angaben bezüglich der Glaubwürdigkeit der Medien stammen aus: *Informationen zur politischen Bildung,* Heft 208, Herbst 1985, herausgegeben von der Bundeszentrale für politische Bildung, Berliner Freiheit, 5300 Bonn.

Seite 155

Die Unfreiheit der Presse wird noch durch die Abhängigkeit von den Anzeigenkunden erhöht. Sie geben jährlich 10 Milliarden Mark für Anzeigen in Zeitungen und Zeitschriften aus. Für eine Tageszeitung bedeutet das, daß 66 Prozent ihrer Einnahmen aus dem Werbegeschäft stammen und nur 34 Prozent aus dem Verkauf der Zeitung an die Leser. Rein wirtschaftlich betrachtet, und dieser Gesichtspunkt ist zumindest für den Verleger der leitende, ist der Leser nur dazu da, um die Zeitung für den Anzeigenkunden attraktiv zu machen.

Es versteht sich von selbst, daß die Wirtschaft über das Anzeigengeschäft Einfluß auf die Presse nimmt. Wenn zwei oder drei Unternehmen, die regelmäßig Großanzeigen an eine Zeitung vergeben, mit der Rücknahme ihrer Anzeigen drohen, dann steht die betreffende Zeitung vor der Wahl, nachzugeben oder ihr Erscheinen einzustellen. Dabei ist es durchaus zutreffend, daß, wie Presse und Wirtschaft beteuern, solche direkten Eingriffe selten sind. Das heißt aber lediglich, daß die Presse sich in ihrer gesamten Ausrichtung auf die Interessen der Wirtschaft eingestellt hat.

Seite 159

Die Deutsche Forschungsgemeinschaft hat in den siebziger Jahren ein Forschungsprojekt »Nachrichtensprache und der Zusammenhang von Text und Bild« gefördert, das am Deutschen Seminar der Universität Tübingen durchgeführt wurde. In dem folgenden Zitat werden Überlegungen und empirische Untersuchungen angeführt, die in die Richtung der von mir angestellten Überlegungen zielen. Das Zitat stammt aus einem Arbeitspapier von Steffen-Peter Ballstaedt: Grenzen und Möglichkeiten des Filmjournalismus in der aktuellen Berichterstattung (1977).

»Den zu diesem Problem durchgeführten Experimenten sind jedoch einige Einschränkungen gemeinsam. Sie messen durchweg nur die Behaltens- bzw. Lernleistung unmittelbar nach der Darbietung meist sehr einfacher audiovisueller Informationen. Nun geht es aber bei Nachrichten primär nicht um die Vermittlung einzelner Fakten oder um die Vermittlung von Wissensbeständen, die *gelernt* werden sollen. Vielmehr berichtet eine Meldung über Entscheidungen, Beschlüsse, Meinungskundgaben, politische Handlungen usw., zu denen der Rezipient *Stellung beziehen* kann und soll. Jede Meldung konstruiert mit Hilfe selegierter Fakten einen Bedeutungskomplex, der von einem aktiven Zuschauer übernommen, aber auch ganz oder teilweise abgelehnt werden kann.* In diesem Zusammenhang sind einige Experimente von FESTINGER & MACCOBY (1964) interessant. Dabei ging es im Rahmen der Theorie der kognitiven Dissonanz um folgende Problemstellung: Wird eine Person mit einer festen Einstellung zu einem Sachverhalt einer persuasiven Botschaft ausgesetzt, die ihrer Einstellung widerspricht, so führt dies zu kognitiven Gegenaktivitäten wie Gegenargumentation, Infragestellen der präsentierten Argumente und Abwertung des Sprechers. Wenn es nun gelänge, diese Aktivitäten zu verhindern, d. h. einen *passiven Hörer* zu schaffen, so müßte sich eine Wirkung der persuasiven Botschaft in Richtung auf Einstellungsänderung zeigen. Ein passives Hören wird z. B. durch *Ablenkung* der Aufmerksamkeit von der ›counterattitudinal communication‹ erreicht. Um diese Hypothese zu testen, benutzen die Experimentatoren einen Text gegen studentische Verbindung, der einmal ohne, einmal mit visueller Ablenkung geboten wurde. Dazu wurden zwei zwölfminütige Farbfilmversionen hergestellt: Eine *ordinary-film-version*, in der der Text von einem Sprecher im ›on‹ verlesen wurde, und eine *distracting-version*, in der der Text mit einem dazu völlig unzusammenhängenden, aber optisch ansprechenden Kurzfilm gekoppelt wurde. Beide Versionen begannen mit einer identischen zweiminütigen Einleitung. An drei Universitäten wurden Verbindungsstudenten (an einer auch Studenten, die keiner Verbindung angehörten) mit den beiden Filmversionen konfrontiert. Es zeigte sich im Sinne der Hypothese eine signifikante Wirkung der distracting-version: sie hatte einen größeren Einfluß auf die Meinungsänderung und führte zu einer geringeren Ablehnung des Sprechers!«

Daß Ablenkungen verschiedener Art die Wirkung einer Botschaft in Richtung auf deren Übernahme erleichtert, konnte in etlichen nachfolgenden Experimenten bestätigt wer-

---

* ›Eine Meldung verstehen‹ bedeutet nicht nur die richtige Aufnahme und zusammenhängende Organisation der Einzelfakten, sondern auch ihre Einordnung in einen Bedeutungshorizont. Ein factum brutum läßt sich zur Kenntnis nehmen oder nicht, über dessen Bedeutung und Gewichtung in größeren Zusammenhängen sind jedoch unterschiedliche *Meinungen* möglich. Fakten sind nur sinnvoll in bezug auf einen Bedeutungshorizont, oder anders ausgedrückt: erst ein Bedeutungshorizont schafft überhaupt sogenannte Fakten. Dazu HUTH (1977), vor allem aber der ethnomethodologische Ansatz in der Nachrichtenforschung bei TUCHMANN (1976) und der GLASGOW MEDIA GROUP (1976).

den (Rosenblatt 1966), Osterhouse & Brock 1970, Keating & Latane 1972). Auf die in den Nachrichtenfilmen fast regelmäßig anzutreffende Text-Bild-Schere wirft dies einen weiteren Schatten. Da meist der Text die relevanten Informationen transportiert, wirkt das daraufgeklatschte Bildmaterial als Ablenkung, die die Gegenargumentation verhindert und damit eine oberflächliche und unkritische Aufnahme der Textinformation fördert. Nachrichtenfilme gewöhnen an eine passiv konsumierende Rezeption.

Festinger, I. & Maccoby, R.: On resitstance to persuasive communications. J. abn. soc. Psychol. 68, 1964, 359–366.

Glasgow University Media Group: Bad news. Vol. 1, London 1976.

Huth, L.: Ereignis, Objektivität und Präsentation in Fernseh-Nachrichten. In: H. Friedrich (Hgs.): Politische Medienkunde BD. 3: Kommunikationsprobleme bei Fernsehnachrichten, Tutzing 1977, 103–123.

Keating, J. P. & Latane, B.: Distorted television reception, distraction, and attitude change. Procedings, 80th Annual Convention, APA, 1972, 141/42.

Osterhouse, R. A. & Brock, T. C.: Distraction yielding to propaganda by inhibiting counterarguing. J. of pers. soc. Psychol. 15, 1970, 344–358.

Rosenblatt, P. C.: Persuasion as a function of varying amounts of distraction. Psychonomic Science 5, 1966, 85–86.

Tuchmann, G.: Telling stories. J. of communication 26 (4), 2976, 93–97.

Seite 159

Eine aufschlußreiche Untersuchung der Nachrichtensendungen findet sich auch in Bernward Wember, Wie informiert das Fernsehen? Ein Indizienbeweis, München 1976. Bei Befragungen von Zuschauern fand Wember heraus, daß nur circa zwanzig Prozent der Zuschauer die entscheidenden Informationen einigermaßen verstanden und behalten hatten, obwohl ungefähr achtzig Prozent der Zuschauer die Filme als klar verständlich und sehr informativ bezeichneten. Als wichtigsten Grund für diesen Tatbestand führt Wember die Kürze der Einstellungen an. Er weist in diesem Zusammenhang nach, daß die Einstellungslänge nicht, wie von den Filmautoren behauptet, von der Wichtigkeit des Inhalts abhängt, sondern davon, wieviel Bewegung durch den aufgenommenen Gegegenstand ins Bild kommt.

»Wenn viel Bewegung da ist, werden dem Zuschauer die Bilder länger gezeigt. Je weniger Bewegung im Bild ist, um so kürzer werden die Bilder geschnitten.« (Seite 21) Mit Hilfe von Zählwerk und Stoppuhr kommt er zu folgendem Ergebnis:

1. Einstellungen ohne Bewegung haben bei den von ihm untersuchten Filmen eine durchschnittliche Länge von 2,0 Sekunden.
2. Einstellungen mit bewegtem Bildinhalt (z. B. im Wind wehende Fahnen) werden im Durchschnitt 3,5 Sekunden gezeigt.
3. Werden Einstellungen mit Kamerabewegung verwendet, beträgt die durchschnittliche Länge 4,9 Sekunden.
4. Einstellungen mit bewegtem Bildinhalt *und* Kamerabewegung sind im Durchschnitt 5,9 Sekunden lang.

Seite 159

Die Entstehung der Medienwirklichkeit durch das Zusammenfügen unzusammenhängender Wirklichkeitsbruchstücke (Einstellung) entspricht der Art und Weise, wie das Einzelbild entsteht. Hier sind es die auf dem Bildschirm nacheinander aufleuchtenden Punkte, die vom Zuschauer zusammengesetzt werden.

Seite 164

Die Wirkung der Nachrichten sei noch durch ein historisches Beispiel verdeutlicht. Am 1. November 1755 wurde die Stadt Lissabon von einem Erdbeben zu über die Hälfte zerstört. Dreißigtausend Menschen kamen bei der Katastrophe ums Leben. Die Nachricht von dem Ereignis verbreitete sich über ganz Europa, allerdings dauerte es an manchen Orten Monate, ehe man von dem Beben erfuhr. Dennoch waren die Menschen zutiefst betroffen. Das Erdbeben von Lissabon hat das Lebensgefühl und das Denken einer ganzen Epoche beeinflußt. Stellvertretend sei Voltaire genannt, der in seinem Roman »Candide oder Der Optimismus« das Erdbeben von Lissabon anführt, um den Fortschrittsoptimismus der Aufklärung ad absurdum zu führen.
In den vergangenen Jahren haben sich verschiedene Katastrophen ereignet, die mit dem Erdbeben von Lissabon zu vergleichen sind. Vor etwas über einem Monat starben an den Ufern des Nios-Sees (Kamerun) eintausendsiebenhundert Menschen an giftigen Vulkangasen, die sie während des Schlafes einatmeten. Der »Weser-Kurier« berichtete darüber am 28. August 1986 auf der Seite »Aus aller Welt«. Neben dem Bericht »Todesstille am Nios-See« enthält die Seite noch elf weitere Nachrichten, die alle nichts miteinander zu tun haben und die zum Teil ganz trivial sind. Ein Beitrag mit der Überschrift »Amerikaner können Abfallberge kaum noch bewältigen« nimmt mehr als doppelt so viel Raum ein als der Bericht über die Katastrophe in Kamerun.
Nachrichten von Katastrophen werden heute in wenigen Stunden über die ganze Welt verbreitet. Aber sie erreichen nur eine kurzfristige Anteilnahme. Wirkliche Betroffenheit und eine gedankliche Verarbeitung der berichteten Ereignisse unterbleiben. Die Folge ist, daß die immer wieder nur gefühlsmäßig durchlebten Katastrophen sich auf dem Grunde des Bewußtseins als Angst ablagern.
Dagegen kann nur eine Deutung der Ereignisse helfen. Was will uns die Häufung von Naturkatastrophen sagen? Nimmt man die Erde als Organismus, könnte es sich dann nicht um ein Sich-Wehren gegen die Mißhandlungen, die wir ihm zufügen, handeln?

Seite 168

Die Äußerungen der Programmverantwortlichen werden zitiert nach: Thomas Wingen, Audiovisuelle Medien im Kindergarten, Hamburg 1976, Seite 81.

Seite 170

Die im Auftrage der Redaktion von »Sesame-Street« durchgeführte Untersuchung wurde einige Jahre später von unabhängigen Forschern überprüft. Dabei kam man zu dem Ergebnis, daß der Lernfortschritt, den man festgestellt hatte, gar nicht auf dem Anschauen der »Sesame-Street« beruhte, sondern darauf, daß die die Untersuchungen durchführenden Mitarbeiter sich Woche für Woche mit den Kindern beschäftigt hatten. Dem Fehlschluß der ersten Untersuchungen war man dadurch auf die Spur gekommen, daß man festgestellt hatte, daß diejenigen Kinder die größten Lernfortschritte gemacht hatten, die die »Sesame-Street« am wenigsten gesehen hatten. Vergleiche dazu: Thomas D. Cook/Hilary Appleton/Ross F. Connor, »Sesame-Street« revisited. A study in evaluation research, New York 1975.

Seite 171

Arbeitsgruppe Sesamstraße	Hamburg 54
III. Fernsehprogramm	Gazellenkamp
Norddeutscher Rundfunk	1. Dezember 1972

Vorläufige Beschreibung der LERNZIELE
der Vorschul-Fernsehserie »SESAMSTRASSE«

»SESAMSTRASSE« ist eine Produktion des Norddeutschen Rundfunks in Zusammenarbeit mit Children's Television Workshop und mit Unterstützung des Hessischen Rundfunks und des Westdeutschen Rundfunks sowie des Bundesministeriums für Wissenschaft und Bildung.

Vorbemerkung: Die folgende ›Vorläufige Beschreibung der Lernzeile der Vorschul-Fernsehserie SESAMSTRASSE‹ versteht sich im Kontext der ›Erziehungs- und Lernzielbestimmung für die deutsche Version von Sesame Street‹, die von der Arbeitsgruppe im März 1972 vorgelegt wurde.

ÜBERSICHT

I. Lernen im kognitiven Bereich

A. Wahrnehmungs- und Zuordnungsfähigkeiten
B. Bezugssysteme
C. Logisches Denken und Problemlösestrategien
D. Buchstaben und Wörter
E. Mengen, Zahlen, geometrische Formen
F. Umwelt und Sachbegegnung

II. Soziales Lernen

A. Selbständigkeit: Förderung der Ich-Stärke
B. Erhöhung der Frustrationstoleranz
C. Emotionen
D. Die Bedürfnisse und Interessen der Anderen
E. Hilfsbereitschaft
F. Regeln machen das Zusammenleben leichter
G. Bereitschaft zu kooperativem Handeln
H. Konfliktsituationen und Konfliktlösungsstrategien

I. Lernen im kognitiven Bereich

A. Wahrnehmungs- und Zuordnungsfähigkeiten

1. Visuelles Differenzieren durch Wiedererkennen eines vorgegebenen Gegenstandes (Bildes) in einer Reihe ähnlicher Gegenstände (Bilder).
2. Akustisches Differenzieren durch Identifizieren von Lauten und Geräuschen.
3. Erkennen und Beschreiben von mehreren Eigenschaften eines Gegenstandes.
4. Erkennen und Beschreiben der identischen und/oder der differenten Eigenschaften bei mehreren Gegenständen.
5. Zuordnen und Zusammenfügen von Teilen zu einem sinnvollen Ganzen anhand eines Modells.

B. Bezugssysteme

1. Kennenlernen quantitativer Beziehungen (zum Beispiel: alles – weniger – nichts)
2. Kennenlernen von Größenverhältnissen (zum Beispiel: groß – größer – am größten)
3. Kennenlernen von räumlichen Beziehungen (zum Beispiel: über – unter; hinten – vorne)
4. Kennenlernen von zeitlichen Beziehungen (zum Beispiel: vorher – nachher; gestern, heute, morgen)

C. Denk- und Problemlösungsstrategien

1. a) Schlußfolgern im Hinblick auf vergangene Ereignisse: Erkennen und Benennen der Ursachen, die eine gegebene Situation hervorgerufen haben (können).
   b) Schlußfolgern im Hinblick auf künftige Ereignisse: Erkennen und Benennen der Wirkungen, die aus einer gegebenen Situation entstehen (können).
2. Erkennen und Beschreiben der Problemstellung in einer gegebenen Situation und angebotene Problemlösungs-Möglichkeiten kritisch beurteilen.
3. Erkennen und Beschreiben der Problemstellung in einer gegebenen Situation und Lösungsmöglichkeiten für das Problem entwickeln.

D. Buchstaben und Wörter

1. Erfassen von Buchstaben als Symbole der Laute in gesprochener Sprache und Identifizieren in geschriebener Sprache:
   a) Artikulation von Lauten und Zuordnen geschriebener Buchstaben zu Lauten und Benennen von Buchstaben
   b) Wiedererkennen von Buchstaben (Groß- und Kleinschreibung) am Anfang bzw. innerhalb eines Wortes
   c) Kennenlernen des Alphabets.
2. Erfassen von Wörtern als Symbole der geschriebenen und gesprochenen Sprache.
3. Finden von Reimwörtern zu akustisch vorgegebenen Worten.

E. Mengen, Zahlen, geometrische Formen

1. Mengen
   a) Zusammenfassen verschiedener Objekte unter einem Oberbegriff; Finden und Benennen der – mengenbildenden – Eigenschaft einer Menge.
   b) Erkennen von Mengen gleicher Anzahl und Zuordnen von Zahlen zu Mengen.
   c) Begreifen, daß die beim Zählen zuletzt erreichte Zahl den Umfang einer Menge angibt.

2. Zahlen
   a) Kennenlernen der Zahlen 1–20
   b) Entwerfen von Zählstrategien
   c) Operieren (Addition/Substraktion) mit Zahlen im Zahlenbereich 1–10

3. Geometrische Formen
   a) Erkennen und Benennen der geometrischen Formen in der Ebene: Quadrat, Rechteck, Dreieck und Kreis
   b) Erkennen und Benennen der geometrischen Formen im Raum: Würfel, Quader, Zylinder, Kugel

F. Umwelt und Sachbegegnung

Als allgemeine Zielsetzung gilt, daß Kinder für sie bedeutsame sachliche Zusammenhänge der Umwelt wirklichkeitsgerecht erfassen lernen. Nicht die Vermittlung vereinzelter Wissensgegenstände soll im Vordergrund stehen, sondern das Vermitteln von Grundeinsichten in Sachstrukturen und Sachzusammenhänge. Wie im Sozialen Lernen sollen auch hier Lernerfahrungen für die (handlungsmäßige, kognitive oder affektive) Bewältigung realer Situationen vermittelt werden.

1. Der menschliche Körper: Benennen von Körperteilen und Einsicht in ihre Funktionen
2. Kennenlernen und Erfassen der umgebenden Natur (Tiere, Landschaft, Pflanzen)
3. Kennenlernen und Erfassen elementarer Vorgänge in der Natur
4. Kennenlernen von Naturprodukten als Nahrungsmittel
5. Kennenlernen von Veredelungsprozessen bei Naturprodukten bzw. von Verarbeitungsvorgängen von Rohstoffen zu Nahrungsmitteln
6. Erkennen und Benennen von Werkzeugen, technischen Hilfsmitteln und Maschinen, ihren jeweiligen Funktionen bzw. Funktionsweisen
7. Kennenlernen von handwerklichen Produktionsweisen an Gebrauchsgegenständen
8. Kennenlernen von maschinellen Produktionsprozessen
9. Kennenlernen verschiedener Berufe und Arbeitsplätze; Einsicht in die gesellschaftliche Funktion der jeweiligen Tätigkeit
10. Einsicht in die Funktionen und Notwendigkeiten verschiedener gesellschaftlicher Einrichtungen (zum Beispiel: Schule, Krankenhaus, Müllabfuhr)
11. Verkehrserziehung: Vertrautwerden mit den Gegebenheiten und Erfordernissen des Straßenverkehrs; Einsicht in die Notwendigkeit eines aktiven, umsichtigen und situationsgerechten Verkehrsverhaltens.
12. Kinder in ihrer Umwelt: Erfahren und Verstehen, daß die Art und Weise, wie andere Kinder leben, mitbestimmt wird von der jeweils anderen Umwelt, in der sie aufwachsen.

II. Soziales Lernen

Als allgemeine Zielsetzungen gelten:
- Die Kinder sollen Interaktionsmuster, Handlungsmodelle und Handlungsstrategien kennenlernen, die zur Bewältigung realer sozialer Situationen geeignet sind.
- Den Kindern sollen solche Einstellungen vermittelt werden, die ihnen das Begreifen und Erfassen der angebotenen sozialen Interaktionsmuster, Handlungsmodelle und Handlungsstrategien erleichtern und sie zur Umsetzung der Muster, Strategien usw. in reales Verhalten ermuntern.
- Bei den Kindern bereits vorhandene prosoziale Verhaltensweisen sollen gefördert und verstärkt werden.
- Bei den Kindern vorhandenen unerwünschten sozialen Verhaltensweisen soll tendentiell entgegengewirkt werden.

A. Selbständigkeit: Förderung der Ich-Stärke

1. Erwerb eines positiven Selbstwertgefühls (Was ich schon alles kann!)
2. Fähig sein, eigene Bedürfnisse und Interessen zu erkennen, zu verbalisieren und zu folgen (Das kann ich selber! Sich nicht von anderen sagen lassen, was man tun soll, sondern selbst initiativ werden)
3. Fähig sein zu autonomem Handeln gegenüber Erwachsenen

B. Erhöhung der Frustrationstoleranz

1. Ertragen von Mißerfolgen im Erlernen und Ausprobieren von Sachen, im Umgang mit anderen Kindern und mit Erwachsenen; sich durch Mißerfolg nicht entmutigen lassen
2. Beharrlichkeit in der Verfolgung eigener Ziele; Hindernisse (innere und äußere) bei der Verfolgung eigener Interessen überwinden

C. Emotionen

1. Kennenlernen von Gefühlen (Furcht, Glück, Trauer, Stolz, Überraschung, Freundschaft)
2. Fähig sein, den eigenen Gefühlen Ausdruck zu geben; fähig sein, zu sich selbst freundlich zu sein
3. Verständnis entwickeln für die Gefühle anderer

D. Die Bedürfnisse und Interessen der anderen

1. Erkennen und akzeptieren, daß andere auch Bedürfnisse und Interessen haben; bereit und fähig sein, die eigenen Bedürfnisse und Interessen nicht absolut zu setzen
2. Fähig sein, die eigenen Interessen zurückzustellen, um ein Gruppen-Interesse zu ermöglichen
3. Entwicklung von Rollenverständnis und Rollenflexibilität; Abbau von geschlechtsspezifischen Rollenfixierungen
4. Einsicht in affektive Werturteile (Was mir gefällt, muß dir nicht gefallen); Toleranz gegenüber solchen Urteilen entwickeln.
5. Abbau von Vorurteilen gegenüber Minderheiten

E. Hilfsbereitschaft

1. Fähig sein, Notsituationen anderer zu erkennen und helfend zu reagieren
2. Verständnis entwickeln für das Prinzip der Gegenseitigkeit beim Einander-Helfen

F. Regeln machen das Zusammenleben leichter

1. Verständnis dafür entwickeln, daß es für das Zusammenleben Regeln geben muß
2. Fähig sein, abgesprochene Regeln im Verhalten gegenüber anderen zu beachten
3. Fähig sein, neue Regeln für das Zusammenleben zu entwickeln

G. Bereitschaft zu kooperativem Handeln

1. Verständnis dafür entwickeln, daß vieles, was man allein nicht schafft, sich mit anderen zusammen leichter machen läßt
2. Fähig sein, in einer Gruppe zur Erreichung eines gemeinsamen Zieles arbeitsteilig mit allen Mitgliedern der Gruppe zusammenzuarbeiten
3. Fähig sein, bei der Zusammenarbeit mit anderen besondere Fähigkeiten einzelner anzuerkennen und zur Geltung kommen zu lassen

H. Konfliktsituationen und Konfliktlösungsstrategien

1. Konfliktsituationen erkennen und ihnen nicht ausweichen; bereit sein, Konflikte gewaltlos zu lösen
2. Fähig sein, Strategien für Konfliktlösungen zu entwickeln, die zum Vorteil beider Konfliktparteien sind.
3. Fähig sein, einen Konflikt dadurch zu überwinden, daß eigene Interessen zurückgestellt werden.
4. Verständnis dafür entwickeln, daß es Konfliktsituationen gibt, die wegen einander ausschließender Interessenlagen nicht lösbar sind.

Seite 172

Die Kommentare zum Jugendschutzgesetz werden zitiert nach »Gesetz zum Schutz der Jugend in der Öffentlichkeit«, herausgegeben von Gerhard Potnykus, München und Berlin 1966, Seite 7 ff.

Seite 173

Der Paragraph 6 lautet in der Neufassung:

§ 6

(1) Die Anwesenheit bei öffentlichen Filmveranstaltungen darf Kindern und Jugendlichen nur gestattet werden, wenn die Filme von der obersten Landesbehörde zur Vorführung vor ihnen freigegeben worden sind. Kindern unter sechs Jahren darf die Anwesenheit nur gestattet werden, wenn sie von einem Erziehungsberechtigten begleitet sind.

(2) Filme, die geeignet sind, das körperliche, geistige oder seelische Wohl von Kindern und Jugendlichen zu beeinträchtigen, dürfen nicht zur Vorführung vor ihnen freigegeben werden.

(3) Die oberste Landesbehörde kennzeichnet die Filme mit
1. »Freigegeben ohne Altersbeschränkung«,
2. »Freigegeben ab sechs Jahren«,
3. »Freigegeben ab zwölf Jahren«,
4. »Freigegeben ab sechzehn Jahren«,
5. »Nicht freigegeben unter achtzehn Jahren«.
Kommt in Betracht, daß ein nach Satz 1 Nr. 5 gekennzeichneter Film den Tatbestand des § 131 oder des § 184 des Strafgesetzbuches erfüllt, ist dies der zuständigen Strafverfolgungsbehörde mitzuteilen.

(4) Im Rahmen der Absätze 1 und 3 Satz 1 darf die Anwesenheit bei öffentlichen Filmveranstaltungen ohne Begleitung eines Erziehungsberechtigten nur gestattet werden
1. Kindern, wenn die Vorführung bis 20 Uhr,
2. Jugendlichen unter sechzehn Jahren, wenn die Vorführung bis 22 Uhr,
3. Jugendlichen über sechzehn Jahren, wenn die Vorführung bis 24 Uhr
beendet ist.

(5) Die Absätze 1 bis 4 gelten für die öffentliche Vorführung von Filmen unabhängig von der Art der Aufzeichnung und Wiedergabe. Sie gelten auch für Werbevorspanne und Beiprogramme.

(6) Die Absätze 1 bis 5 gelten nicht für Filme, die zu nichtgewerblichen Zwecken hergestellt werden, solange die Filme nicht gewerblich genutzt werden.

(7) Auf Filme, die von der obersten Landesbehörde nach Absatz 3 Satz 1 gekennzeichnet worden sind, finden die §§ 1 und 11 des Gesetzes über die Verbreitung jugendgefährdender Schriften keine Anwendung.

Zitiert nach: Bundesgesetzblatt, Jahrgang 1985, Teil I, Seite 426

Seite 174

In Hinblick auf den zweiten Vorspann ist folgendes zu bemerken. Die »Sesamstraße« hat eine kleine Anzahl solcher Vorspanne, die immer wieder gesendet werden. Ich habe einige dieser Vorspanne untersucht, allerdings den, der der 956. Folge vorangestellt war, gerade nicht. Da die Vorspanne in der Machart vollkommen identisch sind, habe ich mir erlaubt, einen Vorspann einzufügen, dessen Untersuchung mir bereits vorlag. Ich hätte natürlich auch eine Sendung mit einem Vorspann auswählen können, der bereits analysiert war. Dann wäre ich aber von meinem Grundsatz abgewichen, die von mir untersuchte »Stichprobe« nicht eigens auszusuchen, sondern die zu nehmen, die sich aufgrund äußerer Faktoren anbietet. In diesem Fall war es so, daß eben gerade am 8. 4. 86 eine Maschine zum Mitschneiden der Sendung frei war.

Seite 181

Die Zitate zum Lernen der Schulanfänger stammen aus: Erika Dühnfort/Ernst Michael Kranich: Der Anfangsunterricht im Lesen und Schreiben, Stuttgart 1978, Seite 14 folgende.

Seite 183

Die Untersuchungen von George Gerbner werden zitiert nach: George Gerbner, Über die Ängstlichkeit von Vielsehern, in: Fernsehen und Bildung, Jahrgang 12 (1978) 1/2, Seite 48 folgende. Die Ergebnisse entstammen einem seit 1967 in den Vereinigten Staaten laufenden Forschungsprogramm mit der Bezeichnung »Cultural Indicators«. Das Programm wird finanziert vom National Institut of Mental Health, von der American Medical Association und vom Office of Telecommunication Policy.

Seite 191

Aus der umfangreichen Literatur zu den »Wolfskindern« siehe etwa: Octave Mannoni, Die wilden Kinder, Frankfurt 1972; Robert M. Zingg, Die »Wolfskinder« von Midnapore, Vorwort von Adolf Portmann, Heidelberg 1964.

Seite 192

Die Zitate stammen aus:
Marianne Grewe-Partsch: Die Bedeutung der kindlichen Entwicklungsetappen für eine Medienpädagogik des Fernsehens, in: »Fernsehen und Bildung«, Jahrgang 16 (1982) 1–3, Seite 139–148. Die Nummer, die den zitierten Artikel enthält, ist dem Thema »Mediendramaturgie und Zuschauerverhalten« gewidmet und beschäftigt sich in mehreren Beiträgen mit dem Fernsehen für Kinder.

Seite 195

Über die bereits erwähnten Bücher zum Thema: »Kinder und Fernsehen« hinaus seien noch folgende Titel angeführt:
Karl Heinrich, Filmerleben, Filmwirkung, Filmerziehung, Hannover 1967
Lore Watzka, Kleinkind und Fernsehen, Wien 1968
Martin Keilhacker, Wie Kinder und Jugendliche Film und Fernsehen erleben, in: Medien und Erziehung 2 (1979), Seite 67–90
Fritz Wilmar, Wie wirken Rundfunk und Fernsehen auf Kinder? Stuttgart 1974
Marie Winn, Die Droge im Wohnzimmer. Für die kindliche Psyche ist Fernsehen Gift. Es gibt nur ein Gegenmittel: Abschalten! Reinbek 1979
Karl Heymann (Herausgeber): Fernsehen der Kinder, Basel 1964
Ingrid Paus-Haase: Soziales Lernen in der »Sesamstraße«. Versuch einer Standortbestimmung, München 1986 (Mit ausführlichem Literaturverzeichnis)
Zeitschrift »Fernsehen und Bildung«, Schwerpunktheft zum Thema »Sesame-Street-International« Jahrgang 10 (1976) 1/2.
»Fernseh-geschädigt«. Literatur und Hinweise zu dem Aufruf an Eltern und Erzieher, kleine Kinder vor dem Bildschirm zu schützen, herausgegeben von der Internationalen Vereinigung der Waldorfkindergärten, Stuttgart
»Fernsehen in der Kindheit. Bildungsmittel oder Zivilisationsgift?« Merkblätter zur Gesundheitspflege im persönlichen und sozialen Leben, herausgegeben vom Verein für ein erweitertes Heilwesen, Bad Liebenzell.

Alternativen zum Fernsehen der Kinder

Arbeitsmaterial aus den Waldorfkindergärten, herausgegeben von der Internationalen Vereinigung der Waldorfkindergärten, Verlag Freies Geistesleben, Stuttgart,

Heft 1 — Spielzeug von Eltern selbst gemacht
Heft 4 — Singspiele und Reigen
Heft 5 — Kleine Märchen und Geschichten
Heft 6 — Rhythmen und Reime
Heft 7 — Puppenspiel
Heft 8 — Hänschen Apfelkern. Kleine Märchen und Geschichten zum Erzählen und Spielen.

Werkbücher für Kinder, Eltern und Erzieher,
Herausgeber und Verlag wie oben,
Heft 1 — Wir spielen Schattentheater
Heft 2 — Advent
Heft 3 — Bilderbücher mit beweglichen Figuren
Heft 4 — Wir spielen Kasperle-Theater

Brigitte Barz, Feiern der Jahresfeste mit Kindern. Für Eltern dargestellt. Stuttgart 1984.
Alfred Bauer, Das Fingertheater. Spiele für Kinder von drei bis neun Jahren, Schaffhausen [2]1980
Heide Britz-Crecelius, Kinderspiel – lebensentscheidend, Stuttgart [4]1982;
Karlheinz Flau, Die Dreiheit im Jahreslauf. Ein Werkbuch zur Festesgestaltung, Stuttgart 1983;
Karin Neuschütz, Das Puppenbuch. Wie man Puppen selber macht und was sie für Kinder bedeuten, Stuttgart [3]1985;
Karin Neuschütz, Lieber Spielen als Fernsehen! Stuttgart [2]1986;
Friedel Lenz, Mit Kindern Feste feiern, Schaffhausen [6]1985.

Seite 197

Zur Geschichte des Fernsehens siehe etwa: Winfried B. Lerg, Zur Geschichte des Fernsehens in Deutschland, in: Christian Longolins (Herausgeber), Fernsehen in Deutschland – gesellschaftliche Aufgaben und Wirkungen eines Mediums, Mainz 1967.

Seite 197

Der Text des Urteils ist veröffentlicht in:
»Die öffentliche Verwaltung«, Juli 1961, Heft 13, Seite 504–511.

Seite 199

Das Gesetz wird zitiert nach: »Bayerisches Gesetz- und Verordnungsblatt Nr. 25 vom 29. 11. 1984, Seite 445 folgende.

Seite 203

Die Äußerung des Geschäftsführers in »Südfunk«, Heft 3, 1984, Seite 4.

Seite 205

Zu den Vorwürfen gegen Schwarz-Schilling siehe auch die Titelgeschichte »Die Kabelpleite des Postministers Christian Schwarz-Schilling«, in: »Der Spiegel«, Nr. 36 vom 3. 9. 1984.

Der vom Bundesrechnungshof erstellte Prüfungsbericht über die Post für das Jahr 1986 wiederholt die bereits zwei Jahre vorher erhobenen Vorwürfe. Die »Süddeutsche Zeitung« vom 13./14. September 1986 berichtete auf ihrer Titelseite:

Bonn, 12. September – Die Bundespost habe in den ersten beiden Jahren nach dem Bonner Regierungswechsel eine mehr oder weniger konzeptlose Verkabelungspolitik ohne Berücksichtigung von Rentabilitätskriterien betrieben. In diesem Vorwurf gipfelt die Kritik des Bundesrechnungshofes in seinem soeben fertiggestellten Prüfungsbericht 1986 über die Post. Weiter heißt es, um die mittels Fernsehverkabelung angestrebten medienpolitischen Ziele der Bundesregierung möglichst schnell zu erreichen, habe die Post ihre Planungsarbeiten abweichend von den eigenen Vorschriften zum Teil auf ein Minimum reduziert. Zwar habe es seit 1985 einzelne Verbesserungen gegeben, aber es gebe noch nicht einmal ein Verfahren zur Ermittlung des Bedarfs.
(...)
Immer noch als brisante Verschlußsache wird im Bundespostministerium eine interne Leistungs- und Kostenrechnung behandelt, die sich mit der Rentabilität der bisherigen Investitionen für Breitbandkabel beschäftigt. Nach zuverlässigen Informationen der Süddeutschen Zeitung betrug der Kostendeckungsgrad im Bereich der Kabelnetze 1984 lediglich 19 Prozent. Im vergangenen Jahr konnten sogar nur noch etwa 15 Prozent der anfallenden Kapitalkosten, Abschreibungen und Betriebskosten durch Teilnehmergebühren gedeckt werden. Das Jahresdefizit für die Breitband-Verteilnetze stieg für 1985 bereits auf eine Höhe von etwa 650 Millionen Mark.

In einer Stellungnahme zu dem Bericht der »Süddeutschen Zeitung« räumte ein Sprecher des Postministeriums ein, die dort genannten Fakten seien korrekt, die Post bewerte sie jedoch anders. Bei dieser Gelegenheit wurden folgende Zahlen genannt: Knapp zwei Millionen Haushalte sind an ein Breitbandkabel angeschlossen. Davon können 1,4 Millionen Haushalte Satelliten-Fernsehen empfangen. Anschlußmöglichkeiten bestehen für 5,5 Millionen Haushalte.

Seite 205

Die Zitate zur Medienpolitik sind entnommen der vom Presse- und Informationsdienst der Bundesregierung herausgegebenen Broschüre »Neue Techniken – Neue Medien. Dokumente zur Medienpolitik«, Bonn, August 1985.

Seite 208

»ARD-Magazin« 1/1986 (veröffentlicht Dezember 1985), Seite 25. Die Untersuchung zur Veränderung der Sehgewohnheiten Seite 4 folgende. Beim Radio läßt sich eine entsprechende Entwicklung beobachten. Radio Bremen bereitet zur Zeit ein viertes Programm vor, um einen in Niedersachsen geplanten privaten Radiosender abzuwehren. In der Presse war darüber folgendes zu lesen:

Radio Bremens geplante Abwehrmaßnahmen sorgen bereits vorab – so meldet es der Branchendienst »Neue Medien« – für Verdruß beim neuen Niedersachsen-Sender. Das künftige vierte Bremer Programm wendet sich nämlich zum größten Teil an jene Hörerschar, die die Niedersachsen als Marktlücke entdeckt hatten: die jungen und »mittelalten« Hörer. »Radio Bremen Vier« bricht mit den bislang üblichen Programm-Mixtouren der ARD-Anstalten und setzt nahezu konsequent auf die Freunde von Rock- und Popmusik. Wer viel Musik und wenig Wortbeiträge hören möchte, den bedient die vierte Welle. Damit sich das Ganze nicht zur Dauer-Disco entwickelt, werden stündlich Nach-

richten und Wetterberichte angeboten. Auch die Werbeblöcke der Hansawelle-Radio Bremen Eins- sollen durchgeschaltet werden...
(Weser-Kurier vom 18. 9. 86)

Seite 210

Zur Studie der Hochschule der Künste, Berlin, siehe »Publizistik«, Heft 2, 1985

Seite 210

Ein bekannter Gerätehersteller wirbt folgendermaßen für das »Bild im Bild«:
Das erste Digital-Farbfernsehgerät der Welt – jetzt mit »Bild im Bild«

1. Fernsehen und entscheidende Szenen blitzschnell »einfrieren«:
Die Fußball-Live-Übertragung läuft. Kurz vor der Halbzeit die entscheidende Tor-chance. Da! Der Ball ist im Netz. Mit dem DIGIVISION 3896 Multicontrol können Sie die entscheidende Szene festhalten (zum Beispiel während der Wiederholung). Ganz einfach auf Knopfdruck über die Fernbedienung. Sie bleibt als eingeblendetes Standbild erhalten, während das Spiel weiterläuft.

2. Einen Videofilm sehen und trotzdem das Wetter nicht verpassen:
Sie sehen sich gerade den neuesten Kinohit auf Video an. Aber Sie wollen nicht versäu-men, wie das Wetter am Wochenende wird. Mit dem DIGIVISION 3896 Multicontrol können Sie den Film im vollen Rechteck-Großformat sehen und im Einblendbild das Fernsehprogramm im Auge behalten. Wenn dann die Wetterkarte erscheint, genügt ein Tastendruck und beide Bilder werden ausgetauscht.

3. Fernsehen und die Kinder im Auge behalten:
Einen Blick ins Kinderzimmer werfen. Nachsehen, wer so spät noch an der Haustür klingelt. Garten oder Hauseinfahrt überwachen. Mit dem DIGIVISION 3896 Multicon-trol können Sie das alles tun, während Sie Ihr Fernsehprogramm verfolgen. Denn es läßt sich auch eine Video-Camera (oder Video-Überwachungsanlage) anschließen.

4. Ein Fernsehprogramm sehen und ein zweites im Auge behalten:
Vielleicht wollen Sie den Anfang eines Fernsehspieles im anderen Programm nicht ver-passen. Vielleicht können Sie sich aber auch ganz einfach nicht zwischen Talkshow und Kulturmagazin entscheiden. Mit dem DIGIVISION 3896 Multicontrol ist es möglich, zwei Programme gleichzeitig im Auge zu behalten. Wechselweise vollformatig oder als Einblendbild (das geht allerdings nur in Verbindung mit dem Tuner Ihres Video-Recor-ders).

5. Fernsehen und den Video-Recorder bedienen:
Ihre Familie möchte gerne die Show im Ersten sehen. Sie aber wollen die Cassette im Video-Recorder an eine bestimmte Stelle spulen und anschließend den Spielfilm im Dritten aufnehmen. Mit dem DIGIVISION 3896 Multicontrol kein Problem. Denn während Sie sich um Ihre Video-Aufzeichung kümmern, die im Einblendbild er-scheint, läuft im vollen Rechteck-Großformat das Familienprogramm, und jeder ist zu-frieden.«

Mit Hilfe des technischen Fortschritts werden dem Zuschauer Erlebnisse geboten, bei denen die Begrenzungen von Raum und Zeit überwunden sind. Diese von der Technik und nicht vom Zuschauer geleistete Überwindung hat für letzteren eine solche Zersplit-terung der Aufmerksamkeit zur Folge, daß alles, was mit Bewußtsein, Denken und Ich zu tun hat, vollständig zurückgestoßen wird.

Seite 212

Die Behauptung, die neuen Technologien schafften Arbeitsplätze, stimmt nicht einmal für jene Unternehmen, die die neuen Technologien herstellen oder vertreiben. Die Firma Nordmende (Bremen) fertigte 1981 mit 2000 Beschäftigten doppelt soviele Fernsehgeräte wie 1975 mit 6000 Beschäftigten. Die Firma Siemens hat im Jahre 1982 14.000 Mitarbeiter entlassen (und den Gewinn im gleichen Jahr um 45 Prozent gesteigert). Bei der Bundespost – größter Investor und größter einzelner Arbeitgeber der Bundesrepublik – ist im Haushalt des Jahres 1986 von den fünfzig Milliarden Mark Betriebsausgaben nur noch die Hälfte für Personalkosten vorgesehen. Mitte der sechziger Jahre entfielen noch zwei Drittel auf Löhne, Gehälter und Sozialleistungen. Seit 1981 verringert die Bundespost ständig die Zahl ihrer Mitarbeiter.

Seite 212

Zum Datenschutz und zur Entwicklung der Bildschirmtext-Nutzung siehe: »Computerwoche aktuell«, 16. Mai 1986, Seite 4 und »Ökologie und Esoterik. Eine Materialsammlung zum Thema »Okkulte Umweltfrage«, Anders Leben Verlag, D-7861 Wien, Seite 21.

Seite 217

Die in Schweden und Polen durchgeführten Untersuchungen sind von der deutschen Presse weitgehend unterschlagen worden, was nicht verwundert, denn die entsprechenden Meldungen hätten auf Bildschirmen gesetzt werden müssen. Als Ausnahme ist mir bekannt geworden: »die tageszeitung«, 28.4. 1986. Einige Rundfunkanstalten (Radio Bremen, Hessischer Rundfunk) haben dem Thema eine Sendung gewidmet.

Seite 218

In Amerika ist innerhalb von zwanzig Jahren der für Fernsehgeräte zulässige Höchstwert für die Abgabe von Röntgenstrahlen von fünfzig Millirem pro Stunde auf ein halbes Millirem pro Stunde gesenkt worden. Diese Reduzierung ist in erster Linie den Forschungen von John Ott zu verdanken, wobei Ott die Auffassung vertritt, daß die gegenwärtig geltenden Höchstwerte immer noch zu hoch sind. In seinem Buch »Schafft das Fernsehen ab. Eine Streitschrift gegen das Leben aus zweiter Hand« (Reinbek 1979) schreibt Jerry Mander über die Arbeiten Otts: »In einer berühmt gewordenen Testreihe wuchsen die Wurzeln von Bohnen, die er vor einen Farbfernseher gestellt hatte, nach *oben* aus der Erde heraus. Andere Pflanzen wurden übergroß und zeigten Veränderungen im Wuchs. Mäuse, die in einer gleichen Versuchsanordnung gehalten wurden, bekamen Krebs. Ott ist der Ansicht, daß auch die geringste Strahlenmenge, die aus dem Fernseher dringt – und das ist auch heute noch bei den meisten Geräten der Fall –, für den Menschen schädlich ist« (Seite 163). Siehe dazu: John Ott, Health and Light, Old Greenwich, Conn. 1973.

Seite 221

Wer sein Geld nicht Banken überlassen will, die es nach eigenem Gutdünken verwenden und zum Beispiel Atomkraftwerke oder die Verkabelung damit finanzieren helfen, der muß sich an Geldinstitute wenden, die nur sozial oder ökologisch vertretbare Projekte fördern oder die Kontoinhaber fragen, an wen ihr Geld ausgeliehen werden soll. Solche Geldinstitute existieren bereits (GLS, Gemeinschaftsbank, eG, Oskar-Hoffmann-Straße 25, 4630 Bochum) oder befinden sich in der Phase der Gründung (Verein Freunde und Förderer der Ökobank e. V., Postfach 5125, 6370 Oberursel 5). Wie notwendig solche Geldinstitute sind, wird an folgender Zahl deutlich: Die privaten Haushalte hatten im Jahre 1982 in Form von Bar- und Spareinlagen 600 Milliarden Mark bei deutschen Banken eingezahlt.

Seite 223

Petru Dumitriu, Die neuen Medien, Heidelberg 1985

Seite 225

Presseberichte über das Gutachten des Bundesrechnungshofes etwa in: »Münchener Abendzeitung« 6. Juni 1986.

Seite 228

Literatur zum Schattenspiel etwa:
Günter Spitzing, Das indonesische Schattenspiel, Köln 1981; Gerd Höpfner, Südostasiatische Schattenspiele, Berlin 1967 (Staatliche Museen der Stiftung Preußischer Kulturbesitz).

Seite 231

Es ist aufschlußreich, daß der Film auf Java ebenfalls mit »wayang« bezeichnet wird. Das dürfte einmal daran liegen, daß man es beim Film gleichfalls mit Schattenprojektionen zu tun hat. Wichtiger für die Verwendung des Wortes »wayang« ist aber wahrscheinlich, daß der Bewußtseinszustand, in den der Zuschauer im Kino gerät, genau dem der Schattenspiele entspricht. Für diese Deutung spricht folgendes. Auf Thailand wurde das Schattentheater nicht nach dem Schatten sondern nach dem Material der Figuren, dem Leder benannt. Die Spiele heißen »nang« (nang = Leder). Der Film heißt in Thailand ebenfalls »nang«.

Seite 232

Das Zitat ist entnommen der kommentierten deutschen Ausgabe: Kaspar Schott, Magia optica, Bamberg 1671, Seite 404 und (zweites Zitat) Seite 407. Zitiert nach: Laterna Magica-Vergnügen, Belehrung, Unterhaltung, Frankfurt 1981 (Kleine Schriften des Historischen Museums Frankfurt, Band 14), Seite 30.

Seite 233

Agrippa von Nettesheim wird zitiert nach: Will-Erich Punckert, Pansophie, Berlin 1956, Seite 73.

Seite 234

Detlef Hoffmann/Almut Junker, Laterna Magica. Lichtbilder aus Menschenwelt und Götterwelt, Berlin 1982, Seite 13.

Seite 236

Hofmann/Junker, Seite 18.

Seite 236

Abbé-Nollet, Leçons de Physique experimentale, Nouveau édition, Band 5, Paris 1784. Das Zitat stammt aus der deutschen Ausgabe: Herrn Nollets Physikalische Lehrstunden, fünfter Theil, Ehrfurt 1772, Seite 442. Das Zitat habe ich übernommen aus dem Katalog »Laterna Magica – Vergnügen, Belehrung, Unterhaltung«. Diesem Katalog liegt eine Ausstellung im »Historischen Museum Frankfurt« zugrunde, mit der die Aufmerksamkeit zum ersten Mal wieder auf die Laterna magica gelenkt wurde.

Seite 237

Der Bericht über Georg Schröpfer nach obigem Katalog, Seite 42

Seite 237

Christlieb Benedikt Funk, Natürliche Magie, Berlin und Stettin 1783.
Zu Robertson siehe: E. G. Robert(son), Mémoirs récréativs scientifiques et anecdotiques du physicien-aéronante E. G. Robertson, Paris 1831. Band 1, Seite 200 folgende.
Siehe auch den zitierten Katalog, Seite 42.

Seite 239

Theodor Fontane, Wanderungen durch die Mark Brandenburg, München (Nymphenburger Ausgabe) 1960, Band 11, Seite 274 und 292. Man lese in diesem Buch auch das aufschlußreiche Kapitel »Geheime Gesellschaften im achtzehnten Jahrhundert«.

Seite 244

»Fremden-Blatt«, Wien, 12. Juni 1858.
»Wiener Theaterzeitung«, 22. Juni 1858.
»Fremdenblatt«, Wien, 14. August 1866.

Seite 246

Laterna Magica. Zeitschrift für alle Zweige der Projections-Kunst, herausgegeben von E. Liesegang, Band IV, IV. Heft, Nr. 56, Düsseldorf 1898.

Seite 247

Handschriftliche Aufzeichnung von Max Skladanowsky, zitiert bei Friedrich von Zglinicki, Der Weg des Films, Hildesheim (Nachdruck der Ausgabe Berlin o. J.) 1979, Textband Seite 73.

Seite 247

Die Schilderung einer Vorstellung nach G. Lettner, Skioptikon, Leipzig 1910, Seite 78.

Seite 250

William and Frederik Langenheim, in: Art Journal (London), 1. April 1851, Seite 106.

Seite 250

Das menschliche Auge vereinigt in sich die Projektion von außen nach innen (Netzhautbild) und die Projektion von innen nach außen, die in den Nachbildern und im Sehen der Komplementärfarben deutlich wird. Filmkamera und Filmprojektor beziehungsweise Fernsehkamera und Fernsehapparat sind somit gewissermaßen äußere Abbilder des auseinandergelegten und rein materialistisch verstandenen Auges.

Seite 251

Jules Janin wird zitiert nach: Heinz Buddemeier, Panorama, Diorama, Photographie. Entstehung und Wirkung neuer Medien im 19. Jahrhundert, München 1970, Seite 222. Der vollständige Text findet sich in: L'Artiste 3 (1839) 277–283. Übersetzung vom Verfasser.
Zu der Bezeichnung des Dioramas als Heiligtum siehe das Buch des Verfassers, Seite 203.

Seite 254

Zur Funktion der Nachrichtensprecher siehe »Die Welt«, vom 21. 6. 86 und »Welt am Sonntag« vom 22. 6. 86.

Seite 254

International Herald Tribune, 12. Mai 1986, Seite 4, Die Auseinandersetzungen des Jahres 1986 endeten damit, daß der amerikanische Senat am 13. August zur allgemeinen Überraschung hundert Millionen Dollar für die »Contras« bewilligte, nachdem noch kurz vorher eine deutliche Mehrheit der Senatoren die Militärhilfe abgelehnt hatte. Präsident Reagan war es, wie schon oft bei ähnlichen Anlässen, gelungen, die Abgeordneten in persönlichen Gesprächen umzustimmen, wobei sein stärkstes Argument gewesen sein dürfte, daß die Unterstützung der »Contras« von der öffentlichen Meinung gebilligt wird. Diese öffentliche Meinung ist aber nichts weiter als ein Spiegel der Medienwelt.

Seite 255

Die Zitate stammen aus: Peter Radunski, Wahlkampf in den achtziger Jahren. Repolitisierung der Wahlkampfführung und neue Techniken in den Wahlkämpfen der westlichen Demokratien, in: Beilage zur Wochenzeitschrift »Das Parlament«, »Aus Politik und Zeitgeschehen«, B 11/86, vom 15. März 1986. Der Beitrag wurde auch abgedruckt in der »Frankfurter Rundschau«, 7. und 8. April 1986. Wie unter den von Radunski geschilderten Bedingungen, die er als Vertreter einer Partei, die sich »christlich« und »demokratisch« nennt, an keiner Stelle bedauert, eine »Repolitisierung« stattfinden soll, bleibt ein Rätsel.

Seite 255

Eisenstein-Zitat in: Ludwig Gesek, Gestalter der Filmkunst – Von Asta Nielsen bis Walt Disney – Geschichten zur Filmgeschichte, Wien 1948, Seite 124. Zitiert nach: Alfred Estermann, Die Verfilmung literarischer Werke, Bonn 1965, Seite 346. Dieses gründliche und umfangreiche Buch ist eine wahre Fundgrube.
Wsewolod Pudowkin, Filmregie und Filmmanuskript, Berlin 1928, zitiert wird nach der Ausgabe Zürich 1961, Seite 73.
Siehe auch: Günther Dahlke, Lilli Kaufmann (Herausgeber): Lenin über den Film, München 1971, daraus folgendes Zitat (Seite 174): A. Lunatscharski, Aus dem Artikel »Der Film, die wichtigste der Künste«. Immer wieder wird Wladimir Iljitschs Ausspruch zitiert, daß der Film für die Gegenwart die wichtigste der Künste ist.
»Es ist nicht schwer, den tiefen Sinn dieser Einschätzung Lenins zu erfassen. Erstens folgt daraus, daß er der Kunst allgemein große Bedeutung beimaß. Und daß er bereit war, unter allen anderen Künsten dem Film den ersten Platz zuzusprechen, zeigt, daß er an der Kunst vor allem ihre gewaltige agitatorisch-propagandistische Kraft schätzte. Die Kunst, ihre Gestalten, ein fesselndes Sujet, der erregende Zusammenklang von Tönen, Linien, Farben, das alles prägt sich selbst einem Bewußtsein ein, das für die Aufnahme mehr oder weniger abstrakter wissenschaftlicher Darstellung noch nicht vorbereitet ist. Der Film muß auf das gesprochene Wort verzichten. Auf diese Weise begibt er sich des hauptsächlichen Mittels zur geistigen Einwirkung und natürlich auch einer gewissen rein künstlerischen Kraft des Wortes, aber das tut ihm kaum Abbruch. Vermittelt doch die Musik, die Kunst ohne Worte, allein durch den Wechsel von Rhythmus und Tönen oft ein nicht weniger bewegendes Erlebnis als die beste Poesie, wenn auch viel weniger faßbar.«
Zum erstenmal veröffentlicht am 15. Dezember 1926 in der Zeitung »Komsomolskaja Prawda«, Nr. 290 (473), S. 3

Seite 258

Zu den Publikumszeitschriften (118,3 Millionen) kommen noch Fachzeitschriften (18,6 Millionen) und Kundenzeitschriften (16 Millionen). Stand 1984

Seite 258

Der Inhalt der Medienwelt soll noch durch folgenden Vergleich deutlich gemacht werden. Im Jahre 1520 entschloß sich Dürer zu einer Reise nach Holland (vergleiche dazu sein »Tagebuch der Niederländischen Reise«). Auf den vielen Stationen seiner Reise mußte Dürer erleben, daß sich überall, wo er sich zu erkennen gab, Menschen fanden, die ihn ehrerbietig begrüßten, ihm Geschenke machten und ihm zu Ehren kleinere oder größere Feste veranstalteten. In Antwerpen, dem Ziel seiner Reise, bemühte sich der Rat der Stadt, Dürer zum Bleiben zu bewegen. Er bot ihm ein Jahresgehalt von dreihundert Gulden und dazu Steuerfreiheit.

Fragt man sich, wer heute die Menschen sind, um deren Gunst man sich, sobald sie irgendwo auftauchen, bemüht, so kommt man zu den Stars der Unterhaltungsindustrie. Und nun vergleiche man einmal einen Schlager oder einen populären Film mit den Bildern Dürers. Wodurch war er bekannt geworden?

Da waren einmal die Holzschnittserien zur Passion und zum Marienleben. Dazu kamen Kupferstiche wie etwa »Hieronymus im Gehäus«, »Ritter, Tod und Teufel« oder »Melancholia«. Von diesen Bildern existierten jeweils nur einige tausend Exemplare; sie hingen also keineswegs in allen Wohnstuben. Aber die Menschen brauchten damals ein Bild nur einmal zu sehen, um sich für immer daran zu erinnern.

(Im achtzehnten Jahrhundert konnte man übrigens noch durch eine philosophische Abhandlung berühmt werden. Von Thomas Paines Schrift »Common Sense« (1776) wurden innerhalb weniger Monate 400 000 Exemplare verkauft (bei einer Bevölkerung von drei Millionen Menschen.)

Seite 258

Die Notwendigkeit des Materialismus wird gelegentlich als Argument gegen meine radikale Medienkritik verwendet. Es heißt dann zum Beispiel, man dürfe das Fernsehen nicht ganz ablehnen, da wir es für unsere Entwicklung brauchten. Ich bin dagegen der Auffassung, daß wir das, was wir an Materialismus brauchen, auch ohne das Fernsehen überreichlich haben. Die Medien sind allenfalls in dem Sinne notwendig, daß sie uns auf jene Versäumnisse aufmerksam machen, denen sie ihre Macht verdanken. Tatsächlich geht von den Medien ein gewisser Zwang zur Selbstbesinnung und Selbstheilung aus. Allerdings werden Selbstbesinnung und Selbstheilung nur in dem Maße gelingen, wie wir uns von den Medien befreien.

Auf einer anthroposophischen Tagung wurde den Teilnehmern gesagt, wer heute Bescheid wissen wolle, der müsse auch fernsehen. Dagegen spricht unter anderem folgendes. Die Seelenregungen, die das Fernsehen im Betrachter auslöst, sind das genaue Gegenbild dessen, was nötig ist, um neue, höhere Seelenfähigkeiten zu erwerben. So ist es, wie gezeigt wurde, ganz unmöglich, einen Film oder eine Fernsehsendung anzuschauen, ohne unbewußt bleibende Eindrücke aufzunehmen. Allein das reicht, um die Entwicklung gewisser höherer Fähigkeiten zu verhindern. (Vergleiche dazu Rudolf Steiner: Wie erlangt man Erkenntnisse der höheren Welten?, vor allem die Ausführungen über die Entwicklung der zehnblättrigen Lotusblume.)

Rudolf Steiner hat im Zusammenhang mit seinen Vorschlägen für die meditative Arbeit darauf hingewiesen, daß der Genuß auch kleinster Mengen von Alkohol jeden Erfolg auf diesem Gebiet zunichte macht. In unserer Zeit muß hinzugefügt werden, daß gewohnheitsmäßiges Fernsehen – und sei es nur die tägliche »Tagesschau« – dieselbe Wirkung hat.

Seite 260

Die Hersteller von Videofilmen mit extremen Inhalten bedienen sich besonders gern des Attributes »gnadenlos«, um ihre Produkte anzupreisen. Vergleiche dazu den Beitrag von Dieter E. Zimmer in »Die Zeit«, Nr. 51 vom 14. Dezember 1984, Seite 45. Im Grunde ist jeder Kriminalfilm gnadenlos, wenn er es dahin bringt, daß angesichts eines Mordes nichts als die Frage entsteht: »Wer war es?«

Seite 262

Aus der umfangreichen Literatur zu Kaspar Hauser seien genannt: Peter Tradowsky, Kaspar Hauser oder das Ringen um den Geist. Ein Beitrag zum Verständnis des neunzehnten und zwanzigsten Jahrhunderts, Dornach ³1983;
Johannes M. Mayer/Peter Tradowsky, Kaspar Hauser. Das Kind von Europa, Stuttgart 1984.

Seite 263

Das Zitat von Anselm von Feuerbach befindet sich in dessen Buch: Merkwürdige Verbrechen, München 1963, Seite 225.

Seite 263

Zu den Spuren, die die Gefangenschaft hinterließ, gehören auch anatomische Veränderungen wie eine durch das lange Sitzen bedingte Verformung der Knie und eine abnorme Vergrößerung der Leber und des Gehirnes, die bei der Obduktion festgestellt wurden.

Seite 264

Peter Tradowsky, Seite 63.

Seite 265

In der Meditation werden ebenfalls Zustände des Wachens und des Schlafens miteinander kombiniert und zwar in einer Weise, die der durch die Medien bewirkten Kombination genau entgegengesetzt ist. In der Meditation geht es darum, das Bewußtsein aufrecht zu erhalten, obwohl die Eindrücke der Sinne und die Erinnerungen daran ausgeschaltet werden. In diesem so leer gemachten Bewußtsein können Eindrücke einer höheren, geistigen Welt auftreten. Die Medien schalten das Bewußtsein aus und verstärken die Sinneseindrücke.

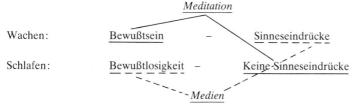

Vergleiche dazu: Rudolf Steiner, Die Geheimwissenschaft im Umriß, Kapitel: Die Erkenntnis der höheren Welten (Von der Einweihung oder Initiation.)

Abbildungsnachweis

1	Karlheinz Flau, Ottersberg
2	wie 1
4	wie 1
5	wie 1
6	Dr. Jürgen Strube, Delmenhorst
7	wie 1
8	Heinz-Jürgen Gehrke, Lilienthal
9	wie 6
10–15	Mit freundlicher Genehmigung des United States Department of the Interior, National Park Service, Edison National Historic Site
35, 36	Mit freundlicher Genehmigung des Du Mont Buchverlages, Köln dem Buch »Das indonesische Schattenspiel« von Günter Spitzing entnommen.
37–40	Athanasius Kircher »Ars magna lucis et umbrae«, Rom 1646
41	Aus einer Handschrift des Giovanni da Fontana (1420), entnommen: Friedrich von Zglinicki, Der Weg des Films, Berlin o.J.
42–44	»Laterna Magica – Vergnügen, Belehrung, Unterhaltung«, Katalog einer Ausstellung des Historischen Museums Frankfurt
45–48	Mit freundlicher Genehmigung des Verlages Fröhlich und Kaufmann, Berlin dem Buch »Laterna Magica. Lichtbilder aus Menschenwelt und Götterwelt« von Detlev Hoffmann und Almut Junker entnommen.